【세종연구소 북한연구총서 5】

북한의 대외관계

세종연구소 북한연구센터 엮음

한울
아카데미

이 도서의 국립중앙도서관 출판시도서목록(CIP)은 e-CIP홈페이지(http://www.nl.go.kr/ecip)와 국가자료공동목록시스템(http://www.nl.go.kr/kolisnet)에서 이용하실 수 있습니다. (CIP제어번호 : CIP2007002130)

발간사

　냉전시대 북한의 대외정책은 한반도 적화통일에 유리한 국제 환경을 조성하기 위해 '국제적 혁명역량 강화'를 목적으로 하는 것이었다. 그러나 사회주의권이 붕괴되고 북한의 최대 우방이었던 소련이 해체된 탈냉전시대 북한의 대외정책은 체제 생존에 유리한 국제 환경 조성을 목표로 하지 않을 수 없게 되었다.

　이처럼 탈냉전과 함께 현저한 변화를 보인 북한의 대외정책에 대해 분단 직후부터 현재까지 주요 국가들과의 관계를 중심으로 체계적이고 구체적으로 분석하는 것은 과거와 현재의 북한을 이해하고 미래의 북한 변화를 예측하기 위해 불가결한 일이다. 2002년 10월에 시작된 제2차 북핵 위기 이후 남북한과 미국, 중국, 일본, 러시아가 참여하는 6자회담이 이루어지고 있는 상황에서, 한국 정부가 주변 4강에 대한 외교를 효과적으로 추진하기 위해서라도 북한과 주변 4강 간의 관계에 대한 심층적 이해가 필수적이다. 주변 4강보다는 한반도 문제에 대해 이해관계는 적으면서도 한반도에너지개발기구에 참여했고, 1990년대 중반 이후 지속적으로 북한에 대해 인도적 지원을 제공해온 유럽연합과 북한 간의 관계를 이해하는 것도 필요하다.

　이 책은 북한의 대외관계 중 '북·미 관계'를 비롯하여 '북·일 관계', '북·중

관계', '북·러 관계', '북한·유럽 관계'를 분석하고 있다. 외교·안보·통일 분야를 연구하는 세종연구소로서는 북한연구센터가 북한의 대외관계에 대한 깊이 있는 연구를 진행한 것에 대해 매우 기쁘게 생각한다.

세종연구소는 한국학술진흥재단 지원하에 연구소 내에 북한연구센터를 설립하고 3년간에 걸쳐 '북한체제의 지속성과 변화: 1945~2002'라는 대주제하에 '북한의 국가 전략'을 포함하여 총 7개 중간 주제에 대해 기초 연구를 수행했다. 이를 위해 정치학, 법학, 경제학, 문학 등 여러 분야의 전문 북한 연구자들을 초빙하고, 연구소 안팎의 북한 연구자들의 협력을 얻어 이 연구를 진행했다. 3년간의 연구 결과로 발간된 총 7권의 '세종연구소 북한연구총서' 중 여섯 번째로 나온 연구서가 『북한의 대외관계』이다.

『북한의 대외관계』는 북한 체제의 '지속성'과 '변화'에 대한 학계의 논의를 좀 더 심화시키고 한국 정부가 중·장기적인 대북 전략을 수립하는 데 중요한 기초 자료가 될 것으로 기대한다. 이 책이 북한 연구자들과 학생, 정부의 정책 입안자, 그리고 관심 있는 독자들에게 널리 읽혀 우리 사회의 북한에 대한 더 넓고 깊은 이해에 기여하기를 바란다.

한국학술진흥재단의 기초학문 육성 지원이 없었다면 세종연구소는 이 연구에 본격적으로 착수하지 못했을 것이다. 이러한 기초연구 사업에 지원을 아끼지 않은 한국학술진흥재단에 진심으로 감사드린다.

그리고 이 책이 나오기까지 많은 노력을 기울여준 백학순 북한연구센터장을 비롯하여 모든 연구 참여자들과 국내의 어려운 경제 상황에도 불구하고 이 책의 출판을 기꺼이 수락해준 도서출판 한울에도 깊이 감사드린다.

2007년 7월
세종연구소 소장 박기덕

머리말

이 책은 '북한의 대외관계'를 '지속성'과 '변화'에 초점을 맞춰 분석하고 있다. 역사적으로 보아 어느 나라든지 '안'과 '밖'의 정치가 상호 작용하여 그 나라의 생존과 번영을 상당한 정도로 좌우하게 된다. 더구나 요즘처럼 과학기술의 발달로 어느 국가든지 홀로 고립되어 살 수 없는 세상에서는, 대외관계는 그 나라의 장래를 결정적으로 좌우할 수 있다.

북한은 국가 형성 초기부터 소련과 중국, 그리고 미국과의 관계를 생존전략상 대외정책의 핵심 고리로 보고, 소극적으로는 이들과의 관계가 자신의 생존과 발전을 저해하지 않도록, 적극적으로는 이들과의 관계가 자신의 생존과 발전을 보장해줄 수 있도록 노력해왔다.

냉전 이후 북한의 대외전략은 미국과의 관계 정상화에 초점을 맞추고 있다. 미국과 관계 정상화를 이루면, 북한 핵 문제 해결은 물론, 미국 등 외국 자본과 기술의 대북 투자를 가능케 할 것이다. 이는 북한의 21세기 생존과 번영을 위해서 필수적인 것이다.

이 책은 1945~2007년까지의 북한의 대외관계를 북·미 관계, 북·일 관계, 북·중 관계, 북·러 관계, 북한·유럽 관계로 나누어 각각 분석하고 있다. 그동안 북한의 대외관계에 대한 연구는 더러 있었으나, 위의 5개국과 북한 간의 관계를 1945년 해방부터 2007년 현재까지 전 기간을 통해 검토·분석한 것은 이 연구서가 처음이다.

그동안 이 책을 집필하기 위해 수많은 토론과 세미나를 마다하지 않은 연구 참여자들, 북한연구센터의 설립과 운영에 전폭적인 지원을 아끼지 않은 백종천 전 소장님과 박기덕 현 소장님, 그리고 세종연구소 모든 가족에게 깊은 감사를 드린다. 특히 본 연구의 진행과 편집을 맡아 수고해준 이태환, 정성장 박사에게 감사드린다.

아울러 각기 기간은 달랐지만 지난 3년간 북한연구센터에 근무하면서 집필진들의 연구를 열심히 도와준 당시 북한학 석·박사 과정 조교들에게 진심으로 고마움을 표한다. 여기에 이 북한학 후속세대의 이름을 열거하면, 전소영, 김유진, 이지희, 정혜주, 조은희, 김홍태, 이재휘, 이현주, 서지형, 이은미, 이대현, 김경희, 김래은, 김선철, 김수현, 안정민, 박희진, 조미현, 박수성, 김영재, 송지영, 조세환, 정재욱, 윤해숙, 장용운, 윤보영, 김밀라, 이희동, 송인정필, 김태연, 이상숙, 김은정 조교이다. 그리고 이 책의 최종 출판 단계에서 노고를 아끼지 않은 이주영, 김수진, 조원영 조교와 이경화 학생에게 고마움을 표한다. 마지막으로 이 책의 출판을 위해 모든 협력을 아끼지 않은 안광은 편집장을 비롯한 도서출판 한울의 편집진 여러분에게 깊은 감사의 말씀을 드린다. 이 책이 북한 기초 연구를 활성화하는 데 크게 기여하기를 바라마지 않는다.

2007년 7월
세종연구소 북한연구센터장 백학순

차례

발간사 • 3

머리말 • 5

서장 / 이태환 • 11

제1장 북·미 관계 / 백학순 ·· 23
  1. 머리말 23
  2. 북·미 관계와 북한의 생존·발전 전략 24
    1) 북한의 대미인식, 대미자원, 대미정책
    2) 북·미 관계의 환경 구조
    3) 북·미 관계와 북한의 대외 생존·발전 전략
  3. 북·미 관계의 전개 과정 50
    1) '냉전시대'의 북·미 관계
    2) '탈냉전시대'의 북·미 관계
    3) '9·11테러 이후'의 북·미 관계
  4. 맺음말: 북·미 관계의 특징과 함의 134

제2장 북·일 관계 / 임재형 ·· 157
  1. 머리말 157
  2. 북·일 관계의 주요 결정 요인 160
    1) 북한의 대일 인식
    2) 일본의 국내 정치 환경
    3) 국제 환경
  3. 북·일 관계의 역사적 전개 179
    1) 냉전기: 부정과 긍정의 공존기(1945~1988년)

2) 탈냉전기: 부정에서 긍정으로의 모색기(1989~2001년)
　　3) 정상회담 이후: 부정의 탈피에서 다시 부정으로(2002년~현재)
　4. 북·일 관계의 특징과 평가　197
　　1) 북·일 관계의 특징
　　2) 북·일 관계의 분야별 평가
　5. 맺음말　231

제3장 북·중 관계 / 이태환 ················ 243

　1. 머리말　243
　2. 북한의 정치체제와 대외인식　246
　　1) 정치체제와 대외정책 결정 구조
　　2) 지도부의 대외인식의 이념적 기초
　3. 북·중 관계의 역사적 전개　254
　　1) 정치적 관계: 당 관계에서 국가 관계로
　　2) 북·중 군사 관계: 혈맹에서 우호협력 관계로
　　3) 경제 관계: 비대칭적 상호 의존관계
　4. 북·중 관계의 특징과 변화의 요인　281
　　1) 북·중 관계의 특징
　　2) 북·중 관계의 변화 요인 분석
　5. 북·중 관계 전망　288

제4장 북·러 관계 / 정성임 ················ 299

　1. 머리말　299
　2. 양국 관계의 결정 요인: 인식상의 특징　300
　　1) 북한의 '친선' 외교와 러시아
　　2) 러시아의 '강대국' 외교와 북한
　3. 북·러 관계의 역사적 전개　314
　　1) 체제 건설과 '우호관계'의 형성(1945~1953년)
　　2) 주체의 대두와 긴장의 형성(1953~1964년)
　　3) '자주'외교와 현상 유지(1964~1990년)
　　4) 사회주의 연대성의 단절과 새로운 관계의 모색(1990~2000년)
　4. 북·러 관계의 특징과 한계　330
　　1) 변화의 동인과 분야별 관계
　　2) 양국 관계의 성격
　5. 맺음말　345

제5장 북한·유럽 관계 / 정성장 355

1. 머리말 355
2. 북한·유럽 관계의 결정 요인 358
   1) 북한의 대(對)유럽 인식
   2) 유럽의 대(對)북한 인식
   3) 국제 환경과 남북한 관계
3. 북한·유럽 관계의 역사적 전개 367
   1) 냉전시대 북한의 대유럽 관계
   2) 탈냉전시대 북한의 대유럽 관계
4. 북한·유럽 관계의 평가 384
   1) 정치적 협력과 갈등
   2) 북핵 및 북한 인권 문제
   3) 교역, 경제협력 및 인도적 지원
5. 맺음말 406

찾아보기 • 415

서장

이태환

    이 책은 북한 대외관계의 지속성과 변화를 역사적 관점에서 분석·고찰하는 것을 목적으로 한다. 첫째는 북한 대외관계의 역사적인 사실에 대한 서술과 분석이 절대적으로 미흡한 상황에서 이를 보충하기 위해 대외관계 변화 과정에 대한 사실적인 자료를 만드는 것이다. 둘째는 북한의 대외관계 변화에 대한 동인을 모색하기 위해 그 기초 작업으로서 대외관계의 지속과 변화에 대한 추세를 분석하는 것이다. 마지막으로 앞서 작업한 추세 분석을 통해 그 동인을 살펴보고 북한의 앞으로의 대외관계를 전망하는 것이다.

    이 연구는 북한의 대외관계를 북한의 시각과 상대방 국가의 시각 양쪽 모두의 관점에서 살펴보고 있다. 우선 북한의 시각에서 북한 체제의 지속성과 변화를 중심으로 북한의 대외관계를 고찰한다. 이러한 시각에서는 북한 체제의 속성상 나타나는 특징과 지도부의 인식이 대외관계에 어떻게 영향을 미치는지가 관심의 대상이다. 북한에 중요한 점은 자신들의 체제 건설과 유지에 어느 국가가 가장 중요한 역할과 원조를 하는가이다. 예를 들어 김일성 시대에 중국과 소련은 북한의 국가 건설 및 발전 과정에 가장 중요한 국가로 인식되었다. 1980년대부터 대외적 '자주'와 함께 '친선'을 강조하면서 변화를 보여, 김정일 시대에는 러시아를 북한의 체제 유지를 보장하지는 못하지만 지원할 수 있는 국가로 인식하고 있다. 이러한 맥락에서 북한 대외관계 분석의 틀로서 정치체제 및 대외인식과 대외관계의 상호작용에 대해 논의할 것이다.

다음으로 상대방 국가의 관점에서 북한의 대외관계를 보는 것이다. 관계 대상이 되는 국가에 따라 그 국가의 대외관계가 북한의 대외관계보다 국제환경에 더 큰 영향력을 행사하기 때문에 양국 관계에서 북한의 시각보다 강대국들의 시각이 더 중요한 변수가 될 수 있다. 그리고 이것은 본 연구를 진행하는 데 북한 측 자료의 제약에 따른 문제를 극복하고 북한 측 시각과 입장을 넘어서 균형적인 관점에서 북한의 대외관계를 고찰하기 위해서이기도 하다.

이 연구의 대상 시기는 1945~2007년이며, 대부분의 필자들이 이 시기를 냉전기와 탈냉전기로 나누어 변화와 지속성에 대한 분석을 제공한다. 냉전기와 탈냉전기로 나누어보는 것은 북한의 대외관계가 동유럽권과 구소련의 붕괴, 한중 수교 등으로 이어지는 탈냉전기에 큰 전환점을 맞았기 때문이다. 변화와 지속성에 대한 추세 분석을 하는 것은 1990년대 이전과 이후 북한 대외관계의 역사적인 전개 과정을 비교론적 시각에서 서술하기 위함이다.

다음으로 북한 대외관계의 변화를 설명하고, 이를 토대로 미래를 전망하기 위한 변화 요인을 분석한다. 냉전기 북한의 대외관계는 지정학적 요인, 개인적 유대, 이데올로기적 요인 및 지도부 간의 상호 인식 등을 포함하는 여러 가지 대내외적 요인의 영향을 받았다. 냉전기 북한의 외교정책을 이해하기 위해서는 다른 어떤 요인보다도 최고지도자인 김일성과 김정일의 대외관계 인식과 관점에 대한 분석이 필수적이다. 탈냉전기 북한의 대외관계는 이데올로기의 쇠퇴와 더불어 사회주의 국가인 중국과 소련 지도자들의 사망과 은퇴로 인한 개인적인 유대 및 관계 약화 등에 영향을 받았다. 게다가 중국과 소련의 대북정책의 변화로 인해 북한은 국제적인 고립을 탈피하기 위한 노력을 경주하지 않을 수 없었다.

연구 대상 시기가 장에 따라 조금씩 차이를 보이고 있는데 북·미 관계 및 북한-유럽 관계는 2007년까지 다루고 있으며, 다른 국가의 경우는 2006년 이나 2006년 전후를 다루고 있다. 이 연구를 시작할 당시에는 1945~2002년 을 대상으로 했으나 연구한 결과를 정리하여 책으로 출간하기까지 여러 해가 지나는 동안 발생한 변화를 보충하기 위해 2006년 혹은 2007년까지의 내용을 새로 추가한 것이다.

이 책은 북한의 대외관계를 북·미 관계, 북·일 관계, 북·중 관계, 북·러 관계, 북한-유럽 관계 순서로 다루고 있으나 이는 북한 대외관계에서 차지하는 비중과는 무관하다. 단지 자본주의 국가들과의 관계를 먼저 다루고, 사회주의 국가들인 중국과 구소련, 동유럽을 포함하여 탈냉전기에 출현한 러시아와 EU 등과의 관계를 나중에 다루었을 따름이다.

제1장에서 백학순은 북·미 관계를 북한 체제의 지속성과 변화의 관점에서 분석하고 있다. 1945년부터 2007년 초까지 북·미 관계의 전개 과정을 크게 '냉전시대', '탈냉전시대', '9·11테러 이후'의 세 시기로 구분하고, 시기별 공통점과 차이점을 분석하여 북·미 관계의 지속성과 변화를 보여준다. 먼저 시기를 불문하고 공통적으로 지속되는 것은 북·미 관계는 무엇보다도 '비대칭적인 힘의 관계'라는 점과 미국이 자신의 우월한 지위와 힘을 이용하여 북한을 국제사회, 즉 미국의 영향권 속으로 끌어들이는 과정이라는 점을 지적하고 있다.

두 번째로 북한이 비록 미국과 비대칭적인 힘의 관계 속에 놓여 있긴 하지만 언제나 나름대로 자신을 방어하는 '효과적'인 무기나 카드를 보유하고 있었다는 점을 들고 있다. 필자는 국제 정치구조, 북한의 지정학적인 위치와 북한 지도부의 전략적인 능력과 깊은 연관이 있는 것으로 보고 있다.

필자는 북·미 관계에서 세 시기에 각각 달리 나타나는 차이점을 관계의 역동성 여부에서 찾고 있다. '냉전시대'에는 역동성을 찾아보기 힘들었으나 탈냉전시대에 와서는 북·미 관계가 역동성을 보여주고 있다는 것이다. 냉전시대에 미·소 블록의 대립에 따라 미국이 북한에 대해 봉쇄정책으로 일관하여 북·미 양국이 정치, 외교, 군사 안보, 경제 등 모든 면에서 전면적인 적대관계를 유지한 데 반해, 탈냉전시대에는 급격히 변화된 국제 환경 구조 속에서 세계 유일의 초강대국 미국의 적극적인 국제질서 재편전략과 생존을 추구하는 북한의 대외전략이 상호 작용했다는 점을 지적하고 있다.

필자는 탈냉전시대의 북·미 관계가 냉전시대의 상대적으로 단순하고 단선적인 모습에 비하면, 변화된 국제질서 속에서 '협력'과 '대결'이라는 상반된 가치가 상호 작용하면서 좀 더 복잡하고 역동적인 동학(動學)을 보여주었다고 주장한다. '9·11테러 이후'의 북·미 관계는 '공세'와 '대응'을 주고받으며, 또 결국에는 상호이익을 확보하기 위해 '협력' 정책을 취하는 등 나름의 역동성과 동학을 보여주었다고 말한다. 이러한 지속과 변화에 대한 분석을 토대로 앞으로 북핵 문제와 같은 주요 현안을 해결하는 과정에서 겉으로 드러나는 모습보다는 훨씬 역동적이고 복잡한 전개 과정을 겪게 될 것이라고 예측한다.

필자의 주장은 북·미 관계가 북한 국가의 형성 과정부터 지금까지 북한 국가 대외생존전략 구조의 주요 핵심고리 중 하나였다는 것이다. 따라서 북한이 최소치로서는 북·미 관계가 북한의 생존과 발전을 저해하지 않고, 최대치로서는 북·미 관계가 북한의 생존과 발전을 담보하는 방향으로 이루어지도록 북·미 관계를 개선하기 위해 적극적으로 노력해갈 것으로 전망하고 있다.

제2장은 북한의 대외관계에서 '북·일 관계'의 지속성과 변화를 분석하고 있다. 임재형은 정부 간 공식적인 관계 개선 없이 '적대적 갈등 관계', '비공식적 관계'를 유지하는 북한과 일본과의 관계를 지속성과 변화의 관점

에서 규명하면서, 그 과정에서 북한과 일본이 획득하고자 했던 목표와 북·일 관계의 특징을 고찰하고 있다. 냉전기 북한은 '군국주의의 부활을 획책'하는 일본 정부와, '평화를 염원'하는 일본 국민을 분리하여 대응하는 '인민외교'를 통해 민간 차원의 교류와 협력을 확대해나갔다. 일본의 대북정책도 적극 교류에는 부정적이어서 북·일 관계는 민간 차원에서 교류를 유지했다.

필자는 냉전기 '비공식적'인 민간 부문의 교류만이 진행되던 북·일 관계가 탈냉전기로 접어들면서 북한이 국제적 고립에서 탈피하고 경제난을 타개하기 위해 일본과의 관계 개선을 적극적으로 모색하면서 변화되었다고 분석하고 있다. 북한은 북·일 수교에 따른 대일청구권 자금의 유입 및 경제 지원과 협력, 서방국가들의 자본 진출이 난관에 빠진 북한 경제를 회생시키는 데 결정적인 역할을 하리라고 기대했고 일본은 아시아 및 한반도에서의 역할 증대와 영향력 확대를 기대했기 때문이라는 것이다.

임재형은 전후 대립과 화해를 반복해온 북·일 관계의 특징을 다음과 같이 분석하고 있다. 첫째, '비공식적 관계'가 지속되고 있다는 점이다. 1965년 국교정상화 이후 한·일 관계가 국가 대 국가의 '공식적 관계'로 전환된 반면, 북한과 일본은 여전히 '비공식적 관계'에 머물고 있다. 둘째, 정치·안보적 갈등 관계 속에서도 경제 교류는 지속되는 '정경분리원칙'이 강조되었다는 점이다. 셋째, 북·일 관계는 각자의 대외정책에서 '주변적·종속적 위치'에 머문다. 이는 북한과 일본의 대외정책이 일정 정도 국제 환경에 의해 제약을 받아왔기 때문이다. 넷째, '한국변수'가 크게 작용했다는 점이다. 북·일 관계는 남북 관계에서 긴장이 완화되면 증가하는 경향을 보이고, 한·일 관계가 갈등 관계로 전환되면 다소 진전되다가, 갈등이 해소 국면으로 접어들면 다시 후퇴하는 모습을 보였다. 다섯째, '안보 갈등'이 중요한 요인으로 작용했다는 점이다.

필자는 북·일 관계를 지속성과 변화라는 차원에서 상대방에 대한 인식과 국내외 환경이라는 변수가 양국 관계에 긍정과 부정, 어느 한 측면에만 작용했던 것이 아니라 복합적으로 영향을 미치면서 상호간 '국가이익의 확보'라는 차원에서 전개되었다고 주장한다. 이는 장래의 북·일 관계에서도 크게 변하지 않을 것이며 오히려 강화될 것으로 전망하고 있다.

또한 북·미관계의 변화가 북·일 관계 개선에도 상당한 영향력을 미칠 것으로 예상하고 있다.

임재형은 북·일 국교정상화는 북·미 국교정상화와 더불어 북한이 동아시아 국제질서 속에 정상적인 일원으로 받아들여진다는 의미로 본다. 또한 북일 수교가 실현될 경우 북미 수교와 함께 한반도 교차 승인이 완결됨으로써 한반도 평화 정착과 통일, 동북아 평화체제 형성에 긍정적으로 작용할 것이라고 주장하고 있다.

제3장은 북·중 관계를 다룬다. 이태환은 북·중 관계의 지속성과 변화를 분석함에 있어 시기별로는 냉전기와 탈냉전기로 구분하고 분야별로는 정치, 경제, 군사 관계를 나누어 고찰하고 있다. 또 북중 관계를 북한의 관점에서만이 아니라 중국의 관점에서 살펴보고 관계 변화에 대한 요인 분석을 하고 있다.

필자는 북·중 관계의 변화를 다음과 같이 요약하고 있다. 첫째, 북한과 중국은 혈맹의 성격을 가진 특수한 관계에서 중국이 말하는 '선린우호 협력관계'로 변화했다.

둘째, 북한, 중국 양국 관계는 경제적 측면보다는 정치·군사적 이해관계가 중요한 변수로 작용해왔으며, 이는 북한의 대외무역에서 차지하는 중국의 비중 변화가 북·중 정치적 관계 변화에 따라 달라지는 데에서도 확인할 수 있다.

셋째, 정치, 군사, 경제 각 분야별 관계의 변화가 반드시 같은 시기에 발생하지는 않았다. 탈냉전기에는 정치적 관계가 소원한 경우에도 경제적 원조 관계는 지속되는 등 분야별 관계가 냉전기에 비해 연관성이 줄어들었다.

넷째, 경제적으로 비대칭적인 관계가 심화되면서 북·중 정치 관계와 경제 관계의 괴리가 커지고 있다. 즉 중국의 입장에서 경제적으로는 북한의 비중이 계속 줄어드는 데 반해, 핵 문제나 다른 정치적인 현안에서 북한의 전략적 비중은 상대적으로 적게 감소했다고 볼 수 있다.

1990년 이후 북·중 관계는 국제 환경의 변화뿐 아니라 양국 지도부 교체 등 국내적인 요인에 의해 많은 변화를 겪어왔다. 탈냉전기 북·중 관계 변화에 이데올로기 요인과 개인적인 유대 요인이 퇴조하고, 지정학적 요인을 포함한 체제 유지와 같은 국가이익이 더 중요한 요인으로 작용하고 있다고 할 수 있다. 지정학적 요인이 변수가 아닌 상수라는 점을 고려할 때 북·중 관계의 지속성을 설명하는 요인으로 작용할 것으로 보이며 양국 간 관계 변화는 국제적 환경으로서 강대국 관계나 북·중 양국의 상호 인식과 국내 정치체제의 변화에 의해 더 영향을 받을 것으로 보인다.

필자는 북·중 관계가 지정학적 요인과 강대국들 간 관계 변화와 이에 대한 양국 지도부의 인식에 의해 영향을 받았다고 주장한다. 이데올로기, 정치체제의 유사성, 지정학적 요인 등이 북·중 양국 관계의 변화보다는 지속적인 면을 설명해준다고 분석하고 있다. 향후 북·중 관계 변화에서 중요한 것은 북·중 양국의 상호 인식인데, 이 중 중국 지도부의 대외인식 및 대북인식, 미·중 관계 등이 북한의 대중적 인식보다 더 중요한 변수가 될 것으로 보고 있다. 북한의 대중인식의 변화는 중국의 대북 전략에 달려 있다고 할 수 있으며 따라서 북·중 관계는 북한의 입장보다는 점점 더 중국을 포함한 국제적 변수의 영향을 받게 될 것이라는 것이다. 지정학적 요인이 남아 있기는 하지만 그 비중이 줄어들고 있는 점으로 보아 북·중 관계는 중국의 동북아 전략에서 북한이 차지하는 위치에 따라 달라질 것으로 전망하고 있다.

제4장은 북·러 관계를 다루고 있다. 필자인 정성임은 북한의 체제 건설과 유지에 어느 국가가 가장 중요한 역할을 하고, 원조를 하는지 여부가 북한의 대외관계 인식상의 지속성과 변화의 가장 중요한 기준이라는 점을 들고 있다. 김일성 시대에 소련은 국가 건설 및 발전 과정에서 가장 중요한 역할을 한 국가로부터 북한과 '친선' 관계를 맺은 사회주의 국가 중 하나로 변모했고, 김정일 시대의 러시아는 북한의 체제 유지를 보장하지는 못하지만 지원할 수 있는 국가로 인식되고 있다.

북한과 소련 또는 러시아와의 관계는 역사적으로 네 단계, 즉 체제 건설과 '우호 관계'의 형성기(1945~1953), 주체의 대두와 긴장의 형성기(1953~1964), 대외환경과 관계의 기복기(1964~1990), 사회주의 연대성의 단절과 새로운 관계의 모색기(1990~2000)로 나뉜다.

필자는 북·러 관계를 역사적으로 고찰하는 한편, 이를 통해 양국 관계를 파악하는 데 필요한 주요 요인, 양국 관계의 인식상 특징을 설명하면서 냉전시대에는 양국 관계가 북한을 통한 한국의 '해방'에서 대북·대남 정책(북한+러시아, 남한+러시아)을 통한 현상유지로 변화되었다면, 탈냉전시대에는 남북한을 함께 고려한 더욱 적극적인 인식(남북한+러시아)의 특징을 보여준다고 분석하고 있다.

양국 관계의 변화가 냉전시기에는 정치적 요인(이념, '자주')을 탈냉전시기에는 경제적 요인(실리)을 동인으로 하고 있음을 지적하고, 그러한 전환의 결정적 계기가 소연방의 해체였다고 주장하고 있다고 주장한다. 북한 측에서 볼 때, '우호 관계'의 형성이 소련의 점령정책에서 시작되었다면, 1950년대 변화는 북한 측(대외적 자주)에서 왔으며, 1960년대 중반 이후 1980년대까지 변화는 북한 체제나 통일 환경에 영향을 주는 요인들과 관련이 있다. 한편 탈냉전시대의 변화 요인은 소련(소연방의 해체와 한국일변도 정책)에서 왔으나 푸틴 시대로 들어서면서부터는 상호 필요성에 의해 관계를 재정립하고 있다. 중요한 것은 실리이며 이를 반영한 것이 양국 경제 관계의 변화라는 것이다.

필자는 시대별 경제 관계를 개괄하면서, 1940년대와 1950년대 소련의 대북 무상원조나 무상차관, 경제 복구 지원 → 1960년대 소련의 대북 장기 차관 및 경제 개발 지원 → 1970년대 소련의 북한 인프라 투자 및 차관 상환 방식의 변화→1987년 이후 경협 및 무역결제 방식의 변화, 장기협력 프로그램 → 2000년대 경협 논의의 활성화 및 극동지역의 적극 활용으로 요약하고 있다. 1960년대까지 양국의 경제 관계에는 정치적 관계가 절대적인 영향력을 발휘했다면, 1970년대 이후는 북한 경제의 문제점이 제약 요인으로 작용하고 있다고 분석하고 있다.

북·러 관계는 수직적 관계에서 수평적 관계, 이데올로기적 관계에서 실용적 관계로 들어가고 있다고 지적한다. 필자는 양국 관계의 발목을 잡는 가장 큰 변수는 경제 문제(채무)이며 그들 간에 경제적 이득이 중요하게 작용하는 것은 이미 그들 관계가 일반적인 국가 간 관계로 들어갔음을 보여주는 것이라고 주장하고 있다.

제5장은 북한·유럽 관계로, 정성장은 냉전시대 북한과 동유럽 간 관계에는 이념적 요인과 북·소 관계가 중요하게 작용했다고 분석한다. 필자에 따르면 북한과 동유럽은 '프롤레타리아 국제주의'에 의해 정치적으로 연결되어 있었기 때문에 동유럽은 특히 한국전쟁 발발 이후 적극적으로 북한에 경제적 지원을 제공했다. 그런데 동유럽 국가 대부분이 소련의 영향하에 놓여 있었기 때문에 스탈린에 대한 평가 문제 등으로 북·소 관계가 악화되면 북한·동유럽 관계도 악화되었다. 반면에 소련과의 관계에서 자율성을 추구했던 소수 동유럽 국가들과 북한 간의 관계는 더욱 긴밀해졌다.

필자는 냉전기와 탈냉전기로 나누어 북한의 대유럽 관계를 분석하면서 북한의 의도와 목표가 변화하는 과정을 분석하고 있다.

북한이 냉전시대에 한편으로는 제국주의 국가들 간의 모순을 이용하여 세계혁명을 실현하고, 다른 한편으로는 서유럽의 선진 기술을 도입하려는 목적에서 서유럽 국가들에 접근했다고 보고 있다. 북한이 서유럽 국가들에 관심을 가지고 접근하기 시작한 것은 1950년대 후반부터이며, 1970년대에 들어서는 미·중 관계가 개선되고 남북 대화가 시작되자 북한과 서유럽 관계가 크게 진전되었다. 그런데 서방으로부터의 차관 및 선진 기술 도입 노력이 1970년대 중반에 북한의 무역수지 적자와 외환 사정 악화를 초래하여 북한과 서유럽 관계는 침체 상태에 놓이게 되었다. 1980년대 말에는 동유럽의 사회주의 체제가 붕괴되고 1991년에 소련이 해체됨으로써 북한은 생존 차원에서 서유럽 국가들에 접근하게 되었다. 서유럽 국가들은 1990년대 중반 심각한 식량난에 직면한 북한이 외부 원조를 요청하자 인도적 차원에서 대북 지원을 하면서 북한과 더 긴밀한 관계를 맺게 되었다. 특히 2000년 남북정상회담 이후 한국 정부가 북한과 EU 회원국들과의 관계정상화를 적극적으로 지원함으로써 북한은 2001년까지 프랑스를 제외한 EU의 핵심 국가들과 수교했다.

북한은 탈냉전 이후 '국제적 혁명역량'의 강화를 위해서가 아니라 세계 유일의 초강대국으로 부상한 미국의 대북 압력을 약화시키고, 경제난 극복을 위한 인도적 지원과 개발 지원의 확보를 위해 EU와의 관계 증진을 모색하고 있다. EU는 북핵 문제 등 안보 문제와 관련해 1998년 이후 북한과 정치적인 대화를 통해 논의를 진행하고는 있지만, 북핵 관련 다자회담에 참가할 것을 요구할 정도로 큰 이해관계를 가지고 있지는 않다. 2002년 10월 미 행정부의 네오콘이 불확실하고 과장된 정보에 의존하여 일으킨 제2차 북핵 위기로 EU의 대북 태도는 강경해졌고, 그 결과 EU의 주도로 UN 인권위원회와 UN 총회에서 북한인권결의안이 채택되었다. 그로 인해 북한과 EU의 관계는 냉각되었으나 2007년 '2·13합의' 이후 개선될 조짐을 보이고 있다.

한국전쟁 이후 동유럽이 북한 경제 재건에 큰 도움을 제공한 것처럼, EU는 1995년 심각한 식량난을 겪은 후 북한에 대한 인도적 지원을 통해 북한 경제 회복에 크게 기여했다. 그리고 북한의 정책입안자들에게 '새로운 경제관리 방식'을 마련해야 한다고 지속적으로 강조함으로써 2002년 7월 북한의 경제개혁 실시에도 일정한 영향을 미쳤다. 또한 EU는 제2차 북핵 위기 발생에도 불구하고 인도적 지원과 식량 지원 같은 인도적 지원은 중단하지 않고 지속했다. 현재 EU는 중국, 일본과 함께 북한의 주요한 무역 상대국이지만, EU 측에서 보면 교역 파트너로서의 북한의 위상은 매우 낮다. 필자는 향후 북핵 문제가 본격적인 해결 과정으로 들어서면 EU는 온건한 접근방식을 취함으로써 북한의 경제개혁과 개방에 더욱 긍정적인 영향을 미칠 것으로 전망하고 있다.

각 장의 내용들을 종합하기는 어려운 일이나 단순화시켜 보면 북한의 대외관계의 특성을 다음과 같이 요약할 수 있을 것이다. 북한의 대외관계는 구사회주의 국가들과의 관계를 보면 과거 전통적인 공산당을 주축으로 하는 특수 관계에서 국가 대 국가의 실리적 이해관계로 변화했다. 미·일과는 아직 국교가 없는 비공식적 관계이나 그 중요성이 점점 커지고 있는 추세이다. 냉전기 북한의 대외관계는 주로 국제적 요인, 이데올로기적인 요인과 체제 건설 및 유지 등의 국내적 요인에 의해 전개되었다면 탈냉전기 북한의 대외관계는 실리적 요인과 체제 유지·보존을 위한 목적과 국제적 환경으로서 강대국들의 대북 전략에 의해 좀 더 많은 영향을 받았다고 할 수 있다. 이 같은 요인들에 대한 분석은 필자마다 조금씩 차이를 보이고 있기는 하지만 북한의 대외관계의 변화는 미국의 대북전략과 중국의 대북전략이 북한의 체제유지 및 생존전략과 어떻게 작용하는지에 달려 있다고 할 수 있을 것이다.

이 책에서 도출된 결론들은 나름대로 한계를 갖고 있다. 역사적 전개 과정을 충실히 하려다 보니 대외관계 전반에 대한 이론적 검토가 부족하다는 점과 자료의 제약으로 인해 가설적 명제들에 대한 검증이 부족하기 때문이다. 또한 각 장의 필자들이 공통적인 시각을 갖고 연구를 시작한 것이 아니라 각기 다른 시각을 갖고 최대한의 공통점을 모색해나가는 과정에서 이루어진 다양한 시각의 집합으로 볼 수도 있기 때문에 일관된 논리 전개가 어려운 면도 있다. 이러한 제약에도 불구하고 북한의 대외관계에 대한 종합적 고찰이라는 점에서 향후 북한의 대외관계 연구에 조그마한 보탬이 될 것을 기대해본다. 편집자로서의 역할은 할 수 없었지만 서문을 쓰게 된 필자의 입장에서 모든 내용을 충분히 이해하고 전달했어야 하는데 그렇지 못한 것 같아 열심히 집필해주신 여러 필자들에게 미안한 마음이 앞선다. 독자들의 질책과 지도 편달을 기대해 마지않는다.

제1장

북·미 관계

백학순

1. 머리말

   북한과 미국과의 관계는 양측의 리더십이 추구하는 국가 이익과 목표, 이를 달성하는 능력과 자원, 전략 및 정책, 리더십의 교체와 그에 따른 변화, 대내외 구조적 환경에서의 변화, 그리고 리더십 차원의 요소들과 구조 차원의 요소들의 상호 작용의 결과로 지난 60여 년간 나름의 '지속성'과 '변화'를 보여주었다.

   미국은 한반도가 일제 식민지배로부터 해방된 이래 한반도 분할 점령, 6·25전쟁, 정전체제 지속 등을 통해 지난 60여 년간 북한의 운명에 지대한 영향을 미쳐왔다. 북한 지도부는 국가 형성 초기부터 줄곧 미국과의 관계를 대외 생존 구조의 주요 핵심 고리 중 하나로 보고 북·미 관계가 북한의 생존과 발전을 저해하지 않도록, 특히 1990년대 초 소련 멸망 이후부터는 북·미 관계가 북한의 생존과 발전에 도움이 되는 방향으로 자리 잡도록 적극적으로 북·미 관계의 개선을 위해 노력해왔다. 현재 북·미 관계는 북핵 문제 해결이라는 마지막 고비를 넘고 있으며, 그것만 해결되면 북·미 관계의 정상화, 한반도 평화체제의 구축이 이루어질 것으로 보인다.

그러나 북·미 관계는 클린턴 정부 말기를 제외하고서는 해방 이후 지금까지 '대결'의 역사 그 자체였다. 비록 조지 W. 부시 정부하에서도 2006년 10월부터 북핵 문제 해결을 위해 북·미 양국이 상호 '협력'의 징후를 보이고 있으나, 근본적인 불신과 대결관계는 아직도 크게 변하지 않았다.

이 장에서는 1945년부터 2007년 초까지 북·미 관계를 검토하고 이것이 '북한 체제의 지속성과 변화'에 미친 영향을 분석하고자 한다. 세종연구소 북한연구총서의 '북한 체제의 지속성과 변화'라는 대주제의 성격을 고려하여 북·미 관계를 다루되, 주로 '북한의 관점과 정책'을 중심으로 살펴볼 것이다. 구체적으로 북한의 대미인식과 대미 전략은 어떠했는지, 북·미 관계의 전개 과정은 어떠했는지, 그리고 북·미 관계의 전개 과정이 보여준 특징과 성격은 앞으로 전개될 북·미 관계, 북한 체제의 지속성과 변화에 대해 어떤 함의를 갖고 있는지를 분석할 것이다.

2. 북·미 관계와 북한의 생존·발전 전략

북·미 관계는 북한의 대외 생존과 발전 전략에서 어떤 위치를 차지하고 있고 어떤 역할을 하고 있는가? 이 질문에 대답하기 위해, 우선 북한의 대미 관계를 결정짓는 주요 요소가 무엇인지, 그런 요소들의 환경 구조는 무엇인지, 또 리더십(정책 행위자) 차원에서의 요소들이 환경 구조 차원에서의 요소들과 어떤 상호 작용을 통해서 어떤 관계를 산출하는지 순서대로 살펴보기로 하자.

북·미 관계의 주요 결정 변수는 우선 리더십으로 북한 정부와 미국 정부의 상대방에 대한 인식, 자원, 정책을 생각해볼 수 있다. 또한 북·미 양국 정부의 상대방에 대한 정책의 환경 구조를 생각해볼 수 있다. 그러한 환경 구조적 요소로서 미·소(러시아)관계, 북·중 관계와 북·러 관계, 북핵 문제와 미사일 문제, 9·11테러와 그에 따른 미국의 반테러와 대량살상무기 비확산·반확산정책, 그리고 북한에 대한 한·미 양국의 정책을 생각해볼 수 있을 것이다.

1) 북한의 대미인식, 대미자원, 대미정책

(1) 대미인식

북·미 관계는 미·소 양국의 한반도 분할 점령 이후 지금까지 상호 적대관계를 지속했기 때문에 북한 정부의 대미인식은 기본적으로 '부정적'이고 '방어적'이었다. 그리고 미국은 남한의 지배를 통해 한반도에서 정치·안보·군사·경제 등 여러 분야에서 식민지적 이익을 취하고 자신의 전략적 이익을 확보하고 있다고 인식하고 있었다.

북한은 미국이 1945년 미·소 양국의 한반도 분할 점령 훨씬 이전부터 아시아와 한반도에서 제국주의적 이익을 추구한 부정적인 이미지를 가진 국가였다고 강조하면서 미국을 부정적으로 묘사해왔다.[1] 북한은 미국의 조선 침략은 1866년 "미국해적선 '셔먼' 호"의 대동강 '침입'과 평양 사람들의 제너럴셔먼 호 격침 사건[2]이 발생한 100여 년 전부터 시작되었다는 것,[3] 미국은 "조선인민의 불구대천의 원쑤"라는 것, 그리고 미국은 남한에

---

1) 북한의 부정적인 대미인식은 역사적인 사건에 기반을 두고 있었지만 미·소 간의 대립하에서 소련의 보도에도 영향을 받았다. ≪로동신문≫, 1947년 1월 18일자, 4월 2일자, 4월 4일자; 김일성, 「인민군대를 강화하자」, 『김일성저작집 7』(평양: 조선로동당출판사, 1980), 449~450쪽.
2) 김일성, 「조선혁명가들은 조선을 잘 알아야 한다」, 『김일성저작집 1』(평양: 조선로동당출판사, 1979), 230쪽.
3) "정세를 고의적으로 격화시키는 행위", ≪로동신문≫, 1962년 6월 25일자. 북한은

대해 '식민지 정책'을 추구하고 있다는 것에 대해 비난했다.4) 미국에게 "100년 동안에 걸쳐 조선 인민의 가슴에 맺혔던 원쑤"를 갚아야 한다는 것이다.5)

북한은 미국이 역사적으로 다른 나라의 자주권을 침해해왔을 뿐 다른 나라의 독립을 도와 성공한 나라는 없다고 보았다. 한반도 남반부의 점령과 통치를 통해 조선인들의 자주독립국가 건설을 방해하고 일본을 대신한 제국주의자로서 새로운 식민지정책을 추구했다고 보았다.6)

북한은 미국이 1945년 12월 말 모스크바 삼상회의에서 내놓은 최초의 안은 조선에게 독립국가 건설의 기회를 박탈하고 조선을 미국의 식민지로 만들려는 계획하에 10년간의 신탁통치를 주장한 것이었다고 비난했다.7) 북한은 또한 미·소공동위원회에서의 미국의 태도를 통일 자주 독립국가를 세우려고 미·소공위를 파탄시킨 것으로 보았다. 미국이 소련의 동시 철군 제안을 거부한 것은 남한에 미군을 계속 주둔시키겠다는 뜻으로,8) 그리고

셔먼 호 사건 외에도 신미양요, 「카스라-태프트조약」 등이 미국에 대한 부정적인 평가를 야기한 사건임을 언급하고 있다. 김일성, 「해방된 조국에서의 당, 국가 및 무력 건설에 대하여」, 『김일성저작집 1』, 264쪽.

4) ≪로동신문≫, 1966년 9월 2일자.
5) 김일성, 「청년들은 우리 혁명의 종국적 승리를 위하여 경제건설과 국방건설의 모든 전선에서 선봉대가 되자」, 『김일성저작집 22』(평양: 조선로동당출판사, 1983), 136~137쪽.
6) 김일성, 「민족운동자들과 한 담화」, 『김일성저작집 1』, 390~391쪽; 김일성, 「우리나라의 민주주의적 발전과 완전 자주독립을 위하여」, 『김일성저작집 2』(평양: 조선로동당출판사, 1979), 222쪽; 김일성, 「현시기 남조선 청년운동의 과업」, 『김일성저작집 1』, 435~436쪽.
7) 김일성, 「8·15해방 1주년 평양시 경축대회에서 한 보고」, 『김일성저작집 2』, 354쪽.
8) 김일성, 「11월 3일 선거 1주년을 맞이하면서」, 『김일성저작집 3』(평양: 조선로동당출판사, 1979), 508~510쪽; 김일성, 「반동적 남조선 단독정부 선거를 반대하고

미국이 조선 문제를 UN으로 넘긴 후 UN 총회가 남북한의 대표를 초청하여 의견을 청취하자는 소련의 제안을 무시하고[9] 'UN 임시조선위원단'을 조직한 것은 조선을 식민지화하려는 미국의 의도를 '선거'로 포장하고 남한 단독 정부를 수립하는 데 도움을 주기 위한 것으로 해석했다.[10] 북한은 소련군이 철수한 후에도 미군이 남한에 계속 남아 있는 것을 남한을 미국의 식민지로 만들려는 의도 때문이라고 보았다.[11]

1950년의 6·25전쟁과 전쟁 중에 보인 미국과 미군의 행동은 북한의 대미인식을 결정적으로 좌우했다. 제공권을 장악한 미 공군의 폭격에 의한 대량 파괴와 살상 등 전쟁 중에 미군이 보인 '야수적 만행'[12]과 미국의 '원자탄의 사용 가능성'에 대한 언급 등으로 북한은 미국에 대해 극히 부정적인 이미지를 갖게 되었다.[13]

조선의 통일과 자주독립을 쟁취하기 위하여」, 『김일성저작집 4』(평양: 조선로동당출판사, 1979), 173~735쪽.
9) 김일성, 「북조선노동당 제2차대회에서 한 중앙위원회 사업총화 보고」, 『김일성저작집 4』, 208쪽.
10) 김일성, 「우리는 이 해에 무엇을 하며 어떻게 일할 것인가?」, 『김일성저작집 4』, 27쪽; 김일성, 「반동적 남조선 단독정부 선거를 반대하고 조선의 통일과 자주독립을 쟁취하기 위하여」, 『김일성저작집 4』, 171, 180쪽; 김일성, 「북조선노동당 제2차대회에서 한 중앙위원회 사업총화 보고」」, 『김일성저작집 4』, 209쪽; 김일성, 「김구와 한 담화」, 『김일성저작집 4』, 295쪽.
11) 김일성, 「통일적 민주주의 독립국가 건설을 위한 조선인민의 투쟁」, 『김일성저작집 5』(평양: 조선로동당출판사, 1980), 483쪽
12) 김일성, 「조선민주주의인민공화국 창건 두 돐에 즈음하여」, 『김일성저작집 6』(평양: 조선로동당출판사, 1980), 110쪽.
13) 김일성, 「현정세와 당면과업」, 『김일성저작집 6』, 203쪽; 김일성, 「미국 ≪뉴욕타임스≫지 기자들과 한 담화」, 『김일성저작집 27』(평양: 조선로동당출판사, 1984), 218~219쪽.

평양시만 하더라도 무려 40여 만 개의 폭탄을 투하한 무차별적인 폭격으로 집은 몇 채밖에 남지 않고 온 도시가 완전히 잿더미로 변하고 수만 명이 죽었으며 전쟁 말기에는 농촌까지도 다 잿더미로 변했다는 것이다.14) 미군은 심지어 독가스, 세균 무기, 나팜탄을 사용했으며, 그 "만행과 악독함이 히틀러 도배를 훨씬 더 능가"했다는 것이다.15) 미군은 거리에 나와 노는 철부지 어린아이들까지도 닥치는 대로 학살했고, 농촌에서 모내기하는 여자들, 그리고 고아원에서 놀고 있는 천진난만한 어린아이들에게까지 기총소사를 감행했으니 어찌 우리가 '원쑤'를 미워하지 않으며 복수하지 않을 수 있겠느냐는 것이다.16)

북한은 '심정적'으로 숭미(崇美)할 수 있는 북한의 기독교 목사들17)조차도 6·25전쟁을 겪으면서 미국의 야만적인 본질을 경험하고 기독교를 버렸다는 예를 들며 6·25전쟁 중에 행한 미국의 '만행'과 '잔학성'을 강조했다. 미국에 대한 환상 때문에 6·25전쟁 때 미군을 환영한 목사가 있었지만, 미군의 갖은 약탈과 부녀자들에 대한 만행, 특히 자신의 딸까지 미군에게 능욕을

---

14) 김일성, 「미국 ≪뉴욕타임스≫지 기자들과 한 담화」, 『김일성저작집 30』(평양: 조선로동당출판사). 218~219쪽; 김일성, 「꼴롬비아 조선친선문화협회 위원장 일행과 한 담화」, 『김일성저작집 34』(평양: 조선로동당출판사, 1987), 167쪽.

15) 김일성, 「프로레타리아 국제주의와 조선인민의 투쟁」, 『김일성저작집 7』, 177~178쪽; 김일성, 「조선민족의 자유와 평화와 해방을 위하여」, 『김일성저작집 7』, 339~340쪽.

16) 김일성, 「인민공군을 더욱 강화하자」, 『김일성저작집 7』, 257쪽; 김일성, 「미국사회로동당 대표단과 한 담화」, 『김일성저작집 42』(평양: 조선로동당출판사, 1995), 407~408쪽.

17) 김일성, 「우리 당 단체들의 과업에 대하여」, 『김일성저작 4』(평양: 조선로동당출판사, 1979), 60쪽; 김일성, 「조국해방전쟁의 승리를 위한 각 정당들의 과업」, 『김일성저작집 6』, 20~21쪽.

당한 후 그가 미국에 대한 숭배를 버리고 목에 걸고 있던 십자가를 벗어 던진 경우, 또 미군에 의한 예배당 파괴와 살인 등의 만행 때문에 기독교 목사가 기독교를 버린 경우 등을 예로 들면서 이를 '반미 교양'에 이용했다.18)

김일성이 6·25전쟁 종전 직후에 자신의 최대 정적인 박헌영을 '미국의 간첩'으로 몰아 숙청한 것도 북한 주민들의 반미 감정을 이용한 것이라 할 수 있다.19) 북한은 미국이 "유사 이래 침략전쟁에서 실패해본 적이 없"는 나라이지만,20) 미국 역사상 '처음으로' 군사적 패배를 당한 전쟁이 6·25전쟁임을 강조하기도 했다.21)

북한은 미국이 정전 후에도 평화협정을 체결하지 하지 않아 정전 상태가 지속되고 있다고 지적했다. 더구나 푸에블로 호 영해 침입 등으로 정전협정을 위반하면서 침략 행위를 계속했다고 비난했다. 따라서 북한으로서는 전쟁 준비를 계속 강화하지 않을 수 없고 자신들이 전쟁 준비를 하는 데 가장 중요한 것은 "전체 인민이 미제를 미워하도록 교양"하는 것이며, 그렇게

---

18) 김일성, 「단마르크와 조선사이의 협조관계촉진위원회 대표단과 한 담화」, 『김일성 저작집 28』(평양: 조선로동당출판사, 1984), 468~469쪽; 김정일, 「주체의 혁명위업을 무력으로 튼튼히 담보하자」, 『김일성저작집 37』(평양: 조선로동당출판사, 1992), 181쪽; 김일성, 「조국해방전쟁의 력사적 승리와 인민군대의 과업에 대하여」, 『김일성저작집 8』(평양: 조선로동당출판사, 1980), 135~136쪽.
19) 김일성, 「인민군대의 간부화와 군종, 병종의 발전 전망에 대하여(발취)」, 『김일성저작 9』(평양: 조선로동당출판사, 1980), 183쪽; 김일성, 「당원들 속에서 계급교양사업을 더욱 강화할데 대하여」, 『김일성저작집 9』(평양: 조선로동당출판사, 1980), 250쪽; 김일성, 「사상사업에서 교조주의와 형식주의를 퇴치하고 주체를 확립할데 대하여」, 『김일성저작집 9』, 492쪽.
20) 김일성, 「조국해방전쟁의 력사적 승리와 인민군대의 과업에 대하여」, 『김일성저작집 8』, 141쪽.
21) 김일성, 「조선로동당창건 스무 돐에 즈음하여」, 『김일성저작집 19』(평양: 조선로동당출판사, 1982), 496쪽.

하지 않고서는 기술적 우세를 자랑하는 미제와 싸워 이길 수 없다는 것이다. 그것이 바로 주민들에게 반미사상교양사업을 강화하고 있는 이유이며, 따라서 조선인들의 반미 감정을 미국 사람들이 이해해야 된다는 것이다.22)

그러나 김일성은 미국 정부의 '반동정책', '미 제국주의', '미반동정부'에는 반대하지만 '미국 인민들'은 반대하지 않는다는 것을 언급함으로써 '미국 정부'와 '미국 사람들', '미국 인민들'과 '미국 반동들'을 구별했다.23) 김일성은 북·미 관계를 개선하려면 미국 정부가 내정 간섭을 삼가고 한민족의 통일을 도와주어야 하는데, 이를 위해서는 남한에서 미군을 철수하고 북한의 안전을 위협하지 말아야 한다고 강조했다. 미국은 '두 개의 조선' 정책과 같은 분열정책을 취해서는 안 되며, 지금이라도 미국이 북한에 대한 적대적이며 침략적인 정책을 버리고 통일을 방해하지 않는다면 대미정책을 변경할 용의가 있음을 천명하기도 했다.24)

북한은 또한 군산복합체들이 군수산업을 계속 확장하여 더 많은 이윤을 짜내려고 하기 때문에 '경제의 군사화'를 멈춰 세울 수 없는데,25) 이러한

---

22) 김일성, 「미국 ≪뉴욕타임스≫지 기자들과 한 담화」, 『김일성저작집 30』, 219~220쪽; 김정일, 「미제의 전쟁도발 책동에 대처하여 전투동원 준비를 철저히 갖추자」, 『김정일선집 1』(평양: 조선로동당출판사, 1992), 323~333쪽.
23) 김일성, 「미국 ≪워싱톤포스트≫지 기자와 한 담화」, 『김일성저작집 30』, 330~333쪽; 김일성, 「꼴롬비아 조선친선문화협회 위원장 일행과 한 담화」, 『김일성저작집 34』, 167쪽.
24) 김일성, 「미국 ≪워싱톤포스트≫지 기자와 한 담화」, 『김일성저작집 30』, 329~330쪽; 김일성, 「미국 조선친선공보쎈터 집행위원회와 잡지 ≪조선의 초점≫ 편집국이 제기한 질문에 대한 대답」, 『김일성저작집 29』(평양: 조선로동당출판사, 1985), 296~230쪽.
25) 김정일, 「반제투쟁의 기치를 더욱 높이 들고 사회주의, 공산주의 길로 힘차게 나아가자」, 『김정일선집 9』(평양: 조선로동당출판사, 1997), 28쪽.

미국의 남한에 대한 제국주의적 경제 약탈과 경제예속화 정책, 그리고 미국식 문화와 생활양식의 침투에 대해 비난했다.

북한은 미국의 경제 원조를 통해 이루어지는 남한에서의 '식민지적 약탈' — 남한의 대미 경제 예속화에 따른 미국 독점자본의 침투 및 지배, 그리고 미국 과잉 생산물의 강제 수입, 이에 따른 상품시장화, 남한 경제의 식민지적 예속성과 기형성 — 과 그것이 목적하고 있는 '군사적 침략'에 대해 비난했다.26) 북한은 미국인이 한·미연합군사령관직을 차지함으로써 남한 군대에 대한 통수권을 장악하고 있으며,27) 남한은 미국이 남한 주재 미 대사를 통해 통치하는 '새로운 형태의 식민지(신식민주의)'이며,28) 더구나 남한은 이제 "침략적인 핵전초기지로 전변"되었다고 비난했다.29) 북한은 남한의 박정희 정부가 주창한 '근대화론'과 '민족적 민주주의론'도 미국의 식민지 예속화에 도움을 주는 것으로 비판했다.30)

북한은 미국의 '갱 영화'들이 남한에서 퇴폐적인 양키 문화와 미국식 생활양식을 범람시켰다고 비난했다. 그러한 문화적인 풍조가 남한 청소년들

---

26) 김일성, 「조선로동당 제3차대회에서 한 중앙위원회 사업 총화보고」, 『김일성저작집 10』(평양: 조선로동당출판사, 1980), 248~249쪽, 254쪽; 김일성, 「문덕선거구 선거자들 앞에서 한 연설」, 『김일성저작집 11』(평양: 조선로동당출판사, 1980), 251쪽.
27) 김일성, 「뛰니지 작가동맹 부위원장과 한 담화」, 『김일성저작집 37』(평양: 조선로동당출판사, 1992), 207~210쪽; 김일성, 「온 민족의 단합된 힘으로 조국통일을 자주적으로 실현하자」, 『김일성저작집 43』(평양: 조선로동당출판사, 1996), 404쪽.
28) 김일성, 「일본사회당 중앙집행위원회 시기장과 한 담화」, 『김일성저작집 39』(평양: 조선로동당출판사, 1993), 65쪽; 김일성, 「현시기 총련 앞에 나서는 몇 가지 과업에 대하여」, 『김일성저작집 44』(평양: 조선로동당출판사, 1996), 227쪽.
29) 김일성, 「사회주의건설과 조국통일을 위한 우리 인민의 투쟁에 대하여」, 『김일성저작집 41』(평양: 조선로동당출판사, 1995), 157쪽.
30) ≪로동신문≫, 1966년 6월 17일자, 7월 16일자.

의 대미 투쟁의식을 마비시키고 그들을 부패·타락했다는 것이다.31) 남한은 정치, 경제, 문화의 모든 분야에 걸쳐, 정치 방식으로부터 말과 글, 생활풍조에 이르기까지 모든 사회생활이 미국화, 일본화, 서양화되고 있으며 외세가 판을 치고 민족성과 민족의 존엄이 여지없이 유린·말살되고 있다는 것이다.32)

북한은 미국이 남한을 무력으로 강점하고 '두 개의 조선' 정책을 폄으로써 통일을 가로막고 있다고 보았다.33) 그리고 해방 후 남한에서 친일파와 민족 반역자들이 미국의 비호하에 세력을 키워 매국적인 반민주 세력이 되고 있다고 보았다.34) 과거 일본 관동군 장교로서 만주에서 김일성 부대를 없애려고 싸우던 김석원이 남한 군대에서 고위직에 올라 이번에는 '미국놈의 앞잡이'가 되어 다시 김일성과 싸우게 된 것도 그러한 인식을 강화시켜주었던 것으로 보인다.35)

북한의 지도자들은 "나라와 인민을 사랑하고 조국과 민족을 사랑하는 진정한 애국자들"이지만, 남한의 지도자들은 "지난날부터 나라와 민족을

---

31) 김정일, 「새 세대들을 백두의 혁명정신으로 무장시키자」, 『김정일선집 1』(평양: 조선로동당출판사, 1992), 437쪽.
32) 김정일, 「혁명과 건설에서 주체성과 민족성을 고수할데 대하여」, 『김정일선집 14』(평양: 조선로동당출판사, 2000), 332쪽; 조성박, 『세계를 매혹시키는 김정일 정치』(평양: 평양출판사, 1999), 61~164쪽.
33) 김정일, 「민주주의 캄보쟈 주석이 제기한 질문에 대한 대답」, 『김정일선집 8』(평양: 조선로동당출판사, 1998), 220쪽; 김정일, 「온 민족이 대단결하여 조국의 자주적 평화통일을 이룩하자.」, 『김정일선집 14』(평양: 조선로동당출판사, 2000), 424쪽.
34) 김일성, 「북조선노동당 제2차대회에서 한 중앙위원회 사업총화 보고」, 『김일성저작집 4』, 204쪽.
35) 김일성, 「인민군대는 현대적 정규무력으로 강화발전 되여야 한다」, 『김일성저작집 5』, 206쪽.

팔아먹고 인민을 탄압하며 못살게 구는 매국노들"이며 북한 정권은 '참다운 인민의 정권'이지만, 남한 정권은 '반동적인 괴뢰정권'이라고 구별했다.36)

바로 이런 맥락에서 북한은 '대한민국 정부'는 미 제국주의자들이 만들어 낸 괴뢰 정권으로서 그들의 식민 통치를 가리는 '위장물'이며 미국의 침략정책을 충실히 집행하는 '도구'에 지나지 않는다고 보았다.37) 북한은 남한정권이 미국에 의해 조작되고 미제의 지시에 따라 움직이는 '허수아비' 정권, 미국의 지휘봉에 따라 움직이는 '꼭두각시' 정권이고, 남한의 역대 집권자들은 다 '미국의 앞잡이들'이라고 보았다.38) 김일성은 1972년 '7·4남북공동성명'에 합의하기 이전에 있었던 남북적십자회담 예비회담도 미국이 남한에게 북한과 대화를 해보라고 '남조선괴뢰들을 사촉'한 것으로 보았다.39) 또한 남한 정치라는 것이 대통령이 달라진다고 해서 달라질 것은 없다고 생각했다. 예컨대 남한에서는 미국이 추구하는 '두 개의 조선' 정책에 반대하면 대통령이 될 수 없다는 것이다.40)

김일성은 남한 사람들은 한 핏줄인 동포인데 그들이 "미국놈들의 발밑에

---

36) 김일성, 「청년들은 우리 혁명의 종국적 승리를 위하여 경제건설과 국방건설의 모든 전선에서 선봉대가 되자」, 『김일성저작집 22』, 144~145쪽.

37) 김일성, 「현정세와 우리 당의 과업」, 『김일성저작집 20』(평양: 조선로동당출판사, 1982), 454쪽.

38) 김일성, 「인민군대는 공산주의학교이다」, 『김일성저작집 14』(평양: 조선로동당출판사, 1981), 284쪽; 김일성, 「온 민족의 단합된 힘으로 조국통일을 자주적으로 실현하자」, 『김일성저작집 43』, 406쪽.

39) 김일성, 「조선로동당과 공화국정부의 대내외정책의 몇 가지 문제에 대하여」, 『김일성저작집 26』(평양: 조선로동당출판사, 1984), 288쪽.

40) 김일성, 「뛰니지 작가동맹 부위원장과 한 담화」, 『김일성저작집 37』, 207~210쪽; 김일성, 「온 민족의 단합된 힘으로 조국통일을 자주적으로 실현하자」, 『김일성저작집 43』, 404쪽.

서 쓰러지는 것"을 가만히 보고만 있을 수 없기 때문에 미국을 타도해야 하고, 남한에서 미국의 앞잡이인 지주, 매판 자본가를 타도하여 남한에서도 '인민정권'을 수립해야 한다는 것이다. 이러한 관점에서는 '남조선혁명' 완수는 당연한 과업이라는 것이다.41)

북한은 1972년 7·4남북공동성명에 합의한 이후 '남조선 위정자들'이 남북공동성명의 기본 정신과 합의 내용에 어긋나는 언행을 하고 있다고 비난하면서 그 배후에는 미국이 있다고 보았다. 즉 미 제국주의자들은 말로는 남북공동성명을 환영한다고 하면서도 남북 대화가 추진되고 남북통일 기운이 높아지는 것을 달가워하지 않고 있다는 것이다.42)

김일성은 남한 정부를 '두 끈에 의하여 유지되는 갓'에 비유했다. 여기서 두 끈은 미국과 일본인데, 이 두 나라가 남한에 '돈'을 대주지 않으면 곧 망하고 말 것이라는 의미이다.43) 그리고 경제적 예속관계에 대해 "일본은 미국의 아들이라고 하면 남조선은 미국의 손자"라고 표현하기도 했다.44)

좀 더 본질적이고 추상적인 차원에서 살펴보면, 김일성은 조선인들의 미국에 대한 인식을 특히 '사대주의'와 '수정주의'의 '해독'이라는 관점에서

---

41) 김일성, 「근로단체들의 역할을 더욱 높일 데 대하여」, 『김일성저작집 23』(평양: 조선로동당출판사, 1983), 62쪽.
42) 김정일, 「조국통일 3대원칙을 관철하기 위하여 견결히 투쟁하자」, 『김정일선집 2』(평양: 조선로동당출판사, 1993), 417쪽.
43) 김일성, 「당, 정권기관, 인민군대를 더욱 강화하며 사회주의 대건설을 더 잘하여 혁명적 대사변을 승리적으로 맞이하자」, 『김일성저작집 30』(평양: 조선로동당출판사, 1985), 44쪽; 김일성, 「일본사회당 중앙집행위원회 서기장과 한 담화」, 『김일성저작집 39』, 67~68쪽.
44) 김일성, 「빠나마 조선친선문화협회 서기장과 한 담화」, 『김일성저작집 30』(평양: 조선로동당출판사, 1985), 260쪽; 김일성, 「일본 정치리론잡지 ≪세까이≫ 편집국장과 한 담화」, 『김일성저작집 31』(평양: 조선로동당출판사, 1986), 62~63쪽.

해석하기도 했다. 조선이 강대국들 사이에 있다 보니 예전부터 사대주의가 뿌리 깊었는데, 남한 사람들이 미국에 대항해 강하게 싸우지 못하는 것도, 6·25전쟁 때 일부 사람들이 미국과 끝까지 싸우지 못한 것도 모두 사대주의의 잔재 때문이라는 것이다. 역사적으로 사대주의를 주장하는 사람은 '머저리'가 되고 민족은 망하며 혁명은 실패를 면치 못한다는 것이다. 또한 수정주의를 하면 제국주의에 대한 환상이 생겨나고 적을 반대하여 용감히 싸울 수 없게 된다는 것이다. 그렇게 되면 제국주의에 대한 증오심이 없어지고 적에 대한 경각성이 무디게 된다는 것이다.[45] 김일성은 또한 청년들과 후세들, 그리고 젊은 군인들이 일제시대와 6·25전쟁을 경험하지 않았기 때문에 이들에게 미국과 일본의 제국주의적 침략, 남한의 이들에 대한 '하수인의 성격'에 대한 각성을 높여주고 통일을 앞당겨야 한다는 교양사업을 강조하기도 했다.[46]

북한은 1980년대 말부터 소련이 붕괴하기 시작하고 동·중 유럽에서 체제전환이 이루어지는 상황을 맞아 '우리식 사회주의'와 '조선민족제일주의'를 내걸고 세계 유일의 초강대국인 미국의 영향력에 대한 사상적 방어에 나섰다. 미국은 민족국가, 자립적 민족경제, 민족문화를 부정하고 제국주의자들의 침략과 지배, 다국적 기업의 착취를 정당화하는 데 '세계주의'를 이용하고

---

45) 김일성, 「청년들은 우리 혁명의 종국적 승리를 위하여 경제건설과 국방건설의 모든 전선에서 선봉대가 되자」, 『김일성저작집 22』, 147~150쪽; 김정일, 「주체사상에 대하여」, 『김정일선집 7』(평양: 조선로동당출판사, 1996), 177~178쪽.
46) 김일성, 「유엔주재 네팔왕국 상임대표와 한 담화」, 『김일성저작집 28』(평양: 조선로동당출판사, 1984), 407~408쪽; 김일성, 「정치사업을 잘하여 인민군대의 위력을 더욱 강화하자」, 『김일성저작집 32』(평양: 조선로동당출판사, 1986), 515~516쪽; 김일성, 「당사업에서 형식주의와 관료주의를 없애며 일군들을 혁명화한데 대하여」, 『김일성저작집 20』(평양: 조선로동당출판사, 1982), 498쪽.

있다면서 이에 대한 경각심을 촉구했다.[47]

북한은 1990년대 초반에 제1차 북핵 위기가 발생하자 미국의 팀스피리트 한·미합동군사훈련과 같은 대북 압박과 포위를 1917년 러시아 10월혁명 이후 제국주의 국가들에 의한 미국의 포위에 비유하기도 했다.[48] 북한은 팀스피리트 훈련은 그 내용과 성격에서 '철두철미 침략적'이며, 북한을 "불의에 선제타격하기 위한 예비전쟁이고 핵시험전쟁"이라고 보았다.[49]

북한은 미국의 세계전략은 '핵전략'이며, '핵독점'을 통해서 세계를 지배하자는 것으로 보았다. 이런 맥락에서 북한은 자신의 핵개발을 미국의 세계전략에 대한 '도전'으로 본다는 것이다.[50] 또한 북한은 1990년대부터 시작된 북핵 문제 관련 협상에서 미국의 양보를 받아내려는 의도에서 미국이 '큰 나라'라는 점을 지적하곤 했다. 즉 자신은 '작은 나라'이고 미국은 '큰 나라'인데, '큰 나라'가 먼저 양보해야지, 위협을 더 크게 느낄 수밖에 없는 '작은 나라'더러 먼저 양보하라고 하는 것은 사리에 맞지 않는다는 것이다.

북한은 북핵 문제의 해결 과정, 즉 북한의 비핵화 과정이 기본적으로 '비대칭적'이라고 생각한 것으로 보인다. 북한 자신은 비핵화 과정의 처음부터 자신의 안보 카드인 핵 카드를 포기해나가는 것이지만, 미국에게는 자신의 안보 카드를 포기하는 그러한 과정이 아니라는 식이다. 따라서 북핵 문제 해결 과정에서 북한은 그동안 방어적인 자세를 보여주었던 것으로 생각된다.

---

47) 김정일, 「조선민족제일주의정신을 높이 발양시키자」, 『김정일선집 9』(평양: 조선로동당출판사, 1997), 445~445쪽.
48) 김정일, 「당사업과 경제사업에 힘을 넣어 사회주의 위력을 더욱 강화하자」, 『김정일선집 13』(평양: 조선로동당출판사, 1998), 314쪽.
49) 김정일, 「전국, 전민, 전군에 준전시 상태를 선포함에 대하여」, 『김정일선집 13』(평양: 조선로동당출판사, 1998), 367쪽.
50) 백보흠·송상원, 『영생(총서 ≪불멸의 력사≫)』(평양: 문학예술종합출판사, 1998)은 제1차 북핵 위기를 잘 그려낸 작품이다.

북한은 주민들에게 미국에 대한 부정적인 인상을 심어주고 이를 반미 교양에 이용하기 위해 예술작품 속에서 '추악한 미국인'에 대한 이미지를 형상화하기도 했고,[51] 전쟁 중 미국이 행한 주민 학살 중 대표적인 지역인 신천에 박물관을 지어 '미제와 계급적 원쑤들의 야수성과 악랄성, 잔인성'을 보여주어 계급 교양 자료로 사용했다.[52]

북한은 심지어 1990년대 후반의 '고난의 행군'도 미제가 조선 민족 앞에 저지른 '20세기의 가장 비열하고 악랄한 범죄'였으며, 미국 때문에 북한이 '강요당한 최대의 시련'이라고 선전했다.[53] 북한은 자신의 '제도'가 '좋은 제도'인데, '미국 놈만 아니었다면 생활수준도 세상에서 제일 좋았을' 것이라는 식으로 미국인들을 비난했다.[54] 이처럼 북한은 주민들에게 미국에 대한 '증오'를 강조하는 반미 교양을 실시했다.[55]

이상에서 북한 지도자들의 부정적인 대미인식과 그것에 기반을 둔 반미 교양의 내용에 대해 자세히 살펴보았다. 그러나 북한은 한반도에서 긴장을 완화하고 통일을 이룩하기 위해서는 미국을 반드시 대화를 해야 할 상대로 인식했다. 예컨대 정전협정을 평화협정으로 바꾸어 한반도에서 평화체제를 구축하기 위해서는 미국과의 대화와 협상이 필요하며, 이를 위해 미국과의 '대화의 문'을 열어놓고 있다는 것이다.[56] 김정일은 자신이 쓴 최초의 통일

---

51) 김정일, 「주체의 혁명위업을 무력으로 튼튼히 담보하자」, 『김일성저작집 37』, 183쪽; 김정일, 「예술영화 ≪최학신의 일기≫를 반미교양에 이바지하는 명작으로 완성할 데 대하여」, 『김정일선집 1』(평양: 조선로동당출판사, 1992), 183쪽.
52) 김정일, 「신천박물관을 통한 계급교양 사업을 강화할데 대하여」, 『김정일선집 14』(평양: 조선로동당출판사, 2000), 446~447쪽.
53) ≪로동신문≫, 2001년 6월 23일자.
54) 백보흠·송상원, 『영생』, 99쪽.
55) ≪로동신문≫, 2001년 3월 21일자.
56) 김정일, 「민주주의 캄보쟈 주석이 제기한 질문에 대한 대답」, 『김정일선집 8』(평양:

관련 논문에서 미국을 '백년 숙적'으로 보지 않으며, 북·미 관계가 정상화되기를 바란다고 기술하고 있다.[57]

(2) 북한의 대미자원

북한의 대미자원은 무엇인가? 북한의 대미자원을 사상·정치 자원과 외교·군사·안보 자원으로 나누어 생각해보자. 그 외의 자원은 특별히 언급할 만한 것이 없다. 북한은 자신의 대미인식에 기초하여 몇 가지 사상·정치적 자원을 미국에 적용했다.

첫째, 북한은 6·25전쟁과 그 이후 북·미 간의 충돌을 통해 미국이 보여준 소위 제국주의적 침략성, 만행과 잔학성, 추악함 등에 대해 증오하고 저항하는 '반미 교양'을 중요한 대미 사상·정치 자원으로 사용했다.

둘째, 미국은 이미 북한의 붕괴를 꾀하고 있지만, 북한 자신의 사회주의는 이미 붕괴한 소련이나 동·중유럽의 사회주의체제와는 달리, '인민대중 중심의 우리식 사회주의'로서 '필승불패'임을 주장하고 주민들에게 그렇게 믿도록 선전·선동을 강화했다.[58] 1990년대 들어 식량 사정의 악화로 대규모의 아사자가 생겨난 것도 미국의 봉쇄정책, 압살정책 때문이라고 선전했다. 그러나 주민에게 식량 공급도 제대로 못하는 상황에서 사상·정치적 자원이 예전과 같이 그 효력을 발휘하여 줄 것을 기대하는 것은 무리였다.[59]

셋째, 북한은 현재의 역경을 극복해내기 위해 과거의 역사적 경험을 현재에

조선로동당출판사, 1998), 219~220쪽.
57) 김정일, 「김일성동지의 조국통일유훈을 철저히 관철하자」, 『김정일선집 14』(평양: 조선로동당출판사, 2000), 367쪽.
58) 김정일, 「인민대중 중심의 우리식 사회주의는 필승불패이다」, 『김정일선집 11』(평양: 조선로동당출판사, 1997), 40~80쪽.
59) '인민, 노동자, 농민, 인텔리들이 굶어죽는 사회가 무슨 사회주의냐!'라는 북한 주민의 불만이 그 한 예임. ≪월간조선≫, 204호(1997년 3월), 103~108쪽.

되살리는 식의 사상·정치적 자원을 사용했다. 1930년대 후반 만주에서의 항일 빨치산의 '고난의 행군' 경험은 1990년대 중반의 어려움을 이겨내는 현대판 '고난의 행군'으로 연결되었고, 1950년대 후반의 '천리마운동'은 1990년대 후반의 또 한 번의 '천리마 대고조'로 연결됨으로써 나름대로 성과를 이루었다.60) 1930년대의 고난의 행군은 일본 제국주의에 대항한 것이었지만, 1990년대의 고난의 행군은 미 제국주의에 대항하여 살아남기 위한 것이었다.

넷째, 미국으로부터 오는 안보 위협에 대해 북한이 사용한 사상·정치적 자원은 무엇보다도 '선군혁명', '선군정치'였다. 북한은 선군혁명, 선군정치라는 기치를 내걸고 제1차 핵 위기를 통해 새롭게 조명된 소위 '미국으로부터의 안보 위협'에 대처하고 체제 유지를 위해 혁명의 전위와 최후의 보루로 군대를 이용했다.61)

한편 북한이 미국에 대해 사용한 외교·군사·안보 분야에서의 자원은 무엇이었는가? 첫째, 소련과의 조·소(朝蘇)동맹, 중국과의 조·중(朝中)동맹, 소련붕괴 이후의 러시아와의 친선의 지속이다. 냉전시대에는 북한은 냉전 구조 덕분에 소련과 중국 등 공산권 블록 안에서 보호를 받을 수 있었다. 비록 1990년대 초에 소련이 붕괴했지만, 중국의 존재와 원조는 북한에게는 매우 중요한 외교·군사·안보자원이 되었다. 중국은 여전히 사회주의 정치체제를

---

60) "김정일총비서 성진제강련합기업소 현지지도", <조선중앙통신>, 1998년 3월 14일자; "올해를 강성대국건설의 위대한 전환의 해로 빛내이자", ≪로동신문≫, ≪조선인민군≫, ≪청년전위≫ 공동사설(1999년 1월 1일); "당창건 55돐을 맞는 올해를 천리마대고조의 불길 속에 자랑찬 승리의 해로 빛내이자", ≪로동신문≫, ≪조선인민군≫, ≪청년전위≫ 공동사설(2000년 1월 1일).
61) 김철우, 『김정일장군의 선군정치』(평양: 평양출판사, 2000);『조선로동당력사』(평양: 조선로동당출판사, 2004), 531~541쪽.

유지하면서도 시장경제적 개혁·개방의 확대를 통해 경제성장과 군사력 강화에 힘쓰면서 국력과 위상을 신장하여 감으로써 북한의 원군이 되고 있다. 중국이 정치·외교·경제적으로 북한을 원조하는 한, 북한 체제의 생존은 예상치 못한 치명적인 비상 상황을 제외하고는 당장 현실적으로 큰 문제가 없을 것으로 보인다.

둘째, 대미관계에서의 외교·군사·안보 자원은 무엇보다 핵무기와 핵 프로그램, 그리고 탄도미사일 프로그램이다. 북한은 핵무기 등 대량살상무기 개발 능력과 그 운반 수단에 대한 능력을 이미 과시했고, 이는 미국과의 관계에서 북한 체제와 김정일 정권의 생존을 위한 안전 보장, 관계 정상화, 경제협력 등을 얻어낼 수 있는 '교환 수단'으로서 매우 강력하고 나름대로 효과적인 자원으로 작용했다.

(3) 북한의 대미정책

그렇다면 북한의 대미정책은 무엇이었는가? 냉전시대의 북한의 대미정책 목표는 명목상으로는 한반도에서 6·25전쟁을 조속히 종료하고 정전체제를 평화체제로 전환함으로써 한반도에서 미군을 철수시키고 UN군 사령부를 해체시키는 것이었다. 그러나 북한은 주한 미군 주둔의 이유가 소위 북한의 대남 위협에 때문이기도 하지만 소련, 중국에 대한 미국의 전략적 이익 때문이라고 생각했다. 따라서 주한 미군 철수 주장은 실제에서는 '선전 효과' 이상은 기대하지 못한다는 것을 이해하고 있었던 것으로 보인다.

1990년대에 들어 북한의 대미정책 목표가 변화했다. 이는 1980년대 말과 1990년대 초에 세계적인 냉전의 종식 및 사회주의권의 붕괴와 깊은 관련이 있었다. 즉 소련과 동·중유럽이 붕괴하자 북한은 미국, 일본, 남한과의 관계 개선과 경제협력을 통한 생존의 확보에 힘을 쏟게 되었고, 주한 미군 주둔을 실질적으로 용인하면서 미국과의 관계 정상화를 이룩하려는 정책을 추구했다.

6·25전쟁 이후 북·미 간에 최고위회담이었던 1992년 1월의 김용순(金容淳)-아놀드 캔터(Arnold Kanter) 뉴욕회담은 바로 그러한 전략적 계산을 바탕에 깔고 있었다. 북한은 미국과 협상을 통해 6·25전쟁을 조속히 종료하고, 평화협정을 맺고, 관계 정상화를 이룸으로써 자신의 생존과 번영을 기약하는 정책을 추구하기 시작했다. 북한은 지금까지도 명목적으로는 미군의 철수를 계속하여 요구해왔지만, 실제로는 주한 미군이 '대북적대군'이 아닌 한반도 '평화유지군'으로 그 '지위'와 '역할'을 변경하는 조건하에서 미군 주둔을 허용하기로 한 것이다.

1993~1994년 제1차 북핵 위기를 해결한 제네바 북·미기본합의[62]는 북한의 탈냉전시대의 새로운 대미정책과 그 목표를 적나라하게 반영한 합의였다. 북한은 핵을 포기하되 그 대신 미국으로부터 핵이 없어도 자신의 생존과 번영이 가능한 조건을 받아내었는데, 이는 미국의 대북 안전 보장, 관계 정상화, 경제 및 에너지 협력이었다. 북한은 미국과의 평화공존의 바탕을 만들어내는 데 성공한 것이다.

그러나 북·미기본합의의 이행이 더뎌지고, 1998년 미 의회의 「럼스펠드위원회 보고서」 발간, 미국 언론들의 금창리 지하 핵 의혹 시설 보도, 북한의 대포동 1호 탄도미사일 발사 등으로 북·미 관계가 악화됨에 따라 북한의 생존과 번영을 위한 대미 전략도 차질을 빚고 어려움에 처하게 되었다.

그러나 1999년 5월 윌리엄 페리(William J. Perry) 전 국방장관의 평양 방문과 한반도 평화를 위한 페리 프로세스(The Perry Process)의 시작, 역사적인 2000년 6월 남북정상회담과 6·15남북공동선언으로 북·미 관계 개선을 위한

---

[62] 「미합중국과 조선민주주의인민공화국 사이의 기본합의문(The Agreed Framework between the United States and the Democratic People's Republic of Korea)」, 제네바, 1994년 10월 21일.

계기가 마련되었다. 2000년 10월 김정일 위원장의 특사인 조명록(趙明祿)의 워싱턴 방문, 북·미 공동코뮤니케 발표, 매들린 올브라이트(Madeleine K. Albright) 미 국무장관의 평양 방문으로 북·미 관계가 극적으로 개선되는 상황을 맞았다. 그러나 클린턴 정부 말기에 시작된 이러한 극적인 변화는 민주당 후보인 앨 고어(Al Gore) 대신 공화당 후보인 조지 부시가 대통령에 당선되면서 중단되고 말았다.

부시 정부는 9·11테러 이후 북한을 '악의 축(axis of evil)'의 일원으로 규정하고, 2002년 10월 제임스 켈리(James A. Kelly) 미 국무부 동아태차관보가 부시 대통령의 특사로서 평양을 방문하여 '비밀 우라늄농축 프로그램(covert uranium enrichment program)'의 존재를 인정하라고 요구했다. 켈리 특사의 방북 이후 워싱턴은 북한 스스로 '고농축우라늄(highly-enriched uranium: HEU) 프로그램'을 보유하고 있다는 것을 '인정'했다고 발표했다. 그리고 이는 제네바 북·미기본합의의 위반이기 때문에 북·미기본합의에 의거하여 그동안 제공해왔던 중유를 중단했다. 북한은 이에 강력히 반발하여「핵확산금지조약(NPT)」에서 탈퇴함으로써 제1차 핵 위기가 발생했다. 북한은 그동안 북·미기본합의에 의해 동결했던 영변 핵시설을 재가동하여 핵무기 제조를 위한 플루토늄을 축적해나가기 시작했다. 이런 사태의 전개로 미국은 그동안 북한의 핵 관련 정책과 행동을 통제해오던 메커니즘을 모두 상실했다. 그 후 미국은 북한을 '무법정권(outlaw regime)', '폭정의 전초기지(outpost of tyranny)'로 명명하면서 대북 적대시정책을 강화했고, 이에 대한 북한의 대응은 플루토늄의 지속적인 축적이었다.

미국은 이러한 심각하고 비관적인 상황을 타개할 목적으로 2003년 4월 북·미·중 3자회담을 개최하고 2003년 8월부터는 남·북·미·중·러·일 6개국이 참여하는 6자회담을 시작했다. 미국은 줄곧 북한의 '선 핵 포기(先核抛棄)'를 요구했고, 북한은 '동시 행동 원칙'에 기반을 둔 포괄적 주고받기를 주장함으로써 큰 진전을 이루지 못했다. 이런 가운데, 2004년 11월 부시 대통령이 재선되었다. 제2기 부시 정부가 강력한 반북정책의 조짐을 보이자 북한은 2005년 2월 '핵 보유' 및 '핵무기고 증강'의 의지를 선언하고 미국의 정책 변화가 없는 상황에서는 6자회담에 참가하지 않겠다고 선언했다.[63] 이제 북한의 '대미 공세'가 본격적으로 시작된 셈이었다.

북한의 핵 보유 및 핵 증강 선언으로 북핵 문제가 본격적으로 악화되기 시작하자, 6자회담 참여국들은 북·미 양국에 대해 더 적극적인 해결 노력을 요구했고 드디어 2005년 9월 북핵 문제 해결의 이정표가 될 9·19공동성명에 합의했다.

9·19공동성명은 북·미기본합의와 기본적으로 동일한 내용을 담고 있었다. 즉 북한이 핵을 포기하는 대신 미국은 대북 안전 보장, 관계 정상화, 경제 및 에너지 지원을 하기로 했다. 그러나 9·19공동성명과 북·미기본합의의 차이점은 9·19공동성명에는 '핵 동결' 조항이 없다는 것이었다. 그 대신 한반도에서의 영구적인 평화 정착과 동북아 다자안보협력이 포함되어 있었다. 이는 만일 9·19공동성명이 이행되지 않으면, 북한의 플루토늄 생산은 지속된다는 것을 의미했다. 무엇보다도 9·19공동성명의 조속한 이행이 중요해진 것이다.

미국은 2002년 10월 켈리 특사의 방북 이후 북한의 핵 관련 활동을 통제하는 모든 메커니즘이 사라진 위기 상황을 '관리'하고 북핵 문제 해결의 원칙적인 해법에 다시 합의하는 노력으로 9·19공동성명에 합의한 것이었다. 그러나 부시 정부는 네오콘과 강경파들의 영향을 받아 9·19공동성명 발표와 거의 동시에 마카오 방코델타아시아(BDA)의 북한 관련 계좌를 '돈 세탁' 및 '달러화 위조'의 '혐의'를 씌워 불법 자금 계좌로 규정하고 이를 동결함으

---

63) 「조선민주주의인민공화국 외무성 성명」, 2005년 2월 10일.

로써 대북 금융제재를 시작했다.

　북한은 즉각 이러한 미국의 조치에 반발하여 9·19공동성명의 이행을 거부함과 동시에 플루토늄 생산을 계속해나갔다. 2006년 6월, 북한은 북핵 문제 해결을 위해 크리스토퍼 힐(Christopher R. Hill) 미 국무부 동아태차관보의 방북을 희망했으나,[64] 미국이 이를 받아들이지 않자 본격적으로 대미 압력을 강화해나가기 시작했다. 북한은 2006년 7월 탄도미사일을 시험 발사했고, 이에 대해 미국은 UN 안전보장이사회(이하 안보리)를 동원하여 대북 경제제재 조치를 통과시켰다. 그러나 북한은 이에 강력히 반발하여 2006년 10월에는 지하 핵 실험을 강행함으로써 북·미 관계뿐만 아니라 남북 관계, 북한과 동북아 국가들과의 관계에 예전과는 질적으로 다른 긴장 상황이 조성되었다.

　북한의 '핵 실험 성공'은 미국에게 북핵 문제 해결의 시급함을 다시 한 번 인식시켰고, 이라크 전쟁에서의 실패로 2007년 11월 미 중간선거에서 공화당이 패배함에 따라 부시 정부는 북핵 문제 해결을 위한 북·미 직접회담에 나서게 되었다. 2007년 10월부터 시작된 미국의 대북 접근 방법의 변화로 북·미 양자회담이 '중심 회담'으로 자리 잡고 6자회담은 북·미 양자회담의 결정을 '추인'하는 상황이 전개되었다. 2007년 1월 중순 베를린 북미 양자회담에서 이루어진 핵 관련 합의가 드디어 2007년 2월 개최된 6자회담에서 승인을 받아 '9·19공동성명 이행을 위한 초기조치' 합의(2·13합의)로 공식 발표됨으로써[65] 그동안 '말 대 말' 수준의 합의였던 9·19공동성명이 비로소 '행동 대 행동' 수준으로 이행될 수 있게 되었다. 북핵 문제는 이제 본격적인

---

64) "조선외무성, 6자회담 미국 측 단장의 평양방문을 초청", <조선중앙통신>, 2006년 6월 1일자.
65) 「9·19 공동성명 이행을 위한 초기조치」와 「대북 지원부담의 분담에 관한 합의의사록」, 베이징, 2007년 2월 13일.

해결의 희망이 보이기 시작한 것이다.

2) 북미 관계의 환경 구조

이상에서 북·미 관계에 영향을 미치는 리더십(정책 행위자) 차원의 요소들인 대미인식, 대미자원, 대미정책을 살펴보았다. 이하에서는 북·미 관계의 환경 구조와 그 요소를 살펴보자. 정책 행위자 수준에서의 요소들이 환경 구조 수준에서의 요소들과의 어떤 상호 작용을 통해서 어떤 관계를 산출했는지 분석하여 보기로 하자.

1945년부터 현재까지의 북·미 관계의 환경 구조적 요소로서는 대체로 다섯 가지를 들 수 있다. 이들은 냉전과 탈냉전을 가름했던 미·소 관계, 북·중 관계 및 북·러 관계, 북핵 문제와 미사일 문제, 9·11테러와 그에 따른 미국의 반테러 및 대량살상무기 비확산·반확산정책, 그리고 북한에 대한 한·미 양국의 정책과 양국의 협조관계이다.

첫째, 북·미 관계의 환경 구조로서의 미·소 관계는 1991년 소련 공산당 해체와 1992년 독립국가연합(CIS)의 구성으로 소련이 해체됨에 따라 1945년 이래 지속되어온 냉전시대가 마감되면서 크게 변했다. 그 변화의 내용은 무엇보다도 소비에트 사회주의공화국연방(소련)에 비해 러시아연방의 힘이 현저히 약화됨으로써 미국이 유일 초강대국으로서 힘을 발휘하게 된 것이었다. 더구나 러시아는 이제 이데올로기적으로 더는 사회주의 국가가 아니었다. 이는 북한의 가장 강력한 동맹국이었던 소련이 붕괴함으로써 미국의 대북압력과 반북정책에 대한 큰 보호막 하나가 사라졌음을 의미했다. 이제 냉전시대의 공통의 가치가 사라지고 단지 지정학적 위치와 그 인접성에서 오는 상호 전략적 이익관계가 중요한 위치를 차지했다.

둘째, 북·중 관계와 북·러 관계는 북미 관계의 중요한 환경 구조적 요소가 되어왔다. 우선 북·중 관계는 1945년부터 현재까지 전 기간을 통해 북·미 관계에 지속적으로 중요한 영향력을 행사해왔다. 미국은 자신의 대북정책에서 북·중동맹 관계를 의식하지 않을 수 없었고, 북한은 자신의 대미정책에서 중국과의 동맹관계를 효과적으로 이용했다. 한편 소련은 냉전시대에 북한의 가장 든든한 동맹국이었다. 소련이 붕괴한 이후 러시아는 비록 예전의 소련 같지는 않지만, 대부분의 경우 전통적인 북·러 우호 관계를 바탕으로 국제사회에서 북한의 입장을 이해하고 지지했다.

셋째, 북·미 관계의 또 다른 환경 구조적 요소는 북핵 문제와 미사일 문제다. 1990년대 초반의 '제1차 북핵 위기'와 2002년 10월 이후의 '제2차 북핵 위기'를 초래한 북핵 문제, 그리고 핵무기 등 대량살상무기의 운반수단으로 사용될 수 있는 탄도미사일 문제는 북·미 관계를 더 깊은 불신과 적대 관계의 심화로 몰아간 대표적인 환경 구조적 요소 중 하나였다.

넷째, 9·11테러와 그에 따른 미국의 반테러 및 비확산·반확산정책도 북·미 관계의 주요 환경 구조적 요소였다. 9·11테러는 소련 붕괴 이후 탈냉전시대에 접어들어 강대국들 간에 새로운 국제질서를 형성하기 위한 노력이 복잡한 양상으로 진행되고 있던 과도기적 국제정치 상황을 일거에 미국의 반테러 및 비확산·반확산 정책을 중심으로 재편하는 계기를 제공했다. 미국은 이제 새로운 국제질서 형성의 주도권을 잡고 북한을 '악의 축' 국가로 낙인찍었고, 북한은 미국의 이러한 반북 적대시정책을 상대해야 하는 새로운 상황을 맞게 되었다. 북·미 관계는 이제 냉전시대의 소련이라는 보호막이 사라진 상황에서 북한은 세계 유일 초강대국 미국과 '직접적인 대결'을 하게 된 것이다.

다섯째, 북한에 대한 한·미 양국의 정책과 양국의 협조관계 여부도 북·미 관계의 주요 환경적 요소였다. 남북 관계가 주요 독립 변수로서 북·미 관계에 영향을 미친 시기는 김대중 대통령과 클린턴 대통령의 집권이 겹치는 기간인

1998년 2월~2000년 11월이었다. 이 시기는 김대중 정부의 대북 화해·협력 정책인 햇볕정책과 클린턴 정부의 대북정책이 북한을 '포용'하는 방향에서 상호 협력적으로 이루어진 기간으로서 한국 정부는 남북 관계 개선을 통해 북한을 밖으로 이끌어내어 한반도와 동북아시아에서의 평화와 안정을 이룩하여 나가는 데 주도권을 발휘했고, 미국 정부가 이를 인정하고 협조했던 시기였다.

지난 60여 년간 다양한 북미 관계를 산출해온 정책 행위자 차원의 요소들과 환경 구조 차원의 요소들은 어떻게 상호 작용을 했는가?

우선, 북한의 대미인식은 미·소의 한반도 분할 점령, 한반도 분단의 고착화, 냉전의 지속, 제1차 북핵 위기, 9·11테러 이후의 북·미 양국의 충돌, 제2차 북핵 위기 등으로 기본적으로 '부정적'이고 '방어적'이었다. 그러나 동시에 북한 자신의 생존과 번영을 위해서는 양국 상호간의 적대 관계를 조속히 종료하고 관계 정상화를 이루어 북한이 국제 사회 속으로 나아가는 데 도움을 받아야 할 대상, 즉 대외 생존과 번영의 핵심 고리로 미국을 인식해온 것 또한 사실이다. 북한 지도부의 미국에 대한 이러한 인식의 '이중성'은 이것이 북·미 관계에 영향을 미치기도 했지만, 무엇보다도 환경 구조와의 상호 작용의 결과이기도 했다.

북한은 위에서 설명한 '이중성'을 가진 대미인식을 바탕으로, 자신이 보유하고 있던 대미 사상·정치 자원과 외교·군사·안보 자원을 이용하여 대미정책을 추진했다. 여기에서 대미 사상·정치자원은 6·25전쟁 등에서 보여준 미국의 침략성 등에 대한 저항을 강조하는 반미 교양, 미국의 대북 적대시정책에 대항하기 위한 목적으로 강조해온 '인민대중 중심의 우리식 사회주의'의 '필승불패'성, 현재 난관의 극복을 위해 항일투쟁 시기의 '고난의 행군'과 6·25전쟁 이후 전후복구시대의 '천리마운동' 정신과 경험의 재생, '선군혁명'과 '선군정치'의 주창 등이었고, 대미 외교·군사·안보 분야의 자원은 조·소동맹 및 조·중동맹, 소련 붕괴 이후의 북·러 친선의 지속, 북한 핵무기 및 핵 프로그램과 탄도미사일 프로그램 등이었다.

북한의 대미정책은 냉전시대의 정책과 탈냉전시대의 정책에 차이가 있었고, 정책 목표도 탈냉전시대에 들어와서는 자신의 생존과 번영을 위해 '용미(用美)'하는 방향으로 변화했다. 그리고 클린턴 정부 다음에 들어선 부시 정부가 클린턴 정부와 크게 다른 대북정책을 추구하자 북한의 대미정책은 '방어적'인 방향으로 큰 변화를 보여주기도 했다.

결론적으로 북한의 입장에서 '대결의 대상'으로서의 미국과의 관계와 '협력의 대상'으로서의 미국과의 관계를 비교해보면, 전자는 냉전이 아직 한반도에서는 종식되지 못함으로써 북·미 간의 불신과 대결이 심화되어온 현실적 조건을 반영하고 있었고, 후자는 자신의 생존과 번영을 위해 한반도에서 조속히 냉전 구조를 붕괴시켜 평화체제를 수립하고 북·미 간의 관계 정상화를 이룩해야 한다는 당위적 필요성이 반영된 것이라 하겠다.

3) 북미 관계와 북한의 대외 생존·발전 전략

북·미 관계와 북한의 대외 생존·발전 전략은 어떤 관계를 갖고 있는가? 한마디로 말하면, 북·미 관계가 우호적이고 협조적인 관계가 되지 않으면 북한으로서는 대외 생존 및 발전을 기약하는 데 커다란 한계를 가지게 된다. 미국과의 관계는 북한에게는 대외 생존·발전 구조의 '주요 핵심 고리'로서 한반도 분할 점령, 6·25전쟁, 제1차 및 제2차 북핵 위기 등에서 보듯이, 양국 간의 관계 개선과 관계 정상화는 북한이 대외 생존·발전 전략을 수립하고 이행하는 데 불가결한 핵심 요소가 되고 있다.

북한은 6·25전쟁을 통해 미국과 직접 무력 충돌함으로써 국가 존망의 위기를 경험했으며, 1990년대 초반 제1차 북핵 위기 시에는 미국의 선제

군사 공격을 배제할 수 없는 위기를 겪었다. 또한 2002년 10월 이후의 제2차 북핵 위기로 인해 미국과의 관계가 파국에 이르렀고, 2007년 「2·13합의」로 이제 겨우 파국을 수습하는 첫발을 내딛었다. 2002년 7월 1일 도입한 시장경제 개혁 조치가 성과를 내기 위해서는 미국 등으로부터 경제협력과 지원이 어느 때보다도 절실히 필요한 데에도 불구하고 두 번에 걸친 북핵 위기로 인해 국제 사회의 도움을 받지 못하여 시장경제 개혁의 성과를 제대로 맛보지 못하고 있다.

북한은 또한 북핵 문제 해결 협상에서 미국이 주도하고 미국의 영향력이 압도적인 6자회담의 틀 속에서 자신이 할 수 있는 선택의 종류와 범위에서 큰 제약을 경험했다. 6자회담에 참여한 국가들은 각기 차이는 있으나 미국과의 관계를 고려하여 자신들의 대북핵정책, 대북정책을 수립했다. 2006년 북한의 미사일 시험 발사와 지하 핵 실험 이후에 취한 미국 주도의 UN 안보리의 대북제재에는 심지어 중국과 러시아도 참여했다.

이처럼 미국과의 대결은 역사적으로 북한의 대외 생존·발전 전략에 지대한 장애로 작용했다. 바로 이러한 이유 때문에, 특히 소련이 붕괴한 후 탈냉전시대가 도래하고 9·11테러 이후 미국의 반테러 및 비확한·반확산 정책이 국제정치를 압도하는 현실에서, 북한은 더 소극적으로는 북·미 관계가 북한의 생존과 발전을 저해하지 않도록, 더 적극적으로는 북·미 관계가 북한의 대외 생존과 발전을 담보할 수 있도록 북·미 관계의 개선을 위해 노력했다. 북한은 북핵 문제 해결 과정에서 미국의 대북 안전 보장 제공, 북·미 관계 정상화, 경제·에너지 협력, 한반도 평화체제 구축 등 북·미 양국 간의 주요 현안을 포괄적으로 해결하여 양국 관계를 근본적으로 개선함으로써 세계 유일 초강대국 미국의 영향력이 압도하는 21세기 초반의 국제 사회에서 자신의 생존과 발전을 확보하려고 노력하고 있다.

다행히 북·미 양국은 2005년 9·19공동성명, 2007년 '2·13합의', 미국의

BDA 관련 대북 금융제재 해제 등으로 북핵 문제 등 주요 현안을 해결하는 방향으로 나아가고 있다. 북·미 관계가 '대결'에서 '협력'으로 변화를 보이고 있는 것이다. 이러한 발전은 북한의 대외 생존·발전 전략에 큰 기여를 하게 될 것이다.

3. 북·미 관계의 전개 과정

앞서 설명한 '분석의 틀'을 염두에 두고, 1945~2007년의 북·미 관계가 어떻게 전개되어왔는지 살펴보기로 한다. 1945년부터 지금까지 북·미 관계는 크게 세 시기, 즉 '냉전시대', '탈냉전시대', 그리고 '9·11테러 이후' 시기로 나누어 분석해볼 수 있다.

우선, '냉전시대'의 북·미 관계는 3단계로 나누어볼 수 있는데, 첫째 단계는 미·소 양국의 한반도 분할 점령과 남북한 국가 형성, 둘째 단계는 6·25전쟁과 정전협정 조인, 셋째 단계는 6·25전쟁 이후의 냉전고착기이다.

다음으로 '탈냉전시대'의 북·미 관계는 첫째, 제1차 북핵 위기와 제네바 북·미기본합의, 둘째, 미국의 금창리 지하 핵 의혹 시설 제기, 북한의 대포동미사일(인공위성 광명성 1호) 시험 발사, 베를린공동성명, 페리 프로세스, 셋째, 남북정상회담이 북·미 관계에 미친 영향, 북·미 공동코뮤니케와 북·미 고위급 상호 방문, 북·미 미사일회담 등으로 나누어 살펴볼 것이다.

마지막으로 '9·11테러 이후'의 북·미 관계는 첫째, 부시 정부 출범부터 켈리 특사의 방북 직전까지 미국의 '공세' 기간을 9·11테러, 부시 대통령의 '악의 축' 발언, 미국의 「핵태세보고서」, 선제공격 독트린을 중심으로 살펴보고, 둘째, 켈리 특사의 방북부터 9·19공동성명 발표 직전까지의 북한의 '공세' 시기를 HEU 문제, 북·미기본합의 붕괴, 북한의 NPT 탈퇴, 6자회담 개시, 북한의 핵 보유 선언을 중심으로 분석할 것이다. 셋째, 9·19공동성명 발표부터 북한의 핵 실험 직전까지의 북미 양국의 '힘겨루기' 시기를 9·19공동성명, BDA 관련 대북 금융제재, 미사일 시험발사를 중심으로 검토하고, 넷째, 북한이 핵 실험에 성공하고 미 공화당이 2006년 11월 미 중간선거에서의 패배한 이후 현재까지의 북·미 양국의 '전략적 선택'과 상호 '협력'을 북한의 핵 실험 성공, 미 중간선거와 공화당 패배, 「2·13합의」를 중심으로 살펴볼 것이다.

1) '냉전시대'의 북미 관계

(1) 한반도 분할 점령, 남북한 국가 형성(1945~1950년)

일본의 패망을 앞두고 미·소 양국은 한반도 전역을 자신의 통치권 또는 영향권하에 두기를 희망했다. 그러나 양국은 각기 한반도의 독점적인 점령이 정치적·군사적으로 쉽지 않은 상황에서 한반도를 분할 점령하게 되었다.

미·소 양국은 자신의 점령 지역에서 각각 '군정' 또는 '민정'이라는 이름의 군정을 펼치면서 자신에게 우호적인 정치 세력을 조직하고 후원했다. 남북한 정치 세력들은 미·소 양국의 점령 지역에서 각기 상이한 이데올로기를 바탕으로 1948년 8월과 9월에 각각 '대한민국'과 '조선민주주의인민공화국'이라는 이름의 단독정부를 수립했다. 그러나 한반도가 분단된 상황에서 남북한에 각각 수립된 단독 정부는 한민족 전체의 통일된 민족국가가 아니었다. 따라서 남북한 국가 형성 이후, 남북한 국가들과 그 지도자들은 공히 상대방을 무력화 또는 제거함으로써 자신이 중심 세력이 되어 한반도 전체를 대상으로 한 통일민족국가를 형성하고자 했다.

(2) 6·25전쟁, 정전협정 조인(1950~1953년)

남북한에서 각각 단독 정부를 수립한 후, 남북한 통치자들은 한반도 전체에서 자신의 독점적이고 배타적인 국가 권위를 수립하여 자신이 한반도 전체를 독점적으로 통치하려는 본능과 이를 실현시킬 방법을 모색하고 있었다. 1950년에 발발한 6·25전쟁은 북한 통치자들이 남한의 통치자들을 무력으로 제거하기 위해 침공한 전쟁이었다. 이런 의미에서 6·25전쟁은 '국가형성전쟁'이었다고 할 수 있다.[66]

그러나 6·25전쟁이 정치적 진공 상태에서 발발하고 진행된 것은 아니었다. 미·소 양국과 중국은 한반도 분할 점령 이후 점령 지역에서 자신의 이익을 대신 확보해줄 정치 세력들을 후원했다. 따라서 이 남북 정치 세력들 사이의 전쟁은 자연히 '국제전'의 성격도 띠고 있었다.

김일성은 무엇보다도 6·25전쟁을 통해 미국의 '미제의 침략적 본성'이 드러나고 미국의 강대성과 인도주의에 대한 환상이 깨졌다는 것을 강조했다.[67] 그러나 중국군과 UN군이 참전하고 전쟁이 대규모로 확대되어 양측의 피해가 막대해지자 미국 측은 소련 측의 휴전 제의를 받아들였고, 1951년 7월부터 1953년 7월까지 휴전회담이 이루어졌다.

남북한은 모두 전쟁으로 막대한 피해를 입었다. 그러나 제공권을 장악한 미 공군의 북한의 군수 및 산업 시설, 대도시 등에 대한 무차별 폭격 등으로 북한의 피해는 더욱 심각했다. 북한이 전쟁으로 파괴된 산업을 복구하고 경제를 부흥시켜 다시 '행복한 생활'을 하기 위해서는 '평화가 필요'하며, 또한 제3차 세계대전의 참혹한 피해를 방지하기 위해서도 평화가 요구된다는

---

66) 백학순, 『국가형성전쟁으로서의 한국전쟁』(세종연구소, 1999).
67) 김일성, 「조국해방전쟁의 력사적 승리와 인민군대의 과업에 대하여」, 『김일성저작집 8』, 134~137쪽; 「통일전선사업을 개선 강화할데 대하여」, 『김일성저작집 8』(평양: 조선로동당출판사, 1980), 203~205쪽.

이유로 미국과의 휴전에 동의했다.68)

정전회담 과정에서 군사분계선을 긋는 문제로 4개월이나 시간을 끌었지만 북한이 결국 양보하여 해결되었다. 미국이 북한이 비행장 건설을 할 수 없도록 금지하려고 하여 또 5개월이 지연되었으나 북한은 이를 받아들이지 않았다. 또 이승만 대통령의 '반공포로 석방' 등 전쟁포로 문제로 많은 시간이 지연되었다.69) 1953년 7월 27일 한반도 정전협정은 드디어 UN(미국)을 한편으로 하고, 북한 및 중국이 다른 한편으로 하여 이들 사이에서 조인되었다.70)

한 가지 흥미로운 것은 북한 대표가 정전회담장에서 국기를 함께 꽂고 다른 나라 대표들과 담판을 지었고, 정전협정에도 북한 대표가 미국 대표와 함께 서명했기 때문에 미국이 북한을 '사실상 승인'한 것으로 보고 그렇게 주장했다는 점이다.71)

(3) 냉전고착기(1953~1990년)

냉전고착기 북·미 관계를 「한·미상호방위조약」 체결, 제네바회의, 평화협정 체결·미군 철수·UN사 해체의 요구, 푸에블로 호 나포사건, EC-121기 격추사건, 팀스피리트 한·미합동군사훈련 중단 요구, 판문점 미군도끼살해

---

68) 김일성, 「8·15해방 6돐기념 평양시 경축대회에서 한 보고」, 『김일성저작집 6』, 430~431쪽.
69) 김일성, 「우리는 반드시 승리할 것이다」, 『김일성저작집 7』, 326쪽; 박태호, 『조선민주주의인민공화국 대외관계사』(평양: 사회과학출판사, 1985), 126~156쪽; 안명일·정철만, 『조국통일 투쟁사 1』(평양: 사회과학출판사, 1992), 193~197쪽.
70) 「국제련합국 총사령관을 일방으로 하고 조선인민군 최고사령관 및 중국인민지원 사령원을 다른 일방으로 하는 한국 군사정전에 관한 협정」, 1953년 7월 27일.
71) 김일성, 「인민군대를 질적으로 강화하여 간부군대로 만들자」, 『김일성저작집 8』(평양: 조선로동당출판사, 1980), 440쪽.

사건, 평화협정 체결을 위한 '대화 형식'(남북 양자회담, 북·미 양자회담, 남·북·미 3자회담) 등을 중심으로 6·25전쟁 직후부터 1990년 소련의 붕괴 시까지 살펴보기로 한다.

① 「한·미상호방위조약」 체결(1953년)

남한과 미국은 6·25전쟁이 끝나자 바로 1953년 10월 1일 「한·미상호방위조약」을 체결하고 이 조약은 1954년 11월 11일부터 발효되었다. 북한은 이에 대해 당시 머지않아 제네바에서 개최하게 될 "정치회의의 중요한 목적이 조선에서의 외국군대 철거에 관한 문제라는 것을 〔미국이〕 정전협정에서 동의하고 서명까지" 하여 놓고서도 이를 완전히 무시하고 한·미 양국 간에 상호방위조약을 체결한 데 강력히 반발했다. 미국은 남한에 미군을 영원히 주둔시키고 필요시에는 정전협정을 파괴하고 한반도에서 또다시 전쟁을 도발할 것을 목적으로 남한 정부와 상호방위조약을 체결했다고 비난하고 이 조약의 폐기를 요구했다.[72]

북한은 미국이 1952년에 일본과 체결한 「미·일안보조약」을 '축'으로 하고 거기에다가 미국과 한국 사이의 「한·미상호방위조약」과 1965년에 한·일 간에 체결한 「한·일기본조약」을 밀접히 연결시켜서 사실상 '한·미·일 3각군사동맹체계'를 만든 것으로 보았다.[73] 미국이 냉전시대에 이 3각동맹체계를 이용하여 동아시아에서 자신의 제국주의적·군사적 지배를 유지하려 한 것으로 평가한 것이다.[74]

---

72) 김일성, 「모든 것을 전후 인민경제 복구발전을 위하여」, 『김일성저작집 8』(1980), 15~16쪽; 김일성, 「조선로동당 제3차대회에서 한 중앙위원회 사업 총화보고」, 『김일성저작집 10』, 256쪽.
73) 김일성, 「일본 ≪요미우리신붕≫ 편집국장이 제기한 질문에 대한 대답」, 『김일성저작집 30』(평양: 조선로동당출판사, 1985), 516쪽.

② 제네바회의(1954년)

한반도 정전협정이 규정한 바에 의해[75] 1954년 4~7월에 스위스 제네바에서 한반도 평화통일과 인도차이나의 평화에 관한 제네바회의(Geneva Conference, 일명 '제네바 극동평화회의')가 개최되었다. 이 회의는 인도차이나(베트남)에 대해서는 「제네바 합의(Geneva Accords)」를 만들어내었으나, 한반도에 대해서는 소기의 목표를 달성하지 못했다.

이미 앞에서 한반도 정전협정의 협상 과정과 서명에서 북한 대표가 미국대표와 함께 담판하고 서명을 했기 때문에 미국이 북한을 '사실상 승인'한 것으로 북한이 주장했다고 소개했는데, 제네바회의에서 북한이 미국과 마주앉아 회의를 했다는 것은 미국이 북한을 '사실상 승인'한 것이라고 북한은 또 주장했다.[76]

③ 평화협정 체결·미군 철수·UN군사령부 해체의 요구(1954~)

북한의 평화협정 체결 요구는 북한의 미군 철수 요구 및 UN군사령부 해체 요구와 깊이 연계되어 있다. 북한은 정전협정 조인 직후부터 일관성 있게

---

74) 김일성, 「일본사회당 중앙집행위원회 위원장과 한 담화」, 『김일성저작집 36』(평양: 조선로동당출판사, 1990), 40쪽; 김일성, 「제국주의의 침략과 전쟁 책동을 짓부시고 평화와 독립을 수호하자」, 『김일성저작집 38』(평양: 조선로동당출판사, 1992), 120쪽.
75) 한반도 정전협정 제4조에는 "조선문제의 평화적 해결을 보장하기 위하여 쌍방 군사사령관은 쌍방의 관계 각국 정부에 정전협정이 조인되고 효력을 발생한 후 삼(3)개월 내에 각기 대표를 파견하여 쌍방의 한급 높은 정치회의를 소집하고 조선으로부터의 모든 외국군대의 철거 및 한국 문제의 평화적 해결 등 문제들을 협의할 것을 이에 건의한다"고 되어 있다.
76) 김일성, 「인민군대를 질적으로 강화하여 간부군대로 만들자」, 『김일성저작집 8』, 440쪽.

정전협정의 평화협정으로의 전환과 더불어 주한 미군의 철수를 주장했다.

1954년 제네바회의가 제대로 성과를 내지 못하고 6·25전쟁이 평화협정이 아닌 정전협정으로 마무리된 후, 북한은 군사분계선에서의 미군의 잦은 도발과 신형무기 반입 등 미군 측의 '잦은 정전협정 위반'이 발생했다고 비난하고, 정전협정의 엄격한 준수는 한반도에서 평화유지의 첫걸음으로 정전협정의 준수를 요구했다.77) 그리고 근본적인 문제 해결 방안으로서 정전협정 조인 직후부터 '정전협정의 평화협정으로의 전환'을 요구했다.78)

북한은 정전협정을 평화협정으로 전환하려는 이유를 "정전협정은 싸움을 정지할데 대한 협정이며 조선에서의 완전한 평화를 담보하는 협정은 아"니기 때문이라는 것이다. 한반도는 지금 공고한 평화 상태가 아니라 일시적인 정전상태에 놓여 있을 뿐이며 미국으로부터 "상시적으로 침략의 위협을 받고 있"다는 것이다. 따라서 새로운 전쟁을 방지하기 위해서라도 평화협정 체결은 필요하다는 것이다.79)

북한은 또한 평화적 통일을 위해서는 한반도에서 모든 외국 군대가 철수해야 한다는 주장을 일관성 있게 견지하고, 6·25전쟁에 참전했던 중국군 부대가 1958년 말까지 철수하자 그 이후부터는 미군 철수를 본격적으로 주장했다.80) 김일성은 원래 정전협정은 "일체 외국군대를 조선으로부터

---

77) 김일성, 「사회주의진영의 통일과 국제공산주의운동의 새로운 단계」, 『김일성저작집 11』(평양: 조선로동당출판사, 1981), 403쪽.
78) 김일성, 「인민군대를 질적으로 강화하여 간부군대로 만들자」, 『김일성저작집 8』, 428쪽; 김일성, 「문덕선거구 선거자들 앞에서 한 연설」, 『김일성저작집 11』, 253~254쪽.
79) 김일성, 「조선로동당창건 30돐에 즈음하여」, 『김일성저작집 30』(평양: 조선로동당출판사, 1985), 549쪽; 김일성, 「일본 교도통신사 대표단과 한 담화」, 『김일성저작집 30』, 445쪽.
80) 김일성, 「체스꼬슬로벤스꼬 방송 및 텔레비죤위원회 위원장과 한 담화」, 『김일성저

철거시키고 정전을 공고한 평화에로 전환시킬 것을 예견"하고 있었고 이에 따라 중국군도 철수했는데, 미군은 남한으로부터 철수하지 않고 있다고 비난했다.[81] 북한의 미군 철수 주장의 근거는 주한 미군이 한반도의 평화를 위협하며 평화적 통일을 저해하기 때문이라는 것이다.[82] 다시 말해 미군을 남한에서 "내쫓아야만 남조선인민들을 굶주림과 가난, 식민지적 노예의 처지에서 건져낼 수 있으며 갈라진 우리 조국을 통일하려는 민족의 염원을 실현"할 수 있기 때문이라는 것이다.[83]

북한은, 박정희 정부가 '남북한 UN 동시 가입' 등을 내용으로 1973년 '6·23평화통일외교정책'을 선언하자, 미국이 UN에서 미군 철수 문제의 토론을 피하기 위해 '두 개 조선'의 'UN 동시 가입안'을 고안해냈다고 보았다. 미국은 다른 국가들로 하여금 두 개 조선의 UN 동시 가입 문제에 흥미를 갖게 하면서 남한으로부터의 미군 철수 문제에는 그만큼 관심을 갖지 않도록 이목을 돌렸다는 것이다. 따라서 두 개 조선의 UN 동시 가입안은 "미국군대를 남한에 계속 주둔시키기 위한 술책"이었다는 것이다.[84]

1974년 제29차 UN 총회에서 북한은 남한으로부터 유엔 깃발하의 모든 외국군대를 철수시키자는 결의안을 제출하여 비록 통과시키지는 못했으나 찬반 동수인 '48 대 48'의 지지를 얻었다.[85] 이렇게 되자 미국은 1975년

저작집 12』(평양: 조선로동당출판사, 1981), 452~454쪽.
81) 김일성,「핀란드 신문기자가 제기한 질문에 대한 대답」,『김일성저작집 12』, 608쪽.
82) 김일성,「사회주의진영의 통일과 국제공산주의운동의 새로운 단계」,『김일성저작집 11』, 404쪽; 김일성,「귀국하는 중국인민지원군 환송대회에서 한 연설」,『김일성저작집 12』, 183~184쪽.
83) 김일성,「조선민주주의인민공화국 정부의 당면과업에 대하여」,『김일성저작집 16』(평양: 조선로동당출판사, 1982), 475쪽.
84) 김일성,「일본 ≪이와나미≫서점 상무취체역 총편집장과 한 담화」,『김일성저작집 28』(조선로동당출판사, 1984), 509쪽.

제30차 UN 총회에서 'UN군사령부 해체' 결의안을 제출했다. 북한은 미국이 UN사를 해체하겠다고 한 것도 북한으로서는 큰 투쟁의 승리이긴 하지만, 미국이 그렇게 UN사 해체안을 제출함으로써 "세상 사람들의 환심을 사서 국제여론을 속여 넘기고 실상은 [미군이] 'UN군'의 모자를 다른 모자로 바꾸어 쓰고 남조선에 계속 남아 있으려"는 책동을 쓰고 있다고 보았다. 북한이 보기로는 "유엔군이 곧 미군이고 미군이 곧 유엔군"인데, 미국이 오늘에 와서 'UN군' 모자를 쓰는 것이 불리해지자 UN사를 해체하겠다고 하면서도 막상 미군은 철수시키지 않으려는 속셈이 들어 있다고 본 것이다. 따라서 미국의 UN사 해체안에는 "남조선을 계속 강점하고 조선의 분렬을 영구화하려는 미제의 침략적 야망이 그대로 반영"되어 있다는 것이었다.[86]

미국의 이러한 '속셈'에 대해 북한은 다음과 같은 논리로써 비난했다. UN사의 해체와 UN군의 철수는 결코 분리시킬 수 없다. 미국이 UN사 해체안을 내었으니 미국은 이제 UN군, 즉 미군을 남한에서 철수해야 한다는 것이었다.[87] 따라서 북한이 미국 측의 UN사 해체안에 대응하여 내놓은 결의안에는 'UN사 해체와 UN군 철수가 동시에 이루어져야 한다'는 내용을 담고 있었다.[88] 북한은 미군이 「한·미상호방위조약」에 의거하여 남한에 주둔하고 있기 때문에 미군 철수 문제가 평화협정 체결 문제나 UN사 해체

---

85) "Question of Korea," Resolution No. 3333 adopted by the General Assembly during its twenty-ninth session, 17 December 1974; 김일성, 「총련사업을 사람과의 사업으로 철저히 전환시킬 데 대하여」, 『김일성저작집 30』, 292쪽.

86) 김일성, 「일본 ≪요미우리신붕≫ 편집국장이 제기한 질문에 대한 대답」, 『김일성저작집 30』, 510쪽.

87) 김일성, 「인도 주간신문 ≪블리쯔≫ 책임주필이 제기한 질문에 대한 답변」, 『김일성저작집 30』, 422~423쪽; 김일성, 「일본 교도통신사 대표단과 한 담화」, 『김일성저작집 30』, 446쪽.

88) 김일성, 「일본 교도통신사 대표단과 한 담화」, 『김일성저작집 30』, 447쪽.

문제와 관계가 없다는 주장은 억지이며 침략적 논리라고 본 것이다.[89]

1975년 제30차 UN 총회는 한반도와 관련하여 두 가지 상충되는 결의안을 통과시키는 기록을 세웠다. 즉 UN사 해체, 미군 철수, 정전협정의 평화협정으로의 전환 등을 정전협정 조인의 당사자들에게 호소하는 북한 측 결의안(Resolution No. 3390 B)과 정전협정 유지의 대안이 마련되기를 희망한 남측의 결의안(Resolution No. 3390 A)을 함께 채택한 것이다.[90] 북한은 미국이 UN사 해체, 미군 철수, 정전협정의 평화협정으로의 전환을 지지하는 결의안을 이행하지 않는다고 비난했다.[91]

북한은 자신이 UN사 해체를 요구를 하는 이유는 정전협정이 조인된 지 오래되었는데 아직까지 미군이 'UN군' 이름하에 주둔해 있을 필요가 없기 때문이라고 했다.[92] 즉 국제정치 상황이 냉전시기 초반과 달리 크게 변하여 1974년 제29차 UN 총회에서 남한으로부터 UN군을 철수시키자는 북한 측의 결의안이 찬반 동수의 지지를 얻는 일이 발생하는 상황인데 미국이 계속하여 "유엔의 기발을 도용하여 남조선을 강점"하고 있을 수가 없게 되었다는 것이다.[93]

좀 더 근본적으로는 UN은 무엇보다도 한반도의 평화통일에 장애가 되는 모든 결정, 다시 말하여 "조선의 분열을 조장하는 모든 결정들을 취소"하여야 하는데, UN이 한반도 통일에 주된 장애물인 "남조선 주둔 미제침략군"인

---

89) 같은 글.
90) "Question of Korea," Resolution No. 3390 A & B adopted by the General Assembly during its thirtieth session, 18 November 1975.
91) 김일성, 「유고슬라비아신문 ≪오슬로보쮀니에≫ 책임주필이 제기한 질문에 대한 대답」, 『김일성저작집 39』(평양: 조선로동당출판사, 1993), 424~425쪽.
92) 김일성, 「미국 ≪뉴욕타임스≫지 기자들과 한 담화」, 『김일성저작집 30』, 223쪽.
93) 김일성, 「일본 ≪요미우리신붕≫ 편집국장이 제기한 질문에 대한 대답」, 『김일성저작집 30』, 509~510쪽.

미군에게 UN군의 모자를 씌워줄 필요가 없다는 것이다.[94] 따라서, 한반도에서 전쟁을 방지하고 평화를 유지하며 자주적 평화통일을 이룩하기 위해서는 무엇보다 먼저 UN사를 해체하고 미군을 포함하여 UN군의 간판 밑에 남한에 와 있는 모든 외국군대를 철수시켜야 한다는 것이다.[95]

결론적으로 북한은 UN사 해체와 UN군 철수는 분리시킬 수 없는 것이고, 미군은 UN군에 소속되어 있기 때문에 남한으로부터 철수해야 한다는 것이었다. 북한은 또한 UN사 해체, 미군 철수 후 남북한 간에 평화협정을 체결한 다음, 남북한 군대를 각각 '10만 또는 그 이하'로 감축할 것을 주장하기도 했다.[96]

④ 푸에블로 호 나포사건(1968년)

북한은 1968년 1월 23일 최신예 미 해군 정보 수집함 푸에블로 호가 북한의 영해를 침범했다는 이유로 이를 나포했다. 나포 과정에서 미군 병사 1인이 사망했다.

여기서 당시의 북한 상황을 잠시 되돌아볼 필요가 있다. 북한은 1967년 들어 '군사모험주의자'들이 득세했는데, 그해 4월 5일 비무장지대에서의 충돌로 5명의 북한 병사가 사망하고 1명이 부상당하자, 미국에 대한 반감과 비난이 비등했다.[97] 북한의 사회단체들은 1967년 6월 25일을 '남조선으로부

---

94) 김일성, 「미국 ≪위싱톤포스트≫지 기자와 한 담화」, 『김일성저작집 30』, 332쪽; 김일성, 「이딸리아공산당 기관지 ≪우니따≫지가 제기한 질문에 대한 답변」, 『김일성저작집 29』, 71쪽.
95) 김일성, 「인도 주간신문 ≪블리쯔≫ 책임주필이 제기한 질문에 대한 답변」, 『김일성저작집 30』, 422쪽.
96) 김일성, 「사회주의진영의 통일과 국제공산주의운동의 새로운 단계」, 『김일성저작집 11』, 40쪽; 「조선로동당 제3차대회에서 한 중앙위원회 사업 총화보고」, 『김일성저작집 10』, 256쪽.

터 미군 즉시 철거를 위한 투쟁의 날'로 정하고 평양 시내에서 20여 만 명의 근로자들이 군중대회와 시위를 했으며,98) 이후 1개월 동안을 공동투쟁 월간(6월 25일~7월 27일)으로 정하기도 했다.99)

이처럼 북한의 미국과 남한에 대한 적대감이 크게 고조되어 있었던 상황에서 북한은 1968년 1월 21일 124부대 특공대를 남한에 침투시켜 청와대 습격을 시도했다. 그런데 124부대의 청와대 습격 바로 이틀 후에 푸에블로 호가 북한 '영해 침범'을 했고 북한은 즉각 이를 나포했던 것이다. 푸에블로 호 나포사건을 계기로 한반도에서 전쟁의 위기가 급격히 고조되었다.100)

미국은 푸에블로 호 나포사건을 미국에 대한 전쟁선포로 간주했다. 미국은 1962년 '쿠바 미사일사태' 이후 처음으로 핵 보복 공격 감행을 가능하게 하는 '대통령 행정명령'을 발표하여 공군 예비역 1만 5,000명에게 긴급동원령을 내리고 엔터프라이즈 호 등 3척의 항공모함 전투선단을 북한 해역으로 급파했으며, 372대나 되는 숫자의 미 전투기에 출격 태세를 갖추도록 지시하면서 원산폭격을 위협하기도 했다.101) 그러나 베트남전에서 전쟁을 하고 있던 미국으로서는 베트남과 한반도에서 동시에 전선을 유지하는 것은 현실적으로 불가능했으므로 결국 북한과 협상을 할 수밖에 없었다.

≪로동신문≫은 푸에블로 호 탑승 연구 장교, 작전 장교, 행정 장교, 해양 연구원, 무선 도청수로부터 받은 연해 침입 및 정보 수집 사실, 그리고

---

97) ≪로동신문≫, 1967년 4월 8, 9, 15, 21일자.
98) ≪로동신문≫, 1967년 6월 25일자.
99) ≪로동신문≫, 1967년 6월 20일자.
100) 김정일, 「미제의 전쟁도발 책동에 대처하여 전투동원 준비를 철저히 갖추자」, 『김정일선집 1』, 323~333쪽.
101) 김일성, 「조성된 정세에 대처하여 전쟁 준비를 잘할데 대하여」, 『김일성저작집 22』, 80쪽; 김일성, 「청년들은 우리 혁명의 종국적 승리를 위하여 경제건설과 국방건설의 모든 전선에서 선봉대가 되자」, 『김일성저작집 22』, 136~140쪽.

이를 북한을 공격하는 데 사용하려했다는 '자백서'와102) 함선 위치 일일기록부와 항해도를 게재했다.103) 그리고 1개월여 후에 푸에블로 호의 82명 전체 선원들은 존슨 미 대통령에게 사과를 요구하는 공동명의의 공개서한을 《로동신문》에 게재했다. 즉 그들은 "조선민주주의인민공화국 영해 침입과 적대 행위를 솔직히 인정하고 이에 대하여 조선민주주의인민공화국 정부에 진심으로 사과하며 그러한 일이 반복되지 않을 데 대하여 보증할 것을 미국정부에 요구"했다.104) 이는 물론 미군 정보 수집함의 침입은 "완전히 계획적이고 조직적인 전쟁책동"이었으며 '미국이 사죄해야 한다'는 북한 정부의 요구를 그대로 반영한 것이었다.105) 북한은 군사정전위원회 262차 회의에서 미국의 '무모한 군사적 도발행위'를 강력히 '폭로 규탄'했다.106) 북한은 "보복에는 보복으로, 전면전쟁에는 전면전쟁으로 대답할 것"이라는 입장을 천명했다.107)

결국 북한은 미국 정부의 사죄와 재발 방지 약속을 받고 푸에블로 호는 전리품으로 몰수하고 승무원들만 추방하는 선에서 문제를 해결했다.108)

---

102) 《로동신문》, 1968년 2월 4, 5, 6, 7, 9일자; 김일성, 「분조관리제를 정확히 실시하며 농업생산에서 새로운 앙양을 일으킬 데 대하여」, 『김일성저작집 22』, 26~27쪽.
103) 《로동신문》, 1968년 2월 14일자; 김일성, 「분조관리제를 정확히 실시하며 농업생산에서 새로운 앙양을 일으킬 데 대하여」, 『김일성저작집 22』, 26~27쪽; 김일성, 「조성된 정세에 대처하여 전쟁 준비를 잘할데 대하여」, 『김일성저작집 22』, 78~83.
104) 《로동신문》, 1968년 3월 5일자.
105) 김일성, 「1969년 새해를 맞이하여」, 『김일성저작집 23』(평양: 조선로동당출판사, 1983), 225쪽; 《로동신문》, 1968년 2월 8일자, 9월 21일자.
106) 《로동신문》, 1968년 2월 15일자.
107) 김일성, 「7개년계획의 중요 고지들을 점령하기 위하여 천리마의 기세로 총돌격하자」, 『김일성저작집 22』, 254쪽.
108) 《로동신문》, 1968년 12월 24일자; 김일성, 「1969년 새해를 맞이하여」, 『김일성

북한은 푸에블로 호 영해 침투 사건을 다음해 1969년 4월 발생한 미 해군 정보 수집기 EC-121기 격추사건과 함께 북한 주민들의 반미사상 고취와 국가보위의 중요성 교육에 대대적으로 이용했다.[109] 북한은 나중에 푸에블로 호를 대동강에 전시함으로써 북한 주민들의 각성을 촉구하는 데 이용했다. 북한은 푸에블로 호 사건을 계기로 국가 방위력 강화의 노력을 배가하고,[110] 조선인민군 상장인 지병학의 대미경고의 글을 ≪로동신문≫에 게재하기도 했다.[111] 북한은 푸에블로 호 사건은 "미제국주의자들의 수치스러운 패배를 의미하며 미제의 '강대성'에 대한 '신화'와 '위신'을 여지없이 깨뜨려버린 조선인민의 또 하나의 커다란 승리"라고 선전했다.[112]

⑤ EC-121기 격추 사건(1969년)

1968년 1월 북한의 청와대 습격 침투사건, 푸에블로 호 나포사건에 이어 그해 11월에는 울진·삼척지구에 북한 무장특공대 침투사건이 발생했다. 그리고 이듬해인 1969년 4월에는 미 해군 정보 수집기 EC-121기(북한의 표현으로는, "대형간첩 비행기 '이씨-121'")가 북한의 지대공미사일에 의해 동해

저작집 23』, 226쪽. 미 육군 소장 길버트 우드워드가 '미국 정부를 대신'하여 북한의 요구와 주장을 모두 수용한 사과문에 서명하고 승무원 82명과 시신 한 구를 판문점에서 넘겨받는 것으로 만 11개월 만에 이 사건은 종결되었다.

109) ≪로동신문≫, 1968년 1월 24, 25, 28일자.
110) ≪로동신문≫, 1968년 2월 27일자.
111) ≪로동신문≫, 1968년 6월 22일자.
112) 김일성, 「분조관리제를 정확히 실시하며 농업생산에서 새로운 앙양을 일으킬 데 대하여」, 『김일성저작집 22』, 27~28쪽; 김일성, 「학생들을 사회주의, 공산주의 건설의 참된 후비대로 교육교양하자」, 『김일성저작집 22』, 65~66쪽; 김일성, 「청년들은 우리 혁명의 종국적 승리를 위하여 경제건설과 국방건설의 모든 전선에서 선봉대가 되자」, 『김일성저작집 22』, 136~140쪽.

에서 격추되는 사건이 발생했다.[113] 이 정보 수집기에 탑승한 미 해군 장교와 병사 30명과 미 해병 1명이 사망했다.

　미국은 즉시 두 개 항공모함 전투선단을 동해에 출동시켰고 F-4 전폭기들을 주한 미군 기지에 긴급 배치했으며 이미 그해 3월 중순 시작된 '포커스 레티나(Focus Retina)' 군사훈련을 전시 작전에 준해 실시하도록 명령했다.[114] 미국은 푸에블로 호 사건 때보다 더 많은 무력을 동해에 배치했다.[115] 북한은 미국의 거듭된 '핵공격 위협'에도 불구하고 4개월 후인 1969년 8월에는 군사분계선 부근에서 미군 헬리콥터를 격추하여 미군 병사 3명을 생포하는 등 초강경 자세로 대응했다. 결국 미국이 12월 3일 북한이 요구한 대로 '사과문'에 또다시 서명함으로써 사건이 종결되었다.

　북한은 EC-121기의 격추사건을 6·25전쟁과 푸에블로 호 사건으로 이미 '위신'과 '강대성'의 신화가 깨진 미국에게 또 한 번의 타격을 입히고, 자신의 국제적 위신이 크게 높아진 사건으로 선전했다.[116] 김일성은 이를 북한국가와 주민들에게 전쟁에 대한 만반의 준비를 완비하게 하는 데 큰 도움을 주었다고 평가했다.[117]

　⑥ 팀스피리트 한·미합동군사훈련 중단 요구(1976~1994년)
　한·미 양국은 1968년에 한반도에서 발생했던 것과 같은 돌발적인 군사

---

113) 김일성, 「핀란드공산당 중앙기관지 ≪칸산 우우티세트≫를 위하여 핀린드민주청년동맹 대표단이 제기한 질문에 대한 대답」, 『김일성저작집 24』(평양: 조선로동당출판사, 1983), 139쪽.
114) 같은 글, 138쪽.
115) 김일성, 「강원도당 전원회의 확대회의에서 한 결론」, 『김일성저작집 27』, 92쪽.
116) 같은 글, 89, 92~93쪽.
117) 김일성, 「총련조직을 더욱 강화할데 대하여」, 『김일성저작집 27』, 257쪽.

상황에 대처하기 위해 「한·미상호방위조약」의 기본 정신에 의거하여 연합군 사훈련을 시작했다. 1969년에 '포커스 레티나'라는 이름으로 실시하다가 1971년에는 '프리덤 볼트(Freedom Volt)', 1976년부터는 '팀스피리트(Team Spirit)'로 이름을 바꾸고 내용을 강화하여 실시했다. 1992년에는 한·미 양국이 남북 간의 화해 분위기 조성을 위해 이를 중단하기도 했으나, 북한이 영변 핵발전소 등의 시설에 대해 국제원자력기구(IAEA)의 특별사찰을 받아들이지 않고 남북핵통제공동위 협상에서 성의를 보이지 않자 1993년에 재개되었다. 그러나 제네바 북·미기본합의로 북핵 위기가 끝나자 1994년 이후부터는 실시되지 않고 있다. 팀스피리트 훈련은 1993년까지는 북한이 북·미 관계와 남북 관계에서 매우 적대적인 행동을 하는 구실 내지 주요 요인 중 하나로 작용했다.

첫 번째 팀스피리트 훈련은 1976년 6월에 실시되었다. 북한은 팀스피리트 훈련에 대해 북한을 공격하기 위한 '시험전쟁', '핵전쟁 연습' 등의 비난과 더불어 극도의 적개심과 경계심을 보였다.[118] 북한은 미국이 실제 군사연습에 필요한 것보다 더 많은 군사 장비를 남한에 들여와 저장하고 있다고 주장하면서 이는 미국이 앞으로 한반도에서 전쟁을 일으킬 준비를 하고 있다는 것을 말하여 주는 것이라고 비난했다.[119] '팀스피리트 86' 훈련에는 한·미연합군 20여 만 명과 항공모함, 전략폭격기, 미사일을 비롯한 최신 전쟁무기와 장비들이 동원되었는데, 북한은 이러한 규모의 군사훈련은 북한을 "선제 타격하기 위한 침략적이며 공격적인 핵전쟁 연습"이며 "군사분계선

---

118) 김일성, 「주체의 혁명위업을 무력으로 튼튼히 담보하자」, 『김일성저작집 37』, 151쪽; 김일성, 「인도네시아 ≪메르데까≫ 신문사 부사장이 제기한 질문에 대한 대답」, 『김일성저작집 39』(평양: 조선로동당출판사, 1993), 369쪽.
119) 김일성, 「일본사회당 중앙집행위원회 위원장과 한 담화」, 『김일성저작집 36』, 41쪽.

가까운 곳에서 벌어지고 있는 '팀스피리트 86' 합동군사연습은 임의의 시각에 실전으로 넘어갈 수 있는 위험성"을 안고 있다고 비난했다.[120]

한 가지 흥미로운 것은 북한이 팀스피리트 훈련을 비난하면서 한·미 양국이 훈련의 구실로 주장하는 '북으로부터의 남침위협'에 대해 자신은 남침의 '의도'도 '능력'도 없다고 강조한 것이다.[121] 그리고 팀스피리트 훈련으로 인해 "우리나라에 현실적으로 존재하는 것은 '남침위협'이 아니라 북침위협이라는 것을 뚜렷이 보여주고 있"다고 주장했다.[122] 그리고 북한은 한반도에 조성된 긴장 상태를 완화하고 한반도에서 평화를 유지하기 위해 할 수 있는 모든 노력을 다하고 있다고 주장하면서, 1986년에는 2월 1일부터 북한의 전 영역에서 큰 규모의 군사연습을 하지 않기로 하고 남북 대화가 진행되는 동안 모든 군사연습을 중지하기로 결정하고 그것을 내외에 선포하기도 했다. 동시에 한·미 양국에 대해서도 팀스피리트 훈련을 중단할 것을 요구하기도 했다.[123] 이는 팀스피리트 훈련이 북한에게 얼마나 큰 어려움을 주었는지 가늠할 수 있게 해주는 증거라고 할 것이다.

⑦ 판문점 미군도끼살해사건(1976년)

냉전고착기에 북·미 관계를 악화시킨 또 다른 사건은 첫 팀스피리트 훈련이 실시된 지 2개월 후인 1976년 8월 18일에 일어난 판문점 미군도끼살

---

120) 김일성, 「인도네시아 《메르데까》 신문사 부사장이 제기한 질문에 대한 대답」, 『김일성저작집 39』, 368~369쪽.
121) 김일성, 「일본사회당 대표단과 한 담화」, 『김일성저작집 38』(평양: 조선로동당출판사, 1992), 341쪽; 김일성, 「단마르크 사회민주당 부위원장과 한 담화」, 『김일성저작집 36』(평양: 조선로동당출판사, 1990), 193~194쪽.
122) 김일성, 「인도네시아 《메르데까》 신문사 부사장이 제기한 질문에 대한 대답」, 『김일성저작집 39』, 368~369쪽.
123) 같은 글, 368쪽.

해사건이었다. 미군 측이 북한 측을 관측하는 데 시야를 방해하는 것으로 판단하여 판문점 공동경비구역 내 '돌아오지 않는 다리' 부근에 있는 미루나무를 베려다 이를 제지하는 북한 측 군인들과 다툼이 벌어져 미군 장교 2명이 북한 군인들에 의해 도끼로 살해당한 사건이었다.

사건 직후 미국은 F-111, F-4 비행대대를 주한 미군 기지에 긴급 배치하고 항공모함 미드웨이 호를 위시한 전투선단을 동해에 출동시켰다. 오키나와에 주둔하고 있던 미 해병대 1,800명이 포함된 미 지상군 1만 2,000명에 대한 출동명령도 하달했다. 미국은 또한 '핵공격'을 할 수 있는 포대를 비무장지대를 따라 배치했다. 미국은 '핵무기'를 실은 B-52 폭격기를 괌에서 출격시켜 한반도 상공에서 전속력으로 북상하는 '위협비행'을 하기도 했다. 북한은 이에 대해 인민군부대들과 로농적위대, 붉은청년근위대원들이 전투태세에 들어가도록 명령을 하달함으로써 한반도에서 전면전의 위기감이 고조되었다.[124]

북한은 '판문점사건'은 미국의 '계획적인 도발'에 북한이 말려든 것으로 설명했다. 김일성은 판문점 공동경비구역 내에 몇십 년 동안 아무런 방해도 되지 않던 나무가 왜 이제 와서 방해가 되었겠느냐며, 나무가 감시에 방해가 된다고 한 것은 도발을 일으키기 위한 하나의 '구실'이었다는 것이다.[125] 더 구체적으로, 포드 대통령이 "미군의 남조선 강점을 정당화하며 대통령선거에서 찬성표를 더 많이 긁어모으기 위하여 계획적으로" 일으킨 사건이라는 것이다. 그러나 북한은 곧 북한 군인들이 그러한 '정치적 음모'에 걸려들었다는 것을 간파하고 이 사건을 정치적 목적에 이용하지 못하게 하기 위해

---

124) 김일성, 「일본사회활동가와 한 담화」, 『김일성저작집 31』(평양: 조선로동당출판사, 1986), 391쪽.
125) 같은 글, 389~392쪽.

이 사건을 더 확대하지 않기로 했다는 것이다.126)

북·미 양국은 앞으로의 충돌을 예방하기 위해 판문점공동경비구역을 나누어 경비하기로 했다. 미국은 북한에게 배상금, 사과, 범인 처벌을 요구했으나 북한은 응하지 않았다.127) 북·미 양국은 비공개 회담을 통해 북측의 조선인민군 총사령관이 미군 장교 사망에 대해 유감을 표시하는 선에서 사건을 마무리했다.

그런데 이 도끼살해사건은 1976년 6월에 첫 팀스피리트 한·미합동군사훈련이 실시된 지 2개월 만에 일어난 사건이라는 데 유의해야 한다. 북한이 팀스피리트 훈련에 얼마나 신경을 곤두세웠는지는 잘 알려져 있다. 북한은 팀스피리트 훈련이 있을 때마다 북한 사회 전체가 만일의 사태에 대비하기 위해 이에 매달려 그 기간에는 산업 시설이 제대로 가동되지도 못했다. 김일성은 '1977년 신년사'에서 이 사건을 통해 "당의 두리에 굳게 뭉친 우리 인민의 불패의 위력과 혁명적 기개를 온 세상에 널리 시위"했다고 평가했다.128)

⑧ 평화협정 체결의 '대화 형식': 남북 양자회담(1962~1974년), 북·미 양자회담(1974~1984년), 남·북·미 3자회담 제안(1984~1990년)

1954년 제네바회의가 한반도의 평화와 통일 문제를 해결하지 못하고 6·25전쟁이 결국 정전 상태로 끝나자 북한은 줄곧 평화협정 체결을 주장했다. 북한은 평화협정을 체결하기 위한 '대화 형식'으로 남북 양자회담, 북·미

---

126) 김일성, 「일본 소까대학 교수와 한 담화」, 『김일성저작집 31』(평양: 조선로동당출판사, 1986), 425쪽.
127) 김일성, 「일조우호촉진의원련맹 회장과 한 담화」, 『김일성저작집 32』(평양: 조선로동당출판사, 1986), 50쪽.
128) 김일성, 「신년사」, 『김일성저작집 32』(평양: 조선로동당출판사, 1986), 5쪽.

양자회담, 남·북·미 3자회담, 그리고 남·북·미·중 4자회담을[129] 시대 상황에 따라 전략적으로 융통성 있게 제안 혹은 수용했다.

북한은 한반도 평화협정을 협상하고 체결하는 데 1962~1973년에는 남북한 간의 협상과 체결을, 1974~1984년, 1991~1996년, 2000~2005년에는 북·미 양자 간의 협상과 체결을, 1984~1990년에는 남·북·미 3자회담을 통한 북·미 양자 간의 체결을, 그리고 1996~1999년에는 남·북·미·중 4자회담을 통한 북·미 양자 간 체결을 주장했다. 북한은 2005년에 9·19공동성명에 합의했는데, 이 공동성명은 '직접 관련 당사국들'이 한반도의 항구적인 평화체제에 관한 협상을 위해 '별도의 포럼'을 개최하기로 합의했기 때문에 북한은 실질적으로 남·북·미·중 4자회담의 개최에 동의한 것으로 볼 수 있다.[130]

여기에서 한 가지 주목할 것은 북한은 비록 평화협정을 체결하기 위한 '회담의 형식'에서는 다양하게 2자, 3자, 4자 회담을 주장하거나 수용했지만, '평화협정 체결 대상'은 1974년부터는 어디까지나 '미국'이었다는 점이다.

좀 더 구체적으로 살펴보자. 북한은 1962년부터 남북한 간의 협상을 통해 평화협정을 체결하자고 주장했다. 북한은 1972년 남북적십자회담을 통해 7·4남북공동성명이 발표된 후, 미군을 남한으로부터 철수시키고 남북한이 상호간에 무력행사를 하지 않겠다는 내용의 남북평화협정을 체결할 것을 남한에 요구했다.[131] 북한은 평화협정 체결은 적십자사 회담으로는 불가능하고 남북당국자회담이나 남북국회회담을 통해 해결될 수 있을 것으

---

129) 북한은 후에 '탈냉전시대'에 들어선 후 1996~1999년에는 남·북·미·중 4자회담을 통한 북·미 양자 간 평화협정 체결을 주장했다.
130) 「제4차 6자회담 공동성명」, 베이징, 2005년 9월 19일.
131) 김일성, 「미국 ≪워싱톤포스트≫지 기자와 한 담화」, 『김일성저작집 27』, 325~326쪽.

로 주장했다.132) 그러나 남한이 평화협정 대신에 '불가침조약'을 체결하자고 대응하자 불가침조약이란 남과 북이 두 개 나라로 갈라져 있으면서 서로 침략하지 않을 것을 약속하자는 것인데 그것은 결국 우리나라의 분열을 합법화하자는 것이므로 받아들이기 어렵다는 반응을 보였다.133)

그러나 북한은 이내 태도를 바꾸어 1974년에는 미국과 직접 평화협정을 맺자는 제의를 미국의회에 제기했다.134) 북한은 정전협정을 평화협정으로 전환하는 문제에 대한 논의는 정전협정의 서명당사자가 아닌 남한과는 할 수 없고 서명당사국인 미국과만 할 수 있다고 주장했다.135)

그러나 미국은 1976년부터 남한을 포함시켜 남·북·미 3자회담을 개최하자고 여러 경로를 통해 북한에 제안했다.136) 1979년에 한국을 방문한 지미 카터(Jimmy Carter) 미 대통령도 한·미공동성명에서 3자회담을 제안했다.137) 미국 레이건(Ronald Reagan) 행정부는 북한에게 4자회담이나 남북한 간의 양자회담을 제안했는데, 북한은 민주화운동을 탄압하고 수많은 인민들을 학살한 사람인 '인민들이 반대하는 사람 전두환'과는 마주앉아 회담할 수 없다는 입장을 취했다.138)

---

132) 같은 글.
133) 김일성, 「일본 정치리론잡지 ≪세까이≫ 편집국장과 한 담화」, 『김일성저작집 31』, 59쪽.
134) 김일성, 「알제리 민주인민공화국 정부기관지 ≪엘 무쟈히드≫ 신문 기자가 제기한 질문에 대한 대답」, 『김일성저작집 30』(평양: 조선로동당출판사), 352~353쪽; 김일성, 「미국 조선친선공보쎈터 집행위원회와 잡지 ≪조선의 초점≫ 편집국이 제기한 질문에 대한 대답」, 『김일성저작집 29』, 288쪽; 김일성, 「일본 ≪마이니찌신붕≫ 편집국장 일행과 한 담화」, 『김일성저작집 30』, 663쪽.
135) 김일성, 「일본사회당 대표단과 한 담화」, 『김일성저작집 38』, 339쪽.
136) 같은 글, 336~337쪽.
137) 김일성, 「전인도 조선친선협회 대표단과 한 담화」, 『김일성저작집 34』, 397~398쪽.

북한은 1984년부터는 남·북·미 3자회담에서 정전협정을 평화협정으로 전환하는 문제와 남북불가침선언 문제를 논의할 수 있다는 입장으로 전환했다.139) 북한은 한반도에 조성된 긴장 상태를 완화하기 위해 남한도 '동등한 자격'으로 참가하는 3자회담을 제안하고 이를 통해 북·미평화협정 체결과 남북불가침선언을 할 것을 제의했다.140)

김일성은 한반도의 평화적 통일의 실현이 궁극적으로 가장 중요하지만, 당장 통일을 하기 어려운 상황에서 우선 조성된 긴장 상태라도 완화시키는 것이 가장 합리적인 방안인데, 정전협정을 평화협정으로 바꾸며 남북이 불가침선언을 채택하고 쌍방의 군축을 10만 명 혹은 그 이하로 단행하면 한반도에서 긴장 상태가 완화되고 미군이 철수하게 될 것이며 그렇게 되면 '고려민주연방공화국 창립방안'에 의한 평화적 통일이 가능해진다고 보았다.141)

북한이 남한을 '동등한 파트너'로 참여시키는 근거는 "남조선은 조선정전협정의 조인 당사자는 아니지만 우리나라에서 긴장 상태를 조성하는 데 직접 책임이 있는 것 만큼 우리 공화국정부는 우리와 미국과의 회담에 남조선당국도 동등한 자격으로 참가"할 수 있다고 보았기 때문이라고 했다.142)

---

138) 김일성, 「일본사회당 대표단과 한 담화」, 『김일성저작집 38』, 337쪽.
139) 김일성, 「쏘련 따쓰통신사대표단과 한 담화」, 『김일성저작집 38』(평양: 조선로동당출판사, 1992), 285~286쪽; 김일성, 「신년사」, 『김일성저작집 39』(평양: 조선로동당출판사, 1993), 4쪽; 김일성, 「일본 정치리론잡지 ≪세까이≫ 편집국장이 제기한 질문에 대한 대답」, 『김일성저작집 39』, 92쪽.
140) 김일성, 「쏘련 따쓰통신사대표단과 한 담화」, 『김일성저작집 38』, 285~286쪽; 김일성, 「신년사」(1993), 4쪽.
141) 김일성, 「일본사회당 대표단과 한 담화」, 『김일성저작집 38』, 339쪽; 김일성, 「일본 정치리론잡지 ≪세까이≫ 편집국장이 제기한 질문에 대한 대답」, 『김일성저작집 39』(평양: 조선로동당출판사, 1993), 92~93쪽.
142) 김일성, 「일본 정치리론잡지 ≪세까이≫ 편집국장이 제기한 질문에 대한 대답」,

북한은 또한 남·북·미 3자회담을 주장하는 이유는 "우리가 3자회담에서 토의하려고 하는 문제들은 지금의 조건에서 3자회담이 아니고서는 해결할 수 없는 문제들"이기 때문이라고 했다. 즉 북한은 3자회담에서 기본적으로 두 가지 문제를 토의하고자 하는데, 그것은 정전협정을 평화협정으로 바꾸고 남북한 사이에 불가침선언을 채택하는 것이라고 설명했다.[143] 그런데 문제는 남한은 정전협정을 평화협정으로 바꾸고 남북한 사이에 불가침선언을 채택하는 문제를 해결할 수 있는 '권한'을 가지고 있지 못하다는 것이다.[144] 즉 남한은 정전협정에 서명하지 않았기 때문에 평화협정을 협상할 권한을 갖지 못하고 있고,[145] 또 남북한 간의 불가침선언도 실제로 한·미연합군사령관이 접수해야 실제 효력이 발생하는데, 한·미연합군사령관이 한국 사람이 아니고 미국 사람이라는 것이다. 만일 남북한 사이에 불가침선언을 채택했다 하더라도 "미국 사람들이 그것을 인정하지 않으면 그 선언은 아무런 소용도 없으며 빈 종장"으로 되고 말기 때문에, 남북한 사이의 불가침선언도 반드시 3자회담에서 채택되어야 한다는 것이다.[146]

그런데 북한이 정작 3자회담을 제안하자 이제는 미국이 이를 받아들이지 않았다. 북한은 그 이유를 3자회담을 통해 북미 사이에 평화협정이 체결되고 남북 사이에 불가침선언이 채택되면 미군이 남한에 남아 있을 구실이 없어지기 때문이라는 것이다.[147] 다시 말해, 미국은 남한을 영원히 자신의 식민지로,

---

『김일성저작집 39』, 92쪽.
143) 김일성, 「일본사회당 대표단과 한 담화」, 『김일성저작집 38』, 338쪽.
144) 같은 글. 339쪽.
145) 같은 글.
146) 같은 글.
147) 김일성, 「뽀르뚜갈공산당 대표단과 한 담화」, 『김일성저작집 39』, 20쪽; 김일성, 「조선의 자주적 평화통일을 위한 국제련락위원회 대표단과 한 담화」, 『김일성저작집 39』, 196~197쪽.

군사 기지로 붙잡아두려는 전략적 목적 때문에 3자회담을 받아들이지 않는다는 것이다.148) 북한은 자신이 제안한 3자회담은 미국과 남한 당국자들의 요구도 충분히 고려한 것이며 미국이나 남한 당국자들이 그것을 받아들이지 못할 어떤 이유도 없다고 주장했다.149)

미국이 북한이 원하는 3자회담에 호응하여 나오지 않는 상황에서 북한은 1985년에 들어 한반도의 긴장을 완화시키기 위해서는 "먼저 조선 사람들끼리라도 대화를 해야 하겠다"고 생각하게 되었다. 물론 레이건 미 대통령이 남북한 사이의 양자회담에 대한 권유도 고려했다. 그런데 미국과 남한이 '팀스피리트 85' 합동군사훈련을 함으로써 북한은 이제 남북 양자회담을 추진할 수 없게 되었다고 했다.150) 그럼에도 북한은 1985년 4월에 남한국회에 편지를 보내 남·북·미 3자회담 개최 이전에라도 남북이 국회대표회담이나 국회연석회의를 열어 '남북 간의 불가침에 관한 공동선언'을 발표하는 문제를 토의하자고 제안했다.151) 이에 대해 남한은 의제를 '불가침공동선언'이 아니라 '통일헌법 제정'으로 할 것을 요구했고, 북한은 그 두 가지를 함께 의제로 삼을 것을 주장했다. 남한이 이에 반대하자, 북한은 의제를 단일화하여 남북 사이의 긴장 상태를 완화하고 조국통일을 촉진시킬 데 대한 문제를 토의하자고 했다.152) 남북한은 예비 접촉과 준비 접촉을 하는 등 일련의

---

148) 김일성, 「일본사회당 중앙집행위원회 서기장과 한 담화」, 『김일성저작집 39』, 58쪽.
149) 김일성, 『애급신문 ≪알싸마≫ 책임주필이 제기한 질문에 대한 대답」, 『김일성저작집 40』(1994), 192쪽.
150) 김일성, 「일본사회당 중앙집행위원회 서기장과 한 담화」, 『김일성저작집 39』, 58~59쪽; 김일성, 「조선의 자주적 평화통일을 위한 국제련락위원회 대표단과 한 담화」, 『김일성저작집 39』, 195쪽.
151) 김일성, 「일본사회당 중앙집행위원회 서기장과 한 담화」, 『김일성저작집 39』, 60쪽.

회담을 했으나, 결국 성과를 내지 못했다.

　북한은 1980년대 후반부터 소련이 점점 붕괴의 방향으로 나아가고 있는 상황에서 미국과의 회담이 이루어지지 않고 시간만 흘러가자, 정전협정을 평화협정으로 전환하고 남북 간에 불가침선언을 이루어내기 위해서는 미국과의 직접대화를 통해 상호간에 오해도 불신도 없애야 한다고 판단하여 미국에게 공개 혹은 비공개 대화를 요구하기도 했다.[153] 그러나 미국은 소련, 동독 등 사회주의권 붕괴의 조짐이 감지되는 등 급변하는 국제정치 상황에서 북한의 대화 제의에 응하지 않았다. 나중에 소련과 동유럽권이 붕괴된 후 '북핵 문제'가 큰 쟁점으로 등장하기 전까지는 미국 외교에서 북한의 순위는 결코 높지 않았던 것이다.

　북한은 1991년 남북한 간에 「남북한 사이의 화해와 불가침 및 교류 협력에 관한 합의서(남북기본합의서)」를 채택했다. 북한은 이제 남북 간에 평화보장의 실제적 기초가 마련되었다고 보았다.[154] 즉 '남북기본합의서'에서 합의한 남북 간의 불가침합의로 남북 간에는 평화 문제가 해결되었으니, 평화협정은 북·미 양국 간에 체결하면 된다는 식으로 주장했다. 북한은 다시 평화협정 체결을 위한 대화의 형식으로서 북·미 양자회담을 주장하기 시작한 것이다. 북한은 한반도 평화체제를 북·미 간에는 평화협정 체결, 남북 간에는 불가침선언을 채택하는 '이중구조'로 구축하려고 한 것이었다.

　이상에서 '냉전시대'의 북·미 관계를 미·소 양국의 한반도 분할 점령과 남북한 국가 형성, 6·25전쟁과 정전협정 조인, 그리고 냉전고착기로 나누어

---

152) 김일성, 「조선의 자주적 평화통일을 위한 국제련락위원회 대표단과 한 담화」, 『김일성저작집 39』, 196쪽.

153) 김일성, 「사회주의건설과 조국통일을 위한 우리 인민의 투쟁에 대하여」, 『김일성저작집 41』, 160~161쪽.

154) 조선민주주의인민공화국외교부, 「외교부 비망록」, 1995년 6월 30일.

살펴보았다. 냉전고착기의 북·미 관계는「한·미상호방위조약」체결, 제네바 회의, 평화협정·미군 철수·UN사 해체 요구, 푸에블로 호 나포사건, EC-121 격추, 팀스피리트 훈련 중단 요구, 판문점 미군도끼살해사건, 평화협정 체결의 '대화 형식'(남북 양자회담, 북·미 양자회담, 남·북·미 3자회담)을 '북한의 입장'에서 살펴보았다.

한마디로 '냉전시대'는 북·미 양국이 6·25전쟁과 그 이후 한반도에서 군사적 대결을 통해 정치, 외교, 안보, 군사, 경제 등 모든 분야에서 전면적으로 적대 관계를 심화·지속했던 시기다. 냉전시기의 북·미 관계는 북·미 양국의 상대방에 대한 인식, 자원, 정책, 그리고 양자의 상호 작용에 의해 영향을 받았고, 동시에 미·소 관계 등 환경 구조에 의해서도 큰 영향을 받았다. 특히 6·25전쟁의 경험에 기반을 둔 양국정부의 상대방에 대한 부정적이고 적대적인 인식과 그에 기초한 적대정책, 미·소 관계가 만들어내는 냉전구조, 이에 더하여 푸에블로 호 나포사건, EC-121 격추사건, 팀스피리트 한·미합동 군사훈련, 판문점 미군도끼살해사건 등 불신과 대결을 심화시킨 사건들이 적대적인 북·미 관계 형성에 결정적인 영향을 미쳤다.

이 시기에 미·소 대결을 중심으로 한 냉전체제하에서 북한은 소련 블록에 속해 있었고 미국은 기본적으로 북한을 '봉쇄'하는 데 치중했다. 따라서 이 시기의 특징은 나중에 소련 붕괴와 더불어 시작되는 탈냉전시대의 북·미 양국 관계에서 보게 될 것과 같은 '동학'과 '역동성'은 찾아보기 어렵다는 것이다.

2) '탈냉전시대'의 북미 관계

1980년대 말과 1990년대 초에 소련과 동·중 유럽 국가들의 사회주의체제가 붕괴함으로써 국제 사회는 탈냉전시대에 접어들었다. 한반도에서는 전세계적인 냉전구조의 붕괴와는 달리 북·미 간에 6·25전쟁이 아직 종료되지 않아 정전상태가 지속됨으로써 양국 간의 상호 불신과 대결 구조가 그대로 지속되고 있었다.

이러한 구조적 환경 속에서 북·미 관계는 세계 유일의 초강대국 미국의 적극적인 '국제질서 재편전략'과 이런 환경 속에서 살아남으려는 북한의 '생존전략'이 상호 작용하면서 형성되었다. 북·미 양국 간의 전략이 크게 부딪치면서 부정적이고 파괴적인 사건들이 생겨났는데, 그 대표적인 것이 1990년대 초반의 제1차 북핵 위기, 1998년의 금창리 지하 핵 의혹 시설 문제와 북한의 대포동미사일 시험 발사 사건, 그리고 나중 '9·11테러 이후' 시기의 제2차 북핵 위기 발생이었다.

그러나 이처럼 대결관계 속에 있었던 북·미 양국도 '탈냉전'이라는 틀 속에서 상호 작용하면서 자신의 국가이익을 확보하기 위해 상호 협력을 추구하지 않을 수 없었다. 그 대표적인 예가 제1차 북핵 위기를 해결한 제네바 북·미기본합의, 대포동미사일 발사 사건 해결을 위한 베를린공동성명, 페리 프로세스, 2000년의 남북정상회담 지지, 북·미 공동코뮤니케와 북·미 고위급 상호 방문, 북·미 미사일회담, 그리고 나중 '9·11테러 이후' 시기에 발생한 제2차 북핵 문제를 해결하기 위한 2005년 9·19공동성명과 2007년의 「2·13합의」였다.

이처럼 탈냉전시대의 북·미 관계는, 냉전시대의 부정적이고 파괴적인 상호 '불신'과 상호 '대결'과는 달리, 상호 '협력'과 '대결'이라는 상반되는 가치와 행위가 공존하면서 상호 작용하여 냉전시대와는 달리 더 복잡하고 새로운 '동학'과 '역동성'을 보여주었다.

(1) 제1차 북핵 위기와 제네바 북·미기본합의(1993~1994년)

탈냉전시대 들어 북·미 양국 간의 첫 번째 대결은 1990년대 초반의 '제1차 북핵 위기'로 나타났다. 소련과 동독 등 동·중유럽 사회주의 국가들의 붕괴와 미국의 세계질서 재편 전략으로 인해 북한은 대외관계에서 커다란 위기를 맞게 되었고, 북한은 악화된 대외환경 구조 속에서 핵무기 개발을 추진했다.

그러나 미국은 기존의 핵무기 보유국가 외의 다른 어떤 국가가 핵 보유국으로 등장하는 것을 방지하려 했고, 북한과 같은 '무뢰배 국가', '신뢰할 수 없는 국가', 무엇보다도 '적대 국가'가 핵무기를 보유하는 것을 허용하지 않겠다는 입장을 취했다. 더구나 2005년 NPT의 연장을 앞두고 북핵 문제가 NPT 연장에 미칠 부정적인 효과도 고려하지 않을 수 없었던 미국은 IAEA에 의한 '특별사찰'을 요구함으로써 북한의 핵무기 개발에 강력한 제동을 걸었다. 결국 1993~1994년의 북핵 위기로 인해 북·미 관계는 심각한 상황을 맞았다. 북한은 NPT를 탈퇴했고, 미국은 영변 핵발전소와 관련 시설들에 대한 폭격을 고려하기도 했다.[155]

그러나 미국의 입장에서는 상호 대결만으로는 북핵 위기가 해결될 가능성이 점점 낮아지고, 북한도 핵무기 보유 자체가 목적이 아니라 핵 카드의 사용을 통해 6·25전쟁 종료, 북·미 관계 정상화, 경제 회복 및 발전, 한반도 평화 정착 등을 이뤄내려는 생각이었기 때문에 양국 사이에 협조가 가능하게 되었다. 그것이 바로 북핵 문제를 해결한 제네바 북·미기본합의였고, 이 합의는 '탈냉전시대의 북·미 관계의 기본 틀'이 되었다.

1994년 10월의 제네바 북·미기본합의는 미국으로 하여금 북한의 핵무기 개발계획을 우선 동결시키고 대북 경수로 제공을 통해 북한의 비핵화를 달성할 수 있는 희망을 주었다. 또한 북한이 NPT에 복귀하게 함으로써

---

155) Joel S. Wit, Daniel B. Poneman, & Robert L. Gallucci, *Going Critical: The First North Korean Nuclear Crisis* (Washington, D. C.: Brookings Institution Press, 2004), pp. 192~220; Don Oberdorfer, *The Two Koreas: A Contemporary History*, New Edition, (New York: Basic Books, 2001), chap. 13.

NPT체제를 존속시키는 데 기여했다. 북한은 미국으로부터 발전(發電) 및 연료용 중유 및 경수로 발전소 제공, 북·미 관계 개선, 미국의 대북 핵무기 불위협 및 불사용, 대북경제제재 완화 등을 약속받았다.

북·미 양국은 상호 신뢰가 없는 상황에서 북·미기본합의를 통해 '상호 방어적'인 그러나 동시에 '상호 타협적'인 합의를 도출함으로써 서로 윈-윈 (win-win)하는 데 성공했던 것이다.156)

제네바 북·미기본합의는 북한의 핵무기 개발과 관련하여 '현재', '미래'의 모든 핵계획과 핵 시설을 동결 또는 봉쇄했고, 합의를 이행하는 과정에서 특정 시점이 지나면 '과거'핵도 투명성을 획득하게 하는 장치를 마련했다. 북·미 양국은 한반도에너지개발기구(KEDO)를 통한 경수로 제공이 지연된 것 외에는 2002년 10월 소위 북한의 HEU 프로그램이 문제가 되기 전까지는 대체적으로 북·미기본합의를 성실히 이행했다.

(2) 금창리 핵 의혹 시설 제기, 대포동미사일 발사, 베를린공동성명, 페리 프로세스(1998~1999년)

제네바 북·미기본합의가 체결된 지 미처 3주일도 못 된 시점에서 치른 1994년 11월 미국의 중간선거 결과 공화당이 의회 다수를 차지했다. 이 중간선거를 통해 미 정치사에서는 소위 '공화당혁명(Republican Revolution)'이 라고 명명한 시대가 열렸다. 공화당은 1952년 이래 40여 년 동안 하원에서

---

156) Leon V. Sigal, *Disarming Strangers: Nuclear Diplomacy with North Korea* (Princeton, New Jersey: Princeton University Press, 1998), pp. 129~204; Selig S. Harrison, *Korean Endgame: A Strategy for Reunification and U. S. Disengagement* (Princeton and Oxford: Princeton University Press, 2002), chap. 18; 케네스 퀴노네스 지음, 『2평 빵집에서 결정된 한반도 운명: 북폭이냐 협상이냐』, 노순옥 옮김(중앙M&B, 2000), 제4장.

소수당의 신세였는데, 이번 선거에서 무려 54석을 추가로 획득하여 일거에 하원을 장악했던 것이다. 1995년 1월부터 상·하원을 모두 장악한 공화당은 외교안보정책에서 대부분의 경우 초당파적보다는 당파적인 이익을 추구했다. 공화당 다수의회는 1995년과 1996년 2년 동안 국가미사일방어체제(NMD) 구축을 포함한 국방법안을 통과시키기 위해 주력했고,157) 클린턴 대통령은 이 법안에 대해 거부권을 행사하는 등 의회와 행정부 간에 NMD 문제로 줄다리기가 계속되었다.

공화당 다수의회는 클린턴 대통령의 국방법안 거부권 행사에 대해 대반격을 시도했는데, 이것이 바로 1998년 '럼스펠드위원회'의 구성과 「럼스펠드위원회 보고서」로 나타났다. 공화당은 민주당을 끌어들여 북한, 이라크 등으로부터 오는 탄도미사일 위협을 조사하기 위한 목적으로 럼스펠드위원회를 구성했다. 이 위원회는 1998년 1월부터 6개월간 활동한 후 7월 15일 위원회의 보고서를 의회에 제출했는데, 이 보고서는 북한의 장거리미사일 위협을 강조하면서 이를 상당한 정도로 과장했다.158)

그해 8월 들어 미 언론이 금창리 지하 핵 의혹 시설 문제를 제기하고 여론을 '반북'으로 몰아가기 시작하자, 북한은 미국에게 엄중히 경고하고 1998년 8월 31일, 장거리미사일인 대포동미사일 1호를 시험 발사했다. 대포동미사일 발사는 분명히 도발적인 행위로 평가할 수 있는 면이 있으나, 북한은 미사일 발사를 통해 제네바 북·미기본합의 이행의 지지부진함과 공화당 다수가 의회에 등장한 이후 고조되는 미국의 반북성재 분위기에

---

157) "National Defense Authorization Act for Fiscal Year for 1996" 및 "National Defense Authorization Act for Fiscal Year for 1997."
158) "The Executive Summary of the Report of the Commission to Assess the Ballistic Missile Threat to the United States," July 15, 1998 (Pursuant to Public Law 201, 104th Congress).

대해 경고하고, 이를 통해 클린턴 정부를 다시 '협상의 장'으로 이끌어낼 목적이 더 컸던 것으로 보인다.

금창리 지하 핵 의혹 시설 보도와 대포동미사일 발사로 인해 '한반도 위기설'이 워싱턴을 강타했다. 만일 북한이 금창리 지하에서 비밀리에 핵 프로그램을 보유하고 있었다면 이것은 북한이 제네바 북·미기본합의와 NPT, IAEA 핵안전조치협정, KEDO 협정을 위반하는 것이 되기 때문에, 미국의 대북정책에 대한 논쟁이 가열되었으며, 클린턴 정부의 대북 포용정책의 지속 여부를 둘러싼 1998년 가을의 대북정책에 대한 논란은 미국의 베트남전에 대한 논란 이후, 미국의 외교정책의 논란 중에서도 최악의 논란이었다고 할 정도였다.159) 금창리 지하 핵 의혹 시설을 빌미로 '북한 비난하기(North Korea bashing)'의 현상이 미국 워싱턴에 재현되었다. 그동안 대북 포용정책을 지지했던 미국외교협회(Council on Foreign Relations)는160) 이제 대북정책을 근본적으로 재고할 것을 촉구하는 서한을 클린턴 대통령에게 발송했다.161) 곧 이어 미 의회는 1999년도 KEDO 예산에 엄격한 조건들을 부과하면서 클린턴 행정부로부터 한반도정책을 보고 받고 미 의회와의 입장 차이를 조율하는 '대북정책조정관(North Korea Policy Coordinator)'의 임명을 규정하는 법안을 통과시켰다.162) 클린턴 대통령은 1998년 11월

---

159) Donald Gregg, "Two Years of the Sunshine Policy and its Future Prospects," Keynote Speech delivered at an International Conference in Commemoration of the Two Years of the Kim Dae-jung Government on "The South-North Relations and the Dismantling of the Cold War Structure," Hosted by The Kim Dae-jung Peace Foundation, Lotte Hotel, Seoul, Korea, Feb. 25, 2000, p. 25.

160) "Managing Change on the Korean Peninsula," Report of an Independent Task Force Sponsored by the Council on Foreign Relations, 1998.

161) "Letter to the President of the United States from the Independent Task Force on Managing Change on the Korean Peninsula," Oct. 7, 1998.

윌리엄 페리 전 국방장관을 대북정책조정관에 임명했다. 이런 상황에서 1999년 1월 코언 국방장관이 그동안의 입장을 바꿔 NMD 예산 확보를 의회에 공식 요청했고, 북·미 양국은 결국 금창리 지하시설 사찰에 대한 원칙적인 합의를 도출했다.

북·미 양국은 3월 17일 금창리 지하 핵 의혹 시설의 '방문'(사찰)에 공식 합의했다. 북한은 금창리에 대한 미국의 '방문'을 허용하고, 그 대신 미국은 이에 대한 경제적 보상으로서 곡물 60만 톤을 제공하기로 합의했다. 이로써 '한반도 위기설'은 크게 수그러들었다.[163]

금창리 지하 핵 의혹 시설의 사찰이 공식 합의됨과 동시에 미국에서는 NMD 예산 660억 달러가 상·하원을 통과했으며, 공화당계 보고서인 「아미티지 보고서」가 '대북 포괄적 접근'을 제시하는 등,[164] 이제 한반도위기설은 그 분수령을 넘었다. 그리고 3월 29일에는 북·미 미사일회담이 속개되었다. 이 모든 상황의 전개는 당시 미국의 대북정책을 둘러싼 치열한 논쟁의 이면에 미 공화당 의회와 군(軍)정보계, 군 관련 산업체의 NMD 예산 확보

---

162) "Conference Report on H. R. 4328, Making Omnibus Consolidated and Emergency Supplemental Appropriations for Fiscal Year 1999," U. S. House of Representative, Oct. 19, 1998.

163) 1999년 3월 16일 북·미 양국이 금창리 지하 핵 의혹 시설에 대한 사찰 문제를 타결할 때까지는 '한반도 위기설'이 누그러졌는데, 이는 금창리 지하시설에 대한 사찰 합의가 이루어졌기 때문이었기도 했지만, 그동안 미 본토에 대한 미사일 위협에 대처하기 위한 '국가미사일방어체제(NMD)' 구축을 위한 공화당 측의 노력이 열매를 맺어 2000 회계연도의 예산 66억 달러 추가 투입 건이 3월 17일 미 상원에서 통과되고, 18일 미 하원에서 통과되었기 때문이기도 했다. ≪조선일보≫, 1999년 3월 19일자; ≪세계일보≫, 1999년 3월 20일자.

164) Richard L. Armitage, "A Comprehensive Approach to North Korea," *Strategic Forum,* No. 159 (Mar. 1999).

및 NMD 구축을 위한 끈질긴 노력과 전략이 자리 잡고 있었음을 말해준다.

5월 하순, 미국의 사찰단이 북한을 방문하여 금창리 지하 핵 의혹 시설을 현장 확인했으나, 금창리 지하시설은 핵시설이 아닌 것으로 판명되었고, 이와 함께 '한반도위기설'도 막을 내렸다. 미국의 페리 대북정책조정관은 5월 하순에 북한을 방문하여 김정일 국방위원장에게 클린턴 대통령의 친서를 전달하고, 김영남 최고인민회의 상임위원장 및 정부와 군부 지도자들을 만나서 그들의 의견을 청취하고, 한반도에서 냉전구조를 종식시킬 것을 염두에 둔 미국의 '포괄적 포용정책'안을 전달했다. 페리의 방북을 통해 북한이 미국과의 관계 개선을 원하는 의지가 있음이 확인되었고, 북한 미사일 문제에 대해서는 집중적인 협상이 필요하다는 것도 확인되었다.

페리는 북한에게 미국은 북한의 미사일 수출을 종료시키고, 북한 미사일 프로그램을 미사일기술통제체제(MTCR)로 묶는 것을 궁극적인 목표로 하지만, 북한이 우선 첫 단계로 장거리미사일 시험 발사를 유예해줄 것을 요구하면서, 북한에 대해 미국의 대북 경제제재 완화조치를 제의했다.[165]

드디어 1999년 9월 12일 베를린에서 미국은 대북 경제제재를 대폭 완화하고, 북한은 북·미 간에 관계 개선을 위한 '회담이 계속되는 동안' 장거리미사일 시험 발사를 '유예'하기로 합의했다. 이 베를린공동성명으로 북한 미사일 문제 해결의 돌파구가 열리자, 10월 중순 미국의 대북 전략으로서 '포괄적이고 통합적인 접근 방법'을 제시한 「페리 보고서」가 제출되었다.[166] 「페리

---

165) "Review of United States Policy Toward North Korea: Findings and Recommendations," Declassified Report by Dr. William Perry, U. S. North Korea Policy Coordinator and Special Advisor to the President and the Secretary of State, Washington, D. C., Oct. 12, 1999.

166) 같은 글. '페리 프로세스'의 기본적인 전략 개념은 '예방 방어(preventive defense)'이었다. Ashton B. Carter and William J. Perry, *Preventive Defense: A New Security*

보고서」는 기존의 대북 억제전략에 대북 포용전략을 보충한 것으로서, 북한이 핵과 미사일 문제를 포함한 미국의 우려 사항을 해결하면, 미국과 그 동맹국들은 단계적이고 상호주의적으로 대북 경제제재의 완화, 국교정상화 등의 정치·경제 관계 정상화로 나아가겠다는 것을 제안했다. 이로써 페리 프로세스가 시작되었다.[167]

페리 프로세스는 미국의 일방적인 대북정책이 아닌, 북한의 협력이 필요한 양 방향의 과정이었다. 무엇보다도 미국 정부가 '미국의 정책은 북한에 대해 특별한 위협이 되지 않고 북한의 정책이 미국에게 위협이 된다'는 기존 개념을 '북·미 상호간에 위협이 있으며 그 위협을 감소해야 한다'는 '상호위협감소(mutual threat reduction)'의 개념을 수용함으로써 북·미 관계에 새로운 이정표를 세웠다.

한편 북한은 미국과의 관계 개선을 통해 외교적 고립을 탈피하고 안보를 보장받으며 경제를 회복함으로써 자신의 체제 생존을 확보하기 위해 미국과 새로운 관계로 나아가기로 결정하고 페리 프로세스에 적극 호응했다.[168]

「베를린합의」후, 북한의 김계관(金桂冠) 외무성 부상과 미국의 찰스 카트만

Strategy for America (Washington, D. C.: Brookings Institution Press, 1999), pp. 8~20, 123~142.

167) 이 정책안을 마련하는 데에 클린턴 정부는 김대중 정부와 긴밀히 협조했고, 김대중 정부의 입장이 이 보고서의 골간을 이루었다. 페리는 사석에서 페리 프로세스를 '임동원 프로세스'라고 부를 정도로 미국 정부는 김대중 정부의 의견을 전적으로 수용했다.

168) 「럼스펠드위원회 보고서」, 북한의 대포동미사일 시험 발사, 금창리 지하 핵 의혹 시설 사찰(방문) 합의, 미 의회의 NMD 예산 통과, 「페리 보고서」 등의 배경, 진행, 내용, 결과 등에 대한 자세한 논의는 백학순, 「북·미 관계 개선과 동북아 평화: 페리보고서 구상을 중심으로」, 백종천·진창수 엮음, 『21세기 동북아 평화증진과 북한』(세종연구소, 2000), 55~113쪽 참조.

(Charles Kartman) 미·한반도 평화회담 특사는 1999년 11월 15일부터 20일까지 베를린에서 북·미 관계 개선을 위한 전반적인 사항을 논의했고, 2000년 1월 28일 북·미 양국은 북한 고위급 관리가 3월 말경에 미국을 방문하여 양국 간에 포괄적 관계 개선을 위한 고위급 회담을 미국 워싱턴에서 개최하기로 합의하고, 워싱턴에서 개최될 고위급 회담의 준비회담을 2월 말에 개최하기로 합의했다. 북·미 양국은 2월 말에 개최하기로 한 고위급 회담의 준비회담을 예정보다 다소 늦은 3월 7일부터 15일까지 뉴욕에서 개최했으나, 고위급 회담의 의제에 대해 구체적인 합의는 보지 못했고, 가까운 시일 내에 다시 만나 논의를 계속하기로 약속하고 일단 회담을 중단했다. 그러나 이러한 일련의 과정은 1998년 8월 말 북한의 장거리 탄도미사일 시험 발사로 야기된 '북한 미사일 문제'의 해결을 위한 구체적인 북·미 협상의 과정이 시작되었음을 의미했다.

(3) 남북정상회담, 북·미 공동코뮤니케, 고위급 상호 방문, 북·미 미사일회담 (2000년)

2000년 10월과 11월에 북·미 양국 사이에서 일어난 사건들—북한의 조명록 김정일 국방위원장 특사의 미국 방문(10월 9~12일), 북·미 공동코뮤니케(10월 12일), 올브라이트 미 국무장관의 평양 방문(10월 22~25일), 콸라룸푸르 북·미 미사일 회담(11월 1~3일)—은 양국 간의 반세기 이상의 적대 관계를 생각하면 실로 격세지감을 느끼게 하는 사건들이었다. 그런데 이러한 북·미 관계에서의 대반전은, 미국 스스로도 인정했듯이, 2000년 6월 남북정상회담과 6·15남북공동성명으로 한반도에서 새로운 돌파구가 마련되어 이 지역에서의 국제정치의 흐름이 급격히 탈냉전으로 변화하지 않았더라면 불가능한 것이었다.[169]

---

169) Secretary of State Madeleine K. Albright, "Address at National Press Club," Washington, D. C., Nov. 2, 2000.

여기에서 2000년 6월 이후 북·미 관계에서의 극적인 상황 전개를 몇 가지로 정리하여 살펴보자. 첫째, 2000년 6월의 남북정상회담과 남북공동성명은 한반도와 동아시아 지역에서의 정치적 역학구조를 완전히 바꾸어놓았는데, 미국은 이를 자신에게 주어진 '역사적 기회'로 여기면서, 이 기회를 이용하여 지난 반세기 동안의 냉전을 넘어 새로운 시대로 나아가기로 결단을 내렸던 것이다.[170]

조명록 특사와 올브라이트 장관의 교차 방문만 하더라도, 이는 김대중 대통령의 권유에 크게 힘입은 것이었다. 김 대통령은 북한이 권위주의적 체제라는 것을 감안할 때, 북한과의 관계나 회담에서의 진전은 김정일 국방위원장과 그의 최측근과의 '직접적인 논의'를 통해서만 가능하다면서, 클린턴 대통령과 김정일 위원장에게 양국 사이의 현안 해결과 관계 개선을 위해서는 고위급이 직접 접촉하는 것이 중요하다고 조언했고, 미국과 북한은 이 충고를 받아들였던 것이다.[171] 북·미 양국은 이처럼 남한 정부의 주도권을 인정하고 이를 자신의 이익을 위해 이용했다.

둘째, 페리 프로세스의 성과는 2000년 10월에 있었던 북한의 조명록 특사와 올브라이트 미 국무장관의 상대국에 대한 교차 방문 및 이들의 상대방 지도자들과의 회담을 통한 북·미 관계에서의 대진전으로 나타났다.

우선 김정일 국방위원장의 특사 조명록은 김정일 위원장이 클린턴 대통령에게 보내는 친서와 김정일 위원장의 뜻과 견해를 미국 측에 가감 없이 전달하고, 북·미 간의 여러 현안을 실질적으로 논의하고 이를 원칙적으로

---

170) 미국은 한국과 동맹관계에 있기 때문에 북한과의 관계 개선에는 그동안 일정한 제한이 있었던 것이나, 미국은 남북정상회담과 남북공동선언 덕분에 큰 부담 없이 북한과의 근본적인 관계 개선을 추구할 수 있게 된 것이다. Secretary of State Madeleine K. Albright, "Address at National Press Club."

171) 같은 글.

타결했다. 따라서 조명록 특사가 행한 회담은 북한 측의 표현을 빌리자면, 형식상으로뿐만 아니라 그 실질적인 내용에서 '준수뇌회담의 성격'을 띠었다.172)

김정일 위원장이 미국 측에 보낸 메시지는 조명록 특사가 10월 10일 올브라이트 장관이 베푼 만찬에서 한 답사에 포괄적으로 나타나 있다. 그는 "만일 미국이 북한의 국가 주권과 영토 보존에 대해 북한과 북한 리더십에게 강력하고 구체적인 안보 보장을 해준다면, 김정일 국방위원장은 현재의 대결적이고 적대적인 양국 관계를 우호적이고 협력적이며 친선적인 새로운 관계로 변환시킬 매우 중요한 정치적 결정을 틀림없이 하게 될 것"이라고 언명했다.173) 김정일 국방위원장은 조명록 특사를 통해 클린턴 대통령에게 자신은 양국 간의 주요 현안을 해결할 의사를 가지고 있다는 것, 그리고 미 대통령이 평양을 방문하면 '통 크게' 양국 현안들을 해결하겠다는 뜻을 전달한 것이다.

북·미 간의 워싱턴회담의 성과가 2000년 10월 12일 '북·미 공동코뮤니케'로 발표되었는데, 이는 우선 전체적으로 표현이 매우 강력하며 합의 내용이 포괄적이며 전향적이다. 이 공동코뮤니케는 표현만 조금 다듬으면 훗날 언젠가 북·미정상회담 시 발표하게 될 공동선언 같은 문건의 내용과 크게 다르지 않을 것으로 보였다.174)

---

172) "조미관계 개선의 극적인 전환을 예고: 미 국무장관의 력사적인 평양 방문", ≪조선신보≫, 2000년 10월 27일자.

173) Secretary of State Madeleine K. Albright, "Remarks on the Occasion of the Visit of His Excellency Vice Marshall Jo Myong Rok" Washington, D. C., Oct. 10, 2000. 이는 올브라이트 장관의 만찬사인데, 이 만찬사 바로 다음에 조명록 특사의 답사가 있음.

174) "U. S.-DPRK Joint Communique," Oct. 12, 2000.

북·미 공동코뮤니케는 올브라이트 미 국무장관이 클린턴 대통령의 견해를 김정일 국방위원장에게 직접 전달하고 클린턴 대통령의 방북(a possible visit)을 준비하기 위해 가까운 시일에 북한을 방문할 것을 명기했다. 이에 따라 올브라이트 장관은 평양을 방문하여 2000년 10월 23일과 24일 각각 3시간씩, 총 6시간을 김정일 국방위원장과 회담했다. 올브라이트 장관은 10월 23일 저녁, 김정일 위원장이 베푼 만찬 답사에서 양국은 한 발짝씩 '근본적인 관계 개선'으로 나아가고 있으며, "설령 어떤 난관이 있더라도, 양국이 함께 이를 극복할 전략적인 결정을 내린다면, 극복하지 못할 난관은 없다"고 언명했다.[175] 북한 측의 표현을 빌리자면, 그동안 북·미 양국 간의 대화는 반세기 이상 쌓인 적대감을 청산하기 위한 "포괄적이고 전면적인 대화보다 분야별 주제를 다루는 대화가 앞섰"던 것인데, 북한 측이 양국 관계 개선을 위해 결단을 내린 것처럼 "이제는 미국이 관계 개선의 본질문제에 대한 접근과 그 해결을 위한 결단"을 내린 셈이었다.[176]

올브라이트 미 국무장관은 10월 24일 평양에서 가진 기자회견에서 미사일 문제를 포함한 "양국 간의 현안에 대해 진지한 대화가 진행"되었으며, 북·미 관계 개선에서 '중요한 진전'을 이룩했다고 언명했다.[177] 이는 미국의 최대 관심분야인 '북한 미사일 문제' 협상에서 '실질적인 진전'을 이루었음을 나타낸 것이었다.

그러나 북·미 양국은 2000년 11월 콸라룸푸르 미사일회담에서 미사일 문제 타결을 시도했으나, 성공하지 못했다. 더구나 클린턴 대통령의 방북은

---

175) Secretary of State Madeleine K. Albright, "Toast at Dinner Hosted by Chairman Kim Jong Il," Oct. 23, 2000, Pyongyang, DPRK.
176) 같은 글.
177) Secretary of State Madeleine K. Albright, "Press Conference," Koryo Hotel, Pyongyang, DPRK, Oct. 24, 2000

무산되고, 2000년 11월 대통령선거에서 민주당 후보인 앨 고어가 패배함에 따라 민주당 정부가 추진해온 페리 프로세스는 이행되지 못하는 비운을 맞게 되었다.

셋째, 북·미 양국 간의 현안 중 현안은 역시 '북한 미사일 문제'였다. 클린턴 정부는 그동안 북한에게 "미사일 발사시험을 하지 말라, 그러면 이는 양국이 상호 신뢰하는 새로운 시대가 가능하다는 것을 입증할 것"이라는 메시지를 지속적으로 보냈다.[178] 미국으로서는 북한 미사일 문제가 해결되지 않은 상황에서 무엇보다도 시험 발사 유예를 최우선적으로 강조했던 것이다.

2000년 10월 12일자 북·미 공동코뮤니케도 미사일 문제의 해결이 양국 간의 근본적인 관계 개선과 아시아·태평양 지역에서의 평화와 안전에 필수불가결한 기여를 할 것이며, 북한은 미사일 회담이 계속되는 동안에는 모든 종류의 장거리 미사일을 발사하지 않을 것임을 밝히고 있다. 더 이상 미사일 시험 발사를 하지 않으리라는 당시 북한의 의도는 10월 23일 저녁 평양 5·1경기장에서 카드 섹션으로 연출된 대포동미사일 발사 모습을 보며, 김정일 위원장이 올브라이트 장관에게 "이것이 인공위성 발사의 처음이자 마지막이 될 것"이라고 언급했던 데 잘 나타나 있다.[179]

북·미 양국은 평양회담에서 이룬 '중대한 진전'에 기초하여, 11월 1~3일 말레이시아 콸라룸푸르에서 북·미 미사일회담을 개최했다. 양국은 미사일 문제의 모든 면, 예컨대 북한의 미사일 수출 금지, 미사일 개발 중지, 미국의 북한 인공위성 대리 발사 문제 등을 구체적이고 건설적이며 매우 실질적으로

---

178) Secretary of State Madeleine K. Albright, "Address at National Press Club," Washington, D. C., Nov. 2, 2000.

179) Secretary of State Madeleine K. Albright, "Press Conference"; Madeleine Albright, *Madam Secretary: A Memoir* (New York: Miramax Books, 2000), pp. 578~600.

다루었으나, 최종 합의에 이르지는 못했다. 미국은 북한 미사일 문제를 해결하기 위해, 테러지원국 명단에서의 북한 삭제, 대북투자 확대, 대북 식량 지원 확대, 국제금융기구를 통한 대북 차관 제공 등의 방안을 제시했던 것으로 보인다.

북한은 클린턴 대통령이 평양을 방문하면 미사일 문제 해결과 관련하여 큰 결단을 내릴 생각을 하고 있었던 것으로 보이나, 클린턴 대통령은 야세르 아라파트(Yasser Arafat) 팔레스타인 자치정부 수반의 강력한 권유를 받아들여 중동 문제 해결에 우선순위를 두는 바람에 방북하지 못했다. 또 자신이 방북하지 못하기 때문에 김정일 위원장이 워싱턴을 방문해 달라는 클린턴 대통령의 권유를 김 위원장이 받아들이지 않음으로써 북·미 간에 미사일 문제 등 주요 현안을 해결하고 관계 정상화를 이룰 수 있는 천재일우의 기회를 놓치고 말았다.180)

이상에서 '탈냉전시대'의 북·미 관계를 제1차 북핵 위기와 제네바 북·미기본합의, 금창리 지하 핵 의혹 시설 제기, 대포동미사일 발사, 베를린공동성명, 페리 프로세스, 남북정상회담, 북·미 공동코뮤니케, 고위급 상호 방문, 북·미 미사일회담을 중심으로 살펴보았다.

탈냉전의 국제 환경 속에서 북·미 관계는 세계유일초강대국 미국의 적극적인 '국제질서 재편전략'과 소련과 동·중유럽 사회주의체제의 붕괴를 가져온 새롭고 불리한 국제 환경 속에서 자신의 생존을 기약하려는 북한의 '생존전략'이 상호 부딪치면서 냉전시대와는 달리 더 복잡하고 역동적인 양상으로 전개되었다. 때로는 부정적이고 파괴적인 '대결'이 강하게 나타났고, 또

---

180) 당시 북·미 양국 간의 북한 미사일 협상의 자세한 내용은 백학순,「미국의 대북정책과 우리의 대응 방향」, 세종연구소 편,『남북정상회담과 한반도 평화』(세종연구소, 2001), 111~197쪽 참조.

다른 때에는 탈냉전이라는 화해와 협력의 큰 틀 속에서 긍정적이고 건설적인 '협력'도 생겨났던 것이다.

결론적으로, 탈냉전시대의 북·미 관계는 냉전시대의 부정적이고 파괴적인 상호 '불신'과 상호 '대결'이 만들어낸 상대적으로 단순하고 단선적인 북·미 관계의 모습에 비하면, '협력'과 '대결'이라는 상반되는 가치가 상호 작용하면서 더 복잡하고 역동적인 동학을 보여주었다.

그런데 불행히도 클린턴시대의 대북포용정책에 힘입어 반세기 이상 심화되어온 양국 간의 불신을 씻어내고 관계 정상화로 나아가고 있었던 북·미 관계는 후임 부시 정부가 '클린턴 정부 정책 뒤집기(anything but Clinton: ABC)'에 나서고 또 전혀 예상치 못한 9·11대미테러가 발생함으로써 단번에 실종되고 말았다.

3) '9·11테러 이후'의 북미 관계

'9·11테러 이후'의 북·미 관계는 2001년 9월의 9·11대미테러과 그 이후 전개된 부시 정부의 반테러 및 비확산·반확산정책, 그리고 제2차 북핵 위기에 의해 결정적인 영향을 받았다. '9·11테러 이후'의 북미 관계는 신보수주의자들(네오콘, neo-conservatives)과 함께 등장한 부시 정부가 북한에 대해 강력한 대북 적대시정책을 취하면서 북한을 '악의 축' 국가 중의 하나, 즉 '선'의 입장에서 '제거'의 대상으로 규정함으로써 북한의 '정권교체'와 '체제붕괴'를 시도했다. 북한은 이에 대해 핵무기 개발을 서두르는 방식으로 대응함으로써 북·미 관계는 급속히 악화되었다.

북·미 양국의 상대방에 대한 지극히 대결적인 정책이 부딪침으로써 상황이 파국으로 치닫자, 양국은 중국, 한국 등 동북아 국가들의 중재에 힘입어 북핵 문제를 해결하기 위한 6자회담을 시작했다. 북한은 핵 카드를 사용해 미국에게 압력을 가함으로써 상호 간에 '포괄적 주고받기'를 추구했다. 즉 6·25전쟁의 조속한 종료, 미국의 대북 안전 보장 제공, 북·미 관계 정상화, 미국의 에너지·경제협력 등을 받아냄으로써 21세기의 '생존과 번영'의 전략을 세우려고 했다.181) 이에 대해 미국은 중국, 한국, 일본, 러시아 등을 6자회담에 끌어들여 북한에 대해 '공동 압력'을 가하여 북한의 '선 핵 포기'를 받아내고자 했으며, '악의 축' 국가인 북한을 정권교체하고 체제붕괴 시키려는 숨은 의도를 가지고 있었던 만큼 북한이 뚜렷이 핵무기를 보유하는 방향으로 나아가기 전까지는 북한과 '주고받는' 협상에 큰 관심을 갖지 않았다. 따라서 미국에 대해 방어적인 자세를 취하고 있던 북한으로부터 '선 핵 포기'를 받아낼 수도 없었다.182)

2004년 11월 대통령선거를 통해 부시 대통령이 재집권하면서 대북 강경정책의 징후가 짙어지자 결국 북한은 2005년 2월에 핵 보유 및 핵무기고 증강, 그리고 조건이 성숙되기 전까지 6자회담 불참선언을 했다. 이에 미국과 6자회담 참여국들은 이제 본격적으로 북핵 위기가 고조되고 있다는 인식을 갖지 않을 수 없었고, 어떻게 해서든지 6자회담을 통해 북핵 위기를 해결하고자 노력했다. 북한도 21세기 생존과 번영을 위해서는 미국의 협조가 필요한

---

181) Haksoon Paik, "North Korea Today: Politics Overloaded and Secularized," in Philip W. Yun & Gi-Wook Shin (eds.), *North Korea: 2005 and Beyond* (The Walter H. Shorenstein Asia-Pacific Research Center, Stanford University, 2006), pp. 43~46.
182) 미국의 딜레마는 북한과 전혀 대화와 협상을 하지 않고 지낼 수도 없고, 그렇다고 북한과의 대화와 협상에서 클린턴 정부처럼 본격적으로 평화공존을 하면서 포용정책을 추진할 수도 없었다. Victor Cha, "Hawkish Engagement and Preventive Defense on the Korean Peninsula," *International Security*, Vol. 27, No. 1 (Summer 2002), pp. 40~78; Victor Cha, "Why must we pursue 'Hawkish Engagement'?" in Victor D. Cha & David C. Kang (eds.), *Nuclear North Korea: A Debate on Engagement Strategies* (New York: Columbia University Press, 2003), pp. 70~100.

터였기 때문에 북·미 양국은 결국 2005년 9월 6자회담에서 '9·19공동성명'에 합의했다.

그러나 미국은 공동성명과 거의 동시에 마카오 소재 BDA의 북한 관련 계좌를 동결함으로써 '대북 금융제재'를 시작했다. 북한은 미국의 대북 금융제재가 '경제의 생명선'인 금융을 압박하여 북한의 '제도 전복'(정권교체와 체제붕괴)를 시도하고 있다고 판단하고, 북한의 비핵화를 목표로 하는 9·19공동성명의 이행에 비협조적인 태도를 취했다.

북·미 간의 대결이 고조되는 가운데 북한은 2006년 7월 미독립기념일(Fourth of July)에 맞춰 탄도미사일 실험 발사를 재개했고, 3개월 여 후인 10월에는 지하 핵 실험에 성공했다. 북한의 핵 실험 성공은 미국으로 하여금 북핵 문제 해결의 실패에 대한 좌절감과 함께 기존 정책의 실패를 인정하지 않을 수 없게 했고, 우선 무엇보다도 북한이 영변 핵시설로부터 핵무기 제조용 플루토늄을 지속적으로 축적하지 못하도록 방지하고 궁극적으로는 북한의 비핵화를 달성하기 위해 더 적극적인 노력을 해야겠다는 생각을 갖게 했다.

때마침 11월 중간선거에서 공화당의 패배로 인한 워싱턴 정치정형의 변화는 부시 정부로 하여금 예전과 달리 더 현실적인 차원에서 대북 양자협상을 받아들이고 일련의 양자회담을 통해 적극적으로 문제 해결에 나서게 되었다. 미국은 북핵 문제가 발생한 근본적인 구조적 원인을 제거해야 한다는 북한의 요구를 받아들이고, 그동안 북한에 대한 압력과 제재 위주의 정책을 수정하여 제재에 인센티브를 결합하는 새로운 접근방법을 사용하기 시작했다. 이 결과 2007년 2월에 드디어 '말 대 말' 차원의 합의였던 9·19공동성명을 '행동 대 행동' 차원에서 이행을 시작하는 2·13초기조치에 합의함으로써 한반도 비핵화를 위한 북·미 양국 간에 협력의 시대가 열렸다.

이하에서는 '9·11테러 이후' 북·미 양국 간에 상대방에 대한 '공세'와

'대응'이 어떻게 이루어졌는지, 북·미 양국이 서로 자신이 사용하는 정책 카드의 유용성과 효과성을 믿고 어떻게 '힘겨루기'를 했는지, 그러다가 미국이 결국 북한의 핵 실험을 허용하고 말았는지, 그리고 마침내 문제 해결을 위해 양국이 어떻게 '전략적 선택'과 '협력'을 하게 되었는지를 살펴보기로 하자.

(1) 9·11테러, '악의 축', 「핵태세보고서」, 선제공격 독트린(2001년 1월~2002년 9월)

2001년 1월 대통령 취임부터 2002년 10월 부시 대통령 특사인 제임스 켈리가 북한을 방문하기 직전까지의 기간에, 북·미 관계는 클린턴 정부 말기의 북·미 관계와 견주어볼 때 비교할 수 없을 만큼 크게 악화되었다. 무엇보다도 1994년 제네바 북·미기본합의를 통해 일단 해결되었던 '북핵 문제'가 전면 재등장했다. 제2차 북핵 위기로 북·미 관계는 6·25전쟁 이래 최악의 상황을 맞게 되었다.

부시 정부는 2001년 1월 대통령 취임하자마자 제네바 북·미기본합의는 비도덕적이고 신뢰할 수 없는 '불량국가'인 북한에게 '돈을 주고 핵을 산(買)' 비도덕적이고 유화적인 정책이었다고 보고 북·미기본합의의 지속 여부 등을 포함한 광범위하고 종합적인 차원에서 대북정책을 검토했다. 부시 정부는 2001년 6월 6일 새로운 대북정책을 발표했는데,[183] 북한의 핵 활동과 관련하여 북·미기본합의를 '개선'하여 이행하는 문제, 북한의 탄도미사일 프로그램을 검증 가능한 방식으로 제한하는 문제와 미사일 수출금지 문제, '재래식 무력 위협 감소' 문제 등을 포함한 포괄적인 의제에 대해 북한 측과 '진지하게

---

[183] "Statement by the President," The White House Office of the Press Secretary, June 6, 2001.

논의'할 것이라고 했다.

부시 대통령은 이러한 현안에 대한 논의를 '북한에 대한 포괄적 접근(a comprehensive approach to North Korea)'의 맥락 속에서 추진하면서, 남북화해의 진전, 한반도 평화 증진, 북·미 간의 건설적인 관계수립, 그리고 한반도에서의 더 큰 안정 확보를 새로운 대북정책의 목표로 하고 있음을 천명했다.[184] 그러나 문제는 이러한 문제 해결 방식이 북한에게 받아들여질 수 있느냐는 것이었다. 그런데 그해 9월 11일 예기치 못했던 대미 테러의 발생으로 인해 북·미 관계는 미국의 정책 우선순위에서 크게 뒷전으로 밀려나게 되었다.

9·11테러를 계기로 미국의 외교안보전략이 강력한 반테러 및 비확산·반확산을 목표로 삼고 미국의 안보에 위협을 가하는 국가에 대해 '선제공격'을 가능케 하는 방향으로 전환되었다. 부시 정부는 2001년 12월 31일자로 의회에 제출된 「핵태세보고서(NPR)」를 통해 북한을 포함한 7개국에 대해 핵무기 사용 비상계획을 마련하고 특정 전장상황에서 사용할 수 있는 소형핵무기를 제조할 계획을 밝혔다.[185] 미국의 핵사용 가능성에 대한 이러한 정책은 기본적으로 핵무기를 사용을 하지 않겠다는 기존의 정책을 수정한 것이었다.

부시 대통령은 이어 2002년 1월 말 미 의회에서 발표한 대국민 신년시정연

---

184) 그러나 부시 정부의 이 정책은 이전의 클린턴 정부의 포용정책과 비교해볼 때, 첫째, 의제가 광범해졌고, 둘째, 재래식 무력 위협 감소 문제가 추가되었으며, 셋째, 미사일 사찰 문제에서도 미사일 기지 방문 바로 직전에 사전 통보를 하고 바로 현장사찰을 하는 '도전적 사찰(challenge inspection)'을 요구하고 있다는 점에서 차이가 있다. Michael R. Gordon, "U. S. Toughens Terms for North Korea Talks," *The New York Times*, July 3, 2001.

185) "Nuclear Posture Review Report," January 8, 2002.

설186)을 통해 북한을 대량살상무기를 추구하는 이라크, 이란과 함께 '악의 축'의 국가로 규정하고187) 북한이 핵과 미사일, 재래식 무력 위협 문제를 해결하기 위해 협조적으로 나오도록 강력히 요구했다.188) '악의 축'이라는 표현은 '악'은 반드시 제거해야 할 대상인 까닭에 이들 나라에 대해서는 대화와 협상의 '외교'보다는 강력한 압박과 제재 정책을 적용하여 '정권교체' 외 '체제붕괴'를 하겠다는 의미를 포함하고 있는 것으로 인식되었고, 미국은 이러한 표현을 통해 북한에 대한 군사적 행동까지 암시했다.189)

이러한 상황에서 2002년 2월 서울에서 한·미정상회담이 개최되었다. 부시 대통령은 한반도에서의 긴장 완화와 전쟁위험 감소의 필요성을 역설한 김대중 대통령의 설득을 받아들여 북한에 대한 '침공(invade)' 의사가 없으며, 대량살상무기 위협 문제를 대화를 통한 평화적 방법으로 해결하겠다고 천명하고,190) 예정에도 없던 도라산역을 방문하여 한반도에서의 긴장을

---

186) George W. Bush, "The State of the Union Address," January 28, 2002.
187) 부시 정부의 아프가니스탄과 이라크 침공을 결정한 전쟁 내각(war cabinet)의 핵심 구성원들의 생활, 사상, 이력에 대한 자세한 분석은 James Mann, *Rise of the Vulcans: The History of Bush's War Cabinet* (New York: Viking, 2004)를 보시오. 부시 전쟁 내각의 이라크 침공에 이르는 과정에 대한 분석은 Bob Woodward가 저술한 3부작을 보시오. *Bush at War* (New York: Simon & Schuster, 2002); *Plan of Attack* (New York: Simon & Schuster, 2004); *State of Denial* (New York: Simon & Schuster, 2006). 또한 Hans Blix, *Disarming Iraq* (New York: Pantheon Books, 2004)를 보시오.
188) Bruce Cumings, "Decoupled from History: North Korea in the Axis of Evil," in Bruce Cumings, Ervand Abrahamian, & Moshe Ma'oz, *Inventing the Axis of Evil: The Truth about North Korea, Iran, and Syria* (New York & London: The New Press, 2004), pp. 1~91.
189) Ted Galen Carpenter & Doug Bandow, *The Korean Conundrum: America's Troubled Relations with North and South Korea* (New York: Palgrave MacMillan, 2004), chap. 3.

직접 목격하기도 했다.

한편 부시 대통령은 2002년 5월 독일의회에서 '선제공격'을 언급한 후, 6월 1일 미 육군사관학교 졸업식 연설에서 자유와 생명을 방어하기 위해 필요하면 선제공격(preemptive action)을 할 수 있어야 함을 정식으로 천명하고191) 이를 '새로운 독트린'으로 명명했다.192) 이 새로운 독트린은 냉전시대의 미국의 근본적인 전략적 사고를 수정하는 것이었다. 부시 정부는 2002년 9월에 '미국의 국가안보전략서'를 공식발표하고, 필요하면 자위를 위해 선제공격의 권한을 행사하겠다는 점을 명확히 했다.193) 부시 대통령의 국가안보 좌관인 콘돌리자 라이스는 9·11테러로 미국의 '취약성'이 명백히 드러난 이상 새로운 국가안보전략에서는 '선제공격'이 강조되었다고 설명했다.194)

---

190) "Remarks by President Bush and President Kim Dae-jung in Press Availability," The Blue House, Seoul, Republic of Korea, February 20, 2002; "Remarks by the President at Dorasan Train Station," Dorasan, Republic of Korea, February 20, 2002.

191) "Remarks by the President at 2002 Graduation Exercise of the United States Military Academy," West Point, New York, June 1, 2002.

192) David E. Sanger, "Bush to Formalize a Defense Policy of Hitting First," *The New York Times,* June 17, 2002. 부시 대통령의 '선제공격 독트린'은 2002년 5월 3일자로 럼스펠드 국방장관이 서명한 "Defense Planning Guidance"를 반영했다. William M. Arkin, "The Best Defense; A classified planning document describes bold new weapons and preemptive strategic offensive. But will it lead to the kind of world we want to live in?" *The Los Angeles Times,* July 14, 2002; Michael E. O'Hanlon, Susan E. Rice, & James B. Steinbert, "The New National Security Strategy and Preemption," Working Paper, The Brookings Institution, November 14, 2002.

193) "The National Security Strategy of the United States of America," The White House, September 2002.

194) "Remarks by Dr. Condoleezza Rice, Assistant to the President for National Security Affairs, to The Manhattan Institute's Wriston Lecture," Waldorf Astoria Hotel,

한편 한국 정부는 2002년 2월 한·미정상회담을 통해 부시 대통령이 대북 침공 의사가 없음을 선언한 것을 계기로 삼아, 4월 초 임동원 대통령특사를 평양에 파견하여 북한에 북·미 관계와 북·일 관계 개선이 시급함을 강조했다. 북한은 남한의 설득을 받아들여 "일시 동결됐던 남북 관계를 원상회복"하기로 하고, 미 대통령의 특사를 받아들이고, 일본과의 관계를 개선할 것을 결정했다.195)

북한이 4월 30일 미 특사를 수용하여 북·미 대화를 시작할 준비가 되어 있다는 뜻을 미국에 표명함에 따라, 미국은 2002년 6월 25일 대북특사 파견계획을 북한에게 통고했다. 그러나 6월 29일 서해교전이 발생함으로써 미국은 7월 2일 대북 특사파견을 취소했다. 북한 측은 서해교전은 북한 지도부 수준에서 계획적으로 도발하지 않은 것으로 남한 측에 즉각 설명하고 사과를 해왔고, 남한 정부는 미국 정부에 이를 전달했지만, 미국은 결국 대북특사 파견을 취소했다.

한편 미국에서는 2002년 9월 국토안전성(Department of Homeland Security)의 설립법안이 의회를 통과했고,196) 미국 정부는 최초의 대(對)대량살상무기 종합전략인 '대(對)대량살상무기 투쟁 국가전략서'의 발표를 통해, 미국영토, 해외주둔 미군, 동맹국과 우방국에 대해 대량살상무기가 사용되면 미국은 가능한 모든 방안을 사용하여 압도적 힘으로 대응할 것이며, 이에는 '선제공격' 조치들도 포함될 것임을 명백히 했다.197) 이는 그동안 미 육군사관학교 졸업식 연설과 2002년 9월에 발표된 '미국의 국가안보전략서' 등에서 표명된

New York, New York, October 1, 2002.
195) 「특사 방북 관련 공동보도문」, 평양, 2002년 4월 5일.
196) "Passage of the Homeland Security Act of 2002," Secretary Colin L. Powell, November 19, 2002.
197) "National Strategy to Combat Weapons of Mass Destruction," December 2002.

'선제공격' 전략과 맥을 같이한 것이었다.

이런 외교안보정책에서의 큰 틀을 마련하고 난 후, 미국은 10월 들어 평양에 국무부동아태차관보 제임스 켈리를 대통령특사로 파견하여 북한의 '비밀 우라늄농축 프로그램'을 문제 삼았다.198)

그런데 켈리 특사의 방북과 관련하여 두 가지 문제가 있었다. 첫째는 켈리특사 자신은 당시 북한 측에게 '고농축우라늄(HEU) 프로그램'이라는 표현을 사용하지 않았다고 하지만, 워싱턴의 네오콘들과 강경파들은 당시 북한이 핵무기 제조용 'HEU' 프로그램을 보유하고 있었고 또 이를 '시인'했다고 대대적으로 선전하면서 제네바 북·미기본합의를 붕괴시켰다. 그런데 북한이 과연 HEU 프로그램을 당시에 보유하고 있었는지에 대해서는 확신하지 못했다는 것이 최근 2006년 10월 북한의 핵 실험과 11월 미 중간선거 이후에 밝혀졌다.199) 이는 HEU는 핵무기 제조를 위한 것이지만, 고농축이 아닌 단순한 (저)농축은 핵무기 제조용이 아니기 때문에 2002년 10월 당시 미국 정부의 강경파들이 '특정한 정치적 목적'을 위해 정보를 '조작'했을 가능성을 제기하고 있다.200)

---

198) 한국 정부는 2002년 8월에 미 국무부 군축 담당 차관인 존 볼튼(John Bolton)으로부터 북한의 HEU 프로그램과 관련된 이른바 '결정적인 증거'를 정보로서 전달받은 것으로 보도되었다(《연합뉴스》, 2002년 10월 31일자). 그러나 이는 나중에 사실과는 차이가 있음이 밝혀졌다.

199) "A Suddenly Convenient Truth"(Editorial), *The New York Times*, March 2, 2007; Glenn Kessler, "New Doubts On Nuclear Efforts by North Korea: U. S. Less Certain of Uranium Program," *The Washington Post*, March 1, 2007.

200) 김당, "켈리는 왜, 어떻게 말을 바꿔왔나: 〔북핵 심층리포트〕 HEU 정보조작 의혹 ①", 《오마이뉴스》, 2007년 3월 16일자; 김당, "북핵 위기 진원지 켈리, 말 바꾸고 '미안하다': 〔북핵 심층리포트〕 HEU 정보조작 의혹 ② : 양성철 전 주미대사 인터뷰(상)", 《오마이뉴스》, 2007년 3월 21일자; 김당, "동맹 강화 위해서

둘째, 미국 측은 당시 한·일 양국의 북한과의 급속한 관계 증진에 쐐기를 박을 목적으로 의도적으로 HEU 문제를 제기한 것이 아닌가 하는 의혹이 있다. 북한이 강화 알루미늄 튜브 등을 수입하고 있다는 점에 유의하여 북한이 농축우라늄(EU) 프로그램을 추구하고 있을지도 모른다는 의혹을 1990년대 후반에 제기한 측은 한국 정부였고, 한·미 양국은 정기적으로 북한의 EU문제를 협의해왔는데, 미국 측이 2002년 여름까지 이 문제에 대해 크게 문제를 삼지 않다가 갑자기 켈리 특사가 북한에 가서 EU프로그램 존재를 제기한 것이다. 당시 남북한은 임동원 특사의 방북을 계기로 남북 관계를 전면적으로 회복하기로 4월 15일 발표한 이래, 남북 화해협력에 가속도가 붙고 있었고, 또한, 일본의 고이즈미 준이치로(小泉純一郎) 총리는 9월 평양을 방북하여 양국 간의 현안을 해결하고 관계 정상화 회담을 개시할 것을 약속한 '평양선언'에 합의했다.201) 문제는 한국과 일본의 북한과의 이러한 관계 개선은 북한의 정권교체와 체제붕괴라는 부시 정부의 '숨은 정치적 이익'에 어긋나는 것이었다.

부시 정부는 HEU 건으로 클린턴 정부가 맺은 제네바 북·미기본합의를 붕괴시키고 북·미 간 대결의 구도를 유지하고 북한의 핵 문제와 미사일 문제를 미사일방어(MD)를 강화하는 구실로 이용하면서 장기적으로 중국을 겨냥하는 전략적 계산을 한 것으로 보인다.202)

그렇다면 이 기간에 북한의 대응은 어떠했는가? 김정일 위원장은 2001년

미국의 진실 왜곡 규명해야〔북핵 신층리포트〕HEU 정보조작 의혹 ②: 양성철 전 주미대사 인터뷰(하)", ≪오마이뉴스≫, 2007년 3월 22일자.
201)「조·일평양선언(朝日平壤宣言)」, 평양, 2002년 9월 17일.
202) 박순성,「북한 문제, 네오콘은 손 떼고 한국 의견 존중하라」(김대중 특별인터뷰), ≪르몽드 디플로마티크(Le Monde diplomatique)≫, 한국어판 창간호(2006년 11월 17일).

1월 중국방문 시 장쩌민 중국 국가주석과의 회담에서 클린턴 전 대통령의 방북이 무산된 데 대해 섭섭한 심정을 드러내고, 미국의 신행정부와의 관계개선 의지를 표명했으며, 부시 대통령이 방북한다면 환영하겠다는 뜻을 밝힌 것으로 알려졌다.[203)

그러나 북한은 부시 정부가 클린턴 정부의 대북 포용정책과는 달리 대북 적대시정책을 취할 것이라는 징후가 보이자 깊은 우려를 표시하기 시작했다. 북한은 "미국이 대북 적대관계를 실질적으로 해소하는 행동조치를 통하여 북한의 안전이 위협당하지 않는다는 것을 보장할 때, 북한도 미국의 안보상 우려를 해결해줄 수 있다"면서, "미국의 그 어떤 대북정책에도 준비가 되어 있다"는 외무성대변인 담화를 발표했다.[204) 미국이 이 외무성대변인 담화에 대해 비판적인 태도로 나오자, 미국은 외무성대변인의 담화의 본질은 "미국이 대화로 나오면 우리도 대화로 응하고 대결로 나오면 대결로 맞선다"는 것이라며, 미국은 "빈말이 아니라 실제적인 행동조치"를 취하라고 촉구했다.[205)

북한 지도부는 부시 정부 고위인사들이 김정일 위원장을 '독재자'로 부르고,[206) 북한 체제를 '전체주의'라고 부르는 등[207) 반북적인 태도를 보인

---

203) 《연합뉴스》, 2001년 1월 27일자.
204) "미국의 그 어떤 대조선정책에도 준비되여 있다", <조선중앙통신>, 2001년 2월 21일자.
205) "미국이 조미기본합의 리행의 실제적 행동조치 요구", <조선중앙통신>, 2001년 3월 3일자.
206) "Statement of Secretary of State-Designate Colin L. Powell," Prepared for the Confirmation Hearing of the U. S. Senate Committee on Foreign Relations Scheduled for 10:30 AM, January 17, 2001.
207) 파월 국무장관이 2001년 4월 11일, 파리에서의 여러 외상과 회담하면서 북한을 '전체주의'로 표현했다. 북한은 미 국무부가 지난 2001년 연례 "국제 종교자유보고서"를 발표한 이래 해마다 비종교자유 국가 및 전체주의 국가로 지정돼왔다.

데 대해 우려하면서도 2001년 3월 워싱턴에서 개최된 한·미정상회담의 결과에 깊은 관심을 갖고 주시했던 것으로 알려져 있다. 그러나 김정일 위원장은 한·미정상회담에서 드러난 자신과 북한 체제에 대한 부시 대통령의 생각과 태도를 보고 북·미 관계가 어려울 것으로 판단한 것으로 알려져 있다.[208]

북한은 이 시기에 '국제정세의 유동성'(부시 정부의 '대북 적대시정책')으로 '북·미 관계에서의 돌파가 없이는 남북 관계도 순조롭게 진행되기가 어려울 것'이라는 판단을 한 것으로 알려져 있고, 그동안 급속도로 진전되었던 남북 관계의 속도를 조절한 채 대미관계에서의 돌파구 모색에 집중했던 것으로 보인다.

북한은 미국이 '북한위협론'을 이야기하면서 제네바 북·미기본합의의 파기를 논의하는 것은 클린턴 시절에 이루어진 한반도에서의 평화 과정을 파괴하고 북·미기본합의를 백지화하면서 냉전에로의 복귀를 꾀하는 것이고, 또한 국가미사일방어를 수립하려는 구실이라고 비난했다.[209] 북한은 미국이 북한과의 관계에서 "대결로 나온다면 대결로 맞설 것"이며, 미국이 "선의로 나오면 우리도 선의로 대답할 것"이라면서 선택권은 미국에만 있는 것이 아님을 표명했다.[210]

북한은 미국이 2001년 4월 30일자로 「연례테러보고서」를 발표하면서

---

[208] 파월 국무장관의 대북 협상 온건론은 부시 정부의 네오콘과 강경파들에 패배했다. Karen DeYoung, *Soldier: The Life of Colin Powell* (New York: Alfred A. Knopf, 2006), pp. 323~326. 부시 대통령은 김정일 위원장에 대해서 '히이저(some skepticism)'임을 숨기지 않았다. "Remarks by President Bush and President Kim Dae-jung of South Korea," The White House, March 7, 2001.

[209] "랭전식 사고와 행동방식으로는 얻을 것이 없다", <조선중앙통신>, 2001년 4월 19일자.

[210] <조선중앙통신>, 2001년 4월 16일자.

북한을 테러지원국 명단에 계속해서 올려놓는 데 대해, 자신은 이미 여러 차례 모든 테러에 반대하는 원칙과 입장을 밝혔고 그것을 실천으로 보여주었다면서, 이는 부시 행정부의 '노골적'인 적대시정책이며 북한을 국제적으로 고립시키기 위한 조치라고 비난했다.[211]

북한은 부시 정부 관리들로부터 북·미기본합의의 수정, 경수로발전소 대신에 화력발전소 제공 등의 '대낮의 잠꼬대 같은 소리들'이 나오고 있는 데 대해 북·미기본합의 준수와 경수로 제공, 전력 손실 보상조치의 중요성을 지적하면서,[212] "미국 정권이 교체되었다고 의무가 달라지는가"라고 반문하기도 했다.[213] 북한은 특히 미국 정부의 북한의 '재래식 무력 감축 문제' 제기에 대해 군축은 북한 자신이 바라는 것이지만, 재래식 무력 감축 논의는 미국이 북한군을 무장 해제시켜 북한에 대한 압살을 기도하는 것이라며, 미군 철수가 한반도에서의 군축의 선결조건임을 주장했다.[214]

2001년 6월 초 부시 정부가 클린턴 정부의 대북정책을 검토한 후 자신의 새로운 대북정책 발표를 통해 대북 '접근' 의사를 표명하면서, 북한과의 관계에서 우선적으로 해결하기를 원하는 사안으로서 핵, 미사일, 재래식 무력 위협 문제를 거론하고 북한이 이 사안들에서 양보할 것을 요구한 데 대해, 북한은 미국이 "대화를 재개하자고 제의해온 것은 유의할 만한 일"이지만, 양측이 협상테이블에 앉기도 전에 "협상의제를 일방적으로 정하

---

211) <조선중앙통신>, 2001년 5월 3일자.
212) "조미기본합의문에 따른 경수로건설 지연에 대한 상보", <조선중앙통신>, 2001년 5월 16일자; "미국은 전략손실 보상책임에서 절대로 벗어 날 수 없다", <조선중앙통신>, 2001년 6월 5일자; "<케도> 집행국장의 전력손실 보상거부 발언 비난", <조선중앙통신>, 2001년 6월 16일자.
213) <조선중앙통신>, 2001년 5월 21일자.
214) ≪로동신문≫, 2001년 4월 16일자; <조선중앙방송>, 2001년 4월 30일자.

여 공개적으로 제시"하는 행동은 문제가 있음을 지적했다. 북한은 부시 정부가 북한으로서는 '도저히 받아들일 수 없는 조건들'을 내세우고 있기 때문에, 미국이 협상을 통해 북한을 '무장해제 시키려는 목적'을 추구하고 있는 것이며, 미국의 이번 대화 재개 제의는 "성격에 있어서 일방적이고 전제 조건적이며 의도에 있어서 적대적이라고 평하지 않을 수 없다"고 비난했다. 북한은 미국에 대한 신뢰가 없는 상황에서 미국이 먼저 대북 적대시정책을 포기할 것을 요구하고, 북·미기본합의와 북·미 공동코뮤니케의 이행을 위한 실천적인 문제, 예컨대 경수로 제공 지연에 따른 전력보상 문제 등을 협상의제로 삼도록 촉구했다.215) 이른바 미국이 내놓은 의제는 '비현실적'이라는 것이었다.216)

북한은 미국이 '언제, 어디에서나, 아무런 전제조건 없이' 북·미 대화를 할 수 있다는 입장을 표명하자, 미국이 일방적으로 정해서 공포한 협상의제를 포기하지 않고 그러한 입장을 표시하는 것은 신뢰할 수 없다면서, 클린턴 정부 마지막 시기에 취했던 입장 수준에 도달해야 대화 재개가 가능할 것이라는 입장을 밝혔다.217) 북한은 또한 미국이 '속에 품은 칼'을 내놓지 않고서는 대화를 할 수도, 설사 대화를 한다 해도 성과를 기대할 수 없다고 주장했다.218)

그러나 북한의 이러한 의사 표시는 미국과의 대화를 거부한다는 뜻은

---

215) "미행정부의 <대화재개 제안>에 대한 공화국의 립장 천명", <조선중앙통신>, 2001년 6월 18일자; ≪로동신문≫, 2001년 6월 20일자; "해결책은 대조선적대시정 책 포기에 있다", <조선중앙통신>, 2001년 6월 27일자.
216) ≪민주조선≫, 2001년 6월 23일자; ≪로동신문≫, 2001년 6월 26일자.
217) "미국이 내놓은 회담의제를 철회하기 전에는 마주 앉을 수 없다", <조선중앙통신>, 2001년 8월 8일자; "클린튼행정부 집권 마지막 시기의 립장 수준에 도달되야 대화재개 가능", <조선중앙통신>, 2001년 8월 23일자.
218) ≪로동신문≫, 2001년 8월 18일자.

결코 아니었다. 북한은 미국의 대북 '접근' 정책이 양국 간의 대화를 가능케 하리라고 보고 사전 정지작업으로 러시아와 중국과의 입장을 조율했다. 김정일 위원장은 2001년 7~8월에 러시아를 방문하여 푸틴 대통령과 회담했고, 그해 9월에는 장쩌민 중국 국가주석을 평양에 맞이들여 북·미 대화와 남북 대화에 관해 의견을 조율했다.219) 북한은 이처럼 2001년 9월까지 해서 러시아 및 중국과 입장 조율을 완료하고, 미국이 북·미 대화에 나설 것을 기다리고 있었던 것이다.

북한은 대미 대화를 준비하고 있던 차에 9·11대미테러가 발생하자, 그 다음날 바로 모든 형태의 테러에 반대한다는 입장을 조속히 천명했다.220) 그리고 '테러재정지원금지 국제협약(International Convention for the Suppression of the Financing of Terrorism)'과 '인질반대 국제협약(International Convention against the Taking of Hostages)'에 가입하고,221) 아직 가입하지 않은 5개 협약에도 가입할 의사를 표명했다.222) 이러한 국제협약에의 가입은 북한이 반테러 입장을 나름대로 '행동'으로 보여준 것으로서, 큰 의미가 있었다. 북한은 또 UN 총회의 연설에서도 반테러 입장을 명백히 했다.223)

---

219) 《연합뉴스》, 2001년 9월 4일자.
220) "테로 반대 입장 불변", <조선중앙통신>, 2002년 9월 12일자. 북한은 이미 2000년 10월 6일에 국제테러리즘에 반대하는 북·미 공동성명을 발표했었고, 이는 6일 후에 있었던 북·미 공동코뮤니케에서 확인되었다. "Joint U. S.-DPRK Statement on International Terrorism," Richard Boucher, U. S. Department of State spokesman, October 6, 2001; "U. S.-D.P.R.K. Joint Communique," Office of the Spokesman, U. S. Department of State, Ocober 12, 2000.
221) "조선민주주의인민공화국이 주요 반테로협약들에 가입한다", <조선중앙통신>, 2001년 11월 3일자; "테로문제에 대한 원칙적 립장", <조선중앙통신>, 2001년 11월 12일자.
222) 《연합뉴스》, 2001년 12월 10일자.

북한은 다른 한편으로는 미국이 한반도와 그 주변 지역에 핵무기와 미사일을 철수한다면, 미사일 제조를 중단할 수 있다는 입장을 밝히기도 했다.224)

그러나 9·11테러를 겪은 미국은 북한을 테러지원국 명단에서 삭제하지 않은 채, 아프간 반테러전에 나서면서 북·미 간의 대화 노력은 무기한 연기되었다. 더구나 2002년 1월 말 부시 대통령이 신년시정연설에서 북한을 이란, 이라크와 함께 '악의 축' 국가로 명명하고, 강력한 압살정책을 선언하자 북한은 '사생결단'의 각오를 한 것으로 알려져 있다.225)

'악의 축' 발언 이후, 설상가상으로 미국이 필요한 경우 핵무기를 사용할 수 있는 7개국을 지명하면서 북한을 여기에 포함시킨 미국의「핵태세보고서」내용이 공개되자, 북한은 이는 미국이 북한에 대해 "핵무기를 사용하지도 않으며 핵무기로 위협하지도 않는다는 공식담보"를 제공하기로 한 북·미기본합의를 위반한 것이라고 비난했다.226)

북한은 2002년 2월 서울에서 개최될 제2차 한·미정상회담의 결과에 촉각을 기울이면서 부시 대통령의 태도 변화를 기대했다. 김대중 대통령의 설득으로 부시 대통령은 북한을 '침공'할 의사가 없음을 공식적으로 발표했다. 그러나 부시 대통령은 한·미정상회담과 도라산역 연설 등을 통해 북한의 '주민'을 북한의 '지도자와 체제'로부터 구별하고, 북한의 지도자와 체제는 '악의 축' 범위에 속한다고 언명했다.

북한은 이에 대해 지도자와 주민을 '이간질'하는 행위라고 비난했다. 북한의 입장에서 보면 수령, 당, 인민대중은 '3위 1체'로서 하나이기 때문에 북한의 지도자와 체제를 주민으로부터 분리하여 공격하는 것은 북한으로서

---

223) "북 유엔서 미테러사건 유감 공식표명", ≪연합뉴스≫, 2001년 10월 6일자.
224) ≪로동신문≫, 2001년 9월 17일자.
225) "정론", <평양방송>, 2002년 12월 25일자.
226) ≪로동신문≫, 2003년 1월 16일자.

는 용서하기 어려운 일이었으나,227) 미국이 침공하지 않겠다는 선언에 대해서는 환영했다.

북한은 한·미정상회담 후 남한의 임동원 특사의 충고를 수용하여 미국특사를 받아들이고, 일본과의 관계를 개선하는 노력을 기울이기로 결정했다. 그러나 6월 29일 서해교전의 발발을 구실로 미국이 7월 초에 대북 특사파견을 취소함으로써 북·미 관계는 답보 상태에 빠지게 되었다.

(2) 켈리 특사 방북, 북·미기본합의 붕괴, NPT 탈퇴, 6자회담, 핵 보유 선언(2002년 10월~2005년 8월)

이 시기는 2002년 10월 제임스 켈리 미 대통령 특사의 방북부터 2005년 9·19공동성명이 발표되기 직전까지의 기간이다. 제2차 북핵 위기가 발생함으로써 북·미 관계가 제네바 북·미기본합의 이후 최악의 상황에 빠졌으나, 남·북·미·중·러·일 6개국이 6자회담을 통해 북핵 문제의 해결을 위해 진지한 외교적 노력을 기울인 기간이기도 했다.

2002년 10월 부시 대통령의 특사로서 켈리가 방북하자 북한은 미 대통령 특사의 평양 방문을 계기로 양국 관계의 현안에 대한 포괄적인 대화와 협상이 시작될 것으로 기대하고 양국 간의 현안들을 가능한 한 조속히 해결하겠다는 자세로써 켈리 특사를 맞아들였다. 그러나 켈리가 가지고 온 것은 예상을 뒤엎고 북한이 비밀리에 북·미기본합의를 위반하면서 HEU 프로그램을 개발해왔는데, 이것을 폐기하라는 '선전포고'와 같은 통보였다. 제2차 북핵 위기가 발생하는 순간이었다.228)

---

227) "우리 체제에 대한 부쉬의 망발은 우리와의 대화부정 선언", <조선중앙통신>, 2002년 2월 22일자.

228) David E. Sanger, "North Korea Says It Has a Program on Nuclear Arms," *The New York Times*, October 17, 2002; Peter Slevin & Karen DeYoung, "N. Korea

일단 제2차 북핵 위기가 발생하자 이제 적극적인 '공세'를 취한 쪽은 북한이었다. 북한은 켈리 특사의 평양 방문을 계기로 미국의 반북 적대시정책이 '최절정'에 달했다고 보았다.[229] 켈리 특사는 "북·미 간의 대화 재개 문제에 대해서는 논의조차 하려 하지 않았고 대화라는 말을 입 밖에도 내지 않"으면서, 북한이 HEU 프로그램을 가지고 있다는 증거를 보유하고 있으니 이를 인정하고 폐기하라고 '압력적이고 오만하게' 나왔다는 것이다.[230] 북한은 미국이 주장한 '선 핵 포기 후 대화'를 불공정한 일방주의적 논리라고 비난했다.[231]

북한은 "한반도의 핵문제는 미국의 대북 적대 압살정책으로부터 생겨난 것으로서 핵문제 해결은 미국이 북한에 대한 적대 압살정책을 철회하는데 있다"는 주장을 반복하면서,[232] 북핵 문제를 해결하기 위해서는 먼저 북·미 간에 '불가침조약'을 체결할 것을 요구했다.[233]

KEDO 집행이사회가 2002년 11월 중순 대북 중유 공급을 12월분부터 중단하기로 결정하자, 북한은 이는 명백한 북·미기본합의의 위반이라고 비난하면서,[234] 중유 제공은 미국이나 KEDO가 북한에 대해 '시혜'를 베푸

Admits Having Secret Nuclear Arms," *The Washington Post*, October 17, 2002; Gavan McCormack, *Target North Korea: Pushing North Korea to the Brink of Nuclear Catastrophe* (New York: Nation Books, 2004), pp. 160~167.

229) ≪로동신문≫, 2002년 12월 20일자.
230) "미국대통령특사는 심히 압력적이고 오만하게 나왔다", <조선중앙통신>, 2002년 10월 7일자; <조선중앙통신>, 2002년 10월 7, 12, 22일자.
231) ≪로동신문≫, 2002년 11월 7일자.
232) ≪로동신문≫, 2002년 11월 2일자.
233) "조미사이의 불가침조약 체결이 핵문제 해결의 합리적이고 현실적인 방도", <조선중앙통신>, 2002년 10월 25, 29일자; ≪로동신문≫, 2002년 11월 2일자.
234) "조선민주주의인민공화국 외무성대변인 담화", <조선중앙통신>, 2002년 11월

는 것이 아니고 '동시행동조치'로 맞물려 있는 북·미기본합의의 '의무이행 사항'이기 때문에 미국이 먼저 북·미기본합의를 위반한 이상 북한도 북·미기본합의로부터 자유롭다는 입장을 밝혔다.235)

북한은 급기야 KEDO의 대북 중유 제공의 중단을 문제 삼아 12월 12일 그동안 북·미기본합의에 의해 동결되어온 핵 프로그램의 동결 해제 및 핵발전소의 가동을 선언하고, 12월 14일 IAEA에 핵 봉인 제거와 감시카메라의 철거를 요구했으며, 12월 22일에는 실제 핵 봉인을 제거하고 감시카메라의 철거와 IAEA 감시원 2명의 출국을 결정했다.236) 그리고 2003년 1월 10일, NPT 탈퇴와 IAEA와 체결한 핵안전조치협정으로부터의 자유, 즉 핵사찰을 받을 의무로부터의 해방을 선언했다.237) 북한은 자신의 NPT 탈퇴는 미국의 대북 '핵공갈 책동'에 대한 북한의 '초강경 대답'이라고 설명했다.238) 이제 문제는 북한이 북·미기본합의, NPT, IAEA 핵안전조치협정 등으로부터 탈퇴함으로써 국제 사회가 영변 핵시설의 재가동과 사용후연료봉의 재처리를 통한 플루토늄의 축적 등 북한의 핵 관련 활동을 '통제'할

21일자.
235) ≪로동신문≫, 2002년 11월 2일자; <조선중앙통신>, 2002년 12월 14, 22, 28, 29일자.
236) "핵시설들의 가동과 건설을 즉시 재개", <조선중앙통신>, 2002년 12월 12일자; "리제선 원자력총국장 핵시설 감시카메라 철수를 국제원자력기구에게 요구", <조선중앙통신>, 2002년 12월 14일자; "핵시설 봉인과 감시카메라 제거작업을 즉시 개시", <조선중앙통신>, 2002년 12월 22일자; "조선정부 국제원자력기구 사찰원들을 내보내기로 결정", <조선중앙통신>, 2002년 12월 27일자; "Continued Disruption of IAEA Safeguards Equipment in DPRK," Press Release 2002/24, WorldAtom, IAEA, 24 December 2002.
237) "조선민주주의인민공화국 정부 성명", <조선중앙통신>, 2003년 1월 10일자.
238) 같은 글.

수 있는 메커니즘을 완전히 상실하게 되었다는 것이었다.

2003년 1월 말에는 영변 사용후연료봉의 저장소에서 북한 트럭들의 빈번한 입출 활동이 관측됨에 따라 국제 사회는 북한이 사용후연료봉의 재처리를 바로 시작한 것으로 판단했다. 2003년 2월 12일에 열린 IAEA 특별이사회는 북한의 NPT 탈퇴 등으로 야기된 북한의 핵 관련 위반 사항들을 규칙과 절차에 따라 UN 안보리에 보고하기로 결정했다. 북한은 IAEA가 북핵 문제를 UN 안보리에 회부하기로 한 것은 '내정간섭'이라고 비난하고[239] 북한에 대한 제재는 곧 '전쟁선포'나 마찬가지며, 만일 미국이 제재를 해오면 이는 상대방의 봉쇄를 금지해온 한반도 정전협정의 위반이기 때문에 정전협정 의무 이행을 포기하겠다고 협박했다.[240]

이러한 비극적이고 상호 대결적인 상황에서 북한의 핵무기 개발을 방지할 효과적인 수단과 방법이 없었던 미국으로서는 결국 북핵 문제 해결을 위한 대화와 협상에 나서지 않을 수 없었다. 북한도 미국으로부터 안전 보장을 획득하고, 관계 정상화를 이룩하며, 경제·에너지 지원을 받는 것이 자신의 생존과 번영에 긴요하다는 것을 잘 알고 있었기 때문에 미국의 대화 요구에 응했다. 그런데 북한은 직접 양자회담을 주장했지만, 결국 미국의 다자회담에 대한 끈질긴 요구를 받아들이지 않을 수 없었다. 북한으로서는 다자회담에

---

[239] "국제원자력기구 <핵문제> 유엔안보리 회부결정은 내정간섭", <조선중앙통신>, 2003년 2월 13일자.

[240] "군사적 제재는 곧 전쟁이다", <조선중앙통신>, 2002년 12월 16일자; ≪로동신문≫, 2002년 12월 16일자; "조선인민군 판문점대표부 담화", <조선중앙통신>, 2003년 2월 18일자. 북한은 미국의 '봉쇄'는 한반도 정전협정의 15조 위반으로 주장하고 있다. 정전협정 15조에는 "본 정전협정은 적대 중의 일체 해상 군사력량에 적용되며 이러한 해상 군사력량은 비무장지대와 상대방의 군사통제하에 있는 한국 육지에 인접한 해면을 존중하며 항구에 대하여 어떠한 종류의 봉쇄도 하지 못한다"로 되어 있다.

참여는 것이 좋겠다는 중국의 강력한 중재를 거부하기도 어려운 상황이었다.

2003년 4월 북·미·중 3자회담부터 시작하여 그해 8월 남·북·미·중·러·일 6개국이 참여한 제1차 6자회담, 2004년 2월 제2차 6자회담, 2004년 6월 제3차 6자회담, 2005년 7~8월 제4차 6자회담 1단계 회의가 열렸고, 드디어 2005년 9월 제4차 5자회담 2단계 회의에서 회담 참여국들은 한반도(북한) 비핵화를 약속한 9·19공동성명에 합의했다.

2004년 대통령선거전에서 존 케리(John Kerry) 민주당 대통령 후보는 자신이 대통령에 당선되면 북핵 문제를 가장 시급한 미국의 안보 문제로 취급하여 북한과 직접 양자 협상을 통해 핵 문제 등 모든 현안을 포괄적으로 해결하겠다는 공약을 하면서 부시 정부의 북핵 정책을 강력히 비판했다. 이러한 상황에서 부시 정부는 이에 대한 임시대응책으로서 제3차 6자회담에서 나름대로 북핵 문제 해결안을 제안했으나, 이는 북한이 핵동결, 검증, 핵 폐기 선언을 '3개월 내'에 완료하라는 지극히 비현실적인 요구였고, 북한이 이를 받아들일 리가 없었다.

부시 대통령의 재선으로 워싱턴은 대북 강경기조를 유지하면서 북한에 대해 선 핵 포기를 요구했다. 이에 대해 북한은 2005년 2월 10일 외무성 성명을 통해 핵무기 보유를 처음으로 공식 선언하면서, 또한 핵 증강을 선언했다. 또한 6자회담 참가 명분이 마련되고 회담결과를 기대할 수 있는 충분한 조건과 분위기가 조성되었다고 인정될 때까지 불가피하게 6자회담 참가를 무기한 중단할 것이라고 선언했다.[241]

북한이 '공세'를 취하기 시작한 이상, 이에 어떻게 대응할 것인지는 이제 미국 정부의 몫이었다. 미국은 북핵 문제를 해결하지 못하면 북한이 핵보유국으로 굳어지는 상황을 용인해야 할 터였다. 미국으로서는 북한의 플루토늄

---

241) 조선민주주의인민공화국 외무성 성명, 2005년 2월 10일.

생산이 계속되는 상황에서 어떻게든 북한과 핵 문제 해결을 합의를 이끌어내야 했다. 드디어 북·미 양국은 2005년 9월 역사적인 '9·19공동성명'에 합의했다. 제2차 북핵 위기가 발생한 지 거의 3년 만에 북핵 문제 해결을 위한 '합의'가 이루어진 것이다. 북한이 "모든 핵무기와 현존하는 핵계획을 포기"하기로 약속한 것이다.[242]

9·19공동성명은 두 가지 특징이 있었다. 첫째, 9·19공동성명에는 연변핵시설을 당장 '동결'하는 조항이 없었다. 이는 9·19공동성명이 비록 '말 대 말' 수준에서는 포괄적으로 북·미 간에 주고받기를 하기로 공약한 것이나, 이 공동성명이 실제 이행되지 않는다면 북한의 플루토늄 증가는 계속될 것이었다. 둘째, 한반도에서 정전체제를 평화체제로 전환하고 동북아에서 다자간 안보 협력을 이룩해 냄으로써 본격적으로 냉전시대가 종식되고 새로운 차원에서 평화와 번영의 시대를 열 수 있는 합의를 마련했다.

그러나 9·19공동성명은 그 이행에서 처음부터 어려움을 겪었다. '9·19공동성명' 발표 며칠 전인 2005년 9월 15일에 미국이 BDA의 북한 관련 계좌를 동결함으로써 대북 금융제재가 시작되었다. 북한은 BDA 건이 해결되기 전에는 비핵화 논의에 일절 참여하지 않겠다는 입장을 천명했다. 9·19공동성명은 발표되자마자 이제 BDA 문제로 인해 그 이행에 문제가 생긴 것이다.

객관적으로 보아, 북·미 양국이 상대방에 대해 각각 이루어내려는 목표와 요구 사이에는 '비대칭성'이 존재한다. 한반도 비핵화 과정, 즉 북핵 문제 해결 과정을 보면, 북한은 처음부터 자신이 가지고 있는 마지막 남은 안보 카드라고 할 수 있는 핵무기와 핵 프로그램을 포기해가는 과정을 시작해야 하는 데 반해, 미국은 그러한 입장에 있지 않다고 볼 수 있다. 이러한 비대칭성에 대한 인식 때문에 북한은 항상 '방어적'이고 융통성을 제대로 발휘하지

---

[242] 「제4차 6자회담 공동성명」, 베이징, 2006년 9월 19일.

못했다. 미국의 대북 금융제재를 취하자마자 북한은 이것을 미국의 대북 적대시정책, 즉 북한의 '제도 전복'정책의 '집중적 표현'으로 비난하고, 이런 상황에서 다른 것도 아닌 북한 자신의 비핵화를 논의하는 6자회담에 나가지 않겠다는 확고한 입장을 취했다. 미국이 북한에 대해 '제도 전복'이 아닌 '평화공존'으로 정책을 변경했다는 증거로서 BDA 문제를 해결해줄 것을 요구했다.

그렇다면 2002년 10월 켈리 특사의 평양 방문과 비밀 농축우라늄 프로그램 제기를 계기로 북한이 크게 반발하면서 시작된 북한의 대미 '공세'에 대해 미국은 어떻게 '대응'했는가? 미국은 북한이 HEU 프로그램을 즉시 폐기하라는 미국의 요구에 응하지 않자 급기야 대북 중유 공급을 중단했다.[243] 북한이 2003년 1월 10일, NPT 탈퇴와 그에 따른 IAEA 핵안전조치협정으로부터의 자유를 선언하자, 부시 대통령은 북한의 즉각적인 NPT 복귀를 요구하고, 북한 핵 프로그램을 '검증 가능한 방법'으로 폐기할 것을 요구했다.[244]

부시 대통령은 2003년 1월 29일 신년시정연설을 통해 북한을 '무법정권(outlaw regime)'으로 명명하고, 미국은 북한의 핵위협 공갈에 굴복하지 않을 것임을 천명하고 북한이 핵무기 개발 야망을 포기할 것을 촉구했다.[245]

---

243) "KEDO Executive Board Meeting Concludes," *KEDO News*, November 14, 2002; "Statement by the President," The White House, November 15, 2002.
244) BBC Interview by Telephone, Under Secretary of State John R. Bolton, U. S. Embassy, Tokyo, Japan, January 24, 2002.
245) George W. Bush, "The State of the Union Address," January 29, 2003. 북한은 부시 대통령의 연두교서를 대북 '침략선언'이고 '무법정권'은 '악의 축'의 '변종'이라고 비난했다. "부쉬의 <년두교서>는 침략선언", <조선중앙통신>, 2003년 1월 30일자; "부쉬의 <무법정권>론은 <악의 축>론의 변종", <조선중앙통신>, 2003년 1월 1일자.

미국은 또한 북핵 문제를 해결하는 데 군사적 수단 등 어떤 수단도 제외하지 않고 있으며[246] 1개 지역 이상에서 동시에 전쟁을 수행할 능력이 있다고 강조하기도 했다.[247]

여기서 한 가지 지적해야 할 것은 이번에 미국은, 1993~1994년 위기 때와는 달리, 북핵 문제를 '군사적' 혹은 '비군사적' 방법 중 어느 방법을 통해 해결할 것인지를 결정하는 데 많은 시간을 허비하지 않고 바로 '외교적이고 평화적인 방법'으로 해결하겠다는 입장을 취했다는 점이다.[248] 미국이 이러한 입장을 취한 데는 무엇보다도 미국이 이라크 무기 사찰과 전쟁 준비에 집중해야 하는 상황 때문이었다.[249] 따라서 미국은 북한이 핵무기 프로그램을 검증 가능하고 취소할 수 없는 방식으로 폐기하고 자신이 맺은

---

246) Secretary Colin L. Powell, Testimony before the House International Relations Committee, Washington, D. C., February 12, 2003; ≪연합뉴스≫, 2003년 2월 25일자.
247) Posture Statement of Secretary of Defense Donald Rumsfeld before the 108th Congress, House Armed Services Committee, February 5, 2003.
248) "North Korean Nuclear Program," Statement by Richard Boucher, Spokesman of the U. S. State Department, October 16, 2002.
249) Richard Armitage, Deputy Secretary of State, Interview by Charlie Sykes of WTMJ Milwaukee, Washington, D. C., October 30, 2002; "Secretary Rumsfeld Contrasts Iraq and North Korea," News Release, U. S. Department of Defense, January 20, 2003; Transcript of Pre-Departure Press Conference, John R. Bolton, Undersecretary of Arms Control and International Security, U. S. Department of State, Ninoy Aquino International Airport, Manila, Philippines, January 9, 2003; White House Daily Briefing, October 9, 2002; Michael E. O'Hanlon, "North Korea is No Iraq," Slate, October 21, 2002; "North Korea and Iraq" (editorial), *The Washington Post*, October 27, 2002; Ari Fleischer, White House Daily Briefing, October 9, 2002; Leon V. Sigal, "North Korea is No Iraq: Pyongyang's Negotiating Strategy," *Arms Control Today*, December 2002.

국제 조약들을 잘 준수한다면, 북한 주민들의 생활을 향상시키고 양국 관계를 정상화하기 위한 정치적·경제적 조치들을 '과감'하게 취할 것이라고 북한을 설득했다.250)

미국은 동맹국인 한국과 일본, 그리고 중국과 러시아를 동원하여 북한에 HEU 프로그램 폐기를 요구하면서도 직접 대화에는 나서지 않은 채 이라크 무기사찰과 전쟁 준비에 전념하는 정책을 계속했다. 미국은 북핵 사태가 악화되고 있는 데에도 불구하고 북한과 적극적인 대화와 협상을 하지 않고 있는 데 대한 국제적 비판에 직면하여 '북한과 대화를 하되, 협상은 하지 않는다'는 입장을 취하고, 또 나중에는 '대화를 하더라도 북한이 핵을 포기하는 문제에 대해서만 이야기할 것'이라는 입장을 견지하면서251) 이른바 북한의 '선 핵 포기'를 지속적으로 요구했다. 그리고 특히 중국으로 하여금 북핵 문제 해결에 적극 나서주도록 요구했다.

미국은 2003년 1월 6일 IAEA 특별이사회를 통해 북한이 핵 문제에 대해 협력하기를 촉구하는 결의안을 통과시켰고,252) 2월 12일에 개최된 특별이사회는 북핵 문제를 UN 안보리로 이관하기로 결정했다. UN 안보리

---

250) "A Peaceful Resolution of the North Korean Nuclear Issue," Prepared Statement of James A. Kelly, Assistance Secretary of State for East Asian and Pacific Affairs, House International Relations Committee, February 13, 2003.

251) Colin L. Powell, "Address at the National Conference of World Affairs Councils of America," Washington, D. C., January 31, 2003.

252) "Report by the Director General on the Implementation of the NPT Safeguards Agreement between the Agency and the Democratic People's Republic of Korea," IAEA, January 6, 2003. 북한은 IAEA 특별이사회가 북한에게 불리한 결의안을 통과시키자 IAEA는 "공정성을 저버린 너절한 (미국의) 하수인, 대변인"이라고 비난했다. "공정성을 저버린 너절한 (미국의) 하수인, 대변인", <조선중앙통신>, 2003년 1월 13, 14, 17일자.

는 2003년 2월 북핵 문제를 전문가 회의에 회부하기로 결정했다.[253] 전문가 그룹은 한 차례 전체 회의를 열어 안보리의 1단계 조치로 안보리 의장성명 발표를 염두에 둔 문안 조정 작업을 벌였으나 합의에 이르지 못했고, 결국 안보리 의장성명은 결국 중국과 러시아의 반대로 무산되었다.

그러나 미국에 있어 근본적이고 구조적인 문제는, 이미 지적했다시피, 켈리 특사의 방북 이후 제네바 북·미기본합의가 붕괴되고 영변 핵시설에서 IAEA 감시원, 감시카메라가 축출되고 북한이 NPT까지 탈퇴해버린 상황에서 미국은 현실적으로 북한의 핵 활동을 통제할 수 있는 아무런 효과적인 수단과 방법도 없는 딜레마에 빠지고 말았다는 것이다.

이러한 상황에서 미국은, 결코 공식적으로는 아니지만, 비공식적으로는 북핵을 불가피하게 '용인'하고 그 대신 '이전 방지'를 강화하는 방향으로 정책을 추진했다. 북한의 핵물질, 핵기술 등이 북한 밖으로 '이전'되는 것을 '방지'하는 것이 더 '현실적인 목표'가 되었으며, 이를 위해 '대량살상무기확산방지구상(PSI)'를 강화했다.[254] 미국이 '북한과 협상을 하지 않겠다'는 입장을 고수하는 이상, 미국이 실제 할 수 있는 일은 PSI와 말(言) 수준에서의 비난, 중국 등 다른 나라의 간접적인 협조 요청 등 이 외에는 아무것도 없었다.

결국 미국에게는 북핵 문제 상황이 악화되어가는 데 비례하여 그만큼 북핵 문제 해결을 위한 '협상'의 필요성이 더 커져 갔고, 미국은 북·미·중 3자회담과 네 차례의 6자회담을 열어 북핵 문제의 외교적 협상을 통한

---

[253] "국제원자력기구 <핵문제> 유엔안보리 회부결정은 내정간섭", <조선중앙통신>, 2003년 2월 13일자.

[254] 부시 대통령은 북한이 2006년 10월 9일 지하 핵 실험에 성공하자, 북핵의 '이전 방지'에 초점을 맞춘 성명을 발표했다. "President Bush's Statement on North Korea Nuclear Test," Office of the Press Secretary, The White House, October 9, 2006.

평화적 해결을 시도했다. 그러나 미국이 상호 '동시 행동적 원칙'에 기반을 둔 '포괄적인 주고받기' 식 해결이 아니라 북한의 '선 핵 포기'를 요구하는 입장을 견지하면서 속내로는 북한의 정권교체를 포기하지 않고 있던 상황에서 북·미 양국 간의 협상이 어떤 성과를 내기를 기대하기는 쉽지 않았고, 북한은 급기야 2005년 2월 핵 보유 및 핵 증강 선언을 했다. 이에 문제의 심각성을 느낀 미국은 북한의 핵 활동을 '통제' 또는 '관리'할 수 있는 메커니즘을 만들어내는 데 노력하여 2005년 9월 6자회담에서 9·19공동성명을 이끌어내었다.

그런데 미국의 대북정책의 특징 중 하나는 미국이 북·미 '양자회담'의 틀을 거부하고 '다자회담'의 틀을 고집하여 관철시켰다는 점이다. 미국은 제네바 북·미기본합의의 경우, 양자 간의 합의는 어느 한쪽이 그 합의를 지키지 않으면 다른 한쪽이 속절없이 당하는 형식이었기 때문에 한반도에 이해관계와 영향력을 갖고 있는 주변의 주요 국가들을 모두 참여시켜 북한과 어떤 합의를 맺게 되면 북한이 그만큼 그 합의를 깨뜨리기 어렵기 때문에 합의의 이행이 담보된다는 논리를 내세웠다.

그러나 더 현실적으로, 미국은 북한과의 대화와 협상에 6자회담이라는 다자 틀을 사용하여 북한과의 양자 대화와 협상을 피함과 동시에, 미국의 힘과 영향력을 사용하여 다자회담에 주요 국가들을 모두 끌어들여 그들이 모두 '한 목소리'로써 북한으로 하여금 '선 핵 포기'하도록 공동의 압력을 가할 수 있다는 점을 중시했던 것이다. 더구나 북한의 핵 문제와 미사일 문제가 장기적으로 중국의 군사력에 대항하는 미국의 MD 강화의 구실로 이용된 측면을 고려한다면, 미국으로서는 무리하게 '악의 축'인 북한에게 양보해가면서 조속하게 문제 해결을 하느니보다 북한을 6자회담에 묶어놓고 이라크에 집중하면 될 터였다.

(3) 9·19공동성명, BDA 관련 대북 금융제재, 미사일 시험 발사(2005년 9월~2006년 10월)

이 시기는 9·19공동성명이 발표된 때부터 북한이 함북 길주군 풍계리에서 지하 핵 실험에 성공하기 직전까지의 기간인데, 이 기간에 북·미 양국은 상대방에 대해 서로 자신이 쓸 수 있는 대결 카드를 사용하면서 서로 간에 '힘겨루기'를 하던 때이다. 비록 기술적으로는 나름대로 힘의 균형이 이루어진 상황이었으나, 시간이 흐를수록 문제 해결이 지연된 채 불안이 가중되고 있었던 때이기도 했다.

북한의 핵보유 및 핵무기고 증강 선언으로 어려움을 겪고 있던 6자회담 참여국들은 드디어 2005년 9월 제4차 6자회담에서 한반도 비핵화를 위한 9·19공동성명에 합의했다. 비록 9·19공동성명은 '제네바 북·미기본합의 수준의 제도성'에는 미치지 못했지만, 미국은 이를 통해 북핵 위기를 '정치적으로 관리하는 틀'을 만들어내는 데는 성공했던 것이다.

9·19공동성명은 북핵 문제 해결을 위한 원칙과 목표가 당사국들 사이에 포괄적 주고받기를 통해 '윈-윈' 방식으로 합의되었고, 북한으로 하여금 '모든 핵무기와 현존하는 핵계획을 포기'하는 '협상 역사상 유례없는' 결단을 내리게 하는 데 성공했다.[255] 그러나 영변 핵시설을 당장 '동결'하게 하는 조항이 없다는 큰 문제점을 안고 있었다. 이는 '말 대 말' 수준의 합의인 9·19공동성명이 실제 이행되지 않는다면 북한의 핵무기 제조용 플루토늄 증가는 계속될 것임을 의미했다.

미국은 2005년 9·19공동 성명 합의와 같은 누렵인 9월 15일에 BDA 북한계좌 관련 동결이라는 대북 금융제재를 취했다. 미재무부가 애국법 제311조를 적용하여[256] BDA 북한 관련 계좌들에 예치되어 있던 2,500만

---

255) "송민순 한국 측 수석대표 회견", ≪연합뉴스≫, 2006년 9월 19일자.
256) "Uniting and Strengthening America by Providing Appropriate Tools Required

달러를 대량살상무기 제조비용을 조달하기 위한 '돈 세탁'과 달러화 '지폐위조' 혐의로 동결하고, 이 계좌들을 일일이 조사하기 시작한 것이다.

그런데 대북 금융제재는 부시 정부가 제정한 '애국법'과 부시 정부가 2002년 초부터 구상한 대북 '불법행위방지구상(Illicit Activities Initiative: IAI)'에 의거한 조치였다.257) IAI는 소위 북한의 돈 세탁, 달러화 위조, 마약거래, 여타 불법 활동을 겨냥했다. 그런데 IAI는 제2기 부시 정부가 천명한 '변환외교(transformational diplomacy)'의 반영이었다.258) 제1기 부시 정부가 '악의 축'의 하나인 이라크를 제거하기 위해 군사력을 사용했으나 이것이 실패하자, 제2기 부시 정부는 '악의 축' 국가들을 겨냥하여 '비군사적' 개념과 방법, 즉 자유, 민주주의, 인권, 시장경제 등을 그 국가들의 주민들 속에 확산시킴으로써 그 주민들과 국가들을 '변환'시키려는 노력을 기울이기 시작했다. IAI는 바로 그러한 노력의 수단 중 하나였고, '2004년 북한인권법'도259) '인권'을 이용하여 북한을 변환시키기 위한 하나의 수단이었다.

미국 정부가 BDA 관련 대북 금융제재를 가한 것은 북핵을 포기시키려면 6자회담에만 의존해서는 아니 되고 경제·금융 제재를 동시에 취하는 것이 필요하다고 생각한 면이 분명히 있으나, 역시 속내는 그렇게 함으로써 궁극적으로는 북한의 정권교체와 체제붕괴를 시도한 것으로 보인다. 그리고 미국은

---

to Intercept and Obstruct Terrorism Act of 2001" (약칭 'USA Patriot Act' 혹은 'The Patriot Act'), Pubic Law, 107-56 (Oct. 26, 2001).

257) David L. Asher, "The Impact of U. S. Policy on North Korean Illicit Activities," *Heritage Lectures*, No. 1024, Delivered April 18, 2007 & Published May 23, 2007.

258) Condoleezza Rice, "Transformational Diplomacy," Georgetown University, Washington, D. C., January 18, 2006.

259) "To promote human rights and freedom in the Democratic People's Republic of Korea, and for other purposes" (약칭 "North Korean Human Rights Act of 2004"), Public Law No: 108-333.

BDA 관련 금융제재를 해나가면서 이것이 예상보다 매우 효과적인 힘을 발휘했다고 생각하게 되었다.260) 결국 미국의 BDA 관련 대북 금융제재는 이 시기의 대표적인 대북 '공세'였던 것이다.

그렇다면, 북한은 미국의 이러한 공세에 어떻게 대처함으로써 '힘겨루기'에 들어갔는가? 9·19공동성명 바로 다음날인 9월 20일, 북한 외무성 대변인은 미국이 경수로를 제공하는 즉시 NPT에 복귀하고 IAEA와 핵안전조치협정을 체결하고 이행하겠다는 담화를 발표했다.261) 이는 표면적으로는 미국 정부 관리들이 9·19공동성명이 발표된 직후 아직도 북한의 '선 핵 포기'를 요구하는 욕심을 버리지 못한 채 '북핵 동결'부터 강조했기 때문에 북한이 경수로를 꺼내들고 나온 면이 크다.262) 다른 한편 9월 15일에 발표한 미국의 BDA 관련 대북 금융제재에 대한 불만의 표현이기도 했다.

북한은 미국의 대북 금융제재를 북한의 "피줄을 막아 우리를 질식시키려는 제도말살 행위로서 공동성명에 밝혀진 호상존중과 평화공존 원칙을 완전히 부정하는 것"으로 이해하고, 6자회담을 한창 하는 도중에 금융제재가 발동되었다는 것을 더욱 숨은 의도가 있는 큰 문제로 보았다.263)

---

260) David L. Asher, "The Impact of U. S. Policy on North Korean Illicit Activities," *Heritage Lectures*, No. 1024, Delivered April 18, 2007 & Published May 23, 2007; ≪로동신문≫, 2005년 12월 6일자; "조선외무성대변인, 금융제재 해제가 미국의 정책변화 의지 징표", <조선중앙통신>, 2006년 2월 9일자.
261) "조선민주주의인민공화국 외무성대변인의 담화", <조선중앙통신>, 2005년 9월 20일자.
262) 같은 글.
263) "외무성대변인, 6자회담 진전을 바란다면 금융제재를 풀어야 할 것", <조선중앙통신>, 2006년 1월 9일자; "제재와 압력은 6자회담 재개의 차단문", <조선중앙통신>, 2006년 1월 9일자; "6자회담을 파탄시키려는 도발적인 행위", <조선중앙통신>, 2006년 1월 25일자.

북한은 미 재무부가 대량살상무기 및 그 운반 수단의 '전파 혐의'로 미국회사들과 거래하는 북한 무역회사들의 해외 자산을 동결하고 북한 회사와 거래하는 제3국 회사 및 개인들도 동일한 제재 대상에 포함시키고, 또 북한과 금융거래를 하는 은행과 회사들에 제재를 가하는 것은 '면밀한 타산'하에 북한을 '고립 질식'시키기 위한 것이며 '선 핵 포기'를 북한에 강요하기 위한 것으로 비난했다.[264]

북한은 '대화와 제재는 양립될 수 없다'는 입장을 천명하고 "대화 상대방에 제재를 가하면서 대화에 나오라는 것은 목조르기를 하면서 마주 앉자는 것과 같다"고 비난했다. 이러한 행동은 9·19공동성명의 기본 정신인 상호존중과 평화공존의 정신을 뒤집어엎는 행위라는 것이다. 미국이 이렇게 나온다면 선택권은 미국에만 있는 것이 아니며, 북한으로서는 미국의 부당한 처사에 대응해 마땅한 조치를 취할 수밖에 없다는 것을 미국은 똑바로 알아야 한다고 경고했다.[265]

김계관은 미국이 대북 적대시정책을 그만두고 "평화공존 정책에로 나오겠다고 했기 때문에 그것을 믿고 공동성명에 합의"했던 것인데, 금융제재는 대북 적대시정책의 표현으로서 공동성명의 정신에 위반될 뿐 아니라 북한으로 하여금 공동성명에서 한 공약을 이행할 수 없게 하는 '정면 도전'이며 '언약을 저버리는 신의 없는 처사'로 비난했다.[266] 즉 미국은 9·19공동성명 발표 후 북한의 기대와는 너무도 상반되게 우리에 대한 압박 공세를 '계단식으로 확대'하고 있으며 이로써 6자회담의 진전과 공동성명 이행에는 커다란

---

264) ≪로동신문≫, 2005년 11월 2일자.
265) ≪로동신문≫, 2005년 11월 2일자.
266) "6자회담 조선대표단단장 제5차 6자회담 1단계회담 진행 정형에 언급", <조선중앙통신>, 2005년 11월 12일자; ≪로동신문≫, 2006년 1월 3일자; ≪로동신문≫, 2005년 12월 6일자.

장애가 조성되고 있다는 것이었다.267) 미국은 지금 대화를 통한 문제 해결을 표방하고 있지만 실지에 있어서는 고립과 압박을 통한 북한의 '제도 전복'을 추구하고 있다는 것이었다. 따라서 "'제도 전복'을 노리는 상대와 마주앉아 제도 수호를 위해 만든 핵 억제력 포기 문제를 논의한다는 것은 말도 안 된다"는 것이었다. 따라서 '금융제재 해제'는 공동성명 이행을 위한 분위기를 마련하는 데서 근본문제이며 6자회담의 진전을 위한 필수적인 요구라는 것이다.268)

북한은 "장구한 기간 미국의 제재 속에서 살아오는 우리가 이번의 금융제재 해제를 그토록 중요시하는 것은 그것이 바로 미국의 정책변화 의지를 확인할 수 있게 하는 징표이기 때문"이라면서,269) 미국의 금융제재 해제는 "단순히 동결된 얼마간의 자금을 되찾는 실무적 문제가 아니라 6자회담은 물론 9·19공동성명 리행과 직결된 정치적 문제로서 미국의 대조선정책 변화를 가늠해볼 수 있게 하는 하나의 척도"로 된다고 강조했다.270) 북한은 미국이 "금융제재에 맞들어 계속 시간을 끈다면", 북한자신도 "자기에게 주어진 차례진 시간을 결코 헛되이 보내지 않을 것"이라며,271) 대미 경고의 수위를 높여 나갔다.

---

267) "조선외무성대변인, 미국 측 금융제재 해제 회담 회피 비난", <조선중앙통신>, 2005년 12월 2일자.
268) 같은 글.
269) "조선외무성대변인, 금융제재 해제가 미국의 정책변화 의지 징표", <조선중앙통신>, 2006년 2월 9일자, "자가당착에 빠진 금융제재 주장-힐 발언", <조선중앙통신> 2006년 4월 24일자.
270) 「금융제재 확대에 필요한 모든 대응조치들을 다 강구」, 조선민주주의인민공화국 외무성대변인 담화, 2006년 8월 26일.
271) "6자회담에서의 제재론의 주장은 회담지연의 책임 전가", <조선중앙통신>, 2006년 3월 25일자.

그런데 북한은 미국이 대북 압력의 수준을 높일수록 거기에 대한 대응조치는 더욱 강해질 것이며 북핵 문제 해결이 전망은 더욱 암담해질 것이라고 경고하면서도 "조선반도 비핵화는 우리 공화국의 최종목표"이며 "9·19공동성명에 따르는 자기의 의무를 성실히 리행하여 핵문제를 공정하게 해결하고 조선반도 비핵화를 실현하려는 우리 공화국의 립장에는 변함이 없다"고 강조하는 것을 강조했다.272)

북한은 미국의 돈 세탁 외에 북한이 '국가정책'으로 미국의 달러화를 '위조'했다는 공격에 대해서는 미국이 "신빙성이 결여된 자료들을 날조하여 '불량배국가', '범죄국가' 감투를 한사코 씌우려하는 것"은 북한에 대한 엄중한 모독이라고 반발했다.273) 오히려 북한이 위조화폐의 피해자가 되고 있으며,274) 미국이 정세를 '고의적'으로 격화시키고 있다고 비난했다.275) 이처럼 북핵 위기는 해결될 기미를 보이지 않고 불안한 '힘겨루기'에 빠져 북·미 관계는 한걸음씩 파국을 향해 치닫고 있었다.

그런데 바로 이러한 상황에서 북한은 미국에 대해 매우 의미심장한 제안을 하게 되는데, 그것은 다름 아닌 6자회담 미국 측 수척대표인 크리스토퍼 힐을 평양에 초청하는 2006년 6월 1일자 북한 외무성대변인의 담화였다.276)

---

272) 《로동신문》, 2006년 1월 3일자.
273) "'화폐위조'설은 완전한 날조품", <조선중앙통신>, 2005년 12월 15일자.
274) "조선외무성대변인, 우리는 위조화폐의 피해자로 되고 있다", <조선중앙통신>, 2006년 2월 28일자; "금융제재 확대에 필요한 모든 대응조치들을 다 강구".
275) "정세를 고의적으로 격화시키는 행위", 《로동신문》, 2006년 3월 13일자. 마카오 당국은 HSBC 뉴욕 지점을 이용하여 북한의 예금을 위폐 감식했으나 돈 세탁의 증거를 발견하지 못했다. "Macau bank says HSBC helped it authenticate U. S. dollar deposits by North Korea," *Associated Press*, February 2, 2007.
276) "조선외무성, 6자회담 미국 측 단장의 평양방문을 초청", <조선중앙통신>, 2006년 6월 1일자.

북한외무성의 이 담화는 북한이 한 달 후 7월에 미사일 시험 발사를 재개하고[277] 10월 3일 '핵 실험 예고'와 더불어 10월 9일 핵 실험을 실행한 사실을 되돌아볼 때, 미국에 대한 마지막의 경고 겸 기회제공이었던 셈인데, 불행히도 미국 정부는 북한의 초청을 거부했다.

그 내용은 다음과 같다. 미국이 대북관계에서 새로운 접근책을 모색하고 있다는 여론이 있다. 그런데 북한으로서는 제재 모자를 쓰고는 절대로 핵 포기를 논의하는 6자회담에 나갈 수 없다. 9·19공동성명을 성실히 이행하여 한반도 비핵화를 실현하려는 북한의 입장과 의지에는 변함이 없다. 북한은 미국이 북한을 적대시하지 않고 북·미 사이에 신뢰가 조성되어 미국의 위협을 더 이상 느끼지 않게 되면, 단 한 개의 핵무기도 필요 없게 될 것이라고 벌써 여러 차례 밝혔다. 북한은 이미 핵 포기에 대한 전략적 결단을 이미 내렸으며 이것은 6자회담 공동성명에 반영되어 있다. 이제라도 우리는 핵 포기 문제와 함께 북·미 관계 정상화, 평화공존, 평화협정 체결, 경수로 제공 등 공동성명 조항들을 동시 행동 원칙에 따라 충분히 논의할 준비가 되어 있다. 그런데 미국은 당사자인 우리와 마주앉아 진지하게 논의하려는 것이 아니라 제3자를 통해 자기 의사를 전달하여 문제 해결에 도움은 커녕 혼란만을 더하고 있다. 핵 문제와 같은 중대한 문제들을 논의·해결하자고 하면서도 당사자와 마주앉는 것조차 꺼려한다면 아무리 시간이 지나도 문제 해결의 방도를 찾지 못할 것이다. 따라서 북한은 미국이 진실로 공동성명을 이행할 정치적 결단을 내렸다면 그에 대해 6자회담 미국 측 단장이 평양을 방문하여 우리에게 직접 설명하도록 다시금 초청한다. 만일 미국이 북한을 계속 적대시하면서 압박 도수를 더욱 더 높여간다면 우리는 자기의

---

[277] "외무성대변인, 미싸일 발사는 정상 군사훈련의 일환", <조선중앙통신>, 2006년 7월 6일자.

생존권과 자주권을 지키기 위해 부득불 초강경 조치를 취할 수밖에 없게 될 것이다.278)

북한은 미국의 주도하에 UN 안보리가 7월 15일 만장일치로 북한 미사일 발사에 관한 결의안을 채택하자279) 이를 전면적으로 배격했다. 이는 북한의 자위적 권리에 속하는 미사일 발사를 국제평화와 안전에 대한 위협으로 매도하면서 북한을 무장 해제시키고 질식시키기 위한 국제적 압력 공세이며, 북·미 양국 간의 문제를 '북한 대 UN' 사이의 문제로 전환시켜버렸다는 것이다. 북한은 미국과 일본이 진행하는 미사일 발사는 합법적이고 북한이 자기를 지키기 위해 진행하는 미사일 발사 훈련은 불법적이라는 것은 '날강도적인 론리'라고 하면서 자신은 UN 안보리 결의에 구애받지 않을 것이며 모든 수단과 방법을 다하여 자위적 전쟁억제력을 백방으로 강화해나갈 것을 천명했다.280)

북한은 드디어 10월 3일 북한외무성의 성명을 통해 '앞으로 핵 시험을 하게 된다'는 것을 공표했다.281) 북한은 이 성명에서 UN 안보리 결의안은 '선전포고'와 같은 것이라면서 자신을 "더 이상 사태 발전을 수수방관할 수 없게" 되었다고 주장했다. 북한은 이미 2005년 2월에 핵무기 보유를 선언했는데, "핵무기보유 선포는 핵시험을 전제로 한 것"이며 자신은 이제 "핵 억제력 확보의 필수적인 공정상 요구인 핵 시험을 진행하지 않을 수 없게" 되었다는 것이다. 그러면서도 북한은 "대화와 협상을 통하여 조선반도

---

278) "조선외무성, 6자회담 미국 측 단장의 평양방문을 초청", <조선중앙통신>, 2006년 6월 1일자.
279) United Nations Security Council Resolution 1695 (2006), July 15, 2006.
280) 「조선외무성 성명, 유엔안보리 '결의'를 전면 배격」, 2006년 7월 16일자.
281) 「자위적 전쟁 억제력 새 조치, 앞으로 핵 시험을 하게 된다」, 조선민주주의인민공화국 외무성 성명, 2007년 10월 3일.

의 비핵화를 실현하려는 우리의 원칙적 립장에는 변함이 없다"는 것을 강조하는 것을 잊지 않았다.282)

북한 외무성 성명은 두 가지 면에서 예전의 성명들과 그 성격이 상이했다. 그 하나는 북한이 핵보유국이 되는 마지막 단계인 핵 실험 계획을 명시적으로 이야기하고 있다는 것이고, 다른 하나는 이번 성명에 대한 미국의 대응이 부정적으로 나오는 경우 북한은 자신의 성명의 '신뢰성'을 유지하기 위해서라도 핵 실험을 하게 될 가능성이 크다는 것이다. 따라서 북한의 성명은 그 사안이 매우 엄중하며 지극히 우려할 만한 것이다.

이런 상황에서 북한의 핵 실험을 막을 수 있는 유일한 것은 미국의 문제해결적 대응정책이었다. 만일 미국이 북한의 성명에 대해 지금까지 해오던 대로 무시하거나 오히려 압력을 가중하는 식으로 나아간다면, 북한은 핵 실험을 하는 방향으로 나아갈 수밖에 없는 외통수 상황에 처하게 될 것이었다. 그런데 불행히도 미국은 북한의 핵 실험 예고에도 불구하고 이를 막기 위한 적극적인 협상을 하지 않았다.

(4) 핵 실험 성공, 미 중간선거와 공화당 패배, 2·13초기조치 합의(2006년 10월~현재)

이 기간은 2006년 10월 9일 북한이 지하 핵 실험에 성공한 후부터 2007년 '9·19공동성명 이행을 위한 초기조치' 합의(2·13합의)를 거쳐 현재 2007년 4월까지의 기간이다.

북한은 10월 9일 지하 핵 실험을 "안전하게 성공적으로 진행했다"고 발표했다.283) 북한의 핵 실험 성공은 무엇을 의미했는가? 그것은 한마디로 여태까지의 부시 정부의 대북정책, 대북핵정책의 실패를 의미했다.284)

---

282) 같은 글.
283) "지하 핵시험 성공", <조선중앙통신>, 2006년 10월 9일자.

북한은 핵 실험 후 국제 사회의 비난에 직면하자, 미국이 압력을 가중시킨다면 '선전포고'로 간주한다는 외무성 대변인 담화를 발표했다. 북한은 자신이 핵 실험을 하지 않으면 할 수밖에 없었던 것은 전적으로 "미국의 핵위협과 제재압력 책동" 때문인데, 미국에 의해 날로 증대되는 전쟁 위험을 막고 나라의 자주권과 생존권을 지키기 위해 부득불 "핵무기보유를 실물로 증명"해보이지 않을 수 없게 되었다는 것이었다.[285]

한 가지 주목할 만한 것은 북한이 "비록 우리는 미국 때문에 핵 시험을 했지만 대화와 협상을 통한 조선반도의 비핵화 실현 의지에는 여전히 변함없다"고 공언했다는 것이다. '한반도 비핵화'는 '위대한 김일성주석의 유훈'이며 북한의 '최종목표'라는 것이다. 북한은 미국이 적대시정책을 포기하고 북·미 사이에 신뢰가 조성되어 북한이 미국의 위협을 더 이상 느끼지 않게 된다면 "단 한 개의 핵무기도 필요 없게 될 것"이라는 데 대해 여러 차례 밝혀왔다는 점을 지적했다. 북한은 UN 안보리의 집단적 제재 움직임에 대해 만일 미국이 북한을 계속 못살게 굴면서 압력을 가중시킨다면 이를 '선전포고'로 간주하고 연이어 '물리적인 대응조치들'을 취해나가게 될 것이라고 했다.[286]

북한의 핵 실험에 대해 미국은 즉각적으로 UN을 동원하여 10월 14일 UN 안보리 대북 제재 결의안을 통과시켰다. 이번 결의안은 북한이 7월 4일 미사일 시험 발사 후 UN 안보리가 채택한 결의안과는 달리 평화에

---

284) 제2차 북핵 위기의 발생부터 북한의 핵 실험까지의 사태 전개를 일본, 미국, 러시아, 한국, 중국의 주요 정책 결정자들과의 인터뷰를 통해 자세히 밝힌 후나바시 요이치 지음, 『김정일 최후의 도박』, 오영환 옮김(중앙일보시사미디어, 2007) 참조
285) 「미국이 압력을 가중시킨다면 선전포고로 간주한다」, 조선민주주의인민공화국 외무성대변인 담화, 2006년 10월 11일.
286) 같은 글.

대한 위협, 파괴, 침략행위에 대한 규정과 이에 대한 군사·경제·외교적 대응조치를 담고 있는 'UN 헌장 7장'을 포함했다. 그러나 이번 결의안은 중국과 러시아의 반대로 '군사적 제재'(42조)를 배제한 비군사적 성격의 외교·경제적 제재(41조)만을 포함했다. 그러나 그 제재의 범위와 수준이 매우 포괄적이고 강력했다.287)

한 가지 흥미로운 것은 이번 UN 안보리 결의안은 모든 UN 회원국들은 이례적으로 "사치품들이 그 원산지를 불문하고 각국의 영토나 국민, 국적선, 항공기 등을 이용해 북한으로 직간접적으로 제공되거나 판매·이전되지 못하도록" 규정하고 있다는 점이다. 부시 대통령은 8월 10일 북한의 정치를 통치자들이 피지배자들의 부(富)를 부당한 방법으로 탈취하여 자신들의 사치와 향락을 일삼는 '도둑정치(kleptocracy)'로 규정했는데,288) 바로 이 개념을 사치품 금수에 원용한 것으로 보인다. 물론 '도둑정치'라는 개념은 부시 정부의 대북 '불법행위방지구상(IAI)' 및 '변환외교'와도 맥이 닿아 있었다고 할 수 있다.

UN 안보리 결의에 대해 북한은 외무성대변인 성명을 통해289) "조선반도 핵문제의 근원인 미국의 대조선 적대시정책은 못 본 체하고 그에 맞서 나라의 자주권을 지키려는 우리의 자주적 권리 행사는 범죄시하면서 조선반도 비핵화를 운운하는 것은 완전히 공정성을 상실한 비도덕적 처사"라고 지적하고, UN 안보리 제재 결의는 '선전포고'로밖에 달리 볼 수 없다고 비난했다. 북한은 그 누구든지 UN 안보리의 결의안을 가지고 북한의 자주권

---

287) United Nations Security Council Resolution 1718 (2006), October 14, 2006.
288) "President's Statement on Kleptocracy" and "Fact Sheet: National Strategy to Internationalize Efforts Against Kleptocracy," Office of the Press Secretary, The White House, August 10, 2006.
289) 「유엔안보리 '결의' 전면 배격」, 조선외무성대변인 성명, 2006년 10월 17일.

과 생존권을 털끝만치라도 침해하려 든다면 가차 없이 무자비한 타격을 가할 것이며, 금후 미국의 동향을 주시할 것이며 그에 따라 해당한 조치를 취해나갈 것임을 경고했다.[290]

북한의 핵 실험 성공으로 부시 정부는 여태까지의 자신의 대북정책이 실패했다는 것을 인정하지 않을 수 없었으며, 북한이 이미 핵 실험에 성공했기 때문에 앞으로 북한의 비핵화를 이루기 위해서는 그만큼 어렵고 복잡한 과정을 겪어야 하는 처지에 놓이게 되었다. 그러나 부시 정부의 비확산·반확산 정책 목표를 고려할 때, 어떻게 해서든지 9·19공동성명을 이행함으로써 장기적으로나마 북한의 비핵화를 달성하는 것이 미국의 안보이익에 중요했다.

더구나 부시 정부는 이라크전의 실패가 결정적인 영향을 미쳐 공화당이 2006년 11월 중간선거에서 패배했고, 이는 부시 정부의 외교안보정책의 전반에 대한 국민의 심판으로 받아들여졌다. 더구나 새로 의회를 장악한 민주당의 지도부는 그동안 북한과의 직접 양자 협상을 통한 조속한 한반도 비핵화 달성을 강력히 주장해왔던 것이다.

2006년 10월 31일 베이징에서 크리스토퍼 힐 6자회담 미 수석대표와 김계관 6자회담 북한 수석대표 사이에 '양자회담' 개최되었다. 이는 '6자회담 틀 내'에서의 양자회담이 아니라 '6자회담 틀 밖'에서의 양자회담이었다. 그리고 북·미 양국은 이 양자 협상에서 BDA 문제와 한반도 비핵화 문제의 돌파구를 만들어내는 데 성공했다. 북·미 양자회담을 양국 간의 주요 현안 해결을 위한 '중심회담'으로 받아들인 것이다. 이제 6자회담은 북·미 양자회담에서 미리 결정된 합의를 말하자면 '추인'하는 역할을 하게 되었다. 이는 실로 미국의 대북정책 역사상 극적인 전환이었다. 바야흐로 워싱턴에서

---

290) 같은 글; 「미국의 제재에 가담한다면 대결 선언으로 간주」, 조국평화통일위원회 대변인 담화, 2006년 10월 25일.

네오콘과 강경파이 주도하던 정책이 사라지고 국무부를 중심으로 한 협상파들의 정책이 전면에 나서게 된 것이다.

한편 북한은 9·19공동성명 이후 미국과의 대화와 협상이 없는 상황이 지속되는 가운데, 미국의 BDA 관련 대북 금융제재의 효과는 생각보다 더 부정적으로 나타나고, 국제적으로는 북한과 금융거래를 거부하는 금융기관의 숫자가 늘어나는 것을 지켜봐야만 했다. 북한도 이제 더 적극적으로 문제 해결에 나서지 않으면 안 되는 처지에 빠진 것이다.

이러한 상황에서 10월 31일 베이징에서 북·미 양자회담이 개최되었다. 북한은 "6자회담 틀 안에서 조미 사이에 금융제재 해제 문제를 론의 해결할 것"이라는 전제하에 6자회담에 나가기로 했다.[291] 이렇게 하여 12월 18일에 제5차 6자회담 2단계 회의가 재개되었다. 9·19공동성명 이후 15개월 만에 6자회담이 재개된 것이다.

미국은 이번 회담에서 북핵 문제 해결에 대한 개념과 범위에서 예전의 입장으로부터 큰 변화를 보였다. 미국은 여태까지 북핵 문제를 오로지 좁은 범위의 '핵 문제'에 국한하여 북한의 선 핵 포기만을 요구했고, 북한이 선 핵 포기 하지 않을 경우 북한의 현 정권을 교체하는 것이 근본적 처방이라고 생각했으나, 이번에는 북한이 요구해왔던 것들을 포괄적인 주고받기를 통해 합의해 줌으로써 북핵 문제를 해결하는 방향으로 선회한 것이다.

무엇보다도 미국이 북핵 문제는 '북한이 핵을 포기하지 않으면 현실적으로 해결되지 않는 문제'라는 점을 새롭게 인식하고 북한이 핵을 포기할 수 있는 조건을 만들어주는 방향으로 입장을 선회했다. 이는 북핵 문제가 생겨난 구조적인 문제들, 예컨대 북·미 양국 간의 적대 관계의 해소, 관계 정상화,

---

291) "조선외무성대변인, 6자회담 재개, 금융제재 해제의 론의 해결 전제", <조선중앙통신>, 2006년 11월 1일자.

정전체제의 평화체제로의 전환 등과 같은 근본적인 문제들을 해결함으로써 북핵 문제를 해결하겠다는 것이었다. 미국은 또한 북한을 '정권교체' 대상으로부터 '평화공존'의 대상으로서 받아들이는 변화를 보였다.

미국은 2006년 10월 31일 베이징 북·미 양자회담에서 이룩된 합의가 12월에 개최되었던 6자회담에서 공식적인 합의로 성사될 것을 기대했으나 회담결과가 그렇게 되지 않았다. BDA 문제에 대한 확실한 합의가 이루어지지 않았기 때문이었다. 북·미 양국은 2007년 1월 16~18일에 독일 베를린에서 다시 양자회담을 개최했다. 미국은 북한에게 BDA 문제를 먼저 해결하겠다는 약속을 함으로써 '일정한 합의'가 이루어졌다.[292]

드디어 2007년 2월 8~13일 베이징에서 개최된 제5차 6자회담 3단계 회의에서 '말 대 말' 차원에서 합의되었던 9·19공동성명을 '행동 대 행동' 차원에서 이행하기 위한 '초기조치 합의'가 이루어졌다.[293]

우선 2·13합의의 내용을 살펴보면, 향후 60일 이내에, 북한은 영변 핵시설의 폐쇄·봉인(shut down and seal)과 감시와 검증을 위한 IAEA 요원의 복귀 초청, 모든 핵 프로그램의 목록을 6자회담 참여국과 협의, 북·미 양국은 국교정상화를 위한 양자대화의 개시, 미국은 북한을 테러지원국 지정으로부터 해제하는 과정을 개시, 미국은 북한에 대한 적성국 교역법 적용의 종료 과정을 진전, 북·일 양국은 관계 정상화를 위한 양자대화를 개시, 6자회담 참여국들은 북한에 대한 경제·에너지·인도적 지원에 협력하되, 초기단계에서 북한에 대한 중유 5만 톤 상당의 긴급 에너지 지원의 운송을 최초 60일 이내에 개시, 북한이 다음 단계에서 모든 현존하는 핵시설의 불능화조치

---

[292] "조선외무성대변인, 조미회담 결과에 대해 언급", <조선중앙통신>, 2007년 1월 19일지.

[293] 「9·19 공동성명 이행을 위한 초기조치」와 「대북 지원부담의 분담에 관한 합의의사록」, 베이징, 2007년 2월 13일.

(disablement)를 취하면 참여국들은 최초 선적분인 중유 5만 톤 상당의 지원을 포함한 중유 100만 톤 상당의 경제·에너지·인도적 지원을 제공하기로 했다.

참여국들은 '한반도 비핵화', '북·미 관계 정상화', '북·일 관계 정상화', '경제 및 에너지협력', '동북아 평화·안보 체제' 분야의 문제를 다룰 5개 실무 그룹(Working Groups)을 설치하고, 모든 실무 그룹 회의를 향후 30일 이내에 개최하기로 했다.

참여국들은 초기조치가 이행되는 대로 동북아 안보협력 증진방안 모색을 위한 장관급회담을 개최하며, 동북아에서의 지속적인 평화와 안정을 위해 공동으로 노력하며, 직접 관련 당사국들은 적절한 별도의 포럼에서 한반도의 항구적 평화체제에 관한 협상을 갖기로 했다. 그리고 참여국들은 제6차 6자회담을 2007년 3월 19일에 개최하기로 합의했다.

이번 2·13합의에서 6자회담 참여국들이 60일 이내에 비핵화 초기이행조치에 합의할 수 있었던 것은 미국이 '30일 이내'에 BDA 관련 대북 금융제재 문제를 '완전하게(completely)' 해결하기로 약속했기 때문이었다. 물론 이것은 1월 중순 베를린 북·미 양자회담에서 미국이 북한에게 약속한 것이었다. 이는 현안 해결을 위해 '미국이 선차적으로 협력한 것'으로서 북한의 선차적인 양보를 요구하던 미국의 예전 태도와는 180도 달라진 정책이었다.

≪조선신보≫는 2·13합의는 옛날의 합의들과는 '구별되는 틀'을 갖추고 있는데, 다자회담이라는 국제외교 무대에서 표명한 공약을 어느 일방이 무효로 할 수 없도록 검증 과정을 거치게 되어 있다고 논평했다. 이는 매우 주목할 만한 논평인데, 북한이 북·미 양자회담에서 이룬 합의가 꼭 이행되게 하기 위해 여러 나라, 즉 다자를 끌어들여 오고 있기 때문이다. 이것이 흥미로운 것은 여태껏 미국이 북핵 협상에서 왜 양자회담이 아닌 다자회담을 하려고 하는지 그 논거를 바로 이런 식으로 설명했기 때문이다. 북한은 "앞으로는 미국도 쉽게 되돌리지 못할 것"인바, "6자회담의 판을

깨는 것은 현명한 선택이 아니라는 〔미국의〕 판단은 조선의 핵 실험을 계기로 이미 정해진 듯하다"고 이야기하고 있다.294)

한편 부시 대통령은 합의가 이루어진 직후 발표된 자신의 성명에서 이 합의가 북한이 모든 핵 프로그램과 시설을 국제적인 감독하에 포기하는 초기 단계임을 강조하면서 라이스 장관, 힐 대사, 그리고 베이징에 파견된 협상팀의 노고를 칭찬했다. 또한 미국 국무부는 이번 합의는 북한이 핵무기고를 폐기하겠다는 전략적 결정을 내렸다는 증표를 본 첫 번째 사례로 그 성과를 강조했다.

그런데 2·13합의를 발표하면서 30일 이내에 미국은 BDA 관련 대북 금융제재 문제를 '완결'하겠다고 약속했는데, BDA 문제가 제대로 해결되지 않음으로써 2·13합의를 이행하지 못하는 상황이 발생했다.

그동안 북한은 BDA 문제가 해결되지 않으면 비핵화 논의를 하지 않겠다는 입장을 일관되게 표명해왔다. 북한이 볼 때, 미국이 6자회담에서 아무리 북한을 외교 협상파트너로 대하면서 '평화공존'을 받아들이고 있는 모양새를 갖춘다 하더라도, 사실상 '미국의 속내'는 대북 금융제재에 더 적나라하게 나타나 있다는 것이다. 즉 미국의 본심은 북한에 대해 '경제의 생명선'인 '금융'에 제재를 가함으로써 결국 북한의 정권교체와 체제붕괴를 시도하고자 한다는 것이다. 따라서 미국이 북핵 문제를 해결하고 싶으면 북한의 '제도 번복'을 포기하고 '평화공존'하려는 정책을 먼저 확실하게 보여주어야 하는데, 현재 상황에서는 그 방법이 미국의 BDA 금융제재 해제라는 것이다.

달리 말해, 북한으로서는 미국이 한편에서는 자신의 이익을 위해 북한의 핵을 없애려는 협상을 요구하고, 동시에 다른 한편에서는 북한을 정권교체하고 체제붕괴하려는 금융제재를 가하는 식의 '게임의 규칙'을 받아들일 수는

---

294) 《조선신보》, 2007년 2월 13일자.

없다는 것이다. 만일 북한이 미국의 그러한 게임의 규칙을 받아들이게 되면 자신이 미국에 속아 넘어가게 된다. 제1차 북핵 위기 시 미국에 속아서 '경수로'를 받지 못하게 되면서 결국 에너지난을 겪게 되고 그로 인해 결국 경제가 파탄에 이르렀지만, 이번에는 미국에 속아 넘어가면 경제가 아닌 '정권'과 '체제' 그 자체가 위험에 처하게 된다. 따라서 BDA 문제와 관련해서는 확실하게 해결하고 넘어가겠다. 그리고 그렇게 함으로써 앞으로 미국과 주고받기를 하는 데 미국으로 하여금 자신이 약속한 것은 확실하게 이행하게 하겠다는 것이다.

북한은 또한 2005년 9월 15일 BDA 관련 대북 금융제재가 이루어지기 이전에는 북한이 국제 금융시스템 속에서 큰 문제없이 금융 거래가 가능했는데, 지금은 수많은 국제금융기관들이 북한과 거래를 피하고 미 재무부의 금융제재를 받는 BDA로부터 북한 자금을 이체 혹은 중계해주려는 은행도 없다.[295] 미국은 BDA 북한 계좌에 예치되어 있는 2,500만 달러의 동결을 해제하면서 이제 모든 것이 '원상복귀'되었으니 북한이 예금을 자유롭게 인출해가라고 하지만, 북한으로서는 이는 결코 원상복귀가 아니라는 입장이다. 즉 미국이 BDA 관련 대북 금융제재를 취하기 이전에는 북한은 국제금융체계 속에서 자유로운 금융거래가 가능했지만 지금은 그렇지 못하다는 것이다. 따라서 북한은 BDA건 해결을 통해 자신이 국제금융체계에 받아들여져 자유로운 국제 금융거래를 할 수 있는 것을 목표로 삼고 있다. 그렇게 되지 못하면 북한의 경제 회생과 발전은 난망한 것이기 때문이다.

---

295) 미 국무부의 협상파들은 북한을 비핵화하기 위해서는 BDA 문제를 먼저 해결하기로 하는 '정치적'인 결단을 내렸던 것인데, 협상파들과는 달리 BDA 대북 금융제재의 해세를 반대해왔던 재무부와 월가(Wall Street)의 네오콘과 강경파들이 BDA에 예치되어 있는 북한 자금 2,500만 달러의 동결을 해제해 줌과 동시에 BDA를 '애국법' 규제를 받는 대상으로 지정해 버리는 식으로 자신들의 힘을 과시했던 것이다.

북·미 양국은 2007년 1월 베를린에서 금융 문제를 해결하기 위한 양자회담을 개최했다. 북한의 국가재정금융위원회 부위원장 겸 조선무역은행 총재 오광철과 미재무부 테러금융 및 금융범죄 담당 부차관보 댄 글레이저(Daniel Glaser) 사이에 열린 일련의 회담에서 두 가지 문제를 논의했는데, 그 하나는 더 근본적인 문제로서 북한의 국제금융체계에의 편입 문제였고, 다른 하나는 더 구체적인 것으로서 BDA 관련 대북 금융제재 해결 문제였다. 그동안 비록 후자의 시급성 때문에 전자를 계속하여 논의하지 못했지만, 이제 BDA 건이 잘 해결되면 양국은 한편으로는 2·13합의의 이행을 통한 비핵화 과정을 밟아가면서 양국 간의 신뢰를 쌓아가고, 다른 한편으로는 북한의 국제금융체계에의 편입을 위해 북·미 양자금융실무회담을 개최할 것으로 보인다. 미국도 북한이 금융관련 '투명성'을 제고함으로써 국제금융체계에 편입되어 국제금융체계의 안정성이 확보되기를 바라고 있기 때문이다.

4. 맺음말: 북·미 관계의 특징과 함의

이상에서 1945년부터 2007년 초까지의 북·미 관계를 '북한 체제의 지속성과 변화'의 관점에서 분석했다. 우선 북한의 대미관계와 생존·발전 전략을 살펴보았는바 이를 첫째, 북한 정부의 대미인식, 대미자원, 대미정책, 둘째, 북·미 관계의 환경 구조, 그리고 셋째, 북·미 관계와 북한의 대외 생존·발전 전략의 면에서 분석했다.

다음으로 북·미 관계의 전개 과정을 크게 '냉전시대', '탈냉전시대', 그리고 '9·11테러 이후' 시기로 나누어 살펴보았다. 먼저 '냉전시대'의 북·미 관계는 미·소 양국의 한반도 분할 점령, 남북한 국가 형성, 6·25전쟁, 정전협정, 냉전고착기로 나누어 분석했다. 냉전고착기는 「한·미상호방위조약」 체결,

제네바회의(제네바 극동평화회의), 평화협정 체결·미군 철수·UN사 해체의 요구, 푸에블로 호 나포사건, EC-121 격추사건, 팀스피리트 한·미합동군사훈련 중단 요구, 판문점 미군도끼살해사건 등 주요 사건들을 각각 살펴보았다. 그리고 평화협정 체결을 논의하기 위한 '대화 형식'으로서 남북 양자회담, 북·미 양자회담 제안, 남·북·미 3자회담 제안 등을 검토했다.

'탈냉전시대'의 북·미 관계는 제1차 북핵 위기와 제네바 북·미기본합의, 금창리 핵 의혹 시설 제기, 대포동미사일 발사, 베를린공동성명, 페리 프로세스, 남북정상회담과 6·15남북공동선언, 북·미 공동코뮤니케, 고위급 상호 방문회담, 그리고 북·미 미사일회담을 중심으로 분석했다.

마지막으로 '9·11테러 이후'의 북·미 관계는 네 시기로 나누어 검토했다. 즉 부시 정부 출범부터 켈리 특사의 방북 직전까지(2001년 1월~2002년 10월) 기간에 미국의 '공세'와 북한의 대응, 켈리 특사의 방북부터 9·19공동성명 발표 직전까지(2002년 10월~2005년 9월) 기간에서의 북한의 '공세'와 미국의 대응, 9·19공동성명 발표부터 북한이 핵 실험하기 직전까지(2005년 9월~2006년 10월) 기간에서의 북·미 양국의 '힘겨루기'와 북한의 핵 실험 성공, 그리고 마지막으로 2006년 10월 북한의 핵 실험 성공과 11월의 미 중간선거에서의 공화당 패배를 거쳐 지금까지의 북·미 양국의 '전략적 선택'과 '협력'의 시작에 대해 살펴보았다.

북·미 양국은 지난 60여 년간 '국가안보'와 '경제발전'이라는 국가이익을 확보하고 상대방과 국제 사회에 대해 자신의 '위신'을 유지하고 강화하기 위해 의식적이고 전략적인 선택으로서 상대방에 대한 정책을 세우고 또 이를 이행해왔다. 이 과정에서 양국은 군사력, 경제력 등 국력을 키우고, 자신의 정체성(identity) 확립에 노력했다. 미국은 자신은 자유, 민주주의, 인권, 시장경제 등을 중시하고 이 가치를 보호하는 체제인 데 비해, 북한은 '악의 축' 국가, '독재정권', '무뢰배 정권', '폭정의 전초기지', '도둑정치'의

체제로서 부정적인 정체성을 가진 국가로 규정했다. 이에 대해 북한은 자신의 체제는 이미 붕괴된 소련이나 동·중유럽의 사회주의체제와는 다른 '인민대중 중심의 사회주의체제'라는 선전과 더불어 세계 최강의 '제국주의 국가'인 미국에게 굴복하지 않고 당당히 대항하는 '자주국가'라는 이미지로써 자신의 위신과 정체성을 구축하고자 했다.[296]

그렇다면 1945년부터 2007년까지의 북·미 관계는 어떤 특징을 보여주고 있는가? 그리고 지금까지 보여준 북·미 관계의 특징과 성격은 앞으로 전개될 북·미 관계와 '북한 체제의 지속성과 변화'와 관련하여 어떤 함의를 갖는가?

1945년부터 지금까지의 북·미 관계의 특징을 '냉전시대', '탈냉전시대', 그리고 '9·11테러 이후'의 시기 등 전(全) 기간을 통해 나타난 공통점과 시기마다 상이하게 나타나는 차이점으로써 설명하여 보자.

우선 첫 번째 공통점은 북미 관계는 무엇보다도 '비대칭적인 힘의 관계'라는 점이다. 이것은 기본적으로 양국 간의 국력의 차이에서 오는데 이는 앞으로도 변화되기 어려운 것이라고 하겠다. 위에서 살펴본 세 기간 모두 이러한 힘의 관계는 어김없이 양국 관계를 특징짓는 요소로서 작용했다. 이런 관점에서 본다면, 북·미 관계는 미국이 자신의 우월한 힘과 지위를 이용하여 북한을 국제 사회, 즉 미국의 영향권 속으로 끌어들이는 과정이라고 할 수 있다.

두 번째의 공통점은 북한은 미국과의 관계에서 비록 비대칭적인 힘의 관계 속에 놓여 있기는 하나, 항상 나름대로 자신을 효과적으로 방어하는 구조나 수단을 보유하고 있었다는 점이다. 북한은 냉전시대에는 동서 대결의

---

296) 북·미 관계의 시대별 공통점과 차이점, 지속성과 변화 등을 설명하는 데는 '사회적 현실', 즉 제도, 구조, 행위자, 행위자의 여러 속성, 예컨대, 이익, 정체성, 능력 등은 주어진 것이 아니라 행위자와 구조의 상호 작용을 통해 '구성'되고 '재구성'된다는 '구성주의적 접근' 시각으로부터 큰 도움을 받을 수 있을 것이다.

국제정치 구조 속에서 소련이라는 우산의 보호 아래 있었고, 지정학적으로는 중국과 러시아 등 북한의 붕괴를 바라지 않는 이웃 국가들이 포진한 동북아시아라는 유리한 위치에 자리하고 있었다. 그리고 탈냉전시대와 9·11테러 이후에는 핵무기 카드와 미사일 카드를 보유하고 있었다.

북한이 핵무기와 핵 프로그램으로써 미국과의 협상을 효과적으로 진행하여 자신의 목표를 달성해온 것은 국제 사회에서 상대적으로 작은 국가라도 자신만의 특별한 자원을 보유하고 이를 협상의 지렛대로 효과적으로 사용하면 강대국과의 대결에서 일방적으로 당하지 않고 자신의 이익을 지킬 수 있다는 것을 보여주는 하나의 경우이다.[297] 북한의 핵 카드의 효과성은 이미 두 번의 북핵 위기를 통해 증명되었다.

세 번째의 공통점은 북한 지도부의 전략적인 계산 능력은 미국에 대해 주로 '벼랑 끝 전술'을 사용하는 방식으로 나타난 경우가 많았다. 냉전기의 푸에블로 호 나포사건, EC-121 격추사건, 판문점 미군도끼살해사건, 그리고 두 차례의 북핵 위기에서 북한은 '벼랑끝전술'을 사용했다.

한편 북·미 관계는 위의 기간마다 나름대로 주목할 만한 차이점을 보여주었다. 우선 '냉전시대'에는 미·소 블록의 대립으로 미국이 북한에 대해 봉쇄정책으로 일관하고 북·미 양국이 정치, 외교, 군사 안보, 경제 등 모든 면에서 전면적인 적대 관계를 지속했기 때문에 어떤 역동성과 변화를 찾아보기 어려웠다.

그런데 '탈냉전시대'의 북·미 관계는 급격히 변화된 국제 환경 구조 속에서 유일초강대국 미국의 적극적인 국제질서 재편전략과 그 속에서 자신의

---

[297] 북한이 핵 카드를 사용하여 미국과 국제 사회에 대해 자신이 원하는 것을 나름대로 얻어내는 데 이용하고 있는 것은, 예컨대, 1973~1974년 전 세계적인 '석유 파동' 시 산유국들이 석유수출기구(OPEC)를 결성하여 이를 통해 자신들이 보유하고 있는 '석유'라는 특별한 자원을 효과적으로 이용한 경우와 비교될 수 있다.

생존을 개척하려는 북한의 생존전략이 상호 부딪치면서 북·미 관계는 다양한 역동성과 변화를 보여주었다. 1990년대 초반의 제1차 북핵 위기, 1998년 8월의 금창리 지하 핵 의혹 시설 제기와 대포동미사일 발사 사건과 같은 부정적이고 대결적인 사건들도 발생했지만, 탈냉전이라는 국제적 환경 속에서 제네바 북·미기본합의, 베를린공동성명, 남북정상회담, 북·미 공동코뮤니케와 북·미 고위급 상호 방문, 북·미 미사일회담과 같은 긍정적이고 협력적인 사건들도 발생했던 것이다. 다시 말해 탈냉전시대의 북·미 관계는 냉전시대의 상대적으로 단순하고 단선적인 모습에 비하면, 변화된 국제질서 속에서 '협력'과 '대결'이라는 상반되는 가치가 상호 작용하면서 더 복잡하고 역동적인 동학을 보여주었던 것이다.

마지막으로 '9·11테러 이후'의 북·미 관계는 9·11테러와 부시 정부의 반테러 및 비확산·반확산정책, 그리고 제2차 북핵 위기의 심대한 영향하에서 전개되었기 때문에 기본적으로 탈냉전시대보다는 오히려 냉전시대의 북·미 관계에서 봐왔던 '대결'의 모습을 보여주었다. 그러나 자세히 살펴보면 부시 정부의 반북 적대시정책에도 불구하고 이 시기의 북·미 관계는 북·미 간에 '공세'와 '대응'을 서로 순서를 바꿔가면서 주고받고 또 서로 '힘겨루기'를 하기도 했으나, 결국에는 자신의 국가이익을 확보하기 위해 '협력'을 선택하는 등 나름대로의 역동성과 동학을 보여주었다. 즉 처음에는 부시 정부가 들어서자마자 대북적대시 정책으로 강력한 대북공세를 취했으나, 제2차 북핵 위기가 발생한 이후에는 오히려 북한이 핵 카드를 사용하여 강력한 대미공세를 취하는 모습을 보여주었다. 그러다가 2005년 9·19공동성명 발표 이후에는 미국의 BDA 관련 대북 금융제재 조치로 인해 9·19공동성명의 이행이 난망한 채 북한이 6자회담 재개를 거부하는 등 양국 간에 '힘겨루기' 양상이 전개되었다. 그러나 북·미 양국은 북한의 핵 실험 성공과 이라크사태의 악화, 미 중간선거에서 공화당의 패배 등으로 부시 정부의 외교안보

정책에 변화가 일어나면서 2·13합의를 이루어내는 등 상호 '협력'의 모습을 보여주었다.298)

이러한 역동성은 '9·11테러 이후'의 시대가 냉전시대의 직접적인 연장이 아니라, 이미 탈냉전시대를 통과하면서 북·미 관계에 더 다양한 요소들과 가치들이 유입, 등장했고, 북·미 양국이 제1차 북핵 위기를 해결했던 경험, 2000년도 클린턴 정부 말기의 양국 간의 화해와 관계 개선의 경험, 9·11테러 라는 전대미문의 사건 발생과 이에 따른 미국의 외교안보전략의 변화, 제2차 북핵 위기의 발생 등 냉전시대와는 다른 조건과 맥락 속에서 북·미 관계가 전개되었기 때문으로 보인다.

바로 이러한 차이는 북·미 관계가 기본적으로 비대칭적인 힘의 관계로 특징 지워진다 하더라도, 앞으로 북핵 문제와 같은 주요 현안의 해결 과정이 겉으로 드러나는 모습보다는 훨씬 역동적이고 복잡한 전개 과정을 겪게 될 것이라는 점을 시사해준다. 그리고 이러한 북·미 관계의 성격과 과정은 북한에게 있어서는 자신의 생존과 발전에 대한 매우 심각한 도전이자 기회가 될 것이며, 북한 지도부의 전략적 선택이 그만큼 더 중요한 요소가 될 것임을 말해준다.

북·미 관계는 북한의 국가 형성 과정에서부터 지금까지 북한의 대외 생존 구조의 주요 핵심 고리 중 하나였다. 북미 관계가 우호적이고 협조적인 관계로 되지 못하면 북한으로서는 대외 생존 및 발전을 기약하는 데 커다란

---

298) 리온 시걸(Leon V. Sigal)은 북·미 양국 간의 과거 협상의 경험을 보면, 미국의 역대 모든 행정부는 북한과의 협상에서 거부(denial), 분노(anger), 흥정(bargaining), 좌절(depression), 수용(acceptance)의 다섯 단계를 밟아왔다고 보았다. Leon V. Sigal, "Reversing US Missteps Toward North Korea," *The Boston Globe*, June 23, 2001. 제2차 북핵 위기를 다룬 부시 정부의 대북 협상도 어렵지 않게 위의 5단계로 설명될 수 있을 것이다.

어려움이 있었던 것이 역사적 경험이다. 따라서 북한은 최소치로서는 북·미 관계가 북한의 생존과 발전을 저해하지 않도록, 최대치로서는 북·미 관계가 북한의 생존과 발전을 담보하는 방향으로 이루어지도록 적극적으로 북·미 관계의 개선을 위해 노력해왔고, 또 앞으로도 그러할 것이다.

북·미 양국은 '9·11테러 이후' 부시 정부의 '악의 축'류의 대북인식과 북한의 핵 카드 사용에 따른 제2차 북핵 위기의 발생으로 현재까지 어려움을 겪고 있다. 그러나 역사의 큰 흐름을 살펴볼 때, 양국은 북핵 문제와 주요 현안들을 해결하고 관계 정상화를 이루어 적대 관계를 청산하고 한반도에서 정전체제를 평화체제로 전환시킴으로써 새로운 동북아질서를 창출하는 방향으로 나아가고 있고, 지금 그 마지막 고비를 넘고 있는 것으로 보인다.

■ 참고문헌

북한 문헌 및 자료

1) 김일성·김정일 저작

김일성. 1979a. 「조선혁명가들은 조선을 잘 알아야 한다」. 『김일성저작집』(제1권). 평양: 조선로동당출판사.
_____. 1979b. 「해방된 조국에서의 당, 국가 및 무력 건설에 대하여」. 『김일성저작집』(제1권). 평양: 조선로동당출판사.
_____. 1979c. 「민족운동자들과 한 담화」. 『김일성저작집』(제1권). 평양: 조선로동당출판사.
_____. 1979d. 「현시기 남조선 청년운동의 과업」. 『김일성저작집』(제1권). 평양: 조선로동당출판사.
_____. 1979e. 「우리나라의 민주주의적 발전과 완전 자주독립을 위하여」. 『김일성저작집』(제2권). 평양: 조선로동당출판사.
_____. 1979f. 「8·15해방 1주년 평양시 경축대회에서 한 보고」. 『김일성저작집』(제2권). 평양: 조선로동당출판사.
_____. 1979g. 「11월 3일 선거 1주년을 맞이하면서」. 『김일성저작집』(제3권). 평양: 조선로동당출판사.
_____. 1979h. 「우리는 이 해에 무엇을 하며 어떻게 일할 것인가?」. 『김일성저작집』(제4권). 평양: 조선로동당출판사.
_____. 1979i. 「우리 당 단체들의 과업에 대하여」. 『김일성저작』(제4권). 평양: 조선로동당출판사.
_____. 1979j. 「반동적 남조선 단독정부 선거를 반대하고 조선의 통일과 자주독립을 쟁취하기 위하여」. 『김일성저작집』(제4권). 평양: 조선로동당출판사.
_____. 1979k. 「북조선노동당 제2차대회에서 한 중앙위원회 사업총화 보고」. 『김일성저작집』(제4권). 평양: 조선로동당출판사.
_____. 1979l. 「김구와 한 담화」. 『김일성저작집』(제4권). 평양: 조선로동당출판사.
_____. 1980a. 「통일적 민주주의 독립국가 건설을 위한 조선인민의 투쟁」. 『김일성

_____. 1980b. 「인민군대는 현대적 정규무력으로 강화발전 되여야 한다」. 『김일성저작집』(제5권). 평양: 조선로동당출판사.

_____. 1980c. 「조국해방전쟁의 승리를 위한 각 정당들의 과업」. 『김일성저작집』(제6권). 평양: 조선로동당출판사.

_____. 1980d. 「조선민주주의인민공화국 창건 두 돐에 즈음하여」. 『김일성저작』(제6권). 평양: 조선로동당출판사.

_____. 1980e. 「현정세와 당면과업」. 『김일성저작집』(제6권). 평양: 조선로동당출판사.

_____. 1980f. 「8·15해방 6돐기념 평양시 경축대회에서 한 보고」. 『김일성저작집』(제6권). 평양: 조선로동당출판사.

_____. 1980g. 「인민군대를 강화하자」. 『김일성저작집』(제7권). 평양: 조선로동당출판사.

_____. 1980h. 「프로레타리아 국제주의와 조선인민의 투쟁」. 『김일성저작집』(제7권). 평양: 조선로동당출판사.

_____. 1980i. 「조선민족의 자유와 평화와 해방을 위하여」. 『김일성저작집』(제7권). 평양: 조선로동당출판사.

_____. 1980j. 「우리는 반드시 승리할 것이다」. 『김일성저작집』(제7권). 평양: 조선로동당출판사.

_____. 1980k. 「인민공군을 더욱 강화하자」. 『김일성저작집』(제7권). 평양: 조선로동당출판사.

_____. 1980l. 「모든 것을 전후 인민경제 복구발전을 위하여」. 『김일성저작집』(제8권). 평양: 조선로동당출판사.

_____. 1980m. 「조국해방전쟁의 력사적 승리와 인민군대의 과업에 대하여」. 『김일성저작집』(제8권). 평양: 조선로동당출판사.

_____. 1980n. 「통일전선사업을 개선 강화할데 대하여」. 『김일성저작집』(제8권). 평양: 조선로동당출판사.

_____. 1980o. 「인민군대를 질적으로 강화하여 간부군대로 만들자」. 『김일성저작집』(제8권). 조선로동당출판사.

_____. 1980p.「인민군대의 간부화와 군종, 병종의 발전 전망에 대하여(발췌)」. 『김일성저작』(제9권). 평양: 조선로동당출판사.

_____. 1980q.「당원들 속에서 계급교양사업을 더욱 강화할데 대하여」.『김일성저작집』(제9권). 평양: 조선로동당출판사.

_____. 1980r.「사상사업에서 교조주의와 형식주의를 퇴치하고 주체를 확립할데 대하여」.『김일성저작집』(제9권). 평양: 조선로동당출판사.

_____. 1980s.「조선로동당 제3차대회에서 한 중앙위원회 사업 총화보고」,『김일성저작집』(제10권). 평양: 조선로동당출판사.

_____. 1981a.「문덕선거구 선거자들 앞에서 한 연설」,『김일성저작집』(제11권). 평양: 조선로동당출판사.

_____. 1981b.「사회주의진영의 통일과 국제공산주의운동의 새로운 단계」,『김일성저작집』(제11권). 조선로동당출판사.

_____. 1981c.「귀국하는 중국인민지원군 환송대회에서 한 연설」,『김일성저작집』(제12권). 평양: 조선로동당출판사.

_____. 1981d.「체스꼬슬로벤스꼬 방송 및 텔레비죤위원회 위원장과 한 담화」. 『김일성저작집』(제12권). 평양: 조선로동당출판사.

_____. 1981e.「핀란드 신문기자가 제기한 질문에 대한 대답」,『김일성저작집』(제12권). 평양: 조선로동당출판사.

_____. 1981f.「인민군대는 공산주의학교이다」.『김일성저작집』(제14권). 평양: 조선로동당출판사.

_____. 1982a.「조선민주주의인민공화국 정부의 당면과업에 대하여」.『김일성저작집』(제16권). 평양: 조선로동당출판사.

_____. 1982b.「조선로동당창건 스무 돐에 즈음하여」,『김일성저작집』(제19권). 평양: 조선로동당출판사.

_____. 1982c.「현정세와 우리 당의 과업」,『김일성저작집』(제20권). 평양: 조선로동당출판사.

_____. 1982d.「당사업에서 형식주의와 관료주의를 없애며 일군들을 혁명화할데 대하여」.『김일성저작집』(제20권). 평양: 조선로동당출판사.

_____. 1983a.「분조관리제를 정확히 실시하며 농업생산에서 새로운 앙양을 일으

킬 데 대하여」.『김일성저작집』(제22권). 평양: 조선로동당출판사.

_____. 1983b.「학생들을 사회주의, 공산주의 건설의 참된 후비대로 교육교양하자」.『김일성저작집』(제22권). 평양: 조선로동당출판사.

_____. 1983c.「조성된 정세에 대처하여 전쟁 준비를 잘할데 대하여」.『김일성저작집』(제22권). 평양: 조선로동당출판사.

_____. 1983d.「청년들은 우리 혁명의 종국적 승리를 위하여 경제건설과 국방건설의 모든 전선에서 선봉대가 되자」.『김일성저작집』(제22권). 평양: 조선로동당출판사.

_____. 1983e.「7개년계획의 중요 고지들을 점령하기 위하여 천리마의 기세로 총돌격하자」.『김일성저작집』(제22권). 평양: 조선로동당출판사.

_____. 1983f.「1969년 새해를 맞이하여」.『김일성저작집』(제23권). 평양: 조선로동당출판사.

_____. 1983g.「근로단체들의 역할을 더욱 높일 데 대하여」.『김일성저작집』(제23권). 평양: 조선로동당출판사.

_____. 1983h.「핀란드공산당 중앙기관지 《칸산 우우티세트》를 위하여 핀린드민주청년동맹 대표단이 제기한 질문에 대한 대답」.『김일성저작집』(제24권). 평양: 조선로동당출판사.

_____. 1984a.「조선로동당과 공화국정부의 대내외정책의 몇 가지 문제에 대하여」.『김일성저작집』(제26권). 평양: 조선로동당출판사.

_____. 1984b.「강원도당 전원회의 확대회의에서 한 결론」.『김일성저작집』(제27권). 평양: 조선로동당출판사.

_____. 1984c.「미국 《뉴욕타임스》지 기자들과 한 담화」.『김일성저작집』(제27권). 평양: 조선로동당출판사.

_____. 1984d.「총련조직을 더욱 강화할데 대하여」.『김일성저작집』(제27권). 조선로동당출판사.

_____. 1984e.「미국 《위싱톤포스트》지 기자와 한 담화」.『김일성저작집』(제27권). 평양: 조선로동당출판사.

_____. 1984f.「유엔주재 네팔왕국 상임대표와 한 담화」.『김일성저작집』(제28권). 평양: 조선로동당출판사.

제1장 북·미 관계 145

_____. 1984g.「일본 ≪이와나미≫서점 상무취체역 총편집장과 한 담화」.『김일성저작집』(제28권). 평양: 조선로동당출판사.

_____. 1984h.「단마르크와 조선사이의 협조관계촉진위원회 대표단과 한 담화」.『김일성저작집』(제28권). 평양: 조선로동당출판사.

_____. 1985a.「미국 조선친선공보쎈터 집행위원회와 잡지 ≪조선의 초점≫ 편집국이 제기한 질문에 대한 대답」.『김일성저작집』(제29권). 평양: 조선로동당출판사.

_____. 1985b.「이딸리아공산당 기관지≪우니따≫지가 제기한 질문에 대한 대답」.『김일성저작집』(제29권). 평양: 조선로동당출판사.

_____. 1985c.「빠나마 조선친선문화협회 서기장과 한 담화」.『김일성저작집』(제30권). 평양: 조선로동당출판사.

_____. 1985d.「일본 ≪마이니찌신붕≫ 편집국장 일행과 한 담화」.『김일성저작집』(제30권). 평양: 조선로동당출판사.

_____. 1985e.「총련사업을 사람과의 사업으로 철저히 전환시킬 데 대하여」.『김일성저작집』(제30권). 평양: 조선로동당출판사.

_____. 1985f.「알제리 민주인민공화국 정부기관지 ≪엘 무쟈히드≫ 신문 기자가 제기한 질문에 대한 대답」.『김일성저작집』(제30권). 평양: 조선로동당출판사.

_____. 1985g.「인도 주간신문 ≪블리쯔≫ 책임주필이 제기한 질문에 대한 답변」.『김일성저작집』(제30권). 평양: 조선로동당출판사.

_____. 1985h.「일본 교도통신사 대표단과 한 담화」.『김일성저작집』(제30권). 평양: 조선로동당출판사.

_____. 1985i.「일본 ≪요미우리신붕≫ 편집국장이 제기한 질문에 대한 대답」.『김일성저작집』(제30권). 평양: 조선로동당출판사.

_____. 1985j.「당, 정권기관, 인민군대를 더욱 강화하며 사회주의 대건설을 더 잘하여 혁명적 대사변을 승리적으로 맞이하자」.『김일성저작집』(제30권). 평양: 조선로동당출판사.

_____. 1985k.「조선로동당창건 30돐에 즈음하여」.『김일성저작집』(제30권). 평양: 조선로동당출판사.

_____. 1986a.「일본 정치리론잡지 ≪세까이≫ 편집국장과 한 담화」.『김일성저작

집』(제31권). 평양: 조선로동당출판사.

_____. 1986b.「일본사회활동가와 한 담화」.『김일성저작집』(제31권). 평양: 조선로동당출판사.

_____. 1986c.「일본 소까대학 교수와 한 담화」.『김일성저작집』(제31권). 조선로동당출판사.

_____. 1986d.「신년사」.『김일성저작집』(제32권). 평양: 조선로동당출판사

_____. 1986e.「일조우호촉진의원련맹 회장과 한 담화」.『김일성저작집』(제32권). 평양: 조선로동당출판사.

_____. 1986f.「정치사업을 잘하여 인민군대의 위력을 더욱 강화하자」.『김일성저작집』(제32권). 평양: 조선로동당출판사.

_____. 1987a.「꼴롬비아 조선친선문화협회 위원장 일행과 한 담화」.『김일성저작집』(제34권). 평양: 조선로동당출판사.

_____. 1987b.「전인도 조선친선협회 대표단과 한 담화」.『김일성저작집』(제34권). 평양: 조선로동당출판사.

_____. 1990a.「일본사회당 중앙집행위원회 위원장과 한 담화」.『김일성저작집』(제36권). 평양: 조선로동당출판사.

_____. 1990b.「단마르크 사회민주당 부위원장과 한 담화」.『김일성저작집』(제36권). 평양: 조선로동당출판사.

_____. 1992a.「주체의 혁명위업을 무력으로 튼튼히 담보하자」.『김일성저작집』(제37권). 평양: 조선로동당출판사.

_____. 1992b.「뛰니지 작가동맹 부위원장과 한 담화」.『김일성저작집』(제37권). 평양: 조선로동당출판사.

_____. 1992c.「제국주의의 침략과 전쟁 책동을 짓부시고 평화와 독립을 수호하자」.『김일성저작집』(제38권). 평양: 조선로동당출판사.

_____. 1992d.「쏘련 따쓰통신사대표단과 한 담화」.『김일성저작집』(제38권). 조선로동당출판사.

_____. 1992e.「일본사회당 대표단과 한 담화」.『김일성저작집』(제38권). 평양: 조선로동당출판사.

_____. 1993a.「신년사」.『김일성저작집』(제39권). 평양: 조선로동당출판사.

_____. 1993b. 「뽀르뚜갈공산당 대표단과 한 담화」. 『김일성저작집』(제39권). 평양: 조선로동당출판사.

_____. 1993c. 「일본사회당 중앙집행위원회 서기장과 한 담화」. 『김일성저작집』(제39권). 평양: 조선로동당출판사.

_____. 1993d. 「일본 정치리론잡지 ≪세까이≫ 편집국장이 제기한 질문에 대한 대답」. 『김일성저작집』(제39권). 평양: 조선로동당출판사.

_____. 1993e. 「조선의 자주적 평화통일을 위한 국제련락위원회 대표단과 한 담화」. 『김일성저작집』(제39권). 평양: 조선로동당출판사.

_____. 1993f. 「인도네시아 ≪메르데까≫ 신문사 부사장이 제기한 질문에 대한 대답」. 『김일성저작집』(제39권). 평양: 조선로동당출판사.

_____. 1993g. 「유고슬라비아신문 ≪오슬로보쥐니에≫ 책임주필이 제기한 질문에 대한 대답」. 『김일성저작집』(제39권). 평양: 조선로동당출판사.

_____. 1995a. 「사회주의건설과 조국통일을 위한 우리 인민의 투쟁에 대하여」. 『김일성저작집』(제41권). 평양: 조선로동당출판사.

_____. 1995b. 「미국사회로동당 대표단과 한 담화」. 『김일성저작집』(제42권). 평양: 조선로동당출판사.

_____. 1996a. 「온 민족의 단합된 힘으로 조국통일을 자주적으로 실현하자」. 『김일성저작집』(제43권). 평양: 조선로동당출판사.

_____. 1996b. 「현시기 총련 앞에 나서는 몇 가지 과업에 대하여」. 『김일성저작집』(제44권). 평양: 조선로동당출판사.

김정일. 1992a. 「예술영화 ≪최학신의 일가≫를 반미교양에 이바지하는 명작으로 완성할데 대하여」. 『김정일선집』(제1권). 평양: 조선로동당출판사.

_____. 1992b. 「미제의 전쟁도발 책동에 대처하여 전투동원 준비를 철저히 갖추자」. 『김정일신집』(제1권). 평양: 조선로동당출판사.

_____. 1992c. 「새 세대들을 백두의 혁명정신으로 무장시키자」. 『김정일선집』(제1권). 평양: 조선로동당출판사.

_____. 1993. 「조국통일 3대원칙을 관철하기 위하여 견결히 투쟁하자」. 『김정일선집』(제2권). 평양: 조선로동당출판사.

_____. 1994. 『애급신문 ≪알싸마≫ 책임주필이 제기한 질문에 대한 대답」. 『김일

성저작집』(제40권). 평양: 조선로동당출판사.
_____. 1996. 「주체사상에 대하여」. 『김정일선집』(제7권). 평양: 조선로동당출판사.
_____. 1997a. 「반제투쟁의 기치를 더욱 높이 들고 사회주의, 공산주의 길로 힘차게 나아가자」. 『김정일선집』(제9권). 평양: 조선로동당출판사.
_____. 1997b. 「조선민족제일주의정신을 높이 발양시키자」. 『김정일선집』(제9권). 평양: 조선로동당출판사.
_____. 1997c. 「인민대중 중심의 우리식 사회주의는 필승불패이다」. 『김정일선집』(제11권). 평양: 조선로동당출판사.
_____. 1998a. 「당사업과 경제사업에 힘을 넣어 사회주의 위력을 더욱 강화하자」. 『김정일선집』(제13권). 평양: 조선로동당출판사.
_____. 1998b. 「전국, 전민, 전군에 준전시 상태를 선포함에 대하여」. 『김정일선집』(제13권). 평양: 조선로동당출판사.
_____. 1998c. 「민주주의 캄보쟈 주석이 제기한 질문에 대한 대답」. 『김정일선집』(제8권). 평양: 조선로동당출판사.
_____. 2000a. 「혁명과 건설에서 주체성과 민족성을 고수할데 대하여」. 『김정일선집』(제14권). 평양: 조선로동당출판사.
_____. 2000b. 「온 민족이 대단결하여 조국의 자주적 평화통일을 이룩하자」. 『김정일선집』(제14권). 평양: 조선로동당출판사.
_____. 2000c. 「신천박물관을 통한 계급교양 사업을 강화할데 대하여」. 『김정일선집』(제14권). 평양: 조선로동당출판사.
_____. 2000d. 「김일성동지의 조국통일유훈을 철저히 관철하자」. 『김정일선집』(제14권). 평양: 조선로동당출판사.

2) 단행본
김철우. 2000. 『김정일장군의 선군정치』. 평양: 평양출판사.
박태호. 1985. 『조선민주주의인민공화국 대외관계사』. 평양: 사회과학출판사.
백보흠·송상원. 1998. 『영생』. 평양: 문학예술종합출판사.
안명일·정철만. 1992. 『조국통일 투쟁사 1』. 평양: 사회과학출판사.
조선로동당. 2004. 『조선로동당력사』. 평양: 조선로동당출판사.

조성박. 1999. 『세계를 매혹시키는 김정일 정치』. 평양: 평양출판사.

3) 신문, 잡지 및 기타
<조선중앙방송>, 2001년 4월 30일자.
<조선중앙통신>, 1998년 3월 14일자~2007년 1월 19일자.
<평양방송>, 2002년 12월 25일자.
≪로동신문≫, 1947년 1월 18일자~2006년 12월 11일자.
≪민주조선≫, 2001년 6월 23일자, 2005년 12월 14일자.
≪조선신보≫, 2000년 10월 27일자.
≪조선인민군≫, 1999년 1월 1일자, 2000년 1월 1일자.
≪청년전위≫, 1999년 1월 1일자, 2000년 1월 1일자.

남한·외국 문헌 자료

1) 단행본
백학순. 2003. 『부시정부 출범 이후의 북미관계 변화와 북한핵문제』. 세종연구소
퀴노네스, 케네스. 2000. 『2평 빵집에서 결정된 한반도 운명』. 노순옥 옮김. 중앙
    M&B.
후나바시, 요이치 지음. 2007. 『김정일 최후의 도박』. 오영환 외 옮김. 중앙일보시사
    미디어.

Albright, Madeleine. 2003. *Madam Secretary: a Memoir*. New York: Miramax Books.
Blix, Hans. 2004. *Disarming Iraq*. New York: Pantheon Books.
Carpenter, Ted Galen & Doug Bandow. 2004. *The Korean Conundrum; America's
    Troubled Relations with North and South Korea*. New York: Palgrave Macmillan.
Carter, Ashton B. & William J. Perry. 1999. *Preventive Defense; A New Security Strategy
    for America*. Washington, D. C.: Brookings Institution Press.
Cha, Victor & David C. Kang. 2003. *Nuclear North Korea*. New York: Columbia
    University Press.

Cumings, Bruce & Ervand Abrahamian & Moshe Ma'oz. 2004. *Inventing the Axis of Evil: The Truth about North Korea, Iran, and Syria*. New York: the New Press

DeYoung, Karen. 2006. *Soldier: the Life of Colin Powell*. New York: Alfred A. Knopf.

Harrison, Selig S. 2001. *Korea Endgame; a Strategy for Reunification and U. S. Disengagement*. United Kingdom: Princeton University Press.

Harrison, Selig S. 2002. *Korean Endgame: A Strategy for Reunification and U. S. Disengagement*. Princeton and Oxford: Princeton University Press.

Mann, James. 2004. *Rise of the Vulcans: The History of Bush's War Cabinet*. New York: Penguin Books.

McCormack, Gavan. 2004. *Target North Korea; Pushing North Korea to the Brink of Nuclear Catastrophe*. New York: Nation Books.

Oberdorfer, Don. 2001. *The Two Koreas; A Contemporary History, New Edition*. New York: Basic Books.

Sigal, Leon V. 1998. *Disarming Strangers; Nuclear Diplomacy with North Korea*. Princeton, New Jersey: Princeton University Press.

Wit, Joel S., Daniel B. Poneman & Robert L. Gallucci. 2004. *Going Critical; The First North Korean Nuclear Crisis*. Washington D. C.: Brookings Institution Press.

Woodward, Bob. 2002. *Bush at War*. New York: Simon & Schuster.

_____. 2004. *Plan of Attack*. New York: Simon & Schuster.

_____. 2006. *State of Denial: Bush at War, Part III*. New York: Simon & Schuster.

Yun, Philip W. & Shin Gi-Wook. 2006. *North Korea: 2005 and Beyond*. The Walter H. Shorenstein Asia-Pacific Research Center. Stanford University.

2) 논문

백학순. 1999. 「국가형성전쟁으로서의 한국전쟁」. 세종연구소.

_____. 2000. 「북·미관계 개선과 동북아 평화: 페리보고서 구상을 중심으로」. 백종천·진창수 엮음. 『21세기 동북아 평화증진과 북한』. 세종연구소

_____. 2001. 「미국의 대북정책과 우리의 대응 방향」. 세종연구소 엮음.『남북정상회담과 한반도 평화』. 세종연구소.
_____. 2006. 「한반도 평화체제 구축과 동북아 다자안보협력: 북한의 입장과 우리의 대응」. ≪세종연구소 정책보고서 2006-5≫, 통권 70호.

Asher, David L. 2007. "The Impact of U. S. Policy on North Korean Illicit Activities." *Heritage Lectures*. No. 1024. Delivered April 18, 2007 & Published May 23.
Cha, Victor. 2002. "Hawkish Engagement and Preventive Defense on the Korean Peninsula." *International Security*, Vol. 27. No. 1.
Paik, Haksoon. 2006. "North Korea Today: Politics Overloaded and Secularized." in Philip W. Yun & Gi-Wook Shin (eds.). *North Korea: 2005 and Beyond*. The Walter H. Shorenstein Asia-Pacific Research Center, Stanford University.
Sigal, Leon V. 2002. "North Korea is No Iraq: Pyongyang's Negotiating Strategy." *Arms Control Today*, December.

3) 합의문 및 성명서
「9·19 공동성명 이행을 위한 초기조치」와 「대북 지원부담의 분담에 관한 합의의사록」. 베이징. 2007년 2월 13일.
「국제련합국 총사령관을 일방으로 하고 조선인민군 최고사령관 및 중국인민지원 사령원을 다른 일방으로 하는 한국 군사정전에 관한 협정(Agreement between the Commander-in-Chief, United Nations Command, on the one hand, and the Supreme Commander of the Korean People's Army and the Commander of the Chinese People's volunteers, on the other hand, concerning a military armistice in Korea)」. 1953년 7월 27일.
「미합중국과 조선민주주의인민공화국사이의 기본합의문(The Agreed Framework between the United States and the Democratic People's Republic of Korea)」. 제네바. 1994년 10월 21일.
「제4차 6자회담 공동성명」. 베이징. 2005년 9월 19일.
「조·일평양선언」. 2002년 9월 17일.

「특사 방북 관련 공동보도문」. 평양. 2002년 4월 5일.

Armitage, Richard L. 1999. "A Comprehensive Approach to North Korea." *Strategic Forum*, No. 159. Mar. 1999.

Bush, George W. 2003. "The State of the Union Address." January 29, 2003.

Gregg, Donald. 2000. "Two Years of the Sunshine Policy and its Future Prospects." Keynote Speech delivered at an International Conference in Commemoration of the Two Years of the Kim Dae-jung Government on "The South-North Relations and the Dismantling of the Cold War Structure." Hosted by The Kim Dae-jung Peace Foundation, Lotte Hotel, Seoul, Korea, Feb. 25, 2000.

O'Hanlon, Michael E. 2002. "North Korea is No Iraq." *Slate*, October 21, 2002.

_____. Susan E. Rice, & James B. Steinbert. "The New National Security Strategy and Preemption." Working Paper, The Brookings Institution, November 14, 2002.

Powell, Colin L. 2003. "Address at the National Conference of World Affairs Councils of America." Washington, D. C., January 31, 2003.

Secretary of State Madeleine K. 2000a. Albright, Remarks on the Occasion of the Visit of His Excellency Vice Marshall Jo Myong Rok, Washington, D. C., Oct. 10.

_____. 2000b. Albright Press Conference, Koryo Hotel, Pyongyang, DPRK, Oct. 24.

_____. 2000c. Albright, Toast at Dinner Hosted by Chairman Kim Jong Il, Oct. 23. Pyongyang, DPRK.

_____. 2000d. Address at National Press Club, Washington, D. C., Nov. 2.

Sigal, Leon V. 2001. "Reversing US Missteps Toward North Korea." *The Boston Globe*, June 23, 2001.

"A Peaceful Resolution of the North Korean Nuclear Issue." Prepared Statement of James A. Kelly, Assistance Secretary of State for East Asian and Pacific Affairs, House International Relations Committee, February 13, 2003.

Conference Report on H. R. 4328, Making Omnibus Consolidated and Emergency Supplemental Appropriations for Fiscal Year 1999. U. S. House of Representative. Oct. 19, 1998.

"Joint U. S.-DPRK Statement on International Terrorism." Richard Boucher, U. S. Department of State spokesman, October 6, 2001.

"Letter to the President of the United States from the Independent Task Force on Managing Change on the Korean Peninsula." Oct. 7, 1998.

"National Defense Authorization Act for Fiscal Year for 1996".

"National Defense Authorization Act for Fiscal Year for 1997".

National Strategy to Combat Weapons of Mass Destruction, December 2002.

Nuclear Posture Review Report, January 8, 2002.

"Managing Change on the Korean Peninsula." Report of an Independent Task Force Sponsored by the Council on Foreign Relations, 1998.

"Passage of the Homeland Security Act of 2002." Secretary Colin L. Powell, November 19, 2002.

Posture Statement of Secretary of Defense Donald Rumsfeld before the 108th Congress, House Armed Services Committee, February 5, 2003.

"Remarks by the President to the Students and Faculty at National Defense University." Fort Lesley J. McNair, Washington, D. C., May 1, 2001.

"Remarks by U. S. Deputy Secretary of State Richard Armitage at the Republic of Korea Ministry of Foreign Affairs and Trade." Seoul, Korea, May 9, 2001.

"Remarks by the President at 2002 Graduation Exercise of the United States Military Academy." West Point, New York, June 1, 2002.

"Remarks by the President at Dorasan Train Station." Dorasan, Republic of Korea, February 20, 2002.

"Remarks by President Bush and President Kim Dae-jung in Press Availability." The Blue House, Seoul, Republic of Korea, February 20, 2002

"Report by the Director General on the Implementation of the NPT Safeguards Agreement between the Agency and the Democratic People's Republic of

Korea." IAEA, January 6, 2003.

Secretary Colin L. Powell. 2003. "Testimony before the House International Relations Committee." Washington, D. C., February 12, 2003.

"Statement by the President." The White House. November 15, 2002.

"The Executive Summary of the Report of the Commission to Assess the Ballistic Missile Threat to the United States." July 15, 1998 (Pursuant to Public Law 201, 104th Congress).

Transcript of Pre-Departure Press Conference, John R. Bolton, Undersecretary of Arms Control and International Security, U. S. Department of State, Ninoy Aquino International Airport, Manila, Philippines, January 9, 2003

"U. S.-DPRK. Joint Communique." Office of the Spokesman, U. S. Department of State, October 12, 2000.

United Nations Security Council Resolution 1695 (2006), July 15, 2006.

United Nations Security Council Resolution 1718 (2006), October 14, 2006.

"Uniting and Strengthening America by Providing Appropriate Tools Required to Intercept and Obstruct Terrorism Act of 2001" (약칭 "USA Patriot Act" 혹은 "The Patriot Act"), Pubic Law 107-56-Oct. 26, 2001.

4) 신문, 잡지 및 기타

≪르몽드 디플로마티크(Le Monde diplomatique)≫, 2006년 11월 17일자.

≪세계일보≫, 1999년 3월 20일자.

≪연합뉴스≫, 2001년 1월 27일자, 9월 4일자, 10월 6일자, 10월 31일자, 10월 8일자, 12월 10일자, 2002년 2월 6일자, 2월 14일자, 2월 25일자, 2003년 2월 25일자.

≪오마이뉴스≫, 2007년 3월 16일자, 21일, 22일자.

≪월간조선≫, 204호(1997년 3월).

≪조선일보≫, 1999년 3월 19일자.

"A Suddenly Convenient Truth" (Editorial). *The New York Times*, March 2, 2007.

제1장 북·미 관계 **155**

Armitage, Richard. 2002. "Interview by Charlie Sykes of WTMJ Milwaukee." Washington, D. C., October 30, 2002.

BBC Interview by Telephone. "Under Secretary of State John R. Bolton, U. S. Embassy." Tokyo, Japan, January 24, 2002.

Boucher, Richard. Daily Press Briefing. January 14, 2003, January 15.

"Continued Disruption of IAEA Safeguards Equipment in DPRK." Press Release 2002/24, WorldAtom, IAEA, 24 December 2002.

Fleischer, Ari. 2002. White House Daily Briefing, October 9, 2002.

Gordon, Michael R. 2001. "U. S. Toughens Terms for North Korea Talks." *The New York Times*, July 3, 2001.

"KEDO Executive Board Meeting Concludes." *KEDO News*, November 14, 2002

Kessler, Glenn. 2007. "New Doubts On Nuclear Efforts by North Korea: U. S. Less Certain of Uranium Program." *The Washington Post*, March 1, 2007.

"North Korea and Iraq" (editorial). *The Washington Post*, October 27, 2002

"North Korean Nuclear Program." Statement by Richard Boucher, Spokesman of the U. S. State Department, October 16, 2002.

Peter Slevin & Karen DeYoung. 2002. "N. Korea Admits Having Secret Nuclear Arms." *The Washington Post*, October 17.

Press Availability by James A. Kelly, Assistant Secretary of State for East Asian and Pacific Affairs, Ministry of Foreign Affairs and Trade, Seoul, Korea, January 13, 2003.

"Remarks by Dr. Condoleezza Rice, Assistant to the President for National Security Affairs, to The Manhattan Institute's Wriston Lecture." Waldorf Astoria Hotel, New York, October 1, 2002.

"Review of United States Policy Toward North Korea: Findings and Recommendations." a declassified Report by Dr. William Perry, U. S. North Korea Oct. 12, 1999.

Reeker, Philip. State Department Deputy Spokesman. 2003. "North Korea NPT Withdrawal Called 'Provocative Step'." January 10, 2003.

Policy Coordinator and Special Advisor to the President and the Secretary of State, Washington, D. C., Oct. 12, 1999.

Sanger, David E. 2002. "North Korea Says It Has a Program on Nuclear Arms." *The New York Times*, October 17, 2002.

_____. 2002. "Bush to Formalize a Defense Policy of Hitting First." *The New York Times,* June 17.

"Secretary Rumsfeld Contrasts Iraq and North Korea." News Release, U. S. Department of Defense, January 20, 2003

"Statement by the President." The White House, November 15, 2002.

"Statement of Secretary of State-Designate Colin L. Powell Prepared for the Confirmation Hearing of the U. S. Senate Committee on Foreign Relations Scheduled for 10:30 AM, January 17, 2001.

"The National Security Strategy of the United States of America." The White House, September 2002.

White House Daily Briefing, October 9, 2002

"White House: North Korea's Withdrawal from NPT of 'Serious Concern'." Washington File, January 10, 2003.

William M. Arkin. 2002. "The Best Defense; A classified planning document describes bold new weapons and preemptive strategic offensive. But will it lead to the kind of world we want to live in?" *The Los Angeles Times*, July 14, 2002.

제2장
북일 관계

임재형

1. 머리말

　북한과 일본은 한반도의 분단 상태, 냉전과 탈냉전이라는 국제 환경의 변화 속에서 독특한 관계를 유지해왔다. 냉전기 북·일 관계는 '적대적 갈등 관계'였다. 북한은 1955년 이전까지 일본과의 관계 개선을 위한 공식적인 태도를 표명하지 않았다. 이는 북한이 대외관계에서 진영외교를 중요시했으며, 반제국주의 혁명 노선에 따라 일본을 제국주의로 인식했기 때문이다. 일본의 대북정책은 한국과 미국의 영향을 받으면서, 국내 정치 세력 간의 역학관계로 한계를 노정할 수밖에 없었다. 북한은 1955년 일본과의 관계 개선을 언급했지만, 1965년 한·일 국교정상화 이후 크게 진전되지 못하고 '비공식적'인 민간 부문의 교류만이 진행되었다.

　북·일 관계는 탈냉전기로 접어들면서 변화되기 시작했다. 북한은 탈냉전으로 인한 국제적 고립으로부터의 탈피와 경제난을 타개하기 위해 일본과의 관계 개선을 적극적으로 모색했다. 북한의 입장에서 일본과의 수교 시 받게 될 보상금은 북한이 '정당한 요구'로서 획득할 수 있는 거액의 자금원이라고 할 수 있다. 북한은 북·일 수교에 따른 대일청구권 자금의 유입 및 경제 지원과 협력, 그리고 서방 국가들의 자본 진출이 난관에 빠진 북한 경제를 회생시키는 데 결정적인 역할을 하리라고 기대했던 것이다. 일본은 전후 처리 차원에서 북한과의 국교정상화는 러시아와의 북방 영토 문제와 함께 대외관계에서 마지막으로 남아 있는 미해결 과제라고 인식했다. 일본은 또한 북한과의 관계 개선을 통해 동북아 신질서 형성의 유리한 지점을 차지하겠다는 장기적인 전략적 사고를 하기 시작했다. 그리고 한반도 분단이 안정적으로 관리되기를 희망하면서 북한과의 관계 개선을 추진했다.[1] 이에 따라 1980년대 말부터 북·일 간에는 상호 적대적 갈등 관계를 해소하고 새로운 관계를 확립하려는 움직임이 일어났다.

1991년부터 시작되어 2006년 2월 제13차까지 개최된 북·일 수교 교섭은 북핵 문제, 과거사 사죄 문제, 일본인 납치 문제 등 주요 현안에 대해 의견 차이를 좁히지 못하고, 미국의 견제와 양국의 대내외적인 문제로 진전되지 못하고 있다. 더욱이 2002년 9월 고이즈미 준이치로(小泉純一郞) 총리의 방북과 김정일 국방위원장과의 정상회담을 통해 북·일 관계를 획기적으로 발전시킬 수 있었음에도 불구하고 북핵 문제가 또다시 불거지고 일본인 납치 문제에 대한 일본 내의 고조된 부정적인 여론은 북·일 국교정상화에 걸림돌로 작용하게 되었다.

한편 2004년 5월 22일 제2차 방북 직후 고이즈미 총리는 "우리 나라와 조선반도는 력사적으로나 지리적으로 밀접한 관계에 있으며 조선반도의 안정, 우리 나라와 조선반도의 좋은 관계는 우리 나라 자신의 안전보장, 동북아시아지역의 평화와 안정에 극히 중요한 의미를 가"지며 "이러한 관점에서 이번 수뇌회담의 성과는 우리 나라를 포함한 동북아시아지역의 안전보장환경의 개선에 리로운 것"이었다고 강조했다. 또한 고이즈미 총리

---

[1] 이종석, 『새로 쓴 현대북한의 이해』(역사비평사, 2000), 362쪽.

는 김정일 국방위원장과의 정상회담에서 "일조관계나 핵, 미싸일을 비롯한 동북아시아지역의 평화와 안정에 관한 안전보장상의 문제 등에 대해 대국적이며 솔직한 론의를 했"다고 언급함으로써 북·일 국교정상화를 위한 정상회담의 긍정적인 결과를 피력했다.2) 그럼에도 북·일 국교정상화가 양국의 희망대로 조속한 시일 내에 실현될 것인가에 대해서는 아직도 회의적인 시각이 상존하고 있다. 더욱이 제2차 북핵 위기가 고조되면서 미국과 일본의 대북 강경정책, 일본의 대북 강경과 아베 신조(安倍晋三) 총리의 취임 및 납치자 문제 등은 양국 간 국교정상화 논의에 부정적으로 작용하고 있다.

북·일 국교정상화는 북·미 국교정상화와 더불어 북한이 동아시아 국제질서 속에 정상적인 일원으로 받아들이게 됨을 의미한다. 또한 북·일 수교가 실현될 경우 북·미 수교와 함께 한반도 교차 승인이 완결됨으로써 남북관계를 제외하고 한반도 냉전구조는 해체되며 남북한 평화공존을 위한 대외적 조건이 갖춰지는 것을 뜻한다.

북·일 관계는 과거 한반도와 일본, 한국과 일본의 관계처럼 굴곡이 있어왔다. 이 장에서는 이러한 굴곡의 역사를 지속성과 변화라는 관점에서 규명하면서 북·일 관계의 전개 과정 속에서 북한과 일본이 획득하고자 했던 목표를 분석하며, 북·일 관계의 특징을 고찰하고 각 분야별 북·일 관계를 평가하고자 한다. 이를 바탕으로 북·일 관계가 '북한 체제의 지속성과 변화'에 어떤 영향을 미쳤는지를 조명할 것이다.

---

2) "<총련 제20차 전체대회> 자유민주당 고이즈미 중이찌로총재가 축하메쎄지", ≪조선신보≫, 2004년 5월 28일자.

2. 북·일 관계의 주요 결정 요인

1) 북한의 대일인식

북한에서는 '인식'을 "사람들이 객관세계의 모든 현상들과 그 변화·발전과정의 합법칙성을 아는 과정 즉 인간이 객관세계를 자기의식에 반영하는 과정"이며 "인식의 목적은 객관적인 진리를 파악하며 그것을 세계를 혁명적으로 개조하기 위한 실천활동에 리용하는데 있다"고 언급하고 있다.3) 따라서 북한의 대일인식은 일본을 바라보고 받아들이는 태도와 정향을 의미한다.4) 북한의 대일인식은 세계에서 유례를 찾아볼 수 없는 가혹한 식민지배와 우리 민족에게 고통과 재난을 가져다준 '제국주의 일본'과 '군국주의 일본'이라는 부정적 시각에서 출발한다.5) 따라서 '일본제국주의'는 세계의 모든 제국주의자들과 더불어 "전체 근로인민대중과 식민지피압박인민들의 온갖 불행과 고통의 화근이며 철천지원쑤"로서 타도의 대상이며,6) 전후 일본에

---

3) 『철학사전』(평양: 사회과학출판사, 1970), 816쪽.
4) 김영수, 「북한의 대미인식」, ≪현대북한연구≫, 제6권 2호, 9쪽 참조.
5) 김일성, 「함경북도당단체의 사업을 개선강화할데 대하여」(북조선로동당 함경북도위원회 제19차상무위원회에서 한 연설, 1947년 1월 17일), 『김일성저작집 3』(평양: 조선로동당출판사, 1979), 39쪽.
6) 김일성은 제국주의를 타도해야 하는 이유에 대해 "제국주의는 식민지나라 인민들의 피땀을 빨아 살아가는 흡혈귀이며 식민지는 제국주의자들을 살찌우는 제국주의의 생명선"이고, "제국주의자들과 식민지나라 인민들간에는 화해할수 없는 불상용적모순이 존재하며 이 모순은 날을 따라 더욱 첨예화되고있"는바, "제국주의자들과 식민지나라 인민들간의 모순은 적대적인것만큼 이것은 ≪타협≫하는 방법으로는 해결할수 없으며 오직 제국주의를 때려부셔야만 해결할수 있"으며, "제국주의를 타도하지 않고서는 그 어떤 민족의 자유로운 발전에 대해서도 피압박근로대중의 행복에 대해서도 말할수 없"다고 지적했다. 김일성, 「제국주의를 타도하자」(타도제국주의동맹결성

대해서는 제국주의의 부활을 경계해야 함을 지속적으로 강조했다.

김일성은 1948년 3월 27일부터 4일간 평양에서 개최된 북조선로동당 제2차 대회에서 "미제국주의자들은 일본을 미국독점자본의 예속국으로 만들며 아세아와 태평양 연안의 여러 나라를 침범하기 위한 전초지로 전환시키려고 시도하고있"다고 언급하면서,7) 일본 군국주의의 부활을 경계했다.8) 한편 김일성은 1948년 9월 10일 조선민주주의인민공화국 최고인민회의 제1차 회의에서 내각총리 명의로 발표한 '정부 정강'에서 "공화국 정부는 일본을 제국주의적 침략 국가로 재생시키는 것은 우선 우리 민족의 독립을 위협하는 것이므로 일본을 다시 제국주의 침략 국가로 재생시키려고 시도하는 제국주의 국가들은 전부 다 우리 민족의 원쑤로 인정할 것"이라고 규정함으로써 일본 군국주의의 부활을 경계함과 동시에 일본 정부에 대한 적대적인 인식을 표명했다.9) 일본 정부에 대한 부정적인 인식과는 달리 북한은 1955년 3월에 개최된 최고인민회의 제1기 제9차 회의 보고문에서 "조선 인민은 일본 군국주의의 재생을 반대하며 자기의 민주주의적 자주 독립국가 창건을

모임에서 한 보고, 1926년 10월 17일), 『김일성전집 1』(평양: 조선로동당출판사, 1995), 3쪽.

7) 김일성, 「북조선로동당 제2차대회에서 한 중앙위원회사업총화보고」(1948년 3월 28일), 『김일성저작선집 1』(평양: 조선로동당출판사, 1967), 197쪽.

8) 『위대한 수령 김일성동지의 불멸의 혁명업적 19: 세계혁명의 새로운 길 개척』(평양: 조선로동당출판사, 2000), 166~167쪽; 장덕순·리준항, 『주체시대의 위대한 수령 김일성동지 8: 세계혁명위업에 불멸의 공헌을 하신 위대한 령도자』(평양: 사회과학출판사, 1988), 119~120쪽.

9) 김일성은 발표문에서 "공화국정부는 일본을 비군국화하며 민주화함에 대한 포츠담 회의의 결정을 실현할 것을 강요할 것"이라고 강조했다. 김일성, 「조선 민주주의 인민 공화국 정부의 정강」(1948년 9월 10일), 『김일성선집 2』(평양: 조선로동당출판사, 1964), 270~271쪽.

위해 노력하고 있는 일본 인민에게 진지한 동정을 품고 있으며 또 일본 인민과의 접근을 촉진시키며 경제적·문화적 관계가 성공적으로 수립 발전되는 것을 환영할 것"이라고 강조했다.10) 이처럼 북한은 군국주의의 부활을 꾀하는 일본 정부에 대해서는 적대적인 인식을 표명했으나, 군국주의의 부활을 저지하고 민주주의적 자주 독립국가를 바라는 일본 국민들에 대해서는 우호적인 인식을 나타냈다.

북한의 일본 정부에 대한 부정적인 인식은 '미 제국주의에 대한 투쟁'과 밀접한 연관성을 지니고 있다. 김일성은 1961년 9월 11일부터 8일간 평양에서 개최된 조선로동당 제4차 대회에서 "특히 미제는 아세아에서 전쟁의 근원으로 되는 일본군국주의를 되살려 극동침략의 ≪돌격대≫로 내세우려 하고있"고, "미제의 비호밑에 또다시 아세아를 정복하려고 꿈꾸고있는 일본제국주의자들은 오늘 자기 군대의 ≪해외 출병≫을 공공연히 주장하면서 다시 침략의 길에 나서고있"으므로, "조선 인민은 일본제국주의가 또다시 머리를 쳐들고 공공연히 아세아침략의 더러운 욕심을 드러내놓고있는데 대하여 가만히 지낼수 없"음을 강조함으로써11) 일본을 미국의 종속적 동맹관계에 포함된 가장 위험한 침략 세력으로 규정했다. 또한 김일성은 "미제국주의를 반대하며 세계평화를 수호하기 위하여서는 미제의 앞잡이들과 그 동맹자들을 반대하여 투쟁하여야" 한다고 언급했다.12)

한·일 국교정상화는 일본 정부에 대한 적대적 인식을 강화했다. 김일성은

---

10) 국토통일원, 『북한최고인민회의자료집 Ⅰ』(국토통일원, 1988), 726쪽.
11) 김일성, 「조선로동당 제4차대회에서 한 중앙위원회사업총화보고」(1961년 9월 11일), 『김일성저작선집 3』(평양: 조선로동당출판사, 1968), 190~192쪽.
12) 김일성, 「반제반미투쟁을 강화하여 미제를 때려부시고 조국을 통일하며 세계평화를 수호할데 대하여」(조선민주주의인민공화국창건 스무돐기념 경축대회에서 한 보고, 1968년 9월 7일), 『김일성저작집 22』(평양: 조선로동당출판사, 1983), 466~467쪽.

1966년 10월 조선로동당 대표자회에서 "일본군국주의의 재무장과 남조선에 대한 그의 침략은 단호히 저지되어야 하며 미제의 조종밑에 체결된 ≪한일조약≫은 폐기되여야" 한다고 강조하면서, 일본 군국주의의 부활을 강력히 규탄했다.13) 또한 김일성은 1970년 11월 2일부터 12일간 평양에서 개최된 조선로동당 제5차 대회에서 "일본군국주의의 해외침략에서 우리 나라는 그 첫번째 공격대상으로 되고있"는바, "일본군국주의자들은 이미 남조선에 기여들기 시작했으며 미제의 조종밑에 조선을 침략하기 위한 극히 모험적인 전쟁계획을 짜놓고 조선전선에 자기들의 침략무력을 투입할데 대한 모략을 공공연히 꾸미고 있으며 조선민주주의인민공화국을 작전지역으로까지 선포했"다고 언급하면서 일본 군국주의의 해외 팽창을 비난했다.14) 그러나 북한은 일본 정부의 군국주의적 대외정책과는 달리 일본 국민들은 평화를 염원하고 있다고 주장함으로써 일본 국민들에 대한 우호적인 인식을 표명했다. 이는 김일성이 조선로동당 제4차 대회에서 "조일 두 나라 사이의 관계를 정상화하는것은 두 나라 인민들에게 다같이 리로운 일"임에도 불구하고 "일본정부는 우리 나라에 대하여 매우 비우호적인 정책을 계속 실시하고있"으며, "일본정부의 이러한 정책은 아세아의 평화와 안전에 해로우며 일본인민의 리익과 념원에도 전적으로 어긋나는것"이라고 언급한 데서도 나타나고 있다.15) 또한 김일성은 "오늘 일본인민은 미제와 일본독점자본을 반대하며 일본의 안전과 세계평화를 수호하기 위하여 투쟁하고있"으며, "일본인민의

---

13) 김일성, 「현정세와 우리 당의 과업」(조선로동당 대표자회에서 한 보고, 1966년 10월 5일), 『김일성저작선집 4』(평양: 조선로동당출판사, 1968), 325쪽.
14) 김일성, 「조선로동당 제5차대회에서 한 중앙위원회사업총화보고」(1970년 11월 2일), 『김일성저작선집 5』(평양: 조선로동당출판사, 1972), 498쪽.
15) 김일성, 「조선로동당 제4차대회에서 한 중앙위원회사업총화보고」(1961년 9월 11일), 『김일성저작선집 3』, 196~197쪽.

투쟁은 미제의 아세아침략과 일본군국주의에 커다란 타격을 주고있으며 세계평화의 위업에 기여하고있"다고 언급했다.16)

북한은 1970년대 국제 환경이 데탕트 무드로 전환되면서 북한에 우호적인 모든 나라들과의 외교관계 수립을 추진했다. 특히 김일성은 1972년 1월 ≪요미우리신붕≫ 기자들이 제기한 질문에 "조선민주주의 인민공화국은 창건 첫날부터 비록 사회제도는 서로 다르지만 일본과도 선린관계를 맺을 것을 희망하여 왔"으며, "우리의 이러한 립장은 평등과 호혜의 원칙에서 우리 나라를 우호적으로 대하는 모든 나라들과 친선관계를 맺는 우리 공화국의 공명정대한 대외정책에 기초한 것"이라고 언급함으로써 일본과의 관계 개선을 재차 표명했다.17)

그러나 북한의 일본 정부에 대한 적대적 인식은 지속되었다. 특히 북한은 미국이 추진하고 있는 '새 아세아정책'을 저지하기 위해 일본 군국주의를 반대하여 투쟁할 것을 주장했다.18) 김일성은 이에 대해 "일본군국주의를 반대하는 투쟁은 아세아와 세계 평화를 지키기 위한 투쟁이며 미제의 아세아

---

16) 김일성, 「현정세와 우리 당의 과업」(조선로동당 대표자회에서 한 보고, 1966년 10월 5일), 『김일성저작집 4』, 325쪽
17) 김일성, 「조선민주주의인민공화국의 당면한 정치, 경제정책들과 몇가지 국제문제에 대하여」(일본 ≪요미우리신붕≫ 기자들이 제기한 질문에 대한 대답, 1972년 1월 10일), 『김일성저작집 27』(평양: 조선로동당출판사, 1984), 54~59쪽
18) 북한이 주장하는 미국의 ≪새 아세아정책≫은 1969년 7월 25일 발표한 '닉슨 독트린' 또는 '괌선언'을 일컫는다. 이에 대해 김일성은 "미제국주의자들은 자기의 무력을 직접 동원하여 침략을 강화하는 한편 악명높은 ≪새 아세아정책≫에 따라 일본 군국주의를 비롯한 아세아의 추종국가들과 괴뢰들을 동원하여 주로 ≪아세아인들끼리 싸우게 하는≫ 방법으로 아세아에 대한 자기들의 침략적야망을 손쉽게 실현하려는 흉악한 목적을 추구하고있"다고 지적하고 있다. 김일성, 「조선로동당 제5차대회에서 한 중앙위원회사업총화보고」(1970년 11월 2일), 『김일성저작선집 5』, 495쪽.

전략을 저지파탄시키기 위한 투쟁의 중요한 고리"임을 강조했다.[19] 그리고 "미제의 비호밑에 일본군국주의가 되살아난 오늘에 와서는 일본군국주의의 재생을 저지시키는 것이 문제로 되는것이 아니라 일본군국주의의 침략의 마수를 꺽어버리는것이 절박한 문제로 되었"다고 주장했다.[20] 그럼에도 김일성은 "일본군국주의를 반대하며 미일반동들의 침략적결탁을 짓부시기 위하여서는 일본인민들의 투쟁을 지지하며 그들과의 련대성을 강화하는것이 중요"하며, "일본인민의 투쟁은 미제의 아세아침략과 일본군국주의의 재생에 커다란 타격을 주고있으며 아세아와 세계 평화위업에 크게 이바지하고있"다고 지적함으로써,[21] 일본 정부와 일본 인민들에 대한 분리된 인식을 표명했다. 또한 김일성은 1976년 3월 ≪세카이≫ 편집국장과 한 담화에서 "일본정부가 우리 나라를 비우호적으로 대하는것은 일본인민의 의사가 아니라 미국의 의사이며 미국을 추종하는 소수 일본반동들의 소행"이므로 "우리는 일본인민에 대하여서는 조금도 탓하지 않"겠다고 언급하면서, "우리는 앞으로도 일본인민들과의 친선단결을 강화하기 위하여 계속 노력할것"이라고 강조함으로써 일본 인민에 대한 우호적인 인식을 나타냈다.[22]

북한의 일본 정부에 대한 적대적 인식과 군국주의에 대한 비난은 1980년대에도 지속되었다. 특히 북한은 "미제는 1980년대에 들어서면서부터는 ≪힘에 의한 세계적지배≫를 정책강령으로 내세우고 ≪대결정책≫과 그에

---

19) 김일성, 「조선로동당 제5차대회에서 한 중앙위원회사업총화보고」(1970년 11월 2일), 『김일성저작선집 5』, 499쪽.
20) 주체사상연구소, 『주체사상에 기초한 세계혁명리론』(평양: 사회과학출판사, 1975), 66쪽.
21) 김일성, 「조선로동당 제5차대회에서 한 중앙위원회사업총화보고」(1970년 11월 2일), 『김일성저작선집 5』, 499~500쪽.
22) 김일성, 「일본 정치리론잡지 ≪세까이≫ 편집국장과 한 담화」(1976년 3월 28일), 『김일성저작선집 7』(평양: 조선로동당출판사, 1978), 256쪽.

따르는 군사전략으로서 ≪다발보복전략≫을 들고나왔"다고 강조하면서, "일본은 미제의 대아시아지배전략실현을 위한 침략과 전쟁의 ≪출격기지≫, ≪중계기지≫, ≪보급기지≫로 되고있었"다고 지적했다.23) 이와 관련하여 김일성은 1985년 6월 ≪세카이≫ 편집국장의 질문에 대한 대답을 통해 "일본이 대미추종정책에서 벗어나 자주적인 정책을 실시하면 미국이 아세아에서 혼자서는 전쟁을 일으키지 못할것"이고, "그렇게 되면 아세아에서 공고한 평화가 보장될것이며 인민들은 전쟁이 없이 평화롭게 살수 있을것"이라고 비판했다. 그러나 김일성은 동 질문의 답변을 통해 "나는 이 기회에 조국통일을 위한 우리 인민의 투쟁을 적극 지지하여 주고 있으며 조선인민과의 친선을 위하여 노력하고 있는 일본의 각계층 인민들에게 사의를 표"한다고 언급하면서, "조일 두 나라 인민들의 공동노력에 의하여 우리 두 나라 인민들사이의 친선관계는 날을 따라 더욱 발전할것"이라고 말함으로써 일본 국민들에 대한 친밀한 감정을 지속적으로 표명했다.24)

북한의 대일인식은 탈냉전이 진행되면서 변화되기 시작했다. 북한은 국제적 고립에서 벗어나고 경제난을 극복하기 위해 일본과의 관계 개선을 추진하지 않을 수 없게 되었다. 따라서 일본 정부에 대한 부정적인 인식에도 불구하고 체제 생존 차원에서 일본과의 수교교섭회담을 추진했다. 김정일은 "'가깝고도 먼 나라' 일본은 우리 민족에게 있어서 결코 잊을수 없는 '죄많은' 나라"이지만, 북·일 국교정상화는 "일본으로 하여금 과거를 청산하고 조선과 일본이 력사적으로, 문화적으로 밀접한 관계를 가진 이웃 나라로,

---

23) 『위대한 수령 김일성동지의 불멸의 혁명업적 19: 세계혁명의 새로운 길 개척』, 267~272쪽.

24) 김일성, 「일본 정치리론잡지 ≪세까이≫ 편집국장이 제기한 질문에 대한 대답」 (1985년 6월 9일), 『김일성저작선집 9』(평양: 조선로동당출판사, 1987), 271~273쪽.

우호국으로 공존공영하는 것"임을 강조함으로써 일본과의 관계 개선 의지를 표명했다.25)

한편 북한은 고이즈미 총리의 제1차 방북 이후 북핵 문제가 다시 불거지고 일본인 납치자 문제로 일본 내에 북·일 관계 정상화에 대한 부정적인 인식이 확산되자, 고이즈미 총리가 북핵 문제와 일본인 납치 문제 등을 언급한 것은 "미국의 비위를 맞추기 위"한 것이라고 일본의 대미 추종 자세를 비난하면서, "조선과 일본은 가깝고도 먼 나라가 아니라 가깝고도 가까운 이웃으로 되어야 한다"고 지적했다. 이를 위해서는 "상대방을 존중하고 신뢰하며 쌍방사이에 합의된 문제해결에 신의 있게 나와야" 하지만, 일본은 "조일평양선언이 채택된 후 조일관계에서는 대결의 불미스러운 과거가 계속되고 있"고 "그 책임은 전적으로 일본 측에 있다"고 강조했다.26) 이처럼 북한은 '반동적'이고, '제국주의적'이며, '군국주의의 부활'을 획책하는 일본 정부와 '평화를 사랑'하고 군국주의의 부활을 저지하려는 일본 국민을 분리·대응하는 대일정책을 지속해왔다. 이른바 '인민 외교'의 형식으로 나타나는 이러한 노력은 북한이 대일본 접근의 통로를 유지하기 위한 가능한 대안이었다. 북한은 이러한 방법으로 자기의 주장에 동조하는 일본 민간인들과의 접촉과 교류를 확대할 수 있었다. 일본과 공식적인 외교관계가 없는 상태에서 북한의 '인민 외교'는 일본 국민이 북한에 대해 호의적인 이미지를 갖게 하고 일본의 좌익계 단체들과 유대를 강화하려는 목적에서 시도되었다.27)

---

25) 장석, 『김정일장군 조국통일론 연구』(평양: 평양출판사, 2002), 121~122쪽.
26) "분별없이 날뛰지 말아야 한다", ≪로동신문≫, 2003년 5월 12일자.
27) 신정현, 「북한의 대일본 정책: 인식·목표·추세」, 박재규 엮음, 『북한의 대외정책』(경남대학교 극동문제연구소, 1981), 340쪽 참조.

2) 일본의 국내 정치 환경

일본 정부는 1955년 2월 북한의 남일 외무상이 제안한 북·일 관계 정상화를 위한 정부 간 교섭을 다음과 같은 이유에서 거부했다.[28] 첫째, 분단국가인 한국과 북한을 동시에 승인한다는 것은 있을 수 없는 일이고, 둘째, 남·일의 성명은 공산주의 국가의 평화 공세의 일환이며, 셋째, 북한이라는 '사실상의 존재'는 인정하더라도 국가로서 승인을 하고 있지 않은 상태에서 정부 간 교섭은 할 수 없다는 것이었다.[29] 이러한 일본 정부의 주장은, 냉전 상황에서 한반도 북반부를 통치하는 '사실상의 권위'로서 북한이라는 실체는 인정하더라도 국가로서는 인정할 수 없으며,[30] 북한도 공산주의 혁명 전략을 수행하고 있다는 부정적인 인식의 한 단면이라고 할 수 있다. 따라서 냉전기 일본 정부의 대북정책은 부정적인 인식의 차원에서 전개되었으며, 이에 따라

---

28) 남일 외무상은 1955년 2월 25일 '대일관계에 관한 외무상의 성명'에서 "각이한 사회제도를 가진 모든 국가들이 평화적으로 공존할 수 있다는 원칙으로부터 출발하여 우리 나라와 우호적 관계를 가지려고 하는 일체 국가들과 정상적 관계를 수립할 용의를 가지고 있었으며 우선 호상리익에 부합되는 무역관계와 문화적 련계를 설정할 것을 희망하여 왔다"는 점을 밝히면서, "일본이 조선민주주의인민공화국과 상술한 바 제반관계를 수립하는 것은 조일 량국 인민의 절실할 리해관계에 부합될 뿐만 아니라 극동의 평화유지와 국제긴장상태의 완화에 크게 기여할 것"이라고 강조했다. 조선중앙통신사, 『조선중앙년감 1956』(평양: 조선중앙통신사, 1956), 16쪽.
29) 中川信夫, 『激動の朝鮮半島』(東京: 祿風出版, 1990), p. 47.
30) 이러한 일본의 인식은 「한·일기본조약」 제3조에 "대한민국 정부는 국제연합총회결의 제195호(III)에 분명히 명시되어진 바와 같이 한반도에서 유일한 합법정부이다"라고 표명한 데서 출발한다. 일본 정부는 1948년 12월 12일 유엔 총회에서 유엔임시위원회가 '관찰, 협의'할 수 있었던 곳은 남한뿐이었다는 발표에 비추어 "기본조약 제3조의 규정은 한국을 한반도 전역에서 유일합법정권이라고 인정한 것은 아니다"라는 입장을 취하게 되었다.

대북관계는 정부 간 대화나 교섭보다는 재일조선인과 북한에 우호적인 정당, 사회단체를 중심으로 하는 민간 차원에서 전개되었다.

일본의 대북정책은 국내 정치 환경 변화에 상당한 영향을 받아왔다. 전후 일본의 한반도 식민지배가 종결됨에 따라 일본과 한반도, 나아가 북한과의 공식적인 관계가 단절된 상태에서 일본의 대북정책은 정부, 자민당을 축으로 하는 보수 세력과 공산당, 사회당을 중심으로 한 혁신 세력의 대립 속에서 시작되었다. 한반도에 두 개의 국가가 성립되자 보수 세력은 '한국 편중', 혁신 세력은 '북한 위주'의 한반도정책을 강화했다. 1950년 한국전쟁이 발발하자 보수 세력과 혁신 세력은 전쟁의 여파가 일본에 파급되는 것을 저지해야 한다는 데 공통된 인식을 보였지만, 양 세력의 한반도정책에 대한 대립 구도는 1965년 「한·일기본조약」의 체결로 고정화되었다. 일본 정부는 대외정책의 기본 축인 미·일동맹을 근간으로 한국과 국교를 정상화하고 한·일 간에 존재했던 과거사 문제를 법적으로 청산함으로써 이후 정치·경제를 비롯한 다양한 분야에서 관계를 발전시켜 나갔다. 그 결과 북한과 일본 사이에 존재하는 과거사 문제의 해결은 물론 북·일 관계 개선은 한·일 관계의 '주변적·종속적'인 지위로 자리매김하게 되었다. 이에 반해 혁신 세력은 한국과의 국교정상화는 미국을 중심으로 하는 동북아시아 군사동맹의 결성이며, 북한의 존재를 부정하게 된다는 이유에서 조약의 무효를 주장했다. 이처럼 「한·일기본조약」은 20여 년간에 걸쳐 형성된 대북정책에 대한 보수 세력과 혁신 세력 간의 대립 구조의 틀을 완성시키는 계기로 작용했으며 이후의 시기에도 반복적으로 표출되었다.[31]

1969년 '닉슨 독트린'의 발표로 시작된 평화 무드는 1971년 미·중 간의 데탕트, 1972년 '7·4남북공동성명', 1972년 9월 다나카 가쿠에이(田中角榮)

---

31) 신정화, 『일본의 대북정책: 1945~1992』(오름, 2004), 14~15쪽 참조.

총리의 중국 방문과 국교정상화로 이어지면서 동북아 지역의 긴장 완화 구조를 태동하게 했다. 이러한 국제 환경의 변화는 대북정책을 둘러싼 보수 세력과 혁신 세력 간에 지속되었던 대립 구조를 변화시키는 계기로 작용했다. 특히 일본 정부는 북한을 한반도에 존재하는 또 하나의 '합법정부'로 '묵인'하고, 정부 간 관계를 제외한 모든 분야에 걸쳐 관계를 확대하고자 했다. 이를 기반으로 일본 정부는 남북 간 대화를 촉진시킬 수 있는 교량 역할을 수행하고자 했다. 일본 정부의 대북정책의 변화에는, 첫째, 동북아에서 일본의 국익을 확대하고자 하려는 목적, 둘째, 국내 정치에서 대북정책을 둘러싼 사회당을 비롯한 야당과의 대립을 해소하기 위한 목적이 내재되어 있었다. 그러나 사회당은 북한을 한반도에 존재하는 '유일 합법정권'으로 인정함으로써 일본 정부의 '두 개의 조선정책'에 반대 의사를 분명히 했다. 그러나 사회당의 '북한편중정책'은 북한이 "북·일 국교정상화는 두 개의 조선을 고착화시킨다"는 인식에서 더는 북·일 국교정상화를 요구하지 않음으로써 한계에 직면하게 되었다. 이에 따라 사회당은 한국과의 교류를 추진하면서 북한과 유지했던 우호 관계를 일본 정부의 대북정책을 보완하는 수단으로 사용하고자 했다. 그 결과 사회당의 대북정책은 북한과 공식적인 접촉 수단이 없는 일본 정부의 대북정책을 보완하는 기능을 수행하게 되었다. 이로 인해 1970~1980년대 일본의 대북정책에는 보수 세력과 혁신 세력의 대립 구조에 '보완'이라는 새로운 요소가 가미되었다.[32]

   1988년 한국의 '7·7선언'과 탈냉전이 진행되자 일본 정부와 자민당은 북한과의 관계 개선을 모색하기 시작했다. 이에 사회당은 일본 정부에 대해 대한항공기 폭파사건 이후 채택된 대북제재조치를 해제하고 조선로동당 간부의 입국을 비롯한 인적 교류를 추진해야 한다고 요구했다.[33] 일본 정부는

---

32) 신정화, 『일본의 대북정책: 1945~1992』, 16~17쪽 참조.

사회당의 요구를 받아들여 1988년 9월 대북제재조치를 해제했으며,34) 1989년 1월에는 사회당 당대회에 참석하는 김양건을 단장으로 하는 조선로동당 대표단의 입국을 전제 조건 없이 승인했다. 일본 정부가 사회당의 요구를 받아들여 대북유화정책을 추진하게 된 배경은 크게 두 가지 측면으로 분석할 수 있다. 먼저 국내 정치적으로 일본 정부는 난항에 봉착한 '후지산호' 문제의 조속한 해결과 당시 여야 간 최대 쟁점이었던 소비세 도입을 포함한 세제개혁 관련 법안을 성립시키기 위해서는 사회당의 협력이 필요하다는 정치적인 고려가 작용했다.35) 다음으로 일본 정부는 탈냉전과 '7·7선언' 이후36) 대북관계에서 행동의 자유와 선택의 폭이 넓어짐으로써 북한과의 관계 개선을 바탕으로 한반도를 둘러싼 지역 환경의 변화에 능동적으로 대처할 수 있다는 인식을 갖게 되었다. 이를 위해서는 북한과의 관계를 유지해왔던 사회당의 협조가 필요하다는 판단에서 사회당의 요구를 수용할 수밖에 없었다.

이에 다나베 마코토(田邊誠) 사회당 서기장은 일본 정부와 자민당에 북한과의 접촉 필요성을 설득했다. 북·일 간의 현안들을 해소하기 위해 북한과의 접촉을 모색하고 있었으나 해결의 실마리를 찾지 못하고 있었던 일본 정부는 사회당의 북한 창구를 활용했다. 이에 따라 1989년 3월 다나베를 단장으로 하는 사회당 방북단이 다케시타 노보루(竹下登) 총리과의 긴밀한 협의하에 자민당 전 부총재인 가네마루 신(金丸信)의 서신을 가지고 북한을 방문하여

---

33) 鈴木美勝,「北朝鮮制裁解除の眞相を探る」, ≪世界週報≫, 1989年 10月·11月號, p. 48.
34) ≪朝日新聞≫, 1988.9.13.
35) 鈴木美勝,「北朝鮮制裁解除の眞相を探る」, p. 49.
36) 노태우 대통령은 '7·7선언' 제6항에서 "한반도의 평화를 정착시킬 여건을 조성하기 위해서 북한이 미국, 일본 등 우리의 우방과의 관계를 개선하는 데 협력할 용의가 있다"고 표명했다. 통일원, 『통일백서 1992』(통일원, 1992), 57~70쪽 참조.

김일성으로부터 일본과의 관계 개선을 할 의사가 있음을 확인했다.[37] 그리고 비록 정부 간 협상으로 직결될 수 있는 자민당 대표단은 아니었지만, 가네마루를 단장으로 하는 자민당 의원단의 방북을 수락을 받았다. 이후 사회당은 1990년 5월에 후카다 하지메(深田肇) 국민운동국장을, 1990년 7월에는 구보 와타루(久保亘) 부위원장을 단장으로 하는 사회당 대표단을 방북시켜 북·일 관계 개선에 대해 논의하고 자민당과 사회당, 조선로동당이 우선 교섭한 다음 정부 간으로 무대를 옮긴다는 방식에 합의했다. 이러한 결과로 1990년 9월 가네마루와 다나베를 단장으로 하는 자민당·사회당 공동대표단이 북한을 방문하여 김일성으로부터 "조일관계는 개선하지 않으면 안"되며, "가이후 총리의 친서를 받았으므로 로동당과 자민당의 관계수립을 확인하고 싶"다는 의사를 전달받았다.[38] 그리고 9월 28일 '3당공동선언'을 발표하고 국교 수립을 위한 협상을 시작하기로 합의했다.

이처럼 일본 정부는 1980년대 말부터 전후 문제의 처리뿐만 아니라, 급격히 변화하고 있는 한반도 정세에 일본이 적절하게 대응하지 못하는 것을 방지하기 위해 대북관계에서 사회당의 협력을 구하게 되었다. 사회당으로서도 자신들이 추진해왔던 북·일 국교정상화를 달성하기 위한 좋은 기회라고 인식하고 정부의 대북정책에 적극적으로 협력했다. 이에 따라 일본의 대북정책은 정부·자민당과 사회당의 관계가 '협조'로 전환되게 되었다. 그럼에도 정부·자민당은 냉전기 동안 지속되었던 한·미·일 공조관계의 기본 구조 속에서 대북정책을 진행하고자 했다. 이에 사회당은 '북한일변도 정책' 틀 안에서의 국교정상화 추진을 주장하면서 자신들의 대북정책 기조를

---

[37] 田邊誠, 「日朝關係の新しい樹立: 野黨外交の歷史的成果」, ≪月刊 社會黨≫, 第422號 (1990년 12月), p. 129; ≪朝日新聞≫, 1989.4.4(夕刊).

[38] 山岡邦彦, 「日·朝交涉の行方」, ≪季刊靑丘 特集: 動きだした朝鮮半島≫, 第7號(1991年 春), p. 51.

북·일 수교회담에 반영시키기 위해 정부·자민당을 '견제'했다.

2000년대 들어 일본 정부의 대북정책은 고이즈미 총리의 정치적 행보에 의해 크게 좌우되었다. 고이즈미 총리는 취약한 정치적 지지 기반을 일반 시민들로부터 획득하려는 목적에서 대북관계 개선정책 및 우정성 개혁과 같은 국내 제도 개혁에 박차를 가했다. 이러한 차원에서 고이즈미 총리는 두 차례에 걸쳐 평양을 방문하고 북·일정상회담을 개최했다. 그러나 2006년 9월 26일 대북 강경파인 아베가 총리에 취임하면서 일본 정부의 대북정책은 오히려 '역코스', 즉 대북적대정책으로 선회했다. 북한의 일본인 납치자 문제에 대해 강경한 입장을 보이면서 정치적으로 성장한 아베 총리는 납치자 문제의 해결 없이는 북한과의 관계 개선에 응하지 않겠다는 입장을 피력하면서 북·일 관계가 악화되고 있다.

이렇듯 전후 일본의 대북정책은 국내 정치 환경의 변화 속에서 세력들 간의 대립, 대립 속의 보완, 협조 속의 견제가 교차되면서 전개되어왔음을 엿볼 수 있다.

3) 국제 환경

과거 일본의 외교정책에 대한 비판적 분석은 일본이 국제 환경을 통제할 능력이 없고, 정치적 리더십의 부재와 정치화한 외교정책 결정 과정으로 인해 국제 정세에 능동적으로 대응하기보다는 사태의 추이에 반응(reactive)한다는 것이었다.[39] 선후 「미·일안보조약」에 의해 안보를 미국에 의존해왔던

---

39) 이러한 시각에 대해서는 Donald Hellman, "Japanese Security and Postwar Japanese Foreign Policy," in Robert A. Scalapino(ed.), *The Foreign Policy of Modern*(Berkeley: Univ. of California Press, 1977), pp. 321~340; Yamamoto Mitsuri, "Review of F. C. Langdon's Japan's Foreign Policy," *Japan Quarterly*, January-March 1975, p.

일본의 대북정책은 미국의 극동정책의 틀 속에서 전개될 수밖에 없었다. 또한 일본의 대북정책은 한국에 의해 견제되어왔다. 따라서 일본의 대북정책은 어느 정도 국제 환경의 제약을 받았기 때문에 커다란 재량권을 행사할 수 없었다.

1954년 '미·소 평화공존' 분위기 속에서 취임한 하토야마 이치로(鳩山一郎) 총리는 국제 정세의 변화를 고려해 "모든 국가·민족과 가능한 한 우호 관계를 증진하고 싶다"고 언급함으로써 기존의 입장을 변경하여 남일 외무상의 국교정상화 제안을 받아들일 의지가 있음을 표명했다.40) 이는 하토야마 내각이 대미 자주의 일환으로 일·소 국교정상화를 최대의 외교 과제로 추진하고 있던 상황에서 대소 교섭을 원만히 진행시키기 위한 환경 조성의 일환이었다. 또한 한국 정부의 대일 강경 자세를 북한 카드를 활용하여 완화시키고자 하는 의도가 내포되어 있었다. 그러나 '이중외교'를 행하고 있다는 한국 정부의 강한 반발에 직면한 일본 정부는 북한에 대한 태도를 재차 변경하고 한국과의 관계 개선에 우선순위를 두게 되었다. 이 시기부터 일본 정부의 한반도정책은 한·일 관계를 중요시하면서 냉전과 남북한 간의 긴장이 완화될 때에 대북관계도 개선한다는 기조가 자리 잡게 되었다.

따라서 일본 정부는 1965년 이전까지 한국을 외교적 승인의 대상으로 삼았고, 한국과의 국교정상화가 당시 일본 외교의 중요한 과제가 되었다. 그러나 「한·일기본조약」이 체결되자 일본 정부는 한국과의 관계를 유지하면서도 '정경 분리 원칙'에 기초하여 북한과의 관계에 대처해 나가겠다는 입장을 표명했다. 그리고 일본 정부는 「한·일기본조약」 제3조를 "한국 정부의 관할권은 휴전선 이남에 한정한다"는 해석하에 북한이 휴전선 이북에

---

74 참조.
40) 鹿島平和研究所 編, 『日本外交史 28』(東京: 鹿島研究所出版會, 1973), p. 67.

'사실상의 권익'가 있다고 인정함으로써 북한과의 관계 개선의 여지를 남겨 놓았다. 이러한 차원에서 일본 정부는 1970년대 초 동북아에서 평화 무드가 조성되자[41] 북한과의 교류 확대를 위해 '남북등거리외교'의 방향으로 대한반도정책을 전환시켜나갔다. 또한 일본 정부는 1973년 박정희 대통령이 '6·23선언'에서 북한을 승인하는 국가와 관계를 단절하겠다는 '할슈타인 독트린'을 포기하며 북한과 유엔 동시 가입도 반대하지 않겠다고 발표하자 이를 계기로 대북관계 진전의 가능성을 생각하게 되었다.[42] 이러한 분위기에 편승하여 일본에서는 1971년 11월 자민당의 구노 주지(久野忠治) 의원을 회장 대리로 하는 초당파의원으로 구성된 '일·조우호촉진의원연맹(이하 일·조의원연맹)'이 탄생되었다.[43] 1972년 2월 일·조의원연맹 대표단이 북한을 방문하여 조선국제무역촉진위원회와의 사이에 '무역촉진에 관한 합의서'를 체결하고 조선대외문화연락협회와 '공동성명'을 발표했다.[44]

---

[41] 1972년 다나카 정권이 등장하면서 일본의 정치 지도자들은 급속히 변화하는 국제 정세에 일본 정부가 효과적으로 적응해야 하며, 특히 미국에 너무 의존해온 종래의 태도를 수정해야 된다고 주장했다(≪朝日新聞≫, 1972.3.15). 이에 따라 일본은 중국과 북한을 포함한 대공산권 외교에서 적극적인 태도를 취해야 한다는 입장을 내세웠으며, 이러한 차원에서 기존의 대북정책을 재평가하기 시작했다. 오히라 마사요시(大平正芳) 외상은 공식적으로 "일본은 북한과 외교관계를 수립하지 않았지만 그러나 비정치적 분야에서 북한과 관계를 개선시켜 나갈 것임"을 밝혔다. Japan Times, October 30, 1972.

[42] 金學俊, 『朝鮮半島の分斷構造』(東京. 論創社, 1984), 179~180쪽; 일본은 '6·23신언'을 남북한 교차 승인을 기본으로 하는 '두 개의 조선정책'을 의미한다고 인식했다. 中川信夫, 『激動の朝鮮半島』, p. 47 참조.

[43] 결성 이후 280여 명이 참여한 일·조의원연맹은 북·일 국교정상화, 경제·문화·예술·스포츠 등 다방면의 교류와 재일조선인의 권리 및 생활 보호 등을 내용으로 하는 정책 목표를 추진했다. 佐藤勝巳, 「日朝關係の現狀と問題點」, 小此木政夫 編 『岐路にたつ北朝鮮』(東京: 日本國際問題研究所, 1988), pp. 159~160 참조.

이와는 대조적으로 미국의 주한 미군 철수 계획, 베트남의 공산화 및 남북 관계의 악화에 직면한 일본은, 자국의 안보에 중요한 한국의 안전이 저해 받지 않도록 북한을 자극하지 않기 위해 북한과의 교류를 지속시키려는 '이중정책'을 전개했다. 그러나 1975년 9월 키신저 미 국무장관이 제30회 유엔 총회에서 "북한 및 동맹국이 한국과 관계 개선을 도모한다면 한·미 양국도 같은 조치를 취할 용의가 있다"고 교차 승인을 제안한 데 대해 일본이 이를 환영하자, 북한은 '두 개의 조선정책'은 분단을 영구화한다며 강력히 비판하는 한편 대일 관계 개선에 소극적인 자세로 전환했다. 그럼에도 일본은 북한 최고인민회의 대표단의 방일을 허용하는 한편 자민당 의원 대표단을 파견하는 등 대북관계의 진전을 도모했다.

일본의 대북정책은 북·미 관계에 의해서도 제약을 받았다. 일본 정부는 한국의 대공산권 정책의 변화와 탈냉전을 계기로 대외정책에서 행동의 자유를 좀 더 누릴 수 있는 환경이 조성되자 국교정상화를 위한 북한과의 정치적 타결을 모색하면서 정부 간 직접 대화를 공식 천명하는 한편, 자민당 대표단의 방북을 추진하는 등 대북 접근을 본격화했다. 그럼에도 일본의 대북수교정책은 미국의 견제와 북핵 문제 등으로 인해 중요한 고비에서 난항을 겪어왔다. 실제적으로 1990년 북한과 일본의 국교정상화 교섭이 진행되자 북·일 수교에 불안을 느낀 미국은, 북·일회담의 교섭 과정에서 북한이 핵 사찰을 받아들이게 하고 남북 대화가 후퇴하지 않도록 배려해야 한다는 등의 요구 사항을 일본 정부에 전달했다.[45] 일본의 안전 보장뿐만

---

44) 이 공동성명에서 "양 국민이 공동으로 적극적인 노력을 하면 국교를 수립할 수 있다"고 선언하고 상호주의의 원칙에 입각하여 인사 왕래, 경제·문화 교류를 해야 할 필요성을 인정했다. 또한 구노 단장은 일·조의원연맹이 북·일 간 교류 문제의 창구가 되겠다고 언급했다. 環太平洋問題硏究所 編, 『韓國と北朝鮮 總攬 II』(東京: 元書房, 1987), p. 100.

아니라 한반도의 안전 보장과 직접적으로 관련된 핵 문제는 한국과 미국의 최대 관심사였다. 따라서 일본 정부는 북·일 수교교섭회담이 진행되는 과정에서 한국과 미국의 입장을 고려하여 북핵 의혹 불식을 대북수교의 전제조건으로 강력하게 주장했다. 그러나 핵 문제를 '체제 유지'의 차원에서나 '역사적 정당성'의 측면에서 절대로 양보할 수 없었던 북한으로서는 이를 받아들일 수 없었으며, 이로 인해 북·일 수교교섭회담은 더 이상 진전될 수 없었다.

북·일 관계는 1999년 9월 '베를린 북·미 미사일회담'의 타결과 남한의 대북포용정책으로 국제 환경이 긍정적으로 변화되면서 진전되었다. 특히 일본 정부는 미국 정부가 대북정책조정관 페리의 정책 권고안에 따라 대북제재 완화를 발표하고 북한도 미사일 발사 유예를 선언한 것에 편승하여, 북한의 '대포동미사일' 실험 발사를 계기로 취했던 대북제재를 해제하고 식량 지원을 재개했다. 이에 북한도 1999년 8월 정부 성명을 통해 비록 전제 조건을 제시하기는 했지만 일본과의 관계 개선 의지를 적극적으로 표명했다. 이에 따라 북·일 수교교섭회담은 2000년 4월에 제9차 회담이, 8월에 제10차 회담이, 그리고 10월에 제11차 회담이 연속적으로 개최되었다.

그러나 미국 부시 행정부의 출범과 대북강경정책으로 인해 국제 환경이 부정적으로 변화하면서 북·일 수교교섭회담도 진전되지 못했다. 그럼에도 오히려 미국의 대북강경정책은 북한의 대일 접근을 강화하는 요인으로 작용했다. 북한은 미국과의 협상에서 우위를 점하기 위해 대외전략으로서 일본 카드를 활용하고자 했던 것이다. 이러한 북한의 전략은 고이즈미 정권의

---

45) 미국의 요구 사항을 정리하면, 첫째, 교섭 과정에서 북한이 핵 사찰을 수용하도록 유도할 것, 둘째, 전후에 대한 보상 요구는 수용하지 말 것, 셋째, 식민 지배에 대한 보상도 군사력 강화에 사용하지 않는다는 보장을 받을 것, 넷째, 남북 대화가 후퇴하지 않도록 배려할 것 등이었다. ≪讀賣新聞≫, 1990.10.5.

대내 정책과 맞물리면서 양국은 국교정상화에 걸림돌로 작용하고 있는 현안들을 정치적으로 타개하고 조속한 수교교섭회담을 진행하기 위해 2002년 9월 평양에서 최초로 북·일정상회담을 개최했으며, 10월에는 제12차 수교교섭회담이 진행되었다. 그러나 2002년 10월 이후 다시 불거진 제2차 북핵 문제는 북·일 관계 개선에 부정적인 요인으로 작용하면서 수교교섭회담의 재개가 지연되었다.

특히 고이즈미 총리의 국내 정치적 목적과 6자회담에서 유리한 국제환경을 조성하기 위한 북한의 대외전략이 맞물리면서 2004년 5월 22일 개최된 제2차 북·일정상회담에서도 북·미 관계는 북·일 관계의 미래를 가늠할 수 있는 계기로 작용했다. 아미티지 미 국무부 부장관은 고이즈미 총리의 재방북 이전에 "핵 문제 해결도 북·일 정상화 조건에 포함된다는 점을 (일본 측이) 확인했다"고 언급했다. 그의 이러한 발언은 북·일 간의 현안인 납치 문제 외에도 북핵 문제가 해결되어야 북·일 관계 정상화가 가능하다는 점을 미·일 양국이 합의했음을 강하게 시사하는 것으로 해석할 수 있다. 이에 고이즈미 총리는 북핵 문제의 진전을 도출하기 위해 김정일 국방위원장과의 정상회담에서 미국의 의지를 반영한 것으로 나타났으나 커다란 성과는 얻지 못했다. 이러한 차원에서 북핵 문제 해결을 위한 6자회담의 결과와 이에 따른 미국의 대북정책 변화 여부는 일본의 대북정책에 상당한 영향력을 미칠 것으로 예상된다.

한편 사회주의체제 수립 이후 북한의 외교정책은 크게 냉전기와 탈냉전기로 구분할 수 있다. 국가 수립 초기 북한은 냉전이라는 국제 환경과 한국전쟁의 결과로 소련과 중국의 영향을 받으면서 진영외교를 전개했다. 따라서 공식적인 북한의 대일정책도 추진될 수 없었다. 그러나 미·소의 평화공존정책과 중·소 이념 분쟁 및 제3세계의 등장으로 다변외교와 자주외교 및 대외개방정책을 추진하게 되었다. 이러한 기조 속에서 북한은 일본과의 관계 개선을 꾸준히 모색하는 한편 대일본 '인민 외교'를 적극적으로 추진했다. 특히 북한은 탈냉전에 따른 국제적 고립과 경제난을 타개하기 위해 개혁·개방정책을 모색하면서 일본과의 수교교섭을 진행했다. 또한 북한은 2000년대 들어 전방위 외교정책을 추진하는 가운데 북·일정상회담을 개최하는 등 일본과의 관계 개선을 적극적으로 모색했다. 이러한 북한의 대일정책은 핵 문제를 둘러싼 미국과의 대립과 화해 및 남북한 관계에 영향을 받으면서 기복을 겪을 수밖에 없었다. 이러한 예에서 살펴볼 수 있듯이 장래 북·일 국교정상화가 실현되기 위해서는 북·일 양국의 강력한 의지가 필수적이겠지만 미국과 한국을 비롯한 국제적 환경 요인을 어떻게 활용하고 극복할 것인지도 중요한 변수로 작용할 것이다.

3. 북·일 관계의 역사적 전개

1) 냉전기: 부정과 긍정의 공존기(1945~1988년)

해방 이후 북한의 대일정책은 반제국주의적 혁명 노선과 대한민국 정부 수립 이후 일본의 '한국편중정책'에 따라 적대적 관계를 견지했다. 특히 1954년까지 북한의 외교는 소련을 중심으로 사회주의 국가들과의 교류협력에 치중하는 진영외교에 머물렀다. 또한 북한은 해방 이후 한국전쟁 기간을 통해 사회주의 국가들로부터 원조를 획득하는 외교적 노력을 기울이면서 프롤레타리아 국제주의가 외교정책의 원칙으로 작용하게 되었다.46)

---

46) 프롤레타리아 국제주의에 대해서는 『정치용어사전』(평양: 사회과학출판사, 1970), 630쪽; 『철학사전』(1970), 638쪽 참조.

북·일 간의 비공식적인 첫 접촉은 1953년 11월 오야마 이쿠오(大山郁夫)가 이끄는 '일본인민평화친선사절단' 일행의 북한 방문으로 시작되었다. 이후 북·일 관계는 북한이 1955년 2월 '각이한 사회제도'의 국가들과 평화적으로 공존할 수 있다는 외교 원칙을 표방하고 북·일 국교정상화를 위한 정부 간 교섭을 제안하면서 민간 차원의 교류가 태동하기 시작했다. 특히 일본의 사회당과 일부 진보계 단체들은 북한과의 관계 정상화를 적극적으로 추진했다. 북한이 일본 정부에 대해 '평화공존원칙'에 입각한 외교관계 수립을 제의하고, 관계 정상화가 이룩되기 전이라 하더라도 상호 이익에 따라 무역과 문화 관계를 맺을 것을 촉구하게 된 배경에는, 첫째, 소련의 평화공존정책과 1954년 한반도 문제를 토의한 '제네바 회담'이 개최된 이후 국제 정세가 긴장 완화의 추세로 변화되었으며, 둘째, 일본 내에서 '헌법개정·재군비·자주외교'를 표방하는47) 하토야마 정권이 중·소 등 대공산권 관계 개선 정책을 추진한 데 있었다. 그러나 일본 정부가 북한의 외교관계 수립 제의에 대해 '조심스러운 태도'를 취해야 한다는 입장을 밝히면서 소극적인 반응을 보이

---

47) 전후 일본 정치는 재군비를 금지하고 있는 평화헌법하에서 일본의 안전 보장 문제를 어떻게 해결할 것인가가 최대 쟁점으로 부상하면서, 이를 둘러싼 대표적인 정치·외교 노선이 대립하게 된다. 첫째, '평화헌법 유지, 미일안보체제하에서의 최소 군비·경제 우선, 대미 협조'를 주요 골자로 하는 요시다 시게루(吉田茂) 노선, 둘째, '헌법 개정, 재군비, 자주외교'를 표방하는 하토야마 노선, 셋째, '평화헌법 수호, 미·일안보 반대, 중립 외교'를 주장하는 사회당의 노선이 충돌하게 되었다. 1950년대 중반부터 하토야마 노선과 사회당 노선이 대립하게 되면서 전후 보혁 대결 정치의 기본적 틀을 형성하게 되는데, 특히 1960년 안보 투쟁을 계기로 자민당이 야당 및 사회운동 세력과의 타협을 추구하는 과정에서 요시다 노선(보수 본류)이 일본의 대외정책의 기저로 확고하게 자리 잡게 된다. '역코스'의 기원에 대해서는 中村政則, 「占領とはなんだったのか」, 歷史學研究會 編, 『日本同時代史 2: 占領政策の轉換と講和』(東京: 青木書店, 1990), pp. 223~234 참조.

자 북한은 일본 정부와 일본 국민에 대한 분리된 인식 속에서 일본과의 비공식적인 접촉을 강화하기 시작했다.48) 특히 북한은 사회당, 공산당 및 북한에 동조적인 태도를 가지고 있었던 사회단체들과 '인민 외교'를 추진하면서 정당인 내지 민간인 교류를 확대시켜 나갔다. 이러한 분위기 속에서 북한과 일본의 교류 촉진을 위한 '조·일협회', '조·일무역회' 등이 결성되면서 간접무역이 개시되었다.

민간 차원의 교류 속에서 진행되어온 북·일 관계는 한·일 국교정상화가 이루어지면서 국교정상화로 진전되지 못했다. 그러나 한·일 국교정상화는 향후 북·일 관계의 진전에 중요한 계기로 작용했다. 일본 정부는 냉전 상황하에서 북한을 국가로 인정하지 않았으나, 「한·일기본조약」을 계기로 한반도 북반부를 통치하는 '사실상의 권위'로서 실체를 인정하기 시작했다. 이에 따라 일본 정부는 북한과의 관계는 '백지 상태'이며 북한과 교섭할 의지를 가지고 있지는 않으나 한반도 정세가 변화하면 '정경분리원칙'에 따라 대처해나가겠다는 입장을 견지했다.49) 이에 김일성은 조선로동당 제4차 대회에서 "우리는 우리 나라와 좋은 관계를 맺기를 바라는 다른 자본주의국가들과도 정상적인 관계를 맺으며 경제, 문화 교류를 발전시키기를 바"라고, 특히 "조일 두 나라 사이의 관계를 정상화하는것은 두 나라 인민들에게 다같이 리로운 일"이므로, "일본정부는 우리 나라에 대한 적대적태도를 버리고

---

48) 1955년 북한과 일본 간의 교류 내용을 살펴보면 10월 15일 조선무역회사와 도쿄물산주식회사 간의 '상품교역에 관한 협정' 체결, 10월 19일 북한 국제무역촉진위원회 상무와 일·소무역회 전무이사 간의 '일·북한무역촉진에 대한 첩의', 10월 20일 북한 최고인민회의 상임위원회 대표와 일본 국회의원단 간에 조인된 '공동커뮤니케', 12월 18일의 조선직업총동맹과 북한방문 일본노동대표단 간의 '노동관계에 관한 합의' 등이 있었다. 동아일보사 안보·통일문제조사연구소 엮음, 『북한외교정책기본자료집 II』(동아일보사, 1976), 19~24쪽 참조.

49) 강태훈, 『일본외교정책의 이해』(오름, 2000), 147쪽.

반드시 조일 두 나라 인민들의 리익에 맞는 현실적인 립장을 취하여야 할것"임을 강조했다.50) 이를 바탕으로 김일성은 일본과의 정상적인 관계 속에서 경제·문화적 교류를 증진시킬 것을 희망했다. 이러한 차원에서 북한은 1970년 3월 일본 적군파에 의해 '요도 호 나포사건'이 발생하자 "국제법과 국제관례를 존중하고 있는 조선민주주의인민공화국 정부의 인도주의적 조치에 따라" 여객기와 조종사 및 인질로 연행되어온 운수정무차관의 조속한 송환을 일본 측에 통보했다. 이에 일본의 호리 시게루(保利茂) 관방장관은 북한에 감사의 뜻을 표했다.51) 이 사건은 일본 정부와 국민들에게 북한과의 국교는 논외라고 하더라도 대화 창구조차 없는 일본 외교의 빈약함을 느끼게 하는 계기로 작용했다.52) 반대로 북한은 이 사건을 원만하고 신속하게 해결함으로써 북한의 '인민 외교'를 일본 국민들에게 인식시켰으며, 북한에 대한 일본 국민들의 긍정적인 인식을 고양시킴으로써 재일조선인 귀국 문제의 실태 등을 부각시키는 데 성공했다.

  1970년대 초 동북아 지역에 전개된 데탕트에 힘입어 북한의 대외정책은 변화되기 시작했다. 이러한 변화는 김일성이 1972년 9월 17일 ≪마이니치신문≫ 기자들이 제기한 질문에 대한 대답에서 자주 노선이 대외정책의 제1원칙임을 강조하면서 나타나기 시작했다.53) 이에 기초하여 북한의 대일정책은 1972년 12월에 개최된 최고인민회의 제5기 제1차 회의에서 김일성

---

50) 김일성, 「조선로동당 제4차대회에서 한 중앙위원회사업총화보고」(1961년 9월 11일), 『김일성저작선집 3』, 196~197쪽.
51) 岩垂弘, 「北朝鮮の對應論理: ゆがんだ日朝關係に鋭い照明」, ≪朝日ジャーナル≫, 1970年 4月 19日號, pp. 18~19.
52) 神谷不二, 『朝鮮半島で起きたこと起きること』(東京: PHP研究所, 1991), pp. 48~49.
53) 김일성, 「우리 당의 주체사상과 공화국정부의 대내외정책의 몇가지 문제에 대하여」 (일본 ≪마이니찌신붕≫ 기자들이 제기한 질문에 대한 대답, 1972년 9월 17일), 『김일성저작선집 6』(평양: 조선로동당출판사, 1974), 279~285쪽 참조.

이 행한 연설을 통해 세계 '모든 나라'와의 관계 수립이 공식화되면서 발전될 수 있었다.54) 그러나 박정희 대통령 암살사건, 일본의 대한안보경협 등의 문제로 한·일 관계가 경직되자55) 일본 정부는 일·조의원연맹의 초청을 받고 방일하려던 북한최고인민회의 대표단의 입국을 거부하는 등 북·일 관계는 냉각되었다.

한편 김일성은 1980년 10월 개최된 조선로동당 제6차 대회 보고문에서 "자주, 친선, 평화, 이것이 우리 당 대외정책의 기본리념"이라고 표명하면서, '친선'의 대상에서 "우리 나라를 우호적으로 대하는 자본주의나라들과도 친선관계를 맺고 경제, 문화 교류를 발전시"키며, "우리 당과 공화국 정부는 특히 지리적으로 가까이 있는 아세아나라들과의 선린관계를 발전시키기 위하여 노력할 것"과 "아세아 여러 나라들과의 래왕과 접촉을 강화하고 경제, 문화 교류와 협조를 더욱 발전시켜 나갈 것"이라고 명시했다.56) 일본 총리로서는 최초로 한국을 방문한 나카소네 야스히로(中曾根康弘) 총리에 의해 안보경협 문제가 해결됨으로써 한·일 관계가 급속히 개선되자 일본 정부는 북한을 자극하지 않기 위해 1983년 5월 동경에서 개최된 '아시아·아프리카 법률자문위원회'에 북한 대표단의 입국을 허락했다. 이에 김일성은 1983년 9월 북한을 방문한 이시바시 마사시(石橋政嗣) 사회당 위원장과의 회담에서 일본 정부의 한반도정책이 '한국일변도'라고 비판하면서도 "나는

---

54) 김일성, 「우리 나라 사회주의제도를 더욱 강화하자」(조선민주주의인민공화국 최고인민회의 제5기 제1차회의에서 한 연설, 1972년 12월 25일), 『김일성저작집 27』, 577~624쪽 참조.
55) 한국이 일본에 안보경협으로 60억 달러의 정부 차관을 요청했으나, 일본 정부는 안보와 경협을 분리시켜야 한다며 이를 거절했다. 안보경협에 관한 자세한 논의는 李庭植, 『戰後日韓關係史』(東京: 中央公論社, 1989), pp. 144~193 참조.
56) 김일성, 「조선로동당 제6차대회에서 한 중앙위원회 사업총화보고」(1980년 10월 10일), 『김일성저작집 35』(평양: 조선로동당출판사, 1987), 356~368쪽.

일본정부나 나카소네 총리를 비난하지 않"는데, 이는 "분명히 지금의 일본 정부는 한국일변도로 공화국에 대해서는 비우호적이"지만, "그것은 과도적인 것"으로서, "반드시 좋은 관계를 맺을 수 있을 것으로 확신하고 있"다고 강조함으로써 일본의 대북정책에 화답했다.57)

그런데도 김일성은 1985년 6월 ≪세카이≫ 편집국장의 질문에 대한 대답을 통해 북한은 처음부터 일본과의 국교정상화를 희망했지만, "우리 나라에 대한 일본정부의 비우호적인 태도로 하여 오늘까지 우리 나라와 일본사이에 선린관계가 이루어지지 못하고있"다고 강조했다. 특히 김일성은 "일본정부가 우리 나라에 대한 비우호적인 태도를 버리려면 미국에 추종하지 말고 자주적으로 나가야" 한다고 지적함으로써 일본 정부의 미국에 대한 '종속적 태도'를 강하게 비판했다. 그러나 김일성은 "우리 인민은 일본인민과의 친선단결을 귀중히 여기고있으며 일본인민과의 친선관계를 발전시키기 위하여 적극 노력하고있"고, "우리 인민에 대한 친선의 정을 안고 찾아오는 일본의 각계층 인사들을 벗으로 친절히 맞이하고있"다고 언급함으로써 일본과의 관계 개선은 물론 일본 국민과의 교류·협력 의지를 표명했다.58)

한국의 대공산권정책이 변화되는 시점에서 그동안 한국 정부의 정통성을 부정했던 사회당 공식대표단이 1988년 10월 방한했다. 방한단의 단장인 이시바시 위원장은 일본의 한반도 "식민지 지배에 대한 책임은 한반도 전체에 미친다는 입장에서 사회당은 정부의 부족한 부분을 보충할 목적으로 북한과의 관계를 유지해왔다"고 언급하면서, 사회당의 '북한일변도 정책'이 정당했음을 주장했다. 또한 "사회당이 한국을 부정한 적은 한 번도 없다"고

---

57) 石橋政嗣, 「前進した日本と朝鮮の友好關係: アジアの平和創造への積極的なアプローチ」, ≪月刊 社會黨≫, 第343號(1984年 11月), pp. 96~104.
58) 김일성, 「일본 정치리론잡지 ≪세까이≫ 편집국장이 제기한 질문에 대한 대답」 (1985년 6월 9일), 『김일성저작선집 제9권』, 271~273쪽.

언급하면서 사회당이 남북한의 '가교 역할'을 맡을 것임을 강조했다.[59] 그러나 이러한 사회당의 변화는 '북한일변도 정책'을 수정하여 한국과의 교류를 추진하고자 했던 것이 아니라 북한을 중심으로 남북한 '양다리 걸치기 외교'를 전개함으로써 한반도의 안정과 평화에 기여할 수 있는 남북한의 '가교 역할'을 수행하여 일본 정부의 한반도정책을 보완할 수 있는 '보완외교'를 추진하고자 했던 의도가 내포되어 있었다.

일본 정부는 1988년 노태우 대통령의 '7·7선언'이 발표되자 이를 기회로 북한과의 관계 개선을 적극적으로 추진하기 시작했다. 오부치 게이조(小淵惠三) 관방장관은 '일본 정부 견해'를 발표하고, "우리나라로서는 한국과 중국·소련과의 교류의 균형을 고려하면서 일·조관계의 개선을 적극적으로 추진해 나가겠"다고 발표했다. 이러한 견해는 일본 정부가 "모든 측면에서 북한 측과 대화할 용의가 있음"을 공식적으로는 전후 최초로 밝힌 것이었다.[60]

2) 탈냉전기: 부정에서 긍정으로의 모색기(1989~2001년)

한국의 북방외교와 탈냉전으로 북·일 관계는 한층 진전될 수 있는 국제적 환경이 조성되었다. 북한은 한국이 동유럽 국가들과 수교를 맺고 소련이 한국과 국교정상화를 추진하는 쪽으로 외교정책을 변경하면서 외교적 고립과 안보 위기뿐만 아니라 경제적으로도 커다란 타격을 입게 되었다.[61] 이에

---

59) 石橋政嗣,「近くて遠かつた國への旅」, ≪月刊 社會黨≫, 第396號(1988年 12月), pp. 38~44.
60) ≪每日新聞≫, 1988.7.11.
61) 1990년 9월 2일부터 3일간 평양을 방문한 셰바르드나제 소련 외무장관은 북한 김영남 외교부장과의 회담에서 한국과의 국교정상화를 통보했다. 이에 대해 김영남은 한국과 소련이 국교를 수립하면, ① 독자적으로 핵 개발을 추진하고, ② 일·소 간의 북방 영토 문제에서 일본의 요구를 지지하며, ③ 일본과 국교정상화를 추진한다

북한은 국제적 고립 및 피포위 의식에서 벗어나기 위해 일본과의 관계 개선에 나서게 되었다.62) 특히 북한은 소련이나 동유럽 국가들의 전철을 밟지 않고 사회주의체제를 유지하기 위해서는 미국과 일본 등 자본주의 국가들과 관계 개선을 서두르지 않으면 안 되었다. 일본은 북한에는 국제적 고립을 탈피하고 경제 활성화를 모색하기 위한 유일한 카드였다고 볼 수 있다. 왜냐하면 북한은 북·일 수교를 바탕으로 미국을 비롯한 서방 국가들과 관계 개선을 추진함으로써 국제적 고립에서 벗어날 수 있고, 일본에서 식민지 배에 대한 보상을 받음으로써 경제를 활성화시킬 수 있는 발판을 마련할 수 있다고 판단했기 때문이었다.

한·일 국교정상화 이후 일본의 대북관계 개선에서 한국의 반대가 커다란 제약 요인으로 작용했던 점을 감안할 때 '7·7선언'은 일본의 대북정책에 선택의 폭을 넓혀 주었다. 일본이 북한과 관계 정상화를 추진하게 된 요인은 다음과 같은 몇 가지 측면으로 해석할 수 있다. 첫째, 일본은 탈냉전기를 맞이하여 아시아에서의 국제적 역할 증대를 모색하고 있었다. 이러한 맥락에서 한반도에 대한 영향력 확대의 일환으로 대북 접근을 적극적으로 추진했다고 볼 수 있다. 둘째, 일본은 북한과 국교정상화를 실현함으로써 전후 처리를 마무리하고자 했다. 이는 일본의 국제적 역할 증대의 모색과 긴밀히 연관되어 있었다. 1952년 「샌프란시스코 강화조약」이 발효됨으로써 독립을 회복한 뒤 일본 외교가 당면했던 최대의 과제는 전후 처리 문제였다. 전후 처리 외교는 일본이 국제 사회에 복귀하기 위한 포석으로서 이를 위해 일본이 수행해야 했던 외교적 과제는 구(舊)적국을 포함한 제(諸) 외국과의 관계를

는 내용을 전달했다. ≪朝日新聞≫, 1991.3.1.
62) 정성장·임재형, 「대외전략」, 세종연구소 북한연구센터 엮음, 『북한의 국가전략』(한울, 2003), 244쪽.

정상화하는 것과 전시 배상을 요구하는 국가와 배상 협정을 체결하고 영토 문제를 해결하는 것 등이었다. 일본은 한·일 국교정상화 때 북한을 전후 처리가 안 된 '백지 상태'로 두어 정세가 변하면 관계를 정상화하려는 의도를 분명히 했다. 따라서 오직 북한만이 일본의 미수교국으로 남아 있었으므로 경제대국에 걸맞은 정치대국으로 부상하고자 노력하고 있던 일본으로서 미수교국의 존재는 하나의 장애 요소로 인식되어왔다. 이러한 인식하에 1989년 3월 다케시타 총리는 일본 총리로서는 처음으로 북한의 정식 국호를 사용하여 북한과의 관계 개선 의사를 표명했다. 이러한 결과 1990년 9월 북한과 일본은 '3당공동선언'을 발표하고 양국 간 국교정상화 추진에 합의했다.

북한과 일본은 1990년 11월 이래 세 차례의 예비회담을 거쳐 1991년 1월 30일 북·일 국교정상화를 위한 제1차 수교교섭회담을 평양에서 개최했다. 제4차 수교교섭회담 이후인 1991년 9월 김일성은 '이와나미' 서점 사장이 제기한 질문에 대한 대답을 통해 "조일관계를 정상화하는것은 조일 두 나라 인민들의 요구와 리익으로 보나 세계정세발전의 추세로 보나 미룰수 없는 중요한 문제"라고 지적하면서 북·일 관계 정상화에의 기대를 피력했다. 특히 일본 정치인들에 대해 "일본에는 앞을 내다볼줄 아는 정치가들이 적지않"기 때문에 "우리는 일본이 외부의 간섭과 장애를 물리치고 자주적립 장에서 조일국교정상화문제를 원만히 해결하기 위하여 적극 노력하리라고 의연히 락관하고있"다는 우호적인 감정을 표현했다.[63] 또한 김일성은 북·일 국교정상화가 실현될 경우 체결하는 「북·일조약」의 골격이 상당한 수준까지

---

63) 김일성, 「위대한 수령 김일성동지께서 일본 ≪이와나미≫ 서점 사장이 제기한 질문에 대한 대답」(1991년 9월 26일), 『김일성저작선집 10』(평양: 조선로동당출판사, 1994), 453~454쪽.

합의된 것으로 알려진.64) 제6차 수교교섭회담 이후인 1992년 3월 ≪아사히신문≫ 편집국장이 제기한 질문에 대한 대답에서 "선견지명있는 정치인들은 이 문제에 대하여 공통된 리해를 가지고 조일관계를 개선하기 위하여 적극 노력하고있"는바, "앞으로 시간이 갈수록 더욱더 많은 사람들이 이 문제에 대한 올바른 리해를 가지게 될것이며 광범한 정치인들과 인민들의 지지성원 속에 조일국교정상화문제가 원만히 해결될것"임을 강조함으로써 북·일 국교정상화에 대한 희망적인 견해를 피력했다.65)

그럼에도 북·일 수교교섭회담은 1992년 11월 제8차 수교교섭회담을 끝으로 식민지 지배에 대한 사죄와 대일 청구권 문제, 이은혜 등 일본인 납치 문제 해결에 이견을 좁히지 못한 상황에 북핵 문제가 핵심적 쟁점으로 부상함으로써 회담은 중단되는 운명을 맞이하게 되었다.66) 특히 북한은 미국과의 핵 문제 타결 없이는 일본과의 관계 정상화는 어렵다고 판단하고 제8차 수교교섭회담에서 '이은혜' 문제를 빌미로 회담을 중단시켰다. 이때부터 북한은 일본보다는 미국을 우선시하는 대외전략을 추진하게 되었다.

1994년 10월 '북·미 제네바 합의'로 제1차 북핵 문제가 해결됨에 따라 북·일 관계 개선에 긍정적인 국제적 환경이 조성되었다. 이에 따라 북한과 일본은 1995년 6월 외무성 과장급 접촉을 공식적으로 개시했으나, 1997년 2월 일본인 여중생 납치 의혹이 제기되면서 회담이 교착되었다. 그럼에도 북·일 양국은 1997년 8월 외무성 심의관급(북한 부국장급)의 국교정상화 교섭을 전제 조건 없이 재개하기로 합의함으로써 일본인 처 고향 방문이

---

64) ≪朝日新聞≫, 2001.2.1.
65) 김일성, 「위대한 수령 김일성동지께서 일본 ≪아사히신붕≫ 편집국장이 제기한 질문에 대한 대답」(1992년 3월 31일), 『김일성저작선집 10』, 474쪽.
66) 진희관, 「북일관계연구: 북한의 대일인식 변화를 중심으로」, ≪통일문제연구≫, 제9권 1호(1997), 231~234쪽 참조.

성사되었다. 그리고 북한이 사민당을 통해 자민당 측에 방북단 파견을 요청함에 따라 자민당의 모리 요시로(森喜郞) 총무회장을 단장으로 하는 연립 3여당 대표단이 1997년 11월 북한을 방문하여 북·일 국교정상화를 위한 환경을 조성했다. 그러나 1998년 8월 북한의 '인공위성 광명성 1호' 발사를 계기로 일본 정부가 북한에 대해 직항 전세기의 운항 중단, 북한과의 비공식적 접촉 제한, 식량 원조 및 KEDO에 대한 협력의 일시 동결과 같은 대북제재조치를 취함으로써 북·일 관계는 다시 악화되었다. 이러한 일본 정부의 대북억지정책은 1998년 여름부터 추진해온 한국과 미국의 대북포용정책과 충돌하는 것이었으며, 이에 한·미·일 공조 차원에서 전개되어온 대북정책은 상당한 어려움에 직면하게 되었다. 한국과 미국의 강력한 요청으로 대북제재조치를 해제하기 시작한 일본 정부는 1999년 9월 베를린 '북·미고위급회담'에서 북한의 미사일 추가 발사 유예와 미국의 대북경제제재조치 부분 해제가 합의된 이후 대북제재조치를 대부분 해제했다.

일본 정부는 1999년 12월 무라야마 도미이치(村山富市) 전 총리를 단장으로 하는 초당파 대표단을 파견하여 조선로동당 대표단과 회담을 갖고 국교정상화를 위한 수교교섭 재개에 합의했다. 이에 따라 북한과 일본은 1999년 12월 적십자회담 및 정부 간 실무급 교섭을 재개했으며, 7년 반 만인 2000년 4월 평양에서 제9차 수교교섭회담이 진행되었다. 그러나 제9차 회담은 식민지배에 대한 사죄 및 보상, 일본인 납치 의혹에 대한 양측의 의견대립으로 큰 성과 없이 종료되었다. 북·일 간의 수교회담은 2000년 6월 남북정상회담을 계기로 더욱 빠르게 진행되었다. 이에 따라 2000년 7월 방콕에서 최초로 북·일외무장관회담이 개최되어 수교와 관련한 내용이 협의되었다. 특히 일본 내에서는 모리 총리가 김정일 국방위원장과 직접 타결을 모색하기 시작했다는 보도가 나오기 시작했는데, 이는 일본 정부 내에서 남북정상회담을 계기로 형성된 평화 정착의 흐름에 역행하면 안 된다는 분위기가 강해졌으며, 북·일교섭이 가장 나중에 이루어지게 되면 다른 국가들로부터 비난을 받을 수 있다는 일본 정부의 초조함이 나타난 것으로 볼 수 있다.67)

2000년 8월 동경에서 개최된 제10차 수교교섭회담에서 북한은 기존의 입장을 되풀이하면서 과거사 청산 문제를 최우선적으로 해결할 것을 주장한 데 반해 일본은 납치 및 핵·미사일 의혹 등 현안의 타결을 주장했다. 특히 일본은 과거사 청산 문제를 경제협력 방식으로 해결했던 한·일 국교정상화의 전례를 들어 같은 방식의 해결을 제안했다. 그럼에도 제10차 회담은 이전과 달리 핵 문제가 아닌 미사일 문제를, 이은혜 문제 대신 납치 문제를 그리고 보상 문제로 의제가 축소되고 이러한 제반 문제의 일괄 타결을 모색하면서 해결의 실마리를 찾을 수 있게 되었다.

이러한 긍정적인 분위기 속에 2000년 10월 북경에서 개최된 제11차 수교교섭회담의 최대 쟁점은 과거사 청산에 따른 보상 문제였다. 일본은 북한과 교전한 바가 없기 때문에 보상에는 응할 수 없으나 과거사 사죄에 대해서는 침략과 식민지 지배에의 '반성과 사죄'를 포함시킨 1995년 무라야마 총리의 담화 수준에서 포괄적인 사죄 의사를 표명할 수 있다고 밝혔다. 또한 일본은 보상 문제에 대해서는 경제협력 방식을 새롭게 제안했으나, 북한이 이를 끝까지 받아들이지 않음에 따라 회담은 결렬되고 말았다. 일본과의 국교정상화를 통한 경제협력과 지원을 기대하고 있었던 북한이 오히려 강경한 입장을 굽히지 않았던 것은 북·미회담의 진전에 따라 일본을 초조하게 만들어 더 많은 것을 얻어내려는 전략이었던 것으로 이해할 수 있다.68)

---

67) 진창수, 「남북정상회담 이후의 일본의 대북정책」, 『남북정상회담과 한반도 평화』(세종연구소, 2001), 131~132쪽.

68) 같은 글, 134쪽.

북·일 수교교섭은 고이즈미 내각의 보수적 성향과 부시 정권의 출범으로 진전되지 못했다. 제11차 수교교섭회담 이후 일본 경찰에 의한 조총련계 은행 수색, 괴선박 사건 등이 발생하면서 북·일 관계가 경색되었으며 이러한 요인들로 인해 차기 수교교섭회담의 개최가 지연되었다. 특히 부시 정권은 한국의 대북포용정책이 클린턴 정부의 대북정책과 마찬가지로 북한의 전제 정권을 오히려 강화시켜주는 측면에 대해 비판적인 시각을 가지고[69] 대북강경정책을 추진했다. 따라서 일본 정부로서는 대북정책에서 미국과의 공조를 강조하며 북·일 국교정상화를 당장 실현하지 않으면 국제질서에서 뒤처질지 모른다는 정치권과 여론의 우려에서 벗어날 수 있었다.

3) 정상회담 이후: 부정의 탈피에서 다시 부정으로(2002년~현재)

2001년에 발생한 9·11테러는 북한으로 하여금 일본과의 관계 개선을 촉구하게 했다. 테러 사건 이후 부시 행정부의 대북강경정책이 더욱 강화되는 시점에서 개최된 아세안지역안보포럼(ARF, 2002.7.31~8.1)에서 북·일 외무장관회담이 진행되어 양국 간 관계 정상화 조기 실현에 원칙적으로 합의했다. 이에 따라 북·일 국장급회담이 2002년 8월 말 평양에서 개최되어 북·일 간의 현안 협의 등 정상회담의 기틀을 마련했으며, 고이즈미 총리는 곧이어 북한을 방문하겠다고 전격 발표했다. 이에 따라 2002년 9월 17일 평양에서 북·일정상회담이 개최되었다. 이 회담에서 김정일 국방위원장과 고이즈미 총리는 북·일 간의 "불행했던 과거를 청산하고 현안 사항을 해결하며 결실 있는 정치·경제·문화적 관계를 수립하는 것이 쌍방의 기본 이익에 부합되며 지역의 평화와 안정에 크게 기여한다는 인식"하에 "국교정상화를

---

[69] ≪朝日新聞≫, 2001.3.9.

빠른 시일 안에 실현시키기 위해 모든 노력을 기울이기로 했으며, 조선반도 핵 문제의 포괄적인 해결을 위하여 해당한 모든 국제적 합의들을 준수할 것을 확인"했다. 또한 양측은 "핵 및 미사일 문제를 포함한 안전 보장상의 제반 문제와 관련해 유관국들 사이의 대화를 촉진하여 문제 해결을 도모해야 할 필요성을 확인"했다. 또한 일본은 북·일 관계의 핵심 사안인 과거사 문제에 대해 "통절한 반성과 마음속으로부터의 사죄의 뜻을 표명"했으며, 북한은 "대국적으로 판단"하겠다고 했다. 북한은 "이 선언의 정신에 따라 미사일 발사의 보류를 2003년 이후 더 연장할 의향을 표명"한 '북·일공동선언'을 발표했다.70) 특히 김정일 국방위원장은 이례적으로 일본인 납치 문제에 대해 유감과 재발 방지를 약속했다.

북한이 일본과의 정상회담에 적극적으로 대응한 것은 대외전략의 변화로 이해할 수 있다. 미국 부시 행정부가 북한을 이란, 이라크와 더불어 '악의 축'으로 규정하고 대북강경정책을 더욱 강화하자, 체제 생존을 위해 개혁·개방 정책을 추진해왔던 북한으로서는 심각한 위기에 직면하게 되었다. 따라서 북한은 미국의 대북강경정책을 견제하고 완화할 수 있는 일본의 외교적 지원을 필요로 했던 것이다. 이는 북미 관계가 악화되었을 때 북한이 활용해온 대외전략이며, 특히 대미 관계에서 우위를 점하고자 하는 외교적 카드였다. 북한은 체제 유지 문제를 해결하기 위한 내부적 방편으로 2002년 7월 1일 임금과 상품 가격을 대폭 인상하여 국제적 수준과의 괴리를 완화시키는 등의 '경제관리 개선조치'를 취했으며, 이를 성공시키기 위한 외부적 방책으로 9월 12일 '신의주 경제특구'를 발표했다. 북한은 이러한 개혁·개방정책을 통해 자국이 변화하고 있다는 이미지를 부각시킴으로써 교착 상태에 있는

---

70) 「日朝平壤宣言」, 日朝國交促進國民協會, 『どうなる日朝國交交渉』(東京: 彩流社, 2003), pp. 89~90.

북·미 관계를 개선하고자 하는 의지를 강하게 표현했다.[71] 또한 개혁·개방정책을 통한 체제 생존을 도모하기 위해서는 내부 자원의 고갈을 극복하고 공급의 증대를 이루어내야 하며, 외부로부터 자원을 유입시키는 것이었다. 이를 위해서는 정세 안정은 물론 국제 사회로부터 정상 국가로 인정받는 것이 필수적이었다. 결국 북한은 단기적으로는 경제개혁 조치의 조기 실패를 방지하기 위해 한국과 일본의 식량 지원을, 장기적으로는 북·일 관계 정상화를 통한 대일 청구권 자금의 유입과 서방 국가들의 자금 지원을 끌어들이기 위해 양국 간 현안에 대해 대폭 양보하고 일본과의 정상회담에 임한 것이다.[72]

한편 일본의 고이즈미 총리가 김정일 국방위원장과의 정상회담을 추진한 요인으로는 정치적인 문제가 크게 작용했다. 고이즈미 총리의 권력 기반은 여론의 지지에 따른 포퓰리즘적인 성격을 지닌 것이었다.[73] 즉 경제구조개혁에 대한 여론의 지지가 그의 강력한 정치적인 기반이라고 할 수 있다. 따라서 국민의 여론에 반하여 대북정책을 추진할 아무런 동기를 가지지 않았다.[74] 그러나 1990년대 초부터 시작된 경제 불황이 지속되면서 이를 타개하기 위해 추진한 구조개혁이 가시적인 성과를 도출하지 못하면서 고이즈미 총리는 약화된 지지를 만회하기 위한 대안으로 북·일정상회담을 추진하게 되었던 것이다.

북·일정상회담의 성공적인 개최에도 불구하고 북·일 국교정상화는 교착 상태가 지속되었다. 2002년 10월 제임스 켈리 미국 특사의 방북을 계기로

---

71) 박건영, 「북·미 관계의 전개와 전망, 그리고 한반도 평화와 인정을 위한 한국의 전략: 핵문제를 중심으로」, ≪한국과 국제정치≫, 제20권 제1호, 74쪽.
72) 李鍾奭, 「日朝國交正常化交渉と北朝鮮の變化」, 姜尚中·水野直樹·李鍾元 編, 『日朝交渉: 課題と展望』(東京: 岩波書店, 2003), p. 68.
73) 진창수, 『고이즈미 정권의 등장과 장래』(세종연구소, 2001) 참조.
74) 진창수, 「남북정상회담 이후의 일본의 대북정책」, 139쪽.

드러난 북한의 농축 우라늄 핵개발 문제는 미국의 중유 제공 중단, 북한의 핵 동결 해제 선언 등으로 이어지면서 제2차 북핵 위기로 비화되었다. 이로 인해 일본 내에 부정적인 여론이 확산되자 북·일 수교교섭은 진전되지 못했다. 특히 북한이 정상회담 이후 10월 15일 납치 생존자 5명에 대해 일시적 고향 방문을 허용하여 방일이 실현되었음에도 불구하고 대북 여론이 악화되자 일본 정부는 10월 24일 이들을 북한으로 돌려보내지 않기로 결정하고 일본에 영구 귀국시키며 북한에 남아 있는 가족들도 일본으로 귀국시킬 것을 요구했다.

이러한 부정적인 환경 속에서 2002년 10월 말 콸라룸푸르에서 제12차 북·일 수교교섭회담이 개최되었으나, 일본의 핵 개발 포기 요구 및 납치자 문제 등에 대한 양국 간 입장 차이로 차기 회담의 일정도 합의하지 못하고 별다른 성과 없이 종료되었다. 그럼에도 고이즈미 총리는 한국 정부의 대북포용정책을 지지했으며 북핵 문제에 대한 미국의 군사적 해결 가능성을 견제하는 등 대북강경정책을 완화시키려고 노력했다. 그러나 북한이 미국의 중유 제공 중단을 계기로 핵 동결을 해제하고 핵무기의 원료가 되는 플루토늄 생산을 위한 단계를 밟자 일본은 미국의 대북강경정책을 지지하고 나섰다.

이에 북한은 일본 정부의 대북적대시정책을 다시 비난하면서 북·일 관계 개선이 지연되는 이유에 대해 "이러한 책동은 조일평양선언의 리행을 가로막고 대결을 계속 추구하며 미제를 등에 업고 재침의 길에 나서자는데 그 목적이 있"는바, "우리는 과거청산과 조일관계개선에 제동을 걸려는 일본의 무분별한 대조선적대시정책을 절대로 용납할수 없"으며, "일본이 ≪핵문제≫, ≪랍치문제≫와 같은것들을 가지고 계속 못되게 놀며 부당한 주장을 내대고 있는 것은 조일관계개선과 호상신뢰보장에 아무런 도움도 줄수 없"고, "그것은 조일관계개선에 역작용만 줄뿐이"라고 강조했다. 따라서 북한은 북·일 관계 개선의 우선 과제에 대해 "과거청산은 조일평양선언의 핵심사항"이며, "과거청산은 외면하고 비본질적인 ≪랍치문제≫와 같은 것을 전면에 내세우는 것은 조일관계개선을 바라지 않는 자들만이 할수 있는 짓이다"라고 주장했다.75) 이러한 차원에서 북한은 과거 일본군이 자행한 종군위안부 범죄는 "국제법적으로 ≪인도에 대한 죄≫ 등 기본인권과 관련한 범죄에는 시효가 적용되지 않는다"고 주장하면서, "일본은 전쟁법규와 국제인도법원칙에 따라 구일본국의 과거죄행에 대해 법적, 도덕적책임을 인정하고 철저히 사죄보상하여야 할 국제법적의무를 지니고있다"고 강조했다.76) 북한이 종군위안부 문제를 제기한 것은 식민지배에 대한 일본의 책임을 분명히 함으로써 향후 수교교섭회담에서 과거사 사죄와 배상 문제에 관한 협상을 유리하게 이끌어가기 위한 전략의 일환이라고 할 수 있다.

북·일 수교교섭이 난항을 겪은 가운데, 2004년 5월 22일 고이즈미 총리는 북한을 다시 방문하여 김정일 국방위원장과 제2차 정상회담을 개최했다. 이 회담에서 김정일 국방위원장과 고이즈미 총리는 2002년 9월의 평양선언이 두 나라 관계의 기초라는 점을 재확인하고, 국교정상화를 위한 교섭에 착수해 이른 시일 안에 실무 수준의 협의에 들어간다는 데 의견을 함께 했다. 이는 그동안 북·일 수교교섭의 최대 장애물이었던 일본인 납치자 송환 및 실종자 문제에 대한 합의가 이루어짐으로써 가능하게 되었다. 방북 직후 고이즈미 총리는 "평양선언을 성실하게 이행하는 것이 극히 중요하기 때문에 재방북하게 됐으며, 두 나라 사이의 적대관계를 우호관계로, 대립관계를 협력관계로 바꿔나갈 수 있기를 기대한다"고 언급했다.77)

---

75) "분별없이 날뛰지 말아야 한다", ≪로동신문≫, 2003년 5월 12일자.
76) 조선 일본군 '위안부' 및 강제련행피해자보상대책위원회, "일본군성노예범죄는 20세기 최대최악의 반인륜적인 국가범죄: 이전 일본군 ≪위안부≫생존자 박영심의 피해실태와 관련한 조사보고서", ≪로동신문≫, 2004년 1월 17일자.
77) ≪한겨레신문≫, 2004년 5월 24일자.

제2차 북·일정상회담이 개최된 것은 수교교섭 재개에 대한 두 나라 정부의 의지의 산물로 해석할 수 있지만, 정치적 목적도 내재되어 있었다. 특히 고이즈미 총리의 제2차 방북은 2004년 7월의 참의원 선거를 겨냥한 국면 전환용이라는 비판이 강하게 제기되었으며, 북한이 이를 수용한 것은 6자회담에서 유리한 국면을 이끌어가기 위한 전략의 일환이었다는 주장이 제기되었다. 그러나 이 회담에서 양국은 북핵 문제 해결에 대해 다른 견해를 피력했다. 고이즈미 총리는 핵의 완전한 포기를 촉구했으나, 김정일 국방위원장은 한반도 비핵화가 목적이며, 6자회담을 활용해 평화적으로 해결해 나가겠다고 강조했다.

한편 북한과 일본은 2002년 10월 제12차 북·일 수교교섭회담 이후 3년 3개월만인 2006년 2월 베이징에서 제13차 북·일 수교교섭회담을 진행했다. 그러나 일본인 납치 문제 등 핵심 현안들에 대한 입장 차이를 좁히지 못하고 결렬되었다. 북한은 수교교섭을 통해 과거 청산과 국교정상화 문제를 우선적으로 처리하자고 주장했으나, 일본은 국교정상화는 납치 문제 등의 해결 없이는 어려우며 과거 청산은 2002년 '일·북평양선언'에 입각해 경제협력 방식으로 실시할 방침이라고 강조했다. 또한 핵과 미사일 등 안전 보장 문제에 있어서 일본은 북한의 6자회담에의 조속한 복귀를 주장했으나, 북한은 핵과 미사일 문제는 미국과 논의할 문제라는 기존의 입장을 고수했다. 한편 아베 관방장관은 납치 문제 해결 없이 북·일 국교정상화는 있을 수 없다는 일본 정부의 입장을 다시 확인하고, 납치 생존자의 귀환과 진상규명, 납치 용의자들의 신병 인도 문제에 진전이 있을 경우 국교정상화 논의가 진전이 있을 것이라고 강조했다. 이러한 양국 간의 이견으로 제13차 회담도 성과 없이 종료되었다. 이처럼 현재 북·일 간에는 관계 정상화를 위한 정부 간 대화의 분위기가 고조되고 있음에도 불구하고 과거 반세기 이상 누적되어 온 양국 간의 현안으로 인해 긍정적인 결과가 도출될지에 대해서는 회의적인 시각도 상존하고 있다.

특히 2006년 9월 26일 대북강경파인 아베가 총리직에 취임하면서 일본 정부의 대북정책은 더욱 악화되고 있다. 대북정책, 특히 납치자 문제에서 강경한 입장을 견지하고 있는 아베 총리는 북한의 반발에도 불구하고 납치자 문제 해결 없이는 북한과의 관계 개선에 응하지 않겠다는 입장을 고수하고 있다. 납치자 문제를 포함하여 대북 강경 카드로 인기를 획득한 그는 미국과의 치밀한 공조하에 경제제재를 비롯한 대북 압박을 더욱 강화할 것으로 예상된다. 아베 총리는 취임 직후 관방장관으로 하여금 신설되는 '납치 문제 담당상'을 겸하게 하고, 납치 문제를 담당하는 총리 보좌관 자리를 신설했다. 이는 '납치' 문제를 전면에 내세워 대북 압력을 강화하려는 포석으로 해석되고 있다. 이렇게 될 경우 북·일 간의 갈등은 더욱 증폭될 수밖에 없을 것이다. 그렇지만 북핵 문제를 해결하기 위한 6자회담에서 긍정적인 결과가 도출되고 미국의 대북정책이 변화한다면 일본 정부로서도 대북 강경정책을 지속할 수 없을 것으로 예상되고 있다. 이는 미국의 대북정책에 의해 일본의 대북정책이 변화된 사례들과 일본의 대외정책이 미국 대외정책의 틀을 크게 벗어나지 못하고 있는 데서 유추해볼 수 있다. 따라서 북·일 관계는 당분간 냉각기를 거치겠지만 북핵 문제의 진행 과정과 북·미 관계의 변화에 따라 변화될 수 있는 유동적인 상황이라고 할 수 있다.

4. 북·일 관계의 특징과 평가

1) 북일 관계의 특징

냉전기 북한은 일본 군국주의의 부활과 제국주의적 팽창 야욕을 저지한다는 적대적 인식 속에서 대일정책을 전개했다. 일본의 대북정책은 한국 및 미국과의 관계에 영향을 받으면서 상당 부분을 제약받아왔다. 그러나 국제환경의 변화에 직면하여 북한은 국제적 고립으로부터의 탈피와 경제적 실리를 획득하는 차원에서, 일본은 동북아에서의 국제적 역할 증대를 모색하는 가운데 한반도에 대한 영향력 확대라는 양국의 이해가 맞물리면서 북·일 관계는 국교정상화를 위한 수교교섭으로 전환되었다. 그럼에도 북한과 일본은 '적대적 관계'를 청산하지 못하고 '냉전적 갈등 관계'를 지속하고 있다. 이러한 북·일 관계의 구조적 특징을 종합하면 다음과 같다.

첫째, 북한과 일본의 '비공식적 관계'가 지속되고 있다. 전후 한반도에 합법적인 정부가 탄생하기 이전은 물론 1948년 '두 개의 국가'가 수립된 이후에도 '한반도·일본관계'는 '비공식적 관계'가 유지되었다. 그러나 1965년 한국과 일본이 국교정상화를 맺으며 한·일 관계가 국가 대 국가의 '공식적 관계'로 전환된 반면, 한반도의 북쪽을 '실질적'으로 통치하는 북한과 일본과의 관계는 '비공식적 관계'가 현재까지 유지되고 있다. 따라서 일본은 국내외 환경 변화는 물론 대북관계가 후퇴하는 시기에도 북한과의 비공식 창구를 유지했다. 먼저 1955년 10월 좌우파 합동에 의해 성립된 사회당은 1995년 10월 초에 후루야 사다오(古屋貞雄)를 단장으로 한 제1차 방북단을, 10월 말에는 호아시 하카루(帆足計)를 단장으로 하는 제2차 방북단을 파견하여 최고인민회의 상임위원회와 북·일 간의 정상적인 국교관계 설정, 경제 및 문화 교류, 재일조선인의 합법적 권리 보증, 재북일본인의 송환, 북·일 양국 어민의 자유로운 어로 활동 및 인민의 친선·단결 등을 내용으로 하는 '공동성명'을 발표했다.[78] 이후 1959년 2월 미야모토 겐지(宮本顯治) 서기장을 단장으로

---

78) 「공동성명」 내용은 「日本國會議員團訪朝共同聲明」, 神谷不二 編, 『朝鮮問題戰後資料』 第2卷(東京: 日本國際問題研究所), 1978, pp. 448~450 참조.

로 한 공산당 대표단의 방북과 1964년 3월 하카마다 사토미(袴田里美)를 단장으로 한 공산당 대표단의 방북이 있었으며, 공산당을 대신하여 북한의 '우호당'이 된 사회당은 1970년 8월 나리타 도모미(成田知巳) 중앙집행위원장을 단장으로 한 방북단을 파견하여 조선로동당과 '공동커뮤니케이션'을 발표했다.[79]

이런 중에 1971년 11월 자민당, 사회당, 공명당, 민사당의 초당파 의원들이 참가한 일·조의원연맹의 결성은 대북관계 확대에 대한 일본 정계의 높은 관심을 반영하는 것이었다. 이때까지의 북·일 관계는 사회당, 공산당 등 북한에 우호적인 정당 대표단의 방북과 인사 교류는 있었지만, 기본적으로는 민간 차원의 무역에 한정되어 있었다. 따라서 각 정파를 망라하는 일·조의원연맹의 창립은 북·일 관계에 획기적인 일이었다. 북한 문화연락협의회의 초청을 받은 일·조의원연맹은 1972년 1월 16일 구노 의원을 단장으로 북한을 방문하여 북·일 관계의 진전을 모색했다. 일본은 이후에도 1975년 7월 다무라 겐(田村元) 의원을 단장으로 하는 자민당 단독 의원단이 북한과 미국의 접근설의 진위 여부, 북한의 경제 사정을 파악하는 것을 목적으로 방북했다. 자민당 의원의 방북이 당 집행부의 반대 압력에도 불구하고 이루어졌다는 것은 장기집권을 하고 있었던 자민당 대북정책의 변화라고 할 수 있다.

또한 '한·일 유착의 온상'으로 간주되고 있었던 후쿠다 다케오(福田赳夫) 내각은 경직된 한반도정책으로는 세계정세에 뒤떨어질지도 모른다는 우려를 불식시키기 위해 1977년 5월 현준극을 단장으로 한 '공화국 대의원그룹

---

[79] '공동커뮤니케이션'에서 사회당 대표단이 행한 발언에 대해서는 「日本社會黨と朝鮮勞動黨との共同コミュニケ」(1970年 8月 15日), 日本社會黨朝鮮問題對策特別委員會 編, 『祖國を選ぶ自由: 在日朝鮮人國籍問題資料集』(東京: 社會新報社, 1970), pp. 188~189 참조.

대표단'의 입국을 허락했다. 이는 일본 정부의 대북정책이 비정치 레벨에서 정치 레벨로 발전된 것이라는 점에서 매우 중요한 사건이었다. 그럼에도 일본 정부는 한국의 입장을 배려하여 일본 국내에서 이들의 정치 활동을 금지한다는 조건을 부과했다. 이러한 요인으로 인해 북·일 관계는 인적 교류에도 불구하고 공식적인 관계로 진전되지 못했다. 특히 1978년 5월 아스카다 가즈오(飛鳥田一夫) 신임 사회당 위원장이 북한을 방문하여 국교정상화를 양국 우호의 중심 과제로 하는 「공동성명서」를 발표하고자 했지만, 북한은 이를 '두 개 조선' 책동임을 이유로 거부한 데서도 나타나듯이 사회당 지도부는 북한의 대일정책의 변화를 감지하지 못했으며, 이는 비공식 차원에서 전개된 일본의 대북정책의 한계를 나타내는 것이었다. 그럼에도 사회당은 북한과 대화 창구가 없는 일본 정부를 대신하여 양국 간 현안을 해결해왔으며 일본 정부의 대북정책을 견제하면서도 보완하는 역할을 수행했다.[80]

1988년 7월 도이 다카코(土井たか子) 사회당 위원장은 나카소네 총리의 협력 속에 방북하여 북·일 간 현안을 논의했으며, 1990년 9월 자민당·사회당 공동대표단을 이끌고 북한을 방문한 자민당 의원단은 정부와 직결된 집권당에서 정식으로 파견한 최초의 방북단이었다. 이들은 조선로동당과 '3당공동선언'을 통해 양국 간 국교정상화 추진에 합의함으로써 전후 처음으로 국교정상화를 위한 정부 간 협상이 진행될 수 있었다. 북·일 간 수교교섭이 진행된 1990년대와 2000년대에도 일본 여·야 정치인들의 방북이 계속되었다. 1995년 3월 자민당, 사회당, 신당사키가케의 연립여당 대표단이 방북하여 조선로동당과 수교교섭회담의 조기 개최를 각자의 정부에 권고하기로 합의한 '4당선언'을 채택했다. 한편 일본 정부는 1996년에 들어서서 그동안 정당 차원의 접촉이 대부정책 수행에 차질을 가져왔다고 판단하고 북한과의

---

80) ≪朝日新聞≫, 1888.3.20.

접촉 창구를 정부로 일원화한다는 방침을 세우게 되었다. 그럼에도 1999년 12월에는 무라야마 전 총리를 단장으로 한 '일·북국교촉진국민협회'가 방북하여 조선로동당과 공동성명을 발표했으며, 2000년 8월에는 공명당 의원단의 방북에 이어 12월에는 민주당 의원단이 북한을 방문하여 북·일 국교정상화에 대해 논의했다. 그럼에도 북한과 일본은 아직까지 국교정상화가 실현되지 못함으로써 '비공식적 관계'가 유지되고 있다.

둘째, 북·일 관계는 '정경분리원칙' 하에서 정치적 관계보다는 경제적 관계가 지속되고 있다. 전후 일본 외교정책의 가장 핵심적인 전략적 사고라고 할 수 있는 '정경분리원칙'은 미수교 국가와의 관계에 적용되었다. 일본은 이 원칙을 중국에 대해서는 수교 이전까지, 중국과 수교 이후에는 대만에 적용했다. 일본의 '정경분리원칙'은 요시다 총리가 주창한 외교정책의 핵심 내용인 대미 안보 의존과 경제성장 중심의 대외정책을 핵심 내용으로 하고 있다.[81] 이러한 대외정책의 원칙은 1977년 8월의 '후쿠다 독트린'으로 표현되는 '전방위 평화외교'에 의해 더욱 구체화되었으며, 이는 일본의 경제적 이해를 해칠 어떤 국제정치적인 환경도 조성하지 않도록 가능하면 많은 국가들과 우호적인 관계를 유지하는 것이었다.[82] 일본 정부는 전후 외교정책의 묵시적 원칙이었던 '정경분리원칙'을 북한에도 엄격하게 적용했다. 그러나 북한의 대일본 '정경분리원칙'은 일본과의 관계를 유지하고자 했던 북한이 수동적으로 수용한 결과라고 할 수 있다. 따라서 북한은 일본보다는 이 원칙을 느슨하게 적용하려 했으며 일본과의 정치적 관계의 수립을 위해 꾸준히 노력해왔다. 그럼에도 '정경분리원칙'은 비공식적 관계를 맺고 있었

---

81) 전후 일본 외교정책의 전개에 대해서는 渡辺昭夫 編, 『講座國際政治 4: 日本の外交』(東京: 東京大出版部, 1989), pp. 19~50 참조.
82) 후쿠다 독트린의 의의에 대해서는 草野厚 編, 『現代日本外交の分析』(東京: 東京大出版會, 1995), pp. 66~69 참조.

던 북·일 관계를 유지·확대하는 데 긍정적으로 작용하게 되었다.

셋째, 북·일 관계는 그들의 대외정책에서 '주변적·종속적 위치'를 점하고 있었다. 냉전기 북한은 진영외교를 중심으로 소련과 중국과의 관계를 가장 중요시했다. 따라서 대일 관계도 이들에게서 일정 정도 영향을 받을 수밖에 없었다. 일본 또한 미국과 한국과의 관계가 이 지역에서 가장 중요한 관계였으므로 대북정책 추진 과정에서 남북 및 북·미 관계를 고려하지 않을 수 없었다. 이러한 환경은 특히 미·소를 중심으로 하는 국제적 냉전이 동북아 국제질서에도 그대로 투영된 결과라고 할 수 있다. 일본과 북한은 자본주의 진영과 공산주의 진영에 각각 편입되면서 냉전의 국제 구조에서 자유로울 수 없었다. 일본 정부의 대북정책은 미국의 대외정책, 특히 대동북아 및 대북정책의 '종속적'인 위치에서 전개되었으며, 북한도 비록 자주외교를 추진했지만 소련과 중국의 대외정책을 완전히 거스를 수는 없었다. 따라서 북·일 관계는 비록 국가 간의 '쌍무적 관계'라고는 할 수 있었으나 각기 그들이 속한 진영과의 관계 속에서 '주변적·종속적 지위'를 점유하고 있었다. 이로 인해 북·일 관계의 진전은 제약을 받을 수밖에 없었다.

북한과 일본이 이 같은 제약 요인에서 벗어나기 위해서는 국제체제 자체가 근본적인 변화를 하는 경우와, 이들 국가가 엄청난 대가를 지불하면서 국제체제의 특성을 거부하는 것이었다. 그러나 냉전기 북한과 일본이 서로 관계의 진전을 희망했다고 하더라도 제약 요인을 거부하면서까지 관계를 진전시켜 얻을 수 있는 국가 이익이 국제체제에 순응하여 얻을 수 있는 그것에 비해 크지 않았다고 할 수 있다. 따라서 북한과 일본은 그들이 속한 진영 국가들과의 관계를 최우선으로 유지하면서 서로 매우 표피적이고 '주변적·종속적'인 관계를 유지할 수밖에 없었다.[83] 이러한 관계는 탈냉전기에도 지속되었다.

---

[83] 현인택, 「북한의 대일본정책」, 양성철·강성학 공편, 『북한외교정책』(서울프레스,

북한은 탈냉전으로 국제체제의 근본적인 변화가 수반되면서 대일정책에 상당한 자율성을 확보했다. 반면 일본 정부는 냉전기 유지되었던 대외정책의 기본 틀을 변화시키지 않음으로써 대북정책에 여전히 한계를 나타낼 수밖에 없었다. 이는 북·일 수교에 불안을 느낀 미국의 요청을 받아들여 일본 정부가 이를 북·일회담에 적극 반영함으로써 수교회담이 난항을 겪은 데서도 잘 나타나고 있다.[84]

넷째, 북·일 관계에는 '한국변수'가 크게 작용했다. 특히 일본에서 '한국변수'는 두 가지 측면으로 설명할 수 있다. 하나는 남북 관계가 대화를 바탕으로 긴장이 완화되면 일본의 대북관계도 증가하는 경향을 보였는데, 1972년 '7·4남북공동성명'으로 남북 관계가 진전되자 일본 정부는 북한과의 교류 확대를 위해 대북정책을 전환하기 시작했다.[85] 또한 일본 정부는 1988년 '7·7선언'으로 북·일 관계 개선과 관련한 한국의 태도가 변화된 것으로 간주하고 북한과의 관계 개선을 적극적으로 추진하기 시작했다. 또한 1991년 12월 '남북기본합의서'가 발표되고 남북 대화가 진전되자 북한과 일본은 수교 협상을 진행했으며, 2000년 6월 남북정상회담 이후에는 북·일정상회담이 성사되기도 했다.

'한국변수'의 다른 하나는 한·일 관계로서 정치적인 문제로 인해 한·일 관계가 갈등 관계로 전환되면 일본의 대북관계가 다소 진전되다가, 갈등이 해소 국면으로 접어들면 다시 과거로 회귀하는 모습을 보였다. 일본 정부는

1995), 254쪽.

84) 임재형, 「탈냉전기 북한외교정책의 변화요인과 대응전략: 김정일시대를 중심으로」, ≪국제정치논총≫, 제41집 4호, 116쪽.

85) 오히라 외상은 제6회 조·일 정기 각료회담에서 북한과의 교류를 인사·문화·스포츠 외교에 경제 교류도 확대시켜 나가겠다고 밝혔다. 山本剛士, 「白書, 日朝不正常關係」, ≪世界≫, 1988, p. 123.

「한·일기본조약」 체결 이후 북한과의 교류를 확대할 의사를 보였지만, 북한의 대일 자세는 「한·일기본조약」 체결을 계기로 평화공존에서 대결로 변모했다.86) 그러나 김대중 납치 사건, 문세광 사건 등 한·일 간에 정치적 쟁점으로 대립하던 시기 일본 정부가 순조롭게 진행되던 북한과의 관계 개선을 후퇴시키지 않으려는 노력으로 북·일 관계는 일시적으로 진전되는 모습을 보이기도 했다.

다섯째, 북·일 관계는 '안보 갈등'이 중요한 요인으로 작용했다. 냉전기 일본은 소련으로부터의 위협과 한반도 안전 보장 문제를 국가 안보의 위협 요인으로 간주했다. 그러나 탈냉전기 일본은 북한의 미사일 개발·실험 및 핵개발 계획을 한반도와 일본에 대한 불안정 요인으로 보면서 이에 깊은 우려와 관심을 표명했다.87) 냉전기 북한과 일본의 안보 갈등은 미국의 대동북아정책과 매우 밀접한 관련성을 갖는다. 미국은 1969년 '닉슨 독트린'을 발표하고 동북아의 안전 보장에 대한 일본의 자발적 참여와 분담을 강조했다. 이러한 문제를 논의하기 위해 1969년 11월 미·일정상회담이 개최되고 '닉슨·사토 공동성명'서에 "한국의 안전은 일본의 안전에 중요하다"는 '한국조항'을 삽입하게 되었다.88) 이는 한국의 안보가 일본의 안보와 직결됨을 대외적으로 표명한 것이었으나, 북한의 거센 반발을 초래했다. 북한은 '한국조항'에 대해 "동북아시아에서 전쟁책동을 격화시키려는 미일반동의 흉악한 음모"라고 비난했으며,89) 전 세계의 평화 애호 인민에게 일본 군국주의에 반대하는 공동 행동에 나설 것을 호소했다.90) 또한 김일성은 1970년 4월 중국 저우언라

---

86) 內田健三·細島泉地, 「日韓條約批准をめぐる政治狀況」, ≪現代の眼≫, 第6卷 第10號 (1965年 10月), p. 71.
87) 防衛廳 編, 『防衛白書』(東京: 日本防衛廳, 1994) 참조.
88) 外務省 編, ≪わが外交の近況≫, 第14號(東京: 日本外務省, 1970), pp. 399~403 참조.
89) ≪로동신문≫, 1969년 11월 24일자.

이(周恩來) 총리를 평양에 초청하여 문화대혁명 이래 악화 상태에 있던 중국과의 관계를 회복함과 동시에 '부활한 일본 군국주의'에 대해 공동으로 투쟁할 것을 강조했다.[91] 그럼에도 북한은 일본 정부와 일본 국민을 분리시켜 "규탄해야 할 상대는 사토 정권이지 일본국민이 아니"며, "일본국민과는 우호·친선을 깊게 하지 않으면 안 된다"라는 입장을 분명히 하면서 일본 군국주의에 반대하고 미일반동의 침략적인 결탁을 분쇄하려는 일본 국민의 투쟁을 지지하고, 그들과의 연대 강화를 주장했다.[92]

탈냉전기에도 이러한 흐름은 지속되었다. 1992년부터 일본의 안전 보장뿐만 아니라 한반도의 안전 보장과 직접적으로 관련되는 북한의 핵 문제가 불거지자 일본은 한국 및 미국과 공조체제를 유지하면서 북한의 핵개발을 저지하고자 노력했다. 따라서 북·일 수교를 위한 예비 교섭이 1990년 11월 개최되고 1991년 1월 제1차 본회담이 시작된 이래 제7차 회담까지는 대략 2~3개월 간격으로 열렸던 것이 제8차 회담은 약 6개월 만인 1992년 11월에 개최되었다. 이는 제7차 회담에서 일본이 한국과 미국의 입장을 의식하여 북핵 문제 해결을 대북수교 전제 조건으로 강하게 주장했기 때문으로 판단할 수 있다. 그러나 북한은 이러한 일본의 자세에서 북한의 안전 보장을 위해서는 대미 관계 개선이 우선되어야 하며 대미 관계 개선 없이는 북·일 관계가 진전되기 어렵다고 규정했을 것으로 이해할 수 있다. 또한 북·미기본합의로 북핵 문제가 타결된 이후에도 일본인 납치 문제와 미사일 시험 발사를 계기로 일본이 대북억지정책을 전개하면서 북·일 수교교섭은 재개되지 못했다.

그러나 한국과 미국의 대북포용정책이 추진되면서 일본의 대북억지정책

---

90) "일본군국주의 부활에 반대하자", ≪로동신문≫, 1970년 3월 19일자.
91) 環太平洋問題硏究所 編, 『韓國と北朝鮮總攬 II』, p. 24.
92) 岩垂弘, 「北朝鮮の對應論理: ゆがんだ日朝關係に銳い照明」, p. 19.

은 해제되었으며, 1999년 12월 일본의 초당파 의원단의 방북을 계기로 관계 개선에 합의하고 2000년 4월 제9차, 8월 제10차, 그리고 10월 제11차 수교회담을 재개할 수 있었다. 이후 2002년 9월 김정일 국방위원장과 고이즈미 총리 간에 북·일정상회담을 개최하고 북·일 국교정상화의 조속한 실현을 내용으로 하는 '평양선언'을 발표하고,[93] 2002년 10월 제12차 수교회담을 진행했으나, 부시 행정부의 대북강경정책으로 한반도의 긴장이 고조되고 2002년 10월부터 다시 불거진 북핵 문제로 인해 북·일 관계는 진전되지 못하고 있다. 한편 고이즈미 총리는 2004년 5월 재방북하여 북·일 국교정상화의 최대 걸림돌로 작용했던 일본인 납치자 송환 문제가 일단락됨으로써 수교교섭 재개를 위한 발판을 마련했다. 남북한의 대화와 교류가 증진되는 상황에서 이루어진 제2차 북·일정상회담은 그동안 수교교섭에 부정적으로 작용해왔던 장애물을 정치적 타협으로 제거하려는 두 나라 정부의 강력한 의지가 내포된 것이라고 할 수 있다. 이러한 과정에서 2006년 2월 베이징에서 제13차 북·일 수교교섭회담이 진행되었으나, 양국 간 현안에 대한 이견 차이로 성과 없이 종료되었으며, 아베 총리의 일본의 대북 강경정책으로 인해 북·일 관계는 오히려 악화되고 있는 실정이다. 이는 일본의 국내 정치 변수가 대북정책에도 크게 작용하고 있음을 보여주는 사례라고 할 수 있다.

이처럼 한반도에 대화와 화해 분위기가 조성되면 북·일 관계도 진전되는 모습을 보이지만, 한반도의 긴장이 고조되면 북·일 관계도 경색되는 경향을 보인다. 또한 일본은 동맹관계인 미국과 공식적 관계인 한국과의 안보 공조체제를 유지하면서 대북강경정책으로 회귀하는 모습을 보였다. 그러나 안보 갈등이 양국 관계에 하나의 부정적인 요인으로 작용했음에도 불구하고

---

93) 「'평양선언' 요지는 통일부」, ≪주간 북한동향≫, 제609호(2002년 9월), 4~5쪽 참조.

북·일 간의 비공식 관계는 유지되면서 국교정상화를 위한 대화를 지속적으로 추진하고 있음을 엿볼 수 있다.

2) 북·일 관계의 분야별 평가

(1) 정치적 긴장 유지와 안보 갈등

일본의 한반도 재침략을 방지하기 위한 반일·반미투쟁을 중시했던 북한은 미국의 주도로 일본과 연합국이 「강화조약」을 체결하자, 조약이 불법이고 무효임을 주장했다. 박헌영은 「강화조약」이 "미제국주의가 아시아인민에 대한 자신의 침략전쟁을 이후 한층 확대하기 위한 것"이며, "일본군국주의 부활에 반대하는 어떠한 보장도 내포하고 있지 않을 뿐만 아니라, 오히려 역으로 일본을 강력히 무장"시켜 "아시아의 모든 나라의 인민, 특히 조선인민에 대한 노골적인 위협을 내포하고 있다"고 비난했다.[94] 북한의 입장에서 「강화조약」은 일본 군국주의의 부활을 조장하는 것이었으며, 일본 군국주의의 부활은 한반도 침략의 길을 여는 것으로 인식했기 때문이다. 그럼에도 하토야마 총리가 1955년 연두 기자회견에서 국제 정세를 고려해 중국·소련과의 국교정상화 및 북한과의 경제 관계를 개선할 용의가 있음을 피력하자, 북한도 동년 2월 일본과의 국교정상화와 경제 교류를 제안하는 성명서를 발표했다.

1960년대에도 북한과 일본 간의 관계는 '정경분리원칙' 속에서 경제 교류가 활성화되었으나, 한·일 국교정상화는 북·일 간 정치적 긴장과 대립을 고조시켰다. 북한은 일본과 남한과의 국교정상화에 대해 "미 제국주의자들은 일본 군국주의를 재생시켜 아세아침략의 ≪돌격대≫로 리용하려 하고 있"으며,

---

94) 公安調査廳, 『北朝鮮の對日主要言論集』(東京: 公安調査廳, 1980), p. 182.

미국은 "일본군국주의 세력을 남조선괴뢰들과 결탁시켰으며 그것을 중심으로 《동북아세아군사동맹》을 조작하려고 획책하고 있"다고 비난하면서 「한·일기본조약」의 무효를 주장했다. 또한 북한은 한·일 국교정상화는 미국의 대아시아정책에 기인한 것이며, 한반도를 다시 침략하려는 일본 군국주의자들의 야심과 밀접히 연계된 것이라고 비난했다.[95] 이처럼 한·일 관계가 정상화됨으로써 북한과 일본 간의 정치적 대립관계는 한층 강화되었다.

일본은 냉전기 안보 면에서도 '한국일변도 정책'을 추구했다. '부산적기론(釜山赤旗論)' 등 전통적으로 한국의 안보가 일본에 중요하다는 인식을 가지고 있었던 일본은 베트남전이 격화되는 상황에서 푸에블로 호 나포사건, 2·12청와대 기습사건 등으로 긴장의 도를 더해가는 북한의 무력 도발에 대해 우려하지 않을 수 없었다. 이로 인해 한·일 양국은 북한의 위협에 대한 공동 인식을 갖게 되었으며, 1969년 11월 '닉슨사토 공동성명'서에 '한국조항'을 삽입했다. 또한 북한의 도발적 행동에 의해 한반도의 긴장이 고조되자 사토 에이사쿠(佐藤榮作) 정부는 대북관계에서 더 엄격한 규제 조치를 취했으며, 이에 따라 북·일 간의 정치적 대립관계는 지속되었다.

그러나 1971년 미·중 화해로 인한 동북아 지역의 데탕트 구조의 태동은 일본의 대북정책에도 많은 영향을 미쳤다. 특히 다나카 내각 출범 이후 중국과의 외교관계를 수립한 일본은 북한에 대해서도 신축성 있는 태도를 취하면서 남북한 '등거리외교정책'을 실시했다. 또한 한반도에서 남북 대화가 사실상 중단되고, 북한에 의한 남한어선 침몰사건, 남한경비정 침몰사건과 비무장지대에서 남침용 땅굴이 발견되는 등 북한으로부터의 위협 요인이 증가되었음에도 불구하고 일본은 한반도에서의 데탕트는 기본적으로 변하지 않았다는 인식을 보유하고 있었다. 이러한 정세 인식은 남한에 대한

---

95) 《로동신문》, 1965년 6월 19일자.

북한으로부터의 군사 위협에 관해 "일본 정부로서는 객관적으로 그러한 사실이 없다고 판단하고 있다"면서, "'북한의 위협'을 주장한 한국 정부의 입장에 동의할 수 없다"는 일본 기무라 도시오(木村俊夫) 외상의 언급에서 잘 나타나고 있다.96) 이에 더해 기무라 외상은 "한국 정부가 한반도에서 유일한 합법정부가 아니며", "한반도 전체의 평화와 안전은 일본의 안전에도 긴요하다"고 말했다.97) 이는 일본 정부의 한반도정책이 남한일변도에서 북한을 포함한 한반도 전체를 고려하는 쪽으로 향하고 있다는 것을 의미하는 것이었다.

한편 김일성은 1971년 8월 「한·일기본조약」이 폐기되지 않는다 할지라도 북한은 일본과 외교관계를 수립할 의도가 있음을 암시했다. 이는 일본과의 우호 관계를 증진시키기 위해서는 「한·일기본조약」이 폐기되어야 한다는 기존의 주장에서 상당한 변화를 반영한 것이라고 할 수 있다. 또한 김일성은 1973년 2월 "한일조약은 일본과 북한 간의 외교정상화를 방해하지 않을 것"이라고 언급했다. 그럼에도 일본 정부는 정부 간 수준에서의 대북관계를 수립할 수 없다는 입장을 피력했다.

그러나 다나카의 뒤를 이은 미키 다케오(三木武夫) 총리는 북한과의 관계 개선보다는 김대중 납치 사건, 문세광 저격 사건 및 기무라 발언 등으로 악화된 한·일 관계 개선에 역점을 두었다. 또한 1975년 베트남 공산화를 계기로 한반도 안보에 심각한 우려를 표명했으며, '닉슨-사토 공동성명'의 '한국조항'을 재확인했다.98) 그럼에도 미키 총리는 북한을 자극하지 않기 위해 1975년 미키 총리와 포드 대통령의 회담 결과 발표된 '미·일공동신문발

---

96) ≪朝日新聞≫, 1974.8.20.
97) ≪朝日新聞≫, 1974.8.20.
98) 李庭植, 『戰後日韓關係史』, p. 129.

표'의 문안 교섭에서 '한국조항'에 명기되어 있는 '한국'의 이름을 삭제하고 "한반도에서 평화의 유지가 아시아의 평화와 안전에 중요하다"라는 문구를 삽입했다.99) 미국의 반대로 "한국의 안전이 한반도의 평화 유지에 긴요하고, 또한 한반도의 평화 유지는 일본을 포함한 동아시아의 평화와 안전에 필요" 하다라고 표현한 '신한국조항'을 삽입했다.

일본의 북한에 대한 배려는 후쿠다 정권에서도 지속되었다. 후쿠다 정권은 북한을 자극하지 않기 위해 기존의 비정치 레벨의 교류로부터 정치 레벨의 교류를 시작했다. 이러한 차원에서 일본 정부는 1977년 5월 북한 최고인민회의 대표단의 입국을 허가했다. 또한 '신한국조항'은 "일본 및 동아시아의 안전을 위하여 한반도에서 평화와 안전의 유지가 계속해서 중요하다는 것에 유의했다"라는 '한반도조항'으로 변경되었다. 이처럼 정치적 대립관계가 완화되었던 북·일 관계는 1979년 박정희 대통령의 암살 사건으로 인해 다시 악화되었다. 오히라 총리는 1979년 12월 북경을 방문하여 화궈펑(華國鋒)에게 한반도 정세에 대해 언급하면서 북한의 남침을 자제해주도록 요청했으나 화궈펑은 북한의 남침 가능성은 없다고 강조했다.100) 그럼에도 일본 정부는 경직되었던 한·일 관계를 고려하여 일·조의원연맹의 초청을 받고 방일하려던 현준극을 비롯한 북한 최고인민회의 대표단의 입국을 거부하는 등 일본의 대북관계는 냉각되었다.

북·일 간의 정치적 냉각관계는 1982년 출범한 나카소네 정권 이후 개선되기 시작했다. 일본 총리로서 최초로 한국을 공식 방문한 나카소네 총리는 그동안 경직되었던 한·일 관계를 해소하고, 이에 따라 북한을 자극하지 않기 위해 북한과의 교류를 재개했다. 또한 미얀마 테러 사건에 따른 대북제재

---

99) 山本剛士, 『日韓關係』(東京: 教育社, 1978), pp. 133~134 참조.
100) ≪朝日新聞≫, 1979.12.6.

조치101)는 한국이 요구한 경제제재조치를 포함하지 않았다는 점에서 실효성이 없는 것이었다. 이는 제재조치를 취해 남한을 지지한다는 입장을 분명히 하면서도 북한의 고립화도 막아보자는 일본 정부의 '이중정책'을 나타내는 것이었다. 또한 한국의 반대에도 불구하고 나카소네 정권은 1984년 10월 '일·조민간어업교섭'을 타결시켰으며, 1985년 1월에는 대북제재조치도 해제시켰다. 이에 더하여 일본 정부는 1985년 4월 ≪로동신문≫ 주필 김기남을, 5월에는 김우중 조·일우호촉진친선협회 회장을 입국시키는 조치를 취했다. 그리고 1987년 대한항공기 폭파사건의 결과로 일본 정부가 취한 대북제재조치에서도 한국이 요구한 북한과 일본 사이의 경제 관계 단절 조항이나 일본 내의 북한 공작원에 대한 규제 조항이 포함되어 있지 않았다는 점은 북한의 고립을 방지하기 위한 일본 정부의 정치적 배려였다고 할 수 있다. 한편 북한은 사회당을 남북한 긴장 완화의 '가교 역할'로 이용하고자 했다. 1985년 5월 방북한 다나베 서기장이 회담에서 "남북 대화가 이루어지도록 한국의 제1야당인 신한민주당을 일본에 초대할 의사가 있다"는 발언에 대해 김일성은 동의를 표하고, 한국의 민주화뿐만 아니라 자주화도 촉구해줄 것을 요청했다.102)

북·일 간의 정치적 긴장 관계와 안보 갈등은 1990년대 이후에도 부침을 거듭했다. 1980년대 후반 국제 환경의 변화로 북한과의 국교정상화를 추진했던 일본은 1989년 3월 다케시타 총리가 북한과의 불행한 과거에 대해 '깊은 반성과 유감'의 뜻을 표명했을 뿐만 아니라, '새로운 결의'로 "조선민주주의인민공화국과의 관계 개선"에 나설 것임을 명확히 했다.103) 이는 일본

---

101) 일본의 대북제재조치는 북한 외교 관리의 접촉 제한 등 네 항목으로 구성되었다. ≪讀賣新聞≫, 1983.11.8 참조.
102) 田邊誠, 「訪朝代表團の任務を終えて」, ≪月刊 社會黨≫, 第353號(1985年 8月), pp. 80~86.

정부가 '조선민주주의인민공화국'이라는 북한의 정식 국명을 사용한 것과 공식적으로는 처음으로 북한에 대해 일본의 전쟁 책임과 식민지 지배를 사죄했다는 데 중요한 의미를 지닌 발표였다. 또한 1990년 9월 가네마루, 다나베를 단장으로 하는 자민당·사회당 공동대표단 방북 시 가네마루는 "과거의 역사에 대해 사죄와 보상을 하지 않으면 안 된다고 생각"하며, "사죄와 보상 문제는 정치 생명을 걸고 실행하지 않으면 안 된다고 생각하고 있"다고 언급했으며,[104] 가이후 도시키(海部俊樹) 총리는 친서를 통해 반성과 유감의 뜻을 표명하고 양국 간에 미해결로 남아 있는 청구권 문제에 대해 북·일 관계 개선 때에 일본 정부가 성의를 가지고 대처할 것임을 강조했다.[105]

이와 같은 일본 정부의 태도에 대해 김일성은 긍정적으로 평가하면서 "조·일국교정상화란 일본이 조선을 무력으로 침략하고 식민지통치를 강요한 과거사를 옳게 반성총화하고 그 토대 우에서 우리 나라와 참다운 평등, 호혜의 새로운 선린관계를 수립하는 문제"라고 규정하고, "따라서 조일국교정상화를 해결하는 데서 핵을 이루는 것은 가해자인 일본이 피해자인 우리 인민에게 끼친 인적 및 물적 피해와 불행과 고통을 준데 대해 옳게 반성하고 사죄하며 응당한 보상을 하는 것이다"라는 논리를 강조했다.[106] 이에 따라 북한과 일본 간에 존재하고 있었던 정치적 갈등이 상당히 완화되어 수교교섭으로 진전될 수 있었다.

일본 정부가 북한과의 관계를 개선하려는 목적에는 자국의 안보적 의도로 북한을 국제 사회로 유도하여 한반도의 긴장을 완화하려는 목적이 내재되어 있었다. 일본의 국익을 저해할 수 있는 한반도의 전쟁 재발을 방지하기

---

103) ≪朝日新聞≫, 1989.3.30~31.
104) ≪日本經濟新聞≫, 1990.9.23.
105) 가이후 총리의 친서에 대한 자세한 내용은 ≪日本經濟新聞≫, 1990.10.5 참조.
106) ≪로동신문≫, 1992년 2월 3일자.

위해 한국의 안정을 최우선시하면서도 북한을 자극·고립시키지 않기 위한 대북정책을 일관성 있게 추진했던 것이다.107) 그럼에도 북핵 문제와 미사일 실험 발사 및 일본인 납치 문제 등은 북·일 간의 정치적 대립과 안보 갈등을 지속시키는 요인으로 작용했다. 이로 인해 북·일 간의 수교교섭은 난항을 거듭하면서 국교정상화는 현재까지 미해결 상태로 남아 있게 되었다.

(2) 정경 분리와 경제 교류

북·일 간의 경제 교류는 1954년 일본 무역업계 일부가 북한과의 무역에 대한 관심을 표명하면서 시작되었다. 그리고 1955년 10월에는 베이징에서 중국국제무역촉진위원회의 중개로 일본의 민간 무역상사인 도코 물산(東工物産) 등 3개 상사와 조선무역상사 사이에 '무역협정'이 체결되었다.108) 또한 평양에서는 일·소무역회와 조선국제무역촉진위원회 사이에 「일·조무역의 촉진에 관한 의사록」이 조인되었다.109) 그러나 조인 바로 다음날, 일본 정부는 한·일 관계에 악영향을 준다는 이유로 북한과의 인적·물적 교류를 금지할 것을 차관회의에서 결정했다.

1956년 2월 일·조협회와 조선국제무역촉진위원회는 「일·조무역의 촉진 및 상품교역의 일반조건에 관한 담화록」을 발표했고, 3월에는 일본 관련업계에 일·조무역회가 결성되어 간접무역을 모색하기에 이르렀다. 그리고 동년

---

107) 石井一, 『近づいてきた遠い國』(東京: 日本生産性本部, 1991) 참조.
108) 「東工物産株式會社と朝鮮貿易商社との商品交易協定(1955年 10月 15日)」, 公安調査廳, 『北朝鮮の對日主要言論集』, p. 243.
109) 「日ソ貿易會と朝鮮國際貿易促進委員會との間の日朝貿易促進に關する議事錄(1955年 10月 19日)」, 公安調査廳, 『北朝鮮の對日主要言論集』, pp. 143~145. 이때까지는 북한과의 무역을 담당할 '일·조무역회'가 조직되어 있지 않았던 관계로 '일·소무역회'가 일시적으로 그 기능을 대신했다.

9월 일·조무역회, 일본국제무역촉진협회, 일·조협회 등 일본 측 세 단체와 조선국제무역촉진위원회 사이에 '민간무역협정'이 체결되어 중국 대련을 경유하는 간접무역이 개시되었다. 그러나 1958년 5월 발생한 '나가사키 국기사건'으로 일·중 무역이 중단되자 북·일무역도 1년 9개월간 중단되기에 이르렀다.110)

1960년 10월 일본의 한 상사가 북한에서 선적한 화물을 일본으로 직접 싣고 와 정부의 선처를 호소하는 사건이 발생하자, 관련업계는 일본 정부에 북한과의 직접무역을 강력히 요구하기에 이르렀다. 또한 이케다 하야토(池田勇人) 내각은 '정경분리원칙'에 따라 공산권과의 교역을 확대하면서 1961년 4월에는 북한과의 직접무역을 허용했다.111) 1962년 11월에는 '수출무역관리규제' 조항의 일부 개정에 의해 '강제바터제도' 등 모든 제한이 없어지고 정기 화물선도 취항하게 되었다. 이러한 조치로 북·일 간의 교역은 빠른 속도로 증가했다.112) 한편 1963년 2월에는 조선국제무역촉진위원회와 일·조무역회 사이에 '일·조 양국 상사간의 상품거래에 관한 계약'이 조인되었고, '일·조약국 상사 간의 상품거래에 관한 일반조건'도 체결되었다. 이때 체결된 '일반조건'은 이후 거래 형태의 진전에 따라 1965년 8월, 1967년 1월 1980년 9월에 각각 개정되었다.113) 1963년 9월에는 조선무역은행과 환거래 계약이

---

110) 이 사건 이후에는 간접무역이 홍콩 경유로 바뀌었다. 사건의 자세한 내용에 대해서는 田中明彦, 『日中關係 1945~1990』(東京: 東京大學出版會, 1991), pp. 50~51 참조
111) 장면 정부는 일본 정부가 북한과의 직접무역을 허용함에 따라 이에 항의했으나 일본 외무성은 북한과의 무역을 원하는 민간인들의 요구를 받아들이지 않으면 한·일회담 반대, 북한과 일본 간의 교류 촉진 등을 제창하는 사태가 우려된다며 한국 정부의 항의에 응수했다. 高崎石, 『戰後朝日關係史』(東京: 田畑弘., 1975), pp. 196~197.
112) 通産省, 『通商白書: 1961~1966』(東京: 通産省, 1967) 참조
113) 河合弘子, 「北朝鮮の開放政策と日朝貿易-日朝貿易への影響と役割」, 小此木政夫 編, 『岐

체결되어 직접 결제도 가능해졌다. 이러한 기반을 토대로 북한 기술자의 방일 문제를 제외하고는 무역 확대를 위한 기본적인 조건이 대부분 정비되었다. 냉전 상황 속에서 일본 정부가 제한적이나마 북한과의 무역을 인정하고 사회당 의원을 비롯한 진보계 인사들의 북한 방문을 허용한 것은, 일본의 안보에 영향을 주지 않는 범위 내에서 북한과의 무역을 인정함으로써 좌익계의 요구를 무마시키고 북한과의 채널을 유지함으로써 북한 사회의 정보를 얻기 위한 것이라고 할 수 있다. 그러나 한·일 국교정상화가 이루어지자 그동안 꾸준히 증가해왔던 일본의 대북 수출은 급감하게 되었다.114)

전후 일본은 주변 각국과 우호 관계를 수립하여 수출시장을 확대하고 이를 기반으로 무역 수지와 경제성장을 도모한다는 기본적인 인식을 갖고 있었다. 따라서 일본은 북한과의 경제 교류를 거부할 이유는 없었으나, 대북 수출에는 코콤(COCOM)에 의한 규제가 뒤따르고 있었다.115) 또한「한·일기본조약」이후 한·일 경제 교류가 급속히 확대되어가고 있는 상황 속에서 대북 경제 교류의 중요성은 상당히 약화될 수밖에 없었다. 그러나 자국 경제의 발전과 한국과의 체제 경쟁에 매진하고 있었던 북한으로서는 일본과의 무역 확대가 절실했다. 북·일무역은 1972년 1월 '일·조무역촉진에 관한 합의서' 체결을 계기로 새로운 단계에 진입하게 되었다.

북한이 1971년부터 시작되는 제1차 6개년 경제계획에 필요한 각종 플랜트 수입을 일본에서 구입할 의향을 보이자 일본 경제계는 1972년 대규모 경제사절단을 북한에 파견하고자 했으며 대기업들은 플랜트 수출 경로로서 교와붓산(協和物産)을 조직하여 북한과의 경제 교류를 활성화하고자 했다. 이러한

路にたつ北朝鮮』, p. 171.
114) 북·일무역의 추이에 대해서는 大藏省,『通關統計』; 財務省,『貿易統計』; 環太平洋問題 硏究所 編,『韓國と北朝鮮總攬 I』(東京: 原書房, 1983), p. 314 참조.
115) 吉田良衛,「日本の對北朝鮮貿易」,≪コリア評論≫, 第129號(1972年 1月), p. 3.

계획은 「한·일기본조약」 체결의 배후 공로자로 알려진 야쓰기 가즈오(矢次一夫)와 조총련 부의장 김병식의 주선으로 이루어졌는바, 1972년 12월 김병식이 조총련으로부터 반당 종파분자로 정치활동이 정지됨으로써 무산되었다.116) 그럼에도 일본 정부의 대북 '정경분리정책'과 수출입 은행 융자가 적용되면서 북·일무역은 비약적으로 증가하면서 1974년에는 일본이 북한에게 서방 국가의 최대 교역 상대국이 되었다. 일본 경제계가 북한에 경제사절단을 파견하고자 한 이유는 북한과의 경제 교류를 활성화하여 이를 토대로 양국 간 국교정상화를 측면에서 지원하고, 일본 정부가 대북관계 개선을 적극적으로 추진하게 하는 압력으로 활용하고자 하는 의도가 내재되어 있었다.

1970년대 초부터 일본을 포함한 서방 국가들과의 대외 무역이 급격히 증가함에 따라 1970년대 중반부터 북한은 수입 대금의 지불을 연기하는 등 대외 채무 문제가 발생했다. 이에 북한은 1976년 3월 일본 무역상사에 대한 채무상환 연기를 요청했다.117) 그럼에도 북한은 이러한 현상은 세계적인 경제공황으로 인해 발생했으며, 북한의 경제는 후퇴한 것이 아니기 때문에 이는 일시적인 현상이라고 주장했다. 그러나 북·일무역에 관련된 상당수 일본 기업들은 북한과의 무역에서 철수했다. 채무 문제를 해결하기 위해 1976년 12월 일·조무역회 산하의 일·조무역결제문제협의회 대표단과 북한의 조선무역은행 간에 채무협상이 이루어져 대금 지불기한의 연장을 인정하는 '채권연장에 관한 합의서'가 체결되었다.118) 그러나 북한이 2회의 지불 이후 결제기일을 연체하고 지불을 이행하지 않음에 따라 1979년 7월 북·일

---

116) 朴慶植, 『解放後在日朝鮮人運動史』(東京: 三一書房, 1989), p. 427.
117) ラヂオプレス, 『北朝鮮政策動向』(東京: ラヂオプレス, 1979), p. A3.
118) 村上貞雄, 「私が見た北朝鮮の內幕: '支拂い遲延'の發生」, ≪中央公論≫, 第1340號 (1996年 7月), pp. 102~113.

간에는 제2차 채무연장협상이 개최되어 채무 지불을 1980년부터 1989년까지 10년간 연장하는 '기본합의서'가 채택되었다.[119]

이렇듯 북한과의 채무 협상에 일본 정부가 유연하게 대응한 요인으로는 북한과의 경제 교류가 단절되는 것을 피하기 위함이었다. 또한 북한과 일본이 채무 문제와 관련하여 보인 반응과 태도에서 엿볼 수 있는 것은 공식적인 국교가 없는 상황에서 경제 교류가 지니는 중요성에 양국의 공통적인 이해가 반영되었다고 할 수 있다. 1983년 10월 미얀마 랑군 폭파사건을 계기로 취한 대북제재조치가 1985년 1월 해제되자 북·일 간의 경제 교류는 다시 활발해지기 시작했다. 특히 양국 간에는 사회당을 중심으로 한 상호 방문이 이루어져 경제 교류 확대 및 무역사무소 설치를 통한 북·일 간의 관계 발전에 대한 다양한 논의가 이루어졌다.[120] 그러나 일본 기업들은 이미 몇 차례에 걸쳐 채무상환 약속을 이행하지 못한 북한에 대해 냉담한 반응을 나타냈다. 따라서 1984년 「합영법」을 제정하여 일본을 비롯한 서방 국가의 투자를 유치하고자 했던 북한의 경제정책은 실패할 수밖에 없었다.

그럼에도 북·일 간 무역 규모는 크게 변화하지 않고 유지되었다. 이는 북·일무역의 90% 이상을 대부분 일본 내 조총련계 기업을 통해 이루어졌기 때문이다. 북한은 1986년부터 본격적으로 조총련계 기업을 대상으로 합영사업을 추진했다. 김일성은 1986년 2월 28일 북한을 방문한 재일조선인상공연합회 결성 40주년 기념단에게 "총련동포 상공인이 조국의 경제발전과 인민생활향상을 위해 좋은 일을 많이 하는 것은 숭고한 애국심의 발현"임을 호소했다.[121] '조조합영사업'의 '강령'이 된 '2·28교시'를 계기로 합영사업

---

[119] 青山遙, 「日朝貿易35年の歷史」, 『北朝鮮の經濟と貿易の展望 : 88年の回顧と89年の展望』(東京: 日本貿易振興會, 1989), p. 115.

[120] 이 시기 북·일 간의 경제 교류에 대해서는 日朝文化交流協會, 『資料 朝鮮民主主義人民共和國』(東京: 日朝文化交流協會, 1990); 青山遙, 「日朝貿易35年の歷史」 참조.

〈표 2-1〉 북·일무역의 추이

(단위: 만 달러)

연도	북한의 수출	북한의 수입	합계	연도	북한의 수출	북한의 수입	합계
1956	51	10	61	1990	30,028	17,590	47,618
1957	201	213	414	1995	33,968	25,495	59,463
1958	193	212	405	1996	29,217	22,750	51,967
1959	77	283	360	1997	31,048	17,880	48,928
1960	309	185	494	1998	21,949	17,513	39,462
1965	1,472	1,651	3,123	1999	20,118	14,698	34,816
1970	3,441	2,334	5,775	2000	25,785	20,730	46,515
1975	6,483	18,063	24,546	2001	22,678	24,907	47,585
						106,536	129,214
1980	18,005	37,430	55,435	2002	23,531	13,219	36,750
1985	17,929	24,707	42,636	2003	17,359	9,109	26,468

주: 2001년도 북한의 수입액에서 24,907달러는 통일부가 발표한 액수이며, 106,536달러는 일본 재무성이 발표한 액수이다. 이러한 차이는 일본의 대북 쌀 지원에 따른 통계 수치의 채택 여부에 있다.
출처: 大藏省, 『通關統計』; 財務省, 『貿易統計』.

은 본격화되기 시작했으며, 1987년부터 약 3년간 재일조선인 사회에서는 합영사업 붐이 일어나기도 했다. 따라서 북·일 경제 관계는 미결제 채무 문제로 인해 일본 기업들이 소극적인 자세로 돌아선 반면, 이를 대신하여 조총련계 기업들이 북한과의 합영사업에 적극 나섬으로써 명맥과 규모를 유지할 수 있게 되었다. 1972년 북·일 간 무역액이 급증한 이래 1986년까지 일본 측의 수출액이 수입액을 초과하던 현상이 1987년부터 역전된 것도 이러한 요인이 크게 작용한 것이었다.

한편 북한은 극심한 경제난을 타개하기 위해 1992년 '나진·선봉 자유경제무역지대'를 지정하고 1996년 7월에는 도쿄에서 '나진·선봉 자유경제무역지대'에 관한 대규모 투자설명회를 개최했으나 일본 기업의 투자는 매우 부진했다. 특히 1996년 9월 북한에서 개최된 투자설명회에는 140여 명이 방문했으나, 이는 투자 타당성 조사 차원의 방문으로서 일본 기업들은 북한에

---

121) ≪朝鮮商工新聞≫, 1986.2.28.

대한 자체 투자를 모색하기보다는 일본 정부의 대북 경협 지원 시 연계 프로젝트로서 대북 진출을 구상한 것이었다. 또한 이 시기 일본의 대북 투자도 대부분이 조총련계 기업인들에 의해 이루어졌다.[122] 그러나 1990년대 중반을 거치면서 '조조합영사업'은 재일조선인 기업들의 희망과 의도와는 반대로 북한의 시장경제의 관행과 상식에 대한 무지로 인해 실패와 좌절의 길을 걷게 되었다.[123]

일본 정부는 북한과 간접무역 형태로 경제 교류를 시작한 이래 경제협력의 축적을 통해 정치 관계의 회복과 국교정상화를 이끌어낸다는, '쓰미아게 방식(積み上げ方式: 쌓아올리기 방식)' 혹은 '일본식 기능주의' 전략을 견지해왔다. 이는 정치·경제적으로 일본의 국익과 직결된다고 판단되는 국가에 개발원조를 제공함으로써 이 국가들의 경제발전 효과가 확산되어 정치적으로도 일본의 국익에 우호적인 환경이 조성되도록 한다는 '정부개발원조(ODA)' 외교 전략의 일환이었다.[124] 그러나 일본 정부는 1990년대에 들어와 북한과의 정치·군사관계의 악화로 인해 이 전략이 사실상 실패한 것으로 판명됨으로써 이를 포기하고 정치적 장애가 모두 극복되기까지 경제 교류를 중단하기도 했다. 특히 일본 정부는 북핵 문제나 납치 문제 등 정치·군사적 장애물이 급부상하면서 북한에 대해 경제협력이 아니라 오히려 미국과의 공조하에 경제제재를 모색하기도 했다. 이러한 예는 양국 간 정치적 관계의 악화가

---

122) 주은호, 「대외경제관계: 최근 북일 경제관계의 현황과 특성」, ≪통일경제≫, 1998년 8월호, 101쪽 참조.
123) '조조합영사업'에 대해서는 신지호, 『북한의 개혁·개방: 과거·현황·전망』(한울, 2000) 참조.
124) 류상영, 「일본과 북한관계: '사라진 접점'의 경제적 재해석」, ≪국제정치논총≫, 제44집 2호, 150쪽. 일본의 '정부개발원조'에 대해서는 樋口貞夫, 『政府開發援助』(東京: 同文館, 1989), pp. 164~173 참조.

경제 교류에도 부정적인 영향을 미치면서 2002년도 북한의 대일본 수출은 2001년에 비해 약 3.9% 증가했으나, 수입은 무려 45.7% 감소한 것에서도 찾아볼 수 있다. 또한 2003년도 북·일 간 무역 규모는 20년 전의 4분의 1 수준으로 감소되었으며, 2002년도에 비해 약 33%가 감소했는바, 이는 물론 북한이 제품을 수입할 외화가 부족한 측면과 수출할 수 있는 제품이 다양하지 않다는 데 기인했지만, 일본인 납치에 대한 분노 등 정치적 요인들로 인해 기업체들이 북한과의 교역을 꺼리는 것이 주된 요인으로 지적되고 있다.[125]

한편 북한은 1994년 7월 일본의 동아시아무역연구회 대표단이 조선국제무역촉진위원회 초청으로 방북한 자리에서 '정경분리원칙'을 강조했다. 그동안 북한은 일본의 '정경분리원칙'에 수동적으로 대응해왔지만, 이는 북한이 전통적으로 대외 무역과 경제협력에서 정치와 경제를 분리하지 않는 '정경일치원칙'의 탈피를 의미하는 것이었다. 이는 북한이 지금까지 추진해 온 북·일 경제 교류가 정치적인 이유로 인해 실질적인 성과를 거두지 못했음을 인정하고 향후에는 정치와 경제를 분리하여 경제 교류를 더 구체적으로 발전시켜 나가고자 하는 의지를 표명한 것으로 해석할 수 있다.[126] 현재 북한은 일본과의 국교정상화를 통해 받게 될 보상금과 북·일 경제협력의 효과를 활용하여 서방 국가들의 대북 경제협력을 이끌어냄으로써 경제 활성화를 위한 대외개방정책을 더욱더 강화하려 하고 있다. 물론 국교정상화가 실현될 경우 북·일 간의 경제 교류와 협력이 상당히 진전되겠지만, 북한의 채무 불이행을 경험했던 일본 기업들의 북한에 대한 대규모 투자가 활발하게 진행될 것인지에 대해서는 회의적인 시각이 존재하고 있다.

---

125) ≪연합뉴스≫, 2004년 5월 1일자.
126) 북·일 간 무역 및 경제협력 방식 기조의 변화 과정에 대해서는 류상영, 「일본과 북한관계: '사라진 접점'의 경제적 재해석」, 150~151쪽 참조.

(3) 사회·문화의 교류 협력과 갈등

북·일 관계에서 중요한 쟁점 중 하나는 재일조선인 북송 문제였다.[127] 전후 재일조선인은 공식적인 관계가 단절된 상황에서 일본과 한반도를 연결하는 교량 역할을 담당했다. 제2차 세계대전 직후 재일조선인들은 좌우합작의 '재일조선인연합회(이하 조련)'를 전국적 조직으로 통합하여 조국으로의 귀환을 위한 본격적인 활동을 시작했다. 그러나 일본 정부는 한반도에 공식 정부가 수립되기 이전 재일조선인을 국내 치안 유지의 관점에서 단속의 대상으로 취급했으며, 공산당은 일본혁명을 위한 전위 집단으로 간주했다. 따라서 일본 정부는 국내 치안 유지의 관점에서 재일조선인정책을 고안했다. 전후 일본 최초의 내각인 히가시쿠니 나루히코(東久邇稔彦) 내각은 '조선인귀환수송문제협의회'를 개최하고 조선인의 한반도 귀환을 위한 적극적인 정책을 실시할 것을 표명했다.[128] 구체적인 귀환정책은 1945년 9월 '조선인집단이입노동자의 긴급조치에 관한 건'에 의해 제시되었다.[129] 그러나 기존에 거주하고 있던 재일조선인의 귀환과 관련해서는 어떠한 구체적인 조치도 발표되지 않았다.

한편 전후 일본의 최고 통치기관인 연합국총사령부(GHQ: General Head Quarters)는 1945년 11월에 발표한 '일본점령 및 관리를 위한 연합국 최고사령관에 대한 항복 후의 최초의 기본지령'에서 조선인을 포함한 재일외국인의 처우를 규정했다. 그러나 이 지령은 대만계 중국인 및 조선인에 대해 '해방민족'으로 간주하면서도, 지금까지 '일본신민(日本臣民)'이었으므로 필요한 경

---

127) 재일교포와 북송 문제에 관해서는 朴慶植, 『解放後在日朝鮮人運動史』 참조.
128) 梶村秀樹·佐藤勝巳, 「在日朝鮮人の戰後史と日本國家」, 佐藤勝巳 編著, 『在日朝鮮人の問題』(東京: 同成社, 1971), p. 200.
129) 「朝鮮人集團移入勞動者の緊急措置に關する件」, 粟屋憲太郎 編, 『資料日本現代史 2: 敗戰直後の政治と社會 ①』(東京: 大月書店, 1980), pp. 10~11.

우에는 '적국민(enemy nationals)'으로 취급해도 좋다는 모순적인 이중 규정을 만들어, 이후 일본 정부가 재일조선인을 일본 국민으로 취급하면서도 경우에 따라서는 외국인으로 취급하는 '양분법'을 실시할 수 있는 여지를 제공했다.130) GHQ는 같은 날 '비일본인의 일본으로부터의 귀환에 관한 각서: SCAPIN(연합국총사령관각서-224)'를 발표하고 재일외국인의 귀환정책을 실시했으나, GHQ의 재일조선인정책은 귀환 촉진을 기조로 하면서도 취로 강제의 계기를 내포하고 있었다.131) 따라서 일본 정부와 GHQ의 귀환정책은 일본의 재건에 도움이 되는 재일조선인은 노동력으로 활용하고, "귀찮은 조선인은 조선으로 돌려보내 일본에서 완전히 치워버리는 것"에 뜻을 같이하고 있었다고 볼 수 있다.132) 따라서 일본 정부와 GHQ의 귀환정책은 재일조선인의 귀국에 대한 열망을 이루어줌으로써 이후 한반도와 일본의 긍정적인 관계 구축을 위한 환경을 조성하기보다는 일본의 재건정책이 우선시되었다는 점을 엿볼 수 있다.133)

---

130) 大沼保昭,「資料と解說: 出入國管理法制の成立過程」,《法律時報》, 第618號(1984年 4月), p. 95.
131) 宮崎章,「占領初期における米國の在日朝鮮人政策: 日本政府の對應とともに」,《思想》, 第734號(1985年 8月), p. 128.
132) 梶村秀樹·佐藤勝巳,「在日朝鮮人の戰後史と日本國家」, p. 301.
133) 재일조선인 북송사업 관련 자료를 연구해온 가와시마 다카네(川島高峰) 교수는 일본 정부는 '각의승인'에서 "기본적 인권에 따른 거주지 선택의 자유라는 국제 통념에 입각해" 북송사업을 승인한다고 밝혔지만, '인도주의'라는 표면적 명분과는 달리 '생활이 어려워 정부의 지원이 필요하고 범죄율도 높은 골치 아픈 존재'라는 판단에 따른 '사실상의 추방'이었다고 주장했다. 그가 입수한 '각의승인에 이르기까지의 내부 사정'이라는 제목의 극비 분류에서 해제된 부속 문서에는 "재일조선인은 범죄율이 높고 생활보호 가정이 1만 9,000가구"이며, "이에 필요한 경비가 연간 17억 엔에 이른다"고 언급하고 있음을 밝히고 있다. 또한 한국의 반대에 대해 일본 정부는 "(국교정상화를 위한) 한·일회담이 재개된 후에 본건을 실시하면 반향이

〈표 2-2〉 재일조선인 귀국 희망자 및 귀환자 수

(단위: 명)

구분	등록자	귀국희망자	귀국자		
			시기	남한	북한
남한		504,395	1945.8~1946.3	940,438	-
			1946.4~1946.12	82,900	-
			1947	8,392	351
북한		9,701	1948	2,882	-
			1949	3,482	-
			1950	2,294	-
합계	647,006	514,096	합계	1,040,388	351

출처: 法務研究所, 『在日朝鮮人出處遇の推移と現狀』(東京: 湖北社, 1975), 59쪽; 佐藤勝巳, 『在日朝鮮人―その歷史』(東京: 同成社, 1974), 41쪽을 참고하여 재구성.

 1948년 북한 정권이 수립된 이후 일본 정부의 재일조선인정책은 북한과의 연대를 강화하고 있던 재일조선인에 의해 북한의 혁명적 상황과 남북한의 대립이 일본에 유입되는 것을 저지하려는 관점에서 실시되었다. 반면 공산당은 재일조선인을 일본혁명에 이용하려는 목적으로 재일조선인과 북한과의 관계가 긴밀해지는 것을 방지하는 정책을 추진했다. 이 같은 사실은 일본 정부와 공산당의 재일조선인정책이 식민지 지배 종결 후의 일본과 한반도의 새로운 관계를 모색하는 과정에서 나온 것이 아니라, 정부·보수정당과 공산당과의 대립이라는 국내 정치의 연장선에서 형성되었다고 볼 수 있다.[134]

 북한은 한국전쟁이 끝난 직후 재일조선인 문제에 더 적극적으로 관심을 표명하기 시작했다. 북한은 해외동포에 대해 "일본과 그밖의 여러 나라들에

큰 만큼 회담이 중단돼 있을 때 가장 큰 장애를 제거해"라고 명시해 정치적 의도를 분명히 밝혔음을 지적했다. 또한 그는 일본 정부는 귀국자에게 일단 돌아가면 일본에 재입국할 가능성이 거의 없다는 사실을 숨기고 북송사업을 추진함으로써 사회의 차별을 해소하려는 게 아니라 차별 대상자 자체를 줄이는 방법으로 문제를 해결하려 했다는 사실이 드러났다고 언급했다. ≪朝日新聞≫, 2004.5.18.

134) 신정화, 『일본의 대북정책: 1945~1992』, 13~14쪽 참조.

살고있는 조선사람들은 일제식민지통치시기 징용, 징병 등으로 강제련행되었거나 살길을 찾아 해외로 나간 사람들과 그 후손들"로 규정했다. 북한은 이들이 민족적 차별과 무권리 및 빈궁 속에 살아가고 있는바, "조선민주주의인민공화국정부는 해외에 살고 있는 전체 조선동포들에게 공화국공민의 합법적지위를 부여하기 위하여 국적법을 제정했으며 그들을 보호하기 위하여 여러 가지 조치들을 취했"다고 주장하고 있다.[135] 이러한 연장에서 북한은 "일본정부가 부당하게 일본내에 살고 있는 조선인들을 학대하고 조선의 인민으로서의 그들의 정당한 권리를 무시하고 있다"고 비난했다.[136] 북한이 재일조선인들에 대해 관심을 표명한 데는 크게 두 가지 목적을 달성하려는 의도가 내포되어 있었다. 첫째는 이들을 친북한 세력으로 조직화하여 일본 접근을 위한 하나의 '교두보'로서 사용하려고 한 것이며, 둘째는 그들 중 상당수를 북한에 송환하려는 의도였다. 전자의 경우는 1955년 5월 '조총련' 조직으로, 후자의 경우는 1959년 8월 일본 적십자와의 '캘커타협정'의 체결로 각기 그 목적을 달성할 수 있었다.[137]

일본혁명을 추진하기 위한 하부 조직으로서 조련을 필요로 했던 공산당과 재일조선인의 생활권 확보, '조국' 북한의 안녕에 필요한 일본의 민주화를 도모하기 위해 공산당을 활용하고자 했던 조련의 이해가 일치하면서 두 조직은 긴밀한 연대를 구축했다. 그럼에도 조련은 한덕수를 중심으로 '조국' 북한에 대한 지원을 중시하는 '조국파' 또는 '민족파'와 공산당의 지도 노선에 충실할 것을 주장하는 '일공파'로 분열되었다. 이러한 상황에서

---

135) "조선의 정치: 해외동포정책", www.kcckp.net/external_k/great/overseas.php(2004년 7월 21일 검색).
136) ≪로동신문≫, 1954년 8월 31일자.
137) 신정현, 「북한의 대일관계: 현황과 전망」, 『민족공동체와 국가발전』(한국정치학회, 1989), 572쪽.

요시다 내각과 GHQ는 조련을 공산당의 관련 단체라는 차원을 넘어 북한 및 중국 국제 공산주의 세력의 앞잡이로 인식했다. 이에 따라 요시다 내각과 GHQ는 1949년 9월 「단체등규정령(團體等規正令)」을 발동하여 조련에 대해 해산 명령을 내렸으며, 조련 간부 28명을 공직에서 추방하고, 조련의 재산 등을 몰수해 국고에 귀속시킨다는 방침을 발표했다.[138] 이에 공산당은 일본 정부 및 GHQ와의 직접적인 대결을 피해 당 조직을 보존하고자 평화적이고 합법적인 방법에 한정하여 투쟁을 전개했다.[139] 그러나 북한은 요시다 내각의 조련 해산이 조련과 공산당의 연대 활동보다는 조련의 북한 지지에 있다고 인식하고 1949년 9월 발표한 '조선애국투사후원회의 항의'를 통해 일본 정부를 강력하게 비난했다.[140]

한국전쟁이 발발하자 구조련계 조선인공산주의자들은 '조국방위위(祖國防衛委)'를 조직하여 북한에 대한 지원 활동을 개시했다. 그리고 1951년 1월 조련의 후속 단체로서 '재일조선인 통일민주전선(민전)'을 결성하고 일본 군국주의의 부활을 반대하는 북한의 입장에 동조하면서 '조국방위 및 일본재군비반대투쟁'을 전개했다.[141] 한국전쟁이 종결된 이후 '일본공산당파'와 노선 투쟁에서 승리함으로써 민전의 주도권을 장악하게 된 한덕수를 비롯한 '조국파'는 1955년 5월 민전을 발전적으로 해체하고 '재일조선인총연합회(조총련)'을 결성했다. 그리고 조선인 공산주의자들은 그 적(籍)을 일본공산당에서 조선로동당으로 옮기고 북한의 지도 아래 북·일 국교정상화를 위한

---

138) 「法務府特別審査局の朝連など4團體解散發表文」, 坪井豊古, 『在日同胞の動き―在日韓國人(朝鮮)關連資料』(東京: 自由生活社, 1975), pp. 271~272.
139) 金太基, 『戰後日本政治と在日朝鮮人韓問題』(東京: 勁草書房, 1997), p. 571.
140) 「朝連·民靑の解散に對する朝鮮愛國鬪士後援會の抗議(1949年 9月 15日)」, 公安調査廳, 『北朝鮮の對日主要言論集』, pp. 65~66.
141) 朴慶植, 『解放後在日朝鮮人運動史』, pp. 279~282.

활동을 시작했다.142) 이후 북한은 재일조선인 자녀에게 지속적으로 장학금을 지급하는 등 경제적으로도 조총련을 지원했다.143)

한편 김일성은 1958년 9월 북한 정권 창건 10주년 기념 경축대회에서 재일조선인에 대한 일본 정부의 박해가 더해가고 있다고 비난하면서, 그들이 귀국할 경우 생활을 영위할 수 있도록 모든 조건을 '보증'할 것임을 분명히 했다.144) 곧 이어 남일 외무상도 '재일조선인 북조선귀국성명'을 발표하고 북한으로 귀국하려는 재일조선인은 언제든지 받아들일 뿐만 아니라 생활 일체를 책임지고 보증하겠다는 의사를 피력했다.145) 게다가 북한은 재일조선인의 귀국에 필요한 모든 비용의 부담과 귀국선을 파견할 용의가 있음을 강조했다. 1950년대를 전후하여 60만 명에 달하는 재일조선인은 이들의 약 80%가 실업 또는 반실업 상태에 있었으므로 일본으로서는 경제적 부담만 안게 되는 사회 문제로 취급되었으며 경제 빈곤, 민족차별은 과격주의의 온상이 되기도 했다. 따라서 일본은 재일조선인을 받아들이겠다는 북한의 제의에 커다란 관심을 갖지 않을 수 없었다. 이에 반해 북한은 한국전쟁으로 감소된 노동력을 보완하기 위해 재일조선인의 북송을 필요로 했다. 재일조선인의 북송을 실현하기 위해 조총련으로 하여금 일본의 정당·사회단체를 동원하게 한 북한의 노력으로 북송 문제는 상당한 호응을 얻게 되었다.

---

142) 조총련은 결성대회에서 '조국의 평화적 통일독립투쟁', '평화옹호투쟁', '민족권리 옹호투쟁', '국교정상화투쟁'이라는 4대 활동 방침을 결정했다. 조총련의 강령에 대해서는 韓德銖, 『主體的海外僑胞運動の思想と實踐』(東京: 未來社, 1986), pp. 170~171 참조.

143) 內閣官房調査室, 「朝鮮半島の現狀と將來」, ≪調査月報≫, 第230號(1975年 2月), p. 8.

144) 김일성, 「조선민주주의인민공화국창건 10주년 기념경축대회에서 한 보고」(1958년 9월 8일), 『김일성저작집 12』(평양: 조선로동당출판사, 1981), pp. 468~511.

145) 「在日朝鮮人歸國問題に關日する北朝鮮外相の」(1958년 9월 16일), 神谷不二 編, 『朝鮮問題戰後資料』第2卷, pp. 531~532.

이승만 정부의 강한 반대에도 불구하고 기시 노부스케(岸信介) 총리는 "인도주의적 입장 및 국제 통념에 따르는 의미에서 귀국 희망자에게는 이를 허가하는 조치를 취하고 싶다"는 견해를 피력함으로써 내각은 1959년 2월 각료회의의 양해 사항으로 재일조선인 북송 문제를 결정했다.146) 이에 따라 일본과 북한적십자사는 1959년 4월부터 제네바에서 협상을 시작하여, 동년 8월 인도 캘커타에서 귀국을 희망하는 재일조선인과 배우자, 자녀 및 부양가족으로서 귀국을 원하는 자를 대상으로 하는 '북·일적십자 귀국협정'에 조인했다. 이에 따라 동년 12월 14일 재일조선인을 태운 귀국선이 처음으로 니가타(新潟) 항을 출발했다.147)

'귀국협정'이 체결된 이후 1년씩 연장되면서 1967년까지 추진되었던 재일조선인의 귀국은 한국 정부의 강한 반대와 귀국자의 현저한 감소로 인해 1967년 10월에 1차적으로 종료되었다. 1966년 7월 북한이 '귀국협정'의 재연장을 요구하자, 일본 정부는 동년 8월 인도주의적인 문제로서 제기된 귀국사업은 '그 소기의 목적이 달성'되었다는 표면상의 이유를 내세워 1년에 한해 연장하는 것을 골자로 처리 규정을 발표했던 것이다.148) 그러나 '귀국협정'의 종료 후 긴급을 요하는 희망자들의 귀국이 '잠정조치'에 따라 1967년 12월에 실시되었으며, 이후 북한과 일본은 1971년 2월 귀국사업을 재개하기 위한 '합의서'에 조인하고 이에 의거한 '잠정조치'와 '사후조치'를 통해 재일조선인의 귀국이 재개되었다. 그러나 '사후조치'에 따른 재일조선인

---

146) 金東祚, 『韓日の和解: 日韓交渉の14年の記錄』, 林建彦 譯(東京: サイマル出版會, 1993), pp. 163, 197.
147) 북·일적십자사의 재일조선인 귀국협정 내용에 대해서는 「在日朝鮮人歸還日朝赤十字協定(1959年 9月 15日)」, 神谷不二 編, 『朝鮮問題戰後資料』 第2卷, p. 560 참조.
148) 法務省入國管理局, 「北鮮歸還に關する協定等資料および暫定期間中における北鮮歸還關係諸統計について」, ≪入國管理月報≫, 第131號(1967年 12月) 참조.

〈표 2-3〉 귀국 재일조선인 수

(단위: 명)

연 도	귀국자	연도	귀국자	연도	귀국자
1959	2,942	1968	중단	1977	180
1960	49,036	1969	중단	1978	150
1961	22,801	1970	중단	1979	126
1962	3,497	1971	1,318	1980	40
1963	2,567	1972	1,003	1981	38
1964	1,822	1973	704	1982	26
1965	2,255	1974	479	1983	-
1966	1,860	1975	379	1984	30
1967	1,831	1976	256	합 계	93,340

출처: 法務省入國管理局, 『出入國朝管理の回顧と展望』(東京: 法務省入國管理局, 1980), p. 129; 法務省入國管理局, 『入國管理月報』第261號(1982年 10月); 法務省入國管理局, 『出入國管理: 變貌する國際環境の中で』(東京: 法務省入國管理局, 1987), p. 56 등을 참고하여 재구성.

귀국은 1971년 이후 매년 감소하여 1983년에는 귀국자가 없었으며, 1984년 30명을 마지막으로 귀국사업은 종료되었다. 귀국 희망자가 감소하게 된 요인으로는 귀국자를 통해 '지상낙원'이라고 과잉 선전된 북한의 실체가 밝혀지고, 1970년대 후반 재일조선인의 친족 방문이 비교적 쉽게 이루어졌기 때문이다.

한편 북·일 간에는 문화·인적 교류도 활발하게 진행되었다. 1955년 12월 배우좌(俳優座)가 북한을 방문하여 조선국립극장과 '우호교류에 관한 합의서'를 체결하고, 문화교류 촉진에 합의했다. 이후 일본의 각계 대표단은 북한을 방문하여 각종 단체와 합의서를 체결했다.149) 이처럼 북·일 간의 교류·협력

---

149) 대표적으로 '조일 노동관계에 관한 합의서'(1955년 12월, 일본노동대표단과 조선직업총동맹), '문화교류에 관한 합의서'(1956년 10월, 일본 사철(私鐵)총련과 조선교통노동자 직업동맹), '조일 친선교류에 관한 협정'(1957년 1월 요코하마시 평화대표단과 조선평화옹호전국민족위원회 평양시위원회), '조일 농민연대강화에 관한 합의'(1957년 10월, 일본 농민대표단과 조선농민동맹) 등이다. 公安調査廳, 『北朝鮮の對日主要言論集』, pp. 272~279 참조.

이 활성화된 배경에는 먼저, 미국과의 단독 강화를 통해 서방 진영의 일원으로 국가 진로를 선택한 정부에 대한 일본 내 혁신 세력의 반발, 다음으로 이들이 사회주의 국가에 대해 동경심을 가지고 있었다는 점 등을 지적할 수 있다. 북한의 입장에서는 북한에 동조하는 일본 내 혁신 세력과 긴밀한 관계를 유지함으로써 북한에 대한 지지 세력을 확대하고자 했던 의도가 내재되어 있었다.150)

1973년 8월 15일 재일조선인 문세광이 박정희 대통령을 암살하려는 사건이 발생하자 한국 정부는 일본 정부에 대해 북한이 조총련을 이용하여 한국 정부를 전복하려 하는 데도 일본 정부가 이를 묵인하고 있다는 불만을 표시하면서 조총련에 대한 수사를 요구했다. 한국 정부의 항의에도 불구하고 일본 외무성은 "대통령 저격 사건과 관련해 일본 정부에 법률적·도의적 책임은 없다"고 발표하고 국내법의 범위 내에서 해결할 의사를 분명히 했다.151) 이는 전후 일본을 무대로 한 남북한의 대립에는 관여하지 않는다는 일관된 대한반도정책의 산물로서 북한과의 관계 개선을 후퇴시키고 싶지 않았던 일본 정부가 조총련에 대한 단속이 초래할 북한과의 관계 악화를 우려했기 때문이다.

이후에도 북한은 일본 정부에 대해 재일조선인들의 제반 문제 해결을 제기했다. 김일성은 재일조선인 문제에 대해 1985년 6월 ≪세카이≫ 편집국장의 질문에 대한 대답에서 "일본정부는 또한 재일조선인들에 대한 민족차별 정책을 쓰지 말고 인권유린행위를 하지 말아야 하며 그들에게 주권국가의 해외공민으로서의 응당한 권리를 충분히 보장해주어야" 한다고 강조했

---

150) 이 시기 일본의 북한 방문자 현황에 대해서는 李瑜煥, 『在日朝鮮人60萬⼭ 民團·朝鮮總聯の分裂史と動向』(東京: 洋洋社, 1971), p. 85 참조.
151) ≪日本經濟新聞≫, 1974.9.12.

다.152) 또한 북한은 '3당공동선언'에서 "3당은 재일조선인들이 차별을 받지 않고 그들의 인권과 민족적 제 권리와 법적 지위가 존중되여야 하며 일본정부는 이것을 법적으로도 담보하여야 한다고 인정한다"고 명시함으로써 지속적으로 재일조선인들에 대한 관심을 표명했다.153)

북한은 재일조선인들의 법적 지위 문제를 북·일 수교교섭회담의 제4의제에 포함시킴으로써 조총련의 중요성을 확인했다.154) 일본 정부와 공식적인 외교적 접촉을 할 수 없었던 북한은 조총련을 대일 외교기관으로 활용했다. 조총련은 일본 정부, 여야당, 재계, 매스컴 등 일본 각계의 정보 수집 및 북한의 의사를 전달하는 '사실상의 외교기관' 역할을 수행해왔다. 여기에 더해 조총련은 북한의 주장에 동조하는 야당, 매스컴, 사회단체 및 지식인을 통해 일본의 국내 여론에 영향을 미치기도 했다.155) 또한 북·일 수교교섭회담의 전개 과정에서는 일본 정부에 대해 국교정상화의 조기 실현을 요구하면서 북한에 유리한 환경을 조성하는 데 큰 역할을 수행했다.

고이즈미 총리는 2004년 5월 제2차 북·일정상회담 이후 국교정상화 실현을 위해 최대한 노력을 기울일 것임을 밝히면서 '재일본조선인총연합회 제20차 전체대회'에 축하 메시지를 보냈다. 이는 제1차 북·일정상회담 이후 일본인들의 이지메 대상이 되었던 조총련의 달라진 위상을 단적으로 보여준 일이었다.156) 이 메시지에서 고이즈미 수상은 "이번 수뇌회담의 결과를

---

152) 김일성, 「일본 정치리론잡지 ≪세까이≫ 편집국장이 제기한 질문에 대한 대답」 (1985년 6월 9일), 『김일성저작선집 제9권』, 272쪽.

153) 「조일관계에 관한 조선로동당, 일본의 자유당, 일본사회당의 공동선언」, 조선중앙통신사, 『조선중앙년감 1991』(평양: 조선중앙통신사, 1991), 476쪽.

154) 「朝·日國交正常化のたぬの政府間1回本會談」, ≪月刊 朝鮮資料≫, 第360號(1991年 5月), pp. 25~26.

155) 鐸木昌之, 「北朝鮮の對日政策: 『恨』を解かんとする首領の領導外交」, 小此木政夫 編, 『ポスト冷戰の朝鮮半島』(東京: 日本國際問題研究所, 1994), pp. 80~81.

토대로 하여 일조 사이의 제반 현안 해결을 위하여 빠른 시일에 구체적인 전진을 이룩하고 이를 가지고 우리 나라와 조선반도의 관계개선, 나아가서 일조국교정상화의 실현을 향하여 최대한의 노력을 기울여나가고싶다고 생각하고있"다고 표명했다.157) 고이즈미 수상의 메시지가 발표되자 일본인 납치 문제로 인한 반북, 반조총련, 반조선인 분위기 속에서 40여 년 이상 지속되어온 조총련 건물 고정 자산세 감면 조처를 폐지했다가 부활하는 지방자치단체도 일부 나타났다.

5. 맺음말

냉전기 북한과 일본은 대립과 갈등 관계 속에서도 민간 차원의 교류를 유지했다. 북한의 대일정책은 군국주의의 부활과 한반도 및 아시아 정복을 획책하는 일본 정부와, 평화를 염원하고 제국주의에 반대하며 일본의 안전과 세계 평화를 수호하기 위해 투쟁하고 있는 일본 국민을 분리·대응하는 '인민 외교'를 통해 민간 차원의 교류와 협력을 확대하는 것이었다. 전후 일본의 한반도 및 대북정책은 한국과의 관계를 중요시했던 보수 세력과 북한과의 교류·협력을 강화하고자 했던 혁신 세력의 구도로 전개되었다. 일본 정부는 한국과 북한에 대한 동시 승인의 부당성과, '사실상의 존재'는 인정하더라도 국가로서 승인을 하고 있지 않기 때문에 북한과 국교정상화를 위한 정부 간 교섭은 할 수 없다고 주장했다. 따라서 일본 정부의 대북정책은

---

156) 《한겨레신문》, 2004년 7월 2일자.
157) "<총련 제20차 전체대회> 자유민주당 고이즈미 준이찌로총재가 축하메쎄지", 《조선신보》, 2004년 5월 28일자.

부정적 인식의 차원에서 표출되었으며, 대북관계는 재일조선인과 북한에 우호적인 정당, 사회단체를 중심으로 하는 민간 차원에서 유지되었다.

냉전기 대북정책에 커다란 재량권을 행사할 수 없었던 일본은 국제 환경의 변화에 따라 아시아 및 한반도에서의 역할 증대와 영향력 확대의 일환으로 북·일 국교정상화를 위한 정치적 타결을 모색했다. 특히 일본 정부는 전후 처리를 마무리하기 위해 대북관계 개선을 추진했다. 일본은 한·일 국교정상화 때 북한을 전후 처리가 안 된 '백지 상태'로 두어 정세가 변하면 관계를 정상화하려는 의도를 분명히 했다. 따라서 경제대국에 걸맞은 정치대국으로 부상하고자 노력하고 있던 일본으로서는 미수교국으로 남아 있는 북한의 존재는 하나의 장애 요소로 인식되어왔다. 북한은 한국의 대외정책의 변화와 탈냉전에 의해 초래된 외교적 고립과 안보 위기 및 경제난을 타개하기 위해 일본과의 국교정상화를 추진하게 되었다. 북한은 일본과의 수교를 바탕으로 식민지 보상과 경제협력 및 미국을 비롯한 서방 국가들과 관계 개선을 추진함으로써 국제적 고립에서 벗어나고 경제를 활성화할 수 있다고 판단했던 것이다.

북·일 양국의 이해가 맞물리면서 시작된 북·일 수교교섭회담은 현재 제12차 회담까지 진행되었으나, 식민지 지배에 대한 사죄와 대일 청구권 문제, 일본인 납치 문제, 그리고 북핵 문제 해결에 이견을 좁히지 못함으로써 더 이상 진전되지 못하고 있다. 이러한 상황에서 김정일 국방위원장과 고이즈미 수상은 2002년 9월 정상회담을 개최하고 국교정상화를 빠른 시일 안에 실현시키기로 합의했다. 북한은 부시 행정부의 대북강경정책이 더욱 강화되자, 이를 견제하고 완화할 수 있는 일본의 외교적 지원이 필요했으며, 일본의 고이즈미 수상은 경제 불황과 구조 개혁의 미비로 약화된 지지를 만회하기 위한 대안으로 북·일정상회담을 추진했던 것이다. 북·일정상회담의 개최에도 불구하고 북·일 수교교섭은 일본인 납치 문제와 제2차 북핵 문제로 일본 내에 부정적인 여론이 확산되면서 진전되지 못했다.

이처럼 일본 내에서 반북 분위기가 고조되면서 수교교섭이 난항을 보이는 가운데, 2004년 5월 고이즈미 수상은 김정일 국방위원장과 제2차 정상회담을 개최하고 수교교섭 재개에 의견을 함께 했다. 북·일 간 제2차 정상회담이 개최된 것은 수교교섭 재개에 대한 두 나라 정부의 의지의 산물로 해석할 수 있지만, 정치적 목적도 강하게 내재되어 있었다. 특히 고이즈미 수상의 방북은 참의원 선거를 겨냥한 국면 전환용이었으며, 북한이 이를 수용한 것은 6자회담에서 유리한 국면을 이끌어가기 위한 전략의 일환이었다는 비판이 제기되었다. 따라서 북·일 국교정상화는 과거 반세기 이상 누적되어 온 양국 간의 현안과 국제 환경의 불확실성으로 인해 빠른 시일 안에 실현될 수 없을 것이라는 회의적인 시각도 상존하고 있다. 특히 2006년 9월에 취임한 아베 수상이 납치자 문제를 북·일 관계 개선의 선결 과제로 제시하면서 양국 간 관계는 더욱 악화되고 있다. 그럼에도 북핵 문제 해결을 위한 6자회담의 결과와 이에 따른 미국의 대북정책의 변화 가능성이 제기되면서 북·일 관계 개선에 긍정적으로 작용할 것이라는 의견도 제기되고 있다.

전후 대립과 화해를 반복해온 북·일 관계는 우선 '비공식적 관계'가 지속되고 있다. 1965년 국교정상화 이후 한·일 관계가 국가 대 국가의 '공식적 관계'로 전환된 반면, 북한과 일본과는 '비공식적 관계'가 유지되고 있다. 둘째, 정치·안보적 갈등 관계 속에서도 경제 교류는 지속되는 '정경분리원칙'이 강조되고 있다. 일본 정부는 전후 외교정책의 가장 핵심적인 전략적 사고라고 할 수 있는 '정경분리원칙'을 북한에도 엄격하게 적용했으며, 이 원칙은 비공식적인 북·일 관계를 유지·확대하는 데 긍정적으로 작용했다. 셋째, 북·일 관계는 그들의 대외정책에서 '주변적·종속적 위치'를 차지하고 있다. 이는 북한과 일본의 대외정책이 일정 정도 국제 환경에 의해 제약을 받아왔기 때문이다. 북한과 일본이 이 같은 제약 요인에서 벗어나기 위해서는 국제 환경이 근본적으로 변화하는 경우와, 양국이 엄청난 대가를 지불하면서 국제체제의 특성을 거부하는 것이다. 그러나 특히 일본이 이에 대한 반대급부로 얻을 수 있는 국가 이익이 크지 않기 때문에 북·일 관계를 제약해왔던 이러한 요인들은 어느 정도 유지될 것으로 분석된다. 넷째, '한국변수'가 크게 작용했다. 북·일 관계는 남북 관계의 긴장이 완화되면 증가하는 경향을 보였으며, 한·일 관계가 갈등 관계로 전환되면 다소 진전되다가, 갈등이 해소 국면으로 접어들면 다시 후퇴하는 모습을 보였다. 다섯째, '안보 갈등'이 중요한 요인으로 작용했다. 일본 정부는 한반도에 긴장이 고조되면 한·미·일 안보공조체제를 형성하면서 대북강경정책으로 회귀하는 모습을 보였다. 그러나 안보 갈등이 양국 관계에 하나의 부정적인 요인으로 작용했음에도 불구하고 북·일 간의 비공식적 관계는 지속되는 측면을 엿볼 수 있다.

결론적으로 북·일 관계는 상대방에 대한 인식과 국내외 환경이라는 변수가 긍정과 부정, 어느 한 측면에만 작용하는 것이 아니라 복합적으로 영향을 미치면서 상호간 '국가 이익의 확보'라는 차원에서 전개되었음을 알 수 있다. 이는 장래의 북·일 관계에서도 크게 변하지 않을 것이며 오히려 강화될 것이다. 특히 일본의 대북정책은 국제 환경을 통제할 능력이 없었기 때문에 수동적으로 대응했다기보다는 한반도 주변 환경의 변화와 미국과의 관계를 예의 주시하면서 일본의 국가 이익에 부합되는 방향에서 능동적으로 국제 환경을 활용했음을 엿볼 수 있다.[158] 따라서 국제적 고립의 탈피와 경제난을 해소하기 위해 미국을 비롯한 서방 국가들과의 관계 개선을 모색하고 있는 북한의 상황과 미국의 대북정책을 거부할 수 없는 일본 대외정책의 한계성으로 인해, 북·일 관계는 긍정적인 차원으로의 발전이 기대된다.

---

158) 이러한 주장에 대해서는 岡埼久彦, 『緊張緩和外交』(東京: 日本國際問題硏究所, 1985), pp. 155~158 참조.

■ 참고문헌

북한 문헌 및 자료

1) 김일성 저작

김일성. 1964. 「조선 민주주의 인민 공화국 정부의 정강」(1948년 9월 10일) 『김일성선집』(제2권). 평양: 조선로동당출판사.

_____. 1967. 「북조선로동당 제2차대회에서 한 중앙위원회사업총화보고」(1948년 3월 28일). 『김일성저작선집』(제1권). 평양: 조선로동당출판사.

_____. 1968. 「조선로동당 제4차대회에서 한 중앙위원회사업총화보고」(1961년 9월 11일). 『김일성저작선집』(제3권). 평양: 조선로동당출판사.

_____. 1968. 「현정세와 우리 당의 과업」(조선로동당 대표자회에서 한 보고, 1966년 10월 5일). 『김일성저작선집』(제4권). 평양: 조선로동당출판사.

_____. 1972. 「조선로동당 제5차대회에서 한 중앙위원회사업총화보고」(1970년 11월 2일). 『김일성저작선집』(제5권). 평양: 조선로동당출판사.

_____. 1974. 「우리 당의 주체사상과 공화국정부의 대내외정책의 몇가지 문제에 대하여」(일본 ≪마이니찌신붕≫ 기자들이 제기한 질문에 대한 대답, 1972년 9월 17일). 『김일성저작선집』(제6권). 평양: 조선로동당출판사.

_____. 1978. 「일본 정치리론잡지 ≪세까이≫ 편집국장과 한 담화」(1976년 3월 28일). 『김일성저작선집』(제7권). 평양: 조선로동당출판사.

_____. 1979. 「함경북도당단체의 사업을 개선강화할데 대하여」(북조선로동당 함경북도위원회 제19차상무위원회에서 한 연설, 1947년 1월 17일). 『김일성저작집』(제3권). 평양: 조선로동당출판사.

_____. 1981. 「조선민주주의인민공화국창건 10주년 기념경축대회에서 한 보고」(1958년 9월 8일). 『김일성저작집』(제12권). 평양: 조선로동당출판사.

_____. 1983. 「반제반미투쟁을 강화하여 미제를 때려부시고 조국을 통일하며 세계평화를 수호할데 대하여」(조선민주주의인민공화국창건 스무돐기념 경축대회에서 한 보고, 1968년 9월 7일). 『김일성저작집』(제22권). 평양: 조선로동당출판사.

_____. 1984. 「조선민주주의인민공화국의 당면한 정치, 경제정책들과 몇가지 국제문제에 대하여」(일본 ≪요미우리신붕≫ 기자들이 제기한 질문에 대한 대답, 1972년 1월 10일). 『김일성저작집』(제27권). 평양: 조선로동당출판사.
_____. 1984. 「우리 나라 사회주의제도를 더욱 강화하자」(조선민주주의인민공화국 최고인민회의 제5기 제1차회의에서 한 연설, 1972년 12월 25일). 『김일성저작집』(제27권). 평양: 조선로동당출판사.
_____. 1987. 「일본 정치리론잡지 ≪세까이≫ 편집국장이 제기한 질문에 대한 대답」(1985년 6월 9일). 『김일성저작선집』(제9권). 평양: 조선로동당출판사.
_____. 1987. 「조선로동당 제6차대회에서 한 중앙위원회 사업총화보고」(1980년 10월 10일). 『김일성저작집』(제35권). 평양: 조선로동당출판사.
_____. 1994. 「위대한 수령 김일성동지께서 일본 ≪이와나미≫ 서점 사장이 제기한 질문에 대한 대답」(1991년 9월 26일). 『김일성저작선집』(제10권). 평양: 조선로동당출판사.
_____. 1994. 「위대한 수령 김일성동지께서 일본 ≪아사히신붕≫ 편집국장이 제기한 질문에 대한 대답」(1992년 3월 31일). 『김일성저작선집』(제10권). 평양: 조선로동당 출판사.
_____. 1995. 「제국주의를 타도하자」(타도제국주의동맹결성모임에서 한 보고, 1926년 10월 17일). 『김일성전집』(제1권). 평양: 조선로동당출판사.

2) 단행본
김재호. 2000. 『김정일강성대국 건설전략』. 평양: 평양출판사.
장덕순·리준항. 1988. 『자주시대의 위대한 수령 김일성동지 8: 세계혁명위업에 불멸의 공헌을 하신 위대한 령도자』. 평양: 사회과학출판사.
장석. 2002. 『김정일장군 조국통일론 연구』. 평양: 평양출판사.
조선중앙통신사. 1956. 『조선중앙년감 1956』. 평양: 조선중앙통신사.
_____. 1991. 『조선중앙년감 1991』. 평양: 조선중앙통신사.
주체사상연구소 1975. 『주체사상에 기초한 세계혁명리론』. 평양: 사회과학출판사.

『위대한 수령 김일성동지의 불멸의 혁명업적 19: 세계혁명의 새로운 길 개척』.

2000. 평양: 조선로동당출판사.

『정치용어사전』. 1970. 평양: 사회과학출판사.

『철학사전』. 1970. 평양: 사회과학출판사.

3) 신문 및 기타

조선 일본군 '위안부' 및 강제련행피해자보상대책위원회. "일본군성노예범죄는 20세기 최대최악의 반인륜적인 국가범죄: 이전 일본군 ≪위안부≫생존자 박영심의 피해실태와 관련한 조사보고서", ≪로동신문≫, 2004년 1월 17일자.

"분별없이 날뛰지 말아야 한다". ≪로동신문≫, 2003년 5월 12일자.

"일본군국주의 부활에 반대하자". ≪로동신문≫, 1970년 3월 19일자.

"조선의 정치: 해외동포정책". www.kcckp.net/external_k/great/overseas.php. 2004년 7월 21일 검색.

남한·외국 문헌 및 자료

1) 단행본 및 정기간행물

강태훈. 2000. 『일본외교정책의 이해』. 오름.

국토통일원. 1988. 『북한최고인민회의자료집』(제I집). 국토통일원.

동아일보사 안보·통일문제조사연구소 엮음. 1976. 『북한외교정책기본자료집』(제II집).

신정화. 2004. 『일본의 대북정책: 1945~1992』. 오름.

신지호. 2000. 『북한의 개혁·개방: 과거·현황·전망』. 한울.

이종석. 2000. 『새로 쓴 현대북한의 이해』. 역사비평사.

진창수. 2001. 『고이즈미 정권의 등장과 장래』. 세종연구소.

통일부. 2002. ≪수간 북한동향≫, 제609호(9월호). 통일부.

통일원. 1992. 『통일백서 1992』. 통일원.

岡崎久彦. 1985. 『緊張緩和外交』. 東京: 日本國際問題研究所.

高峻石. 1975. 『戰後朝日關係史』. 東京: 田畑弘.

公安調査廳. 1980. 『北朝鮮の對日主要言論集』. 東京: 公安調査廳.

金東祚 著. 1993. 『韓日の和解: 日韓交渉の14年の記錄』. 林建彦 譯. 東京: サイマル出版會.
金太基. 1997. 『戰後日本政治と在日朝鮮人韓問題』. 東京: 勁草書房.
金學俊. 1984. 『朝鮮半島の分斷構造』. 東京: 論創社.
大藏省. 『通關統計』.
渡辺昭夫 編. 1989. 『講座國際政治4: 日本の外交』. 東京: 東京大出版部.
鹿島平和硏究所 編. 1973. 『日本外交史 28』. 東京: 鹿島硏究所出版會.
朴慶植. 1989. 『解放後在日朝鮮人運動史』. 東京: 三一書房.
防衛廳 編. 1994. 『防衛白書』. 東京: 日本防衛廳.
法務省入國管理局. 1967. 「北鮮歸還に關する協定等資料および暫定期間中における北鮮歸還關係諸統計について」. ≪入國管理月報≫, 第131號(2月).
_____. 1980. 『出入國朝管理の回顧と展望』. 東京: 法務省入國管理局.
_____. 1982. ≪入國管理月報≫, 第261號(10月). 東京: 法務省入國管理局.
_____. 1987. 『出入國管理—變貌する國際環境の中で—』. 東京: 法務省入國管理局.
法務硏究所. 1975. 『在日朝鮮人出處遇の推移と現狀』. 東京: 湖北社.
山本剛士. 1978. 『日韓關係』. 東京: 敎育社.
石井一. 1991. 『近づいてきた遠い國』. 東京: 日本生産性本部.
粟屋憲太郎 編. 1980. 『資料日本現代史2: 敗戰直後の政治と社會 ①』. 東京: 大月書店.
神谷不二 編. 1978. 『朝鮮問題戰後資料』 第2卷. 東京: 日本國際問題硏究所.
_____. 1991. 『朝鮮半島で起きたこと起きること』. 東京: PHP硏究所.
外務省 編. 1970. ≪わが外交の近況≫, 第14號. 東京: 日本外務省.
李瑜煥. 1971. 『在日朝鮮人60万出: 民團·朝鮮總聯の分裂史と動向』. 東京: 洋洋社.
李庭植. 1989. 『戰後日韓關係史』. 東京: 中央公論社.
日本社會黨朝鮮問題對策特別委員會 編. 1970. 『祖國を選ぶ自由: 在日朝鮮人國籍問題資料集』. 東京: 社會新報社.
日朝國交促進國民協會. 2003. 『どうなる日朝國交交渉』. 東京: 彩流社.
日朝文化交流協會. 1990年. 『資料 朝鮮民主主義人民共和國』. 東京: 日朝文化交

流協會.

財務省. 『貿易統計』

田中明彦. 1991. 『日中關係 1945~1990』. 東京: 東京大學出版會.

佐藤勝巳. 1974. 『在日朝鮮人―その歷史』. 東京: 同成社.

中川信夫. 1990. 『激動の朝鮮半島』. 東京: 祿風出版.

草野厚 編. 1995. 『現代日本外交の分析』. 東京: 東京大出版會.

樋口貞夫. 1989. 『政府開發援助』. 東京: 同文館.

通産省. 1967. 『通商白書: 1961~1966』. 東京: 通産省.

坪井豊吉. 1975. 『在日同胞の動き=在日韓國人(朝鮮)關連資料』. 東京: 自由生活社.

韓德銖. 1986. 『主體的海外僑胞運動の思想と實踐』. 東京: 未來社.

環太平洋問題硏究所 編. 1983. 『韓國と北朝鮮總攬 I』. 東京: 原書房.

_____. 1987. 『韓國と北朝鮮總攬 II』. 東京: 原書房.

ラヂオプレス. 1979. 『北朝鮮政策動向』. 東京: ラヂオプレス.

「朝·日國交正常化のたぬの政府間1回本會談」. 1991. ≪月刊 朝鮮資料≫, 第360號(5月).

2) 논문 및 기타

김영수. 2003. 「북한의 대미 인식」. ≪현대북한연구≫, 제6권 2호.

류상영. 2004. 「일본과 북한관계: '사라진 접점'의 경제적 재해석」. ≪국제정치논총≫, 제44집 2호.

박건영. 2004. 「북·미관계의 전개와 전망, 그리고 한반도 평화와 안정을 위한 한국의 전략: 핵문제를 중심으로」. ≪한국과 국제정치≫, 제20권 제1호.

신정현. 1981. 「북한의 대일본 정책: 인식·목표·추세」. 박재규 엮음. 『북한의 대외정책』. 경남대학교 극동문제연구소.

_____. 1989. 「북한의 대일관계」. 『민족공동체와 국가발전』. 한국정치학회.

임재형. 2001. 「탈냉전기 북한외교정책의 변화요인과 대응전략: 김정일시대를 중심으로」. ≪국제정치논총≫, 제41집 4호.

정성장·임재형. 2003. 「대외전략」. 세종연구소 북한연구센터 엮음. 『북한의 국가전략』. 한울아카데미.

조은호. 1998. 「대외경제관계: 최근 북일 경제관계의 현황과 특성」. ≪통일경제≫, 8호.
진창수. 2001. 「남북정상회담 이후의 일본의 대북정책」. 『남한반도 평화』. 세종연구소.
진희관. 1997. 「북일관계연구: 북한의 대일인식 변화를 중심으로」. ≪통일문제연구≫, 제9권 1호.
현인택. 1995. 「북한의 대일본정책」. 양성철·강성학 공편. 『북한외교정책』. 서울프레스.

宮崎章. 1985. 「占領初期における米國の在日朝鮮人政策: 日本政府の對應とともに」. ≪思想≫, 第734號(8月).
吉田良衛. 1972. 「日本の對北朝鮮貿易」. ≪コリア評論≫, 第129號(1月).
內閣官房調査室. 1975. 「朝鮮半島の現狀と將來」. ≪調査月報≫, 第230號(2月).
內田健三·細島泉地. 1965. 「日韓條約批准をめぐる政治狀況」. ≪現代の眼≫, 第6卷 第10號(10月).
大沼保昭. 1984. 「資料と解說: 出入國管理法制の成立過程」. ≪法律時報≫, 第618號(4月).
梶村秀樹·佐藤勝巳. 1971. 「在日朝鮮人の戰後史と日本國家」. 佐藤勝巳 編著. 『在日朝鮮人の問題』. 東京: 同成社.
山岡邦彦. 1991. 「日·朝交涉の行方」. ≪季刊青丘 特集: 動き出した朝鮮半島≫, 第7號(春).
石橋政嗣. 1984. 「前進した日本と朝鮮の友好關係: アジアの平和創造への積極的なアプローチ」. ≪月刊 社會黨≫, 第343號(11月).
_____. 1988. 「近くて遠かつた國への旅」. ≪月刊 社會黨≫, 第396號(12月).
小此木政夫. 1994. 「日朝國交交涉と日本役割」. 小此木政夫 編. 『ポスト冷戰の朝鮮半島』. 日本國際問題研究所.
岩垂弘. 1970. 「北朝鮮の對應論理: ゆがんだ日朝關係に銳い照明」. ≪朝日ジャーナル≫, 4月 19日號.
鈴木美勝. 1989. 「北朝鮮制裁解除の眞相を探る」. ≪世界週報≫, 10月, 11月號.
伊豆見元. 1999. 「北朝鮮政府と對日聲明の示唆するもの」. ≪東亞≫ 9月號.
李鍾奭. 2003. 「日朝國交正常化交涉と北朝鮮の變化」. 姜尙中·水野直樹·李鍾元

編. 『日朝交涉: 課題と展望』. 東京: 岩波書店.
田邊誠. 1985. 「訪朝代表團の任務を終えて」. ≪月刊 社會黨≫, 第353號(8月).
_____. 1990. 「日朝關係の新しい樹立: 野黨外交の歷史的成果」. ≪月刊 社會黨≫, 第422號(12月).
佐藤勝巳. 1988. 「日朝關係の現狀と問題点」. 小此木政夫 編. 『岐路にたつ北朝鮮』. 東京: 日本國際問題硏究所.
中村政則. 1990. 「占領とはなんだったのか」. 歷史學硏究會 編. 『日本同時代史 2: 占領政策の轉換と講和』. 東京: 靑木書店.
靑山遙. 1989. 「日朝貿易35年の歷史」. 『北朝鮮の經濟と貿易の展望-88年の回顧と89年の展望』. 東京: 日本貿易振興會.
村上貞雄. 1996. 「私が見た北朝鮮の內幕: '支拂い遲延'の發生」. ≪中央公論≫, 第1340號(7月).
鐸木昌之. 1994. 「北朝鮮の對日政策—「恨」を解かんとする首領の領導外交」. 小此木政夫 編. 『ポスト冷戰の朝鮮半島』. 東京: 日本國際問題硏究所.
河合弘子. 1988. 「北朝鮮の開放政策と日朝貿易-日朝貿易への影響と役割」. 小此木政夫 編. 『岐路にたつ北朝鮮』. 東京: 日本國際問題硏究所.

Hellman, Donald. 1977. "Japanese Security and Postwar Japanese Foreign Policy." Scalapino, Robert A(ed.). *The Foreign Policy of Modern*. Berkeley: Univ. of California Press.
Yamamoto, Mitsuri. 1975. "Review of F. C. Langdon's Japan's Foreign Policy." *Japan Quarterly*, January-March.

"<총련 제20차 전체대회> 자유민주당 고이즈미 중이씨로총재기 축하메쎄시". ≪조선신보≫, 2004년 5월 28일자.
≪연합뉴스≫, ≪한겨레신문≫, ≪朝日新聞≫, ≪讀賣新聞≫, ≪日本經濟新聞≫, ≪朝鮮商工新聞≫, ≪Japan Times≫ 등.

제 3 장

북중 관계

이태환

1. 머리말

　이 장은 북·중 관계의 지속성과 변화를 역사적 관점에서 분석·고찰하는 것을 목적으로 한다. 첫째는 북·중 관계의 역사적인 기술과 분석이 미흡한 현실에 비추어 변화 과정에 대한 사실적인 자료를 만드는 것이고, 둘째는 관계 변화에 대한 동인을 모색하기 위해 그 기초 작업으로서 관계 지속과 변화에 대한 추세를 분석하여 그 유형을 밝히는 것이다. 또 이를 토대로 대주제인 '체제의 지속과 변화', 사회주의 국가 관계에 대한 이론적인 함의를 찾아보려는 것이다. 이 연구의 기본 가정은 북한과 중국의 관계를 분석하면서 양국 관계의 비대칭성을 감안할 때 중국 대외관계의 맥락에서 본 양국 관계가 북한의 시각에서 본 북·중 관계보다 더 중요한 부분이 된다고 보는 것이다. 북한의 시각에서 보는 북한과 중국과의 관계는 이를 토대로 재정리될 필요가 있다고 생각한다. 즉 북한의 시각이 아닌 중국의 시각에서 북·중 관계를 먼저 보고 중국의 대외관계의 한 부분으로서 북·중 관계를 분석하고자 하는 것이다. 북한의 대외관계를 연구하는 데 북한 측 자료의 제약에 따른 문제를 극복하고 북한 측 시각과 입장을 넘어서 균형적인 관점에서 보기 위해서이다.

　냉전기 북·중 관계는 양국 공산당을 중심으로 긴밀하면서도 한국전쟁에서 맺은 혈맹관계를 기초로 '순망치한'이라 불리는 비교적 긴밀한 관계를 유지해왔다. 탈냉전시대에 와서 양국의 관계는 좀 더 근본적인 변화에 직면했다. 북·중 관계가 동맹관계에서 실용주의적인 우호·협력관계로 전환되고 있기 때문이다. 1990년대에 와서 이데올로기의 쇠퇴와 지도자들의 사망, 은퇴로 인한 개인적인 유대와 관계 약화 등으로 양국 관계는 소원해졌으나, 1990년대 말에 관계가 다시 정상화되면서 회복되는 과정을 거쳐왔다.

　냉전기 양국 관계는 지정학적 요인, 개인적 유대, 이데올로기적 요인과 지도부 간의 상호 인식 등을 포함하는 여러 가지 대내외적 요인의 영향을 받았다. 이러한 요인들에 의해 양국 관계는 동맹관계를 유지하면서도 밀월기와 갈등기를 반복하며 변화해왔다. 냉전기의 북한의 외교정책을 이해하기 위해서는 최고지도자인 김일성과 김정일의 인식과 관점에 대한 분석이 필요하다. 북·중 관계를 분석하기 위해서는 북한 지도부와 중국 지도부의 관계라는 맥락에 대한 검토가 필요하다.

　1990년 이후 북·중 관계는 국제 환경의 변화뿐 아니라 양국의 지도부 교체 등 국내적인 요인들에 의해 많은 변화를 겪어왔다. 탈냉전기의 북·중 관계 변화에는 이데올로기 요인과 개인적인 유대 요인이 퇴조하면서 지정학적 요인을 포함한 체제 유지와 같은 국가 이익이 더 중요한 요인으로 작용했다고 볼 수 있다. 지정학적 요인은 변수가 아닌 상수라는 점을 고려할 때 북·중 관계의 지속 요인으로 작용하는 것으로 보이며 관계 변화는 상호 인식과 국내 정치체제 변화에 의해 좀 더 영향을 받는 것으로 볼 수 있다.

　북·중 관계는 다른 국가들과의 관계와는 달리 당-국가 체제를 유지하는 두 정치체제 간의 관계라는 특성이 있다. 즉 당-국가체제의 특성상 공산당 지도부 간의 관계는 양국 체제의 속성에 의해 영향을 받아왔다. 이러한 전제하에 정치 체제의 속성이 중국과 북한의 대외관계에 어떠한 영향을 주고 있으며 특히 북·중 양국 관계의 지속성과 변화에 미친 영향이 무엇인지에 대한 함의를 찾기 위해 다음과 같은 내용에 초점을 맞출 것이다.

① 북한과 중국의 관계가 1990년대 이전과 비교하여 어떻게 변화했는가?
② 북·중 관계는 분야별로 어떠한 변화 과정을 거쳤는가? 그 특징은 무엇이며 요인은 무엇인가?
③ 북·중 관계의 성격을 어떻게 규정할 수 있으며 그 정책적·이론적인 함의는 무엇인가?

다루는 대상 시기는 1945~2006년 기간이나 1990년대 탈냉전기의 변화에 분석의 비중을 두고 고찰할 것이다. 2절에서는 북한 대외관계 분석의 틀로서 정치체제 및 대외인식과 대외관계에 대한 논의를 할 것이다. 3절에서는 1990년대 이전과 비교적인 시각에서 북·중 관계의 역사적인 전개를 시기별·분야별로 구분하여 역사적인 전개 과정을 서술할 것이다. 북·중 관계를 정치, 경제, 군사의 방면으로 나누어 변화 과정을 기술·분석한다. 특히 1990년대에는 정치, 경제, 군사 방면에서 북·중 관계가 조금씩 차이를 보이고 있는데, 각 방면의 관계 변화가 어떠한 계기로 발생했는지를 검토할 것이다. 4절에서는 북·중 관계의 특징을 분석하고, 변화된 부분이 무엇이며 지속성을 띠고 있는 부분이 무엇인지를 구분하여 관계 변화의 과정과 원인을 규명해볼 수 있도록 변화 요인에 대한 분석을 할 것이다. 5절 결론에서는 북·중 관계의 전망을 해볼 것이다. 북·중 관계의 변화 추세가 어떠한 성격을 띠고 있는지를 분석하여 내린 결론을 통해 북·중 관계의 변화를 전망해볼 것이다.

2. 북한의 정치체제와 대외인식

1) 정치체제와 대외정책 결정 구조

북한의 대외관계를 이해하기 위해서는 그 역사적인 전개 과정 및 추세에 대한 분석과 변동 요인에 대한 분석이 필요하다. 대외정책의 변화에는 국내외적으로 여러 요인이 있지만 국내 정치체제 요인에 주목할 필요가 있다. 북한의 대외정책에 대한 연구들은 대체로 역사, 지정학적 요인, 이데올로기와 국내 정치체제, 경제 요인 등이 북한의 외교정책에 영향을 미치고 있다고 본다.[1] 역사나 지정학적 요인이 변수라기보다 상수라는 점을 감안하면 국내 정치체제 요인이나 경제 요인 등이 주요 변수가 되는 것으로 볼 수 있다. 북한의 대외관계 중 북·중 관계는 다른 국가들과의 관계와는 달리 당-국가체제를 유지하는 두 정치체제 간의 관계라는 특성이 있기 때문이다. 즉 당-국가체제의 특성상 공산당 지도부 간의 관계는 양국 체제의 속성에 의해 영향을 받아왔다.

북한에서 대외정책의 결정은 헌법상으로는 최고인민회의에서 수립하도록 되어 있다.[2] 그러나 당 우위 체제의 특성상 실제로는 외교정책 결정에 관해서 노동당의 지도에 따르도록 되어 있다. 노동당에서는 중앙위원회

---

1) 안병준, 「북한외교정책: 지속성과 변화」, 박재규 엮음, 『북한의 대외정책』(경남대학교 극동문제연구소, 1986) 참조.
2) 「사회주의 헌법」 제91조 4항.

정치국이 이를 심의·결정하며 그 중심 역할은 대외 문제를 관장하는 비서국의 국제부가 담당하고 여기서 결정된 문제가 최고인민회의에 통고·추인되는 것이 상례다. 이와 같은 결정 과정을 거쳐 그 집행은 형식상 당과 정권기관인 내각이 분담하여 시행하게 되는데 최고인민회의 상임위원장이 주요 책임을 맡는다.3) 북한의 정책 결정 과정의 특징은 다음과 같이 요약될 수 있다.4) 첫째, 북한에서는 소수 집단이 정책 결정에 참여하고 모든 역할을 담당하고 있어 문제 인식 단계에서부터 김정일 등 최고 정책결정권자의 주관이나 가치관이 절대적 영향을 미치고 있다. 둘째, 북한에서는 정책 결정의 범위가 총체적으로 제한되어 있어 다양한 토론 과정, 검토, 건의가 미흡한 편이며, 소수의 집단 지도자들이 참여하더라도 중요한 안건에 대해서는 최고결정자가 정책을 결정하는 독점적 정책 결정 구조이다. 셋째, 정책 문제를 검토하는 데 최우선적으로 고려되는 점은 주민들의 요구나 선호가 아니라 김정일이 무엇을 어떻게 생각하고 지시하고 있는가이다. 결국 북한에서 거의 모든 중요한 정책 결정은 김정일 개인의 의사로 결정되고, 당비서국을 통해 공식적으로 정책화되며, 당대회나 최고인민회의 등에서 형식적인 상정을 거쳐 확정된다고 할 수 있다.

  이와 같은 독점적인 정책결정구조는 북한 정치체제의 속성에서 나온다고 할 수 있다. 다른 사회주의 국가가 당 중심 체제인 반면 북한은 수령 중심 체제이다. 즉 조선로동당은 북한 사회의 전체적 수준에서 보면 인민 대중을 지도하는 상급 기관이지만 다른 한편으로 보면 수령의 영도를 받는 하급 기관이다. 결국 북한의 조선로동당은 계급정당이면서 동시에 수령의 당이라

---

3) 「사회주의 헌법」제110조.
4) 심익섭 외, 『북한정부론』(백산자료원, 2002), 162~171쪽(통일부, 『북한의 이해』 제2장, 2002에서 인용).

는 특징을 갖고 있다. 조선로동당은 유일사상체계를 세우는 것을 당 건설의 기본 노선으로 삼아 전 당에 수령의 사상체계, 영도체계를 세워나감으로써 1인지배체제 확립에 핵심적 역할을 하고 있다. 북한 체제의 사회적 특성은 이러한 정치체제 속성을 강화하는 역할을 하고 있다. 즉 사회적 체제의 특성은 수령을 어버이로 하는 사회주의 대가정체제라는 데 있다. 북한에는 개념적으로 두 개의 가정이 있는데, 하나는 일반 가정이고 다른 하나는 수령을 어버이로 하는 소위 사회주의 대가정체제이다. 사회주의 대가정체제의 가족 성원들은 보통의 가정에서 자녀들이 부모를 섬기듯 어버이인 수령을 믿고 사랑하며 충성과 효성을 다해야 한다고 교육받고 있다.

정치체제와 대외정책 결정구조의 관계는 중국도 비슷하다. 중국 대외정책에 관한, 한 연구에서는 국제체제, 양국 간 관계, 전략적 요인 등이 대외정책의 선택지의 방향을 제시할 수 있는 요인이라면 국내 정치체제 요인은 정책과 전략을 선택하는 데 직접 영향을 미치는 요인이 된다고 본다.[5]

중국에서 외교는 마르크시즘의 관점에서 내정의 연장으로 이해되어왔다. '외교는 내정의 연장'이라는 것은 한 나라의 대외정책은 본질적으로 국내 정치·경제의 근본적인 필요에 따라서 수행된다는 입장이다. 이는 다음의 두 가지 의미가 있다. 첫째, 통치 계급의 경제적 이익과 경제적 지위에 의해 대외 정책이 결정된다. 둘째, 대외정책의 변화는 국내 정치·경제 발전에

---

[5] 바흐만(Bachman)은 국제체제가 대외정책을 결정하는 결정 요인이라기보다는 정책 대안의 범주를 제한하는 제약 요인으로 본다. 즉 어떤 행위는 장려하는 반면에 어떤 행위에 대해서는 제약을 가하는 식으로 영향을 미친다는 것이다. 그 때문에 그러한 범주 안에서 정책 대안을 찾게 되지만 구체적인 전략이나 정책 결정은 다른 요인들에 의해 결정된다고 본다. David Bachman, "Domestic Sources of Chinese Foreign Policy," in Samuel S. Kim(ed.), *China and the World: Chinese Foreign Relattons in the Post-Cold War Era*(Boulder, Colorado: Westview Press, 1994), p. 46.

의해 영향을 받는다. 대외 개방이 국내 정치·경제 발전에서 비롯된 것이라고 보는 것이 그 예다.6) 대외정책이 통치 계급의 이익을 반영한다고 할 때 지도부의 성향과 이익에 따라 대외정책이 결정되는 것으로 볼 수 있다. 예를 들면 보수파와 개혁파가 대립할 경우 어느 쪽이 우세한가에 따라 개방의 속도, 범위와 같은 대외정책의 방향에 영향을 미칠 수 있다는 점이다. 이 점에서 서구 이론에서 주장하는 국내 요인 중 하나인 지도부의 권력구조와 연관이 있다. 즉 서구 이론의 관점에서는 지도부의 권력관계를 포함하는 제도적 특성을 중요하다고 보는 반면, 중국 측 관점에서는 지도부 혹은 정책 결정자의 이익에 기초한 정책 성향을 중요한 요인으로 보고 있다.

서구이론인 제도적 관점에서 볼 때, 정책결정체계는 정치체제의 영향을 받으므로 정책결정체계에 대한 이해는 정치체제의 성격에 대한 올바른 이해를 전제로 한다. 중국의 정치 체제는 속성상 특징으로 크게 두 가지를 지적할 수 있다. ① 레닌주의 국가의 성격이다. 레닌주의 국가는 당이 노동자 계급의 전위대로 국가와 사회를 통제하는 국가체제를 의미한다. 당이 군중의 이익을 가장 충실히 대표하며 이에 기초하여 사회주의를 건설할 수 있다고 믿기 때문에 당의 권위는 절대적이다. 당은 정치적인 영도, 사상과 조직의 영도를 맡고 있어 사실상 모든 사회적 활동을 통제하고 있다. 둘째, 체제의 성격상 막스 베버가 말한 가부장적 체제의 성격을 유지하는 신가부장제 체제의 속성인 후견-피후견주의, 족벌주의를 포함한다. 이러한 사회의 특징은 정책을 결정하는 데 행위자가 제한되어 있을 뿐 아니라 그 과정도 제도화·공식화되어 있지 않다는 점이다.7) 족벌주의와 후견-피후견체제 속에서 정책

---

6) 謝益顯, 「外交智慧與謀略: 新中國外交理論和原則」(河南: 河南人民出版社, 1993), pp. 176~178.
7) 신가부장제(Neo-Patrimonialism)의 대표적인 속성은 후견-피후견 관계에 기반을 두고 정치가 경제를 통제하는 체제, 공(公)과 사(私)의 구분이 모호하며 부패가 만연한

사안의 설정 단계부터 지도자의 인식과 어긋나는 것은 제안되기 어렵다. 이러한 체제의 속성은 탈냉전기에 들어서면서 많이 변화했지만 여전히 남아 있는 측면도 있다.

앞의 논의에서 보면 정도는 다르지만 북한과 중국 모두 폐쇄적인 정치체제를 갖추고 있다고 할 수 있다. 로즈노우의 외교정책 이론에 의하면 국가 사회의 속성으로 분류한 16개 유형의 국가 중 북한같이 국가 규모가 작고 개발도상국이며 폐쇄적인 체제, 외부인의 참여가 불가능한 사회에서는 5개의 대외정책 결정 변수 중 모든 쟁점 영역에서 지도자 개인 변수가 가장 중요하며 다음으로 체제(system) 변수, 그 다음이 역할(role) 변수이다.[8] 이 같은 속성이 변하지 않는 한 대외관계 행위를 결정하는 데에는 지도자 개인 변수가 가장 중요하며 체제 변수가 중요하다는 것이다. 중국은 국가 규모가 크고 경제적으로 개발도상국이며 폐쇄적인 체제, 외부인의 참여가 제한된 체제로 볼 수 있는데 이 경우 개인, 역할, 정부 변수 순서로 대외관계 행위에 영향을 미치게 된다고 본다. 따라서 북한과 중국은 모두 지도자 내지 정책 결정자들의 개인적인 신념이나 인식체계가 중요하다고 볼 수 있다. 북한의 경우는 국제체제 변수가 개인 다음으로 중요하나 중국의 경우는 역할 변수가 중요한 것으로 나타난다. 이 장에서는 이러한 이론적 논의를 검증하기 위한 것은 아니지만 북한의 관점에서 북한 지도부의 인식, 중국 지도부의 인식, 국제체제 변수로서 강대국들의 관계, 특히 중국과

체제로 되어 있다. 이 체제하에서는 강경파와 온건파의 구분이 적용되기 어렵다. 후견-피후견 체제 안에 있는가, 밖에 있는가의 여부에 따라 정치적인 입장이 결정되기 때문이다. Michael Bratton & Nicolas De Walle, "Neopatrimonial Regimes and Political Transitions in Africa," *World Politics* 46(July 1994), p. 463.

8) James N. Rosenau, *The Scientific Study of Foreign Policy*(London, New York: Frances Pinter/Nicholas Publishing Company, 1980), p. 169.

소련, 중국과 미국의 관계에 초점을 맞춰 살펴볼 것이다.

2) 지도부의 대외인식의 이념적 기초

대외관계가 정책 결정자의 대외인식 체계와 밀접한 연관이 있음은 주지의 사실이다. 북한의 외교정책을 이해하기 위해서는 최고지도자의 인식에 대한 분석이 필요하다. 1980년대에는 김일성이 북한의 외교정책을 담당하고 김정일이 내치를 담당했다고 알려져 있다. 따라서 이 시기의 북·중 관계를 분석하기 위해서는 김일성과 중국 지도부의 관계라는 맥락에 대한 검토가 필요하다.

대외 환경에 대한 지도부의 인식은 이념을 바탕으로 하므로 인식을 분석하기 전에 북한 대외정책의 기본 이념에 대한 언급이 필요하다. 냉전기에는 이념이 대외정책을 결정하는 데 압도적으로 중요한 요소 중 하나였기 때문이다. 북한 대외정책 이념을 분석한 한 연구에 의하면 북한의 주장과는 달리 자주·친선·평화가 초기부터 대외정책의 이념은 아니었으나 1980년부터는 공식적으로 사용되었다고 한다.[9] 초기부터 1950년대 중반까지는 프롤레타리아 독재와 반제국주의가 기본 이념이었고, 그 이후에 자주와 친선이 같이 포함되어 나타나기 시작하지만 아직 공식적으로 천명된 것은 아니었다. 공식적으로 천명된 것은 1980년 10월 10일 노동당 제6차대회에서 발표된 김일성의 사업총화 보고라 한다.

북한은 '조선로동당 규약' 전눈(前文)에서 당의 대외정책과 관련된 원칙을 다음과 같이 밝히고 있다.

---

9) 허문영, 「북한의 대외정책 이념: 형성과 적응」, ≪통일연구논총≫, 제5권 1호(1996).

⟨표 3-1⟩ 헌법에 나타난 대외정책 원칙과 목표의 지속과 변화

북한 헌법	원칙	대외정책 목표
1972년 헌법 제16조	평등과 자주, 상호 존중 및 내정불간섭, 호혜	마르크스-레닌주의와 프롤레타리아 국제주의 원칙의 대외관계 적용 및 반제투쟁의 지지와 확산
제6차 당대회 총화 보고 (1980년 10월)		반제 자주 력량의 단결 강화와 비동맹운동의 확대 발전, 사회주의 력량과 국제공산주의 운동의 단결
1992년 헌법	자주, 평화, 친선	자주성을 옹호하는 세계인민들과의 단결을 통한 침략과 내정간섭에 대한 반대 및 자주권과 민족적·계급적 해방
1998년 헌법		제국주의와 지배주의 세력에 대한 연대투쟁

조선로동당은 자주성과 프롤레타리아 국제주의 원칙에 기초하여 사회주의 나라들과의 단결과 국제공산주의운동과의 련대성을 강화하고 세계의 모든 신흥세력 인민들과의 친선, 협조관계를 발전시키며 아시아, 아프리카, 라틴아메리카 인민들의 반제 민족해방 운동과 자본주의 나라들의 로동계급과 그 밖의 인민들의 혁명투쟁을 지지하고 광범한 련합전선을 실현하여 미국을 우두머리로 하는 제국주의와 지배주의를 반대하며 평화와 민주주의, 민족적 독립과 사회주의 공동위업의 승리를 쟁취하기 위하여 투쟁한다.[10]

이러한 이념은 탈냉전기에도 지속되어왔으나 1992년 헌법에 마르크스-레닌주의와 프롤레타리아 독재주의가 삭제되고 자주·평화·친선이 강조되는 변화를 보였다. 특히 사회주의 진영의 붕괴에 직면해보인 이념의 변화는 체제 유지와도 밀접한 연관이 있다. 이러한 이념의 변화를 헌법에 나타난 대외정책의 원칙과 목표를 통해 엿볼 수 있다.

1948년 헌법에는 외교정책의 이념과 원칙에 대한 언급이 없었고 1972년 헌법에 처음 대외정책 목표가 제시되고 있다. 1972년 헌법 제16조에는

---

[10] 1980년 10월 13일 개정된 '조선로동당 규약'의 해당 부분은 통일부, 『북한 개요』(통일부 정보분석국, 1999), 630~631쪽에서 인용.

"대외관계에서 완전한 평등권과 자주권을 행사한다. 국가는 우리 나라를 우호적으로 대하는 모든 나라들과 완전한 평등과 자주성, 호상존중과 내정불간섭, 호혜의 원칙에서 국가적 및 정치, 경제, 문화적 관계를 맺는다. 국가는 마르크스-레닌주의와 프로레타리아 국제주의 원칙에 입각하여 사회주의 나라들과 단결하고 제국주의를 반대하는 세계 모든나라 인민들과 단결하며 그들의 민족 해방투쟁과 혁명투쟁을 적극 지지 성원한다"라고 규정했다.

헌법상의 변화는 아니지만 1980년 10월 제6차 당대회에서 대외정책의 기본 이념을 '자주·친선·평화'라고 표방하여 공산국가와의 관계 강화를 강조하는 동시에 우호적으로 대하는 자본주의 국가들과도 친선관계를 맺는 방향으로 변화를 보였고, 1992년에 '자주, 친선, 평화'라는 외교정책의 이념과 원칙을 헌법에 규정했다. 1992년 헌법 제17조에 "자주 평화 친선은 조선민주주의 인민공화국의 대외정책의 기본리념이며 대외활동원칙이다. 국가는 우리 나라를 우호적으로 대하는 모든 나라들과 완전한 평등과 자주성, 호상존중과 내정불간섭, 호혜의 원칙에서 국가적 또는 정치, 경제, 문화적 관계를 맺는다. 국가는 자주성을 옹호하는 세계인민들과 단결하며 온갖 형태의 침략과 내정간섭을 반대하고 나라의 자주권과 민족적·계급적 해방을 실현하기 위한 모든 나라 인민들의 투쟁을 적극 지지 성원한다"고 규정했다.

이상에서 살펴본 헌법상의 대외정책 목표의 변화가 북한의 국제 정세에 대한 인식의 변화에서 비롯된 것으로 볼 수 있다. 즉 국제 정세가 상대적으로 더 우호적이었던 1970년대와 1980년대에 비해 탈냉전기인 1990년대에 들어서는 체제 유지에 더 몰두하고 있음을 알 수 있다. 마르크스-레닌주의와 프롤레타리아 국제주의 원칙은 사라졌으나 연대투쟁 목표는 지속되고 있다는 점에서 전술적인 변화로 볼 수 있기 때문에 북한의 국제 정세에 대한 상황 인식과 그 대응에 근본적인 변화가 있다고 보기는 어렵다. 그렇다면 실제 대외관계에서 이러한 인식의 전술적인 변화가 대외정책과 대외관계에 어떻게 적용되어 나타났는지를 북한과 중국의 관계를 통해 살펴보기로 한다.

3. 북·중 관계의 역사적 전개

북한의 대외관계 전반에 대한 시기 구분은 학자에 따라 여러 가지로 분류되고 있어 이에 대한 정리가 요구되고 있다. 예를 들어 한국의 통일부에서 발간한 『북한개요』에서는 북한의 대외관계를 1948~1950년대 초(중·소 의존기), 1955~1960년대 말(중립국외교 강화기), 1970년대(서방외교 모색기), 1980년대(서방외교 추진기), 1990년대(미·일외교 강화기)로 구분하고 있다.11) 이에 반해 중국에서 발간된 책에는 1948~1955년(사회주의 진영외교), 1955~1965년(다방위 외교), 1966~1970년(자주외교노선의 확립), 1971~1979년(전방위 외교) 1980~1988년(대외개방 탐색기), 탈냉전기 등으로 구분한다.12) 북한에서 발간된 자료는 냉전기 북한 대외관계를 민주건설시기, 조국해방전쟁시기, 사회주의 기초 건설시기, 사회주의의 전면적 건설시기, 사회주의의 완전 승리를 앞당기기 위한 시기 등 국내 정치·경제 발전 단계를 기준으로 하여 5단계로 구분하고 있다.13)

북·중 관계의 시기 구분은 북한의 일반 대외관계와는 다소 다르다. 한 연구에서는 1948~1963년(밀월기), 1964~1968년(냉각기), 1969~1978년(관계회복 및 공조외교기), 1979~1980년대 전반기(긴밀관계), 탈냉전기 등으로

---

11) 통일부, 『북한개요 2000』, 191~197쪽.
12) 高連福 主編, 『東北亞國家對外戰略』(北京: 社會科學 文獻出版社, 2000), pp. 419~516.
13) 박태호, 「조선민주주의 인민공화국 대외관계사 1」(평양: 사회과학출판사, 1985); 박태호, 「조선민주주의 인민공화국 대외관계사 2」(평양: 사회과학출판사, 1987) 참조

구분했다.14) 또 다른 연구에서는 1948~1960년(밀월기), 1961~1965년(중·소분쟁기), 1966~1968년(독립외교), 1969~1978년(관계회복기), 1979~1981년(갈등기), 1982~1988년(관계복원 및 공조), 1989년 이후 등이다.15) 이 같은 시기 구분의 차이는 대체로 북·중 관계를 국제 환경의 변화에 해당하는 중·소 분쟁과 서방 국가들과의 관계 속에서 보는 시각과 단순히 양국 관계의 친소(親疎)를 중심으로 보는 시각으로 나누어지는 것에 기인하는 것이다. 더구나 정치, 군사, 경제 등 분야별로 나누어 보면 분야별 시기 구분이 반드시 일치하지 않을 수도 있다.

이 연구에서는 분석의 편의상 북·중 관계를 크게 냉전기와 탈냉전기로 나누어 분석하기로 한다.

냉전기에는 대체로 국제적 환경의 변화에 따라 북한의 대외관계가 영향을 받았다. 북한의 대외관계는 정권 수립 시기부터 1953년 휴전이 성립될 시기까지만 해도 사회주의 진영의 범주에 머무르고 있었다.16) 북한은 1955년 4월 아시아·아프리카 지역의 신생독립국 29개국이 참가한 반둥회의에서 평화5원칙이 발표되고 흐루시초프의 평화공존정책이 등장하면서 중·소·동유럽 등 공산국가에 국한했던 진영외교를 탈피하여 다변외교로 전환했다.17)

---

14) 이종석, 『북한-중국관계 1945~2000』(중심, 2000).
15) Il Pyong Kim, "North Koreas's relations with China," Doug Joong Kim(ed.), *Foreign Relations of North Korea*(Sungnam: The Sejong Institute, 1994), Chap. 8.
16) 당시 외교 활동은 소련의 영향권 안에 있는 공산국가들과의 관계가 기의 전부였으며 수교국도 소련, 중국, 동유럽 세국 등 12개국에 불과했다. 중국은 국공내전을 거쳐 1949년 10월 1일 국가를 설립한 직후인 1949년 10월 6일 북한을 한반도의 유일한 합법정부로 인정하고 외교관계를 수립했다.
17) 북한이 중립국들과의 외교적 접근을 시도한 것은 1956년 4월에 개최된 제3차 당대회에서 다변외교로의 전환 방침을 밝힌 때부터이다. 통일원, 『북한개요 2000』, 192쪽.

냉전기 북·중 관계는 국제 환경 중에서도 중·소, 미·중 관계의 변화에 크게 영향을 받았고 이에 따른 양국 지도부의 상호 인식의 변화에 의해서도 영향을 받았다. 물론 김일성을 비롯한 최고 지도부의 인식과 중국의 마오쩌둥, 덩샤오핑, 장쩌민의 상호 인식이 중요했다. 냉전기 양국 관계는 변화보다는 지속성이 강한 안정된 동맹관계였다. 비록 문화혁명기에 양국 관계가 갈등을 겪기는 했으나 그 외의 냉전기간은 한국전쟁 참전을 토대로 한 협력을 유지했다.

반면 탈냉전기의 북·중 관계는 국제 환경의 구조적인 변화와 더불어 전략적 이해가 조정되는 가운데 북한의 대중인식에 기초한 정책보다는 대북인식에 기초한 중국의 정책에 의해 변화되어왔다고 할 수 있다. 우선, 중·소 관계의 영향은 감소한 반면 미·중 관계의 영향은 점차 커졌다. 이 같은 북·중 관계의 역사적 전개 과정을 각 분야별로 나누어 자세히 살펴보겠다.

1) 정치적 관계: 당 관계에서 국가 관계로

(1) 냉전기

북한과 중국의 정치적 관계는 중·소 관계 변화에 따라 영향을 받았다. 중국과 소련이 군사적 동맹으로 원만한 관계를 유지했던 1950년대에는 북한과 중·소와의 관계가 원만했다.[18] 1960년대 초 중·소 분쟁이 시작되

---

18) 1955년 김일성이 연안파를 숙청함에 따라 조·중 관계가 악화되기도 했으나 1957년 10월 볼셰비키 혁명 40주년 기념 경축대회에서 김일성·마오쩌둥 회동을 기점으로 북한과 중국은 다시 밀월관계로 들어섰다. 이 1957년의 마오·김 회담을 계기로 양국 간 관계는 획기적으로 전환되었다. 중국은 소련과의 갈등이 붉거진 시기에 북한과의 관계가 소원해지는 것을 원치 않았다. 한편 북한은 겉으로는 중·소 모두 지지했으나 이념적으로 수정주의인 소련보다 중국을 지지했다.

면서 북한은 양국 사이에서 중립을 표방하면서 조심스럽게 균형을 유지하고자 했지만 실제는 줄타기 외교를 했다. 중·소분쟁기 동안 북한은 형식적으로는 중립을 유지하면서 실제로는 중국을 지지했다. 중·소 분쟁이 절정에 달했던 1962년부터 1964년까지 친중 반소의 입장을 국제적으로 표시했다.[19]

1960년대 초반에 북한은 중국과 밀접한 정치 관계를 유지하면서 소련과는 군사·안보 문제와 관련하여 거리를 두었다. 1962년 7월 박금철과 1963년 7월 최용건의 중국 방문, 1963년 북·중 양국 국가원수들의 상호 방문 등으로 양국 관계는 급속히 가까워졌으나 소련과의 관계는 벌어지기 시작했고 급기야 소련은 북한에 대한 군사·경제 원조를 중단했다. 그렇지만 1965년 2월 코시긴 소련 수상의 방북을 계기로 북한은 다시 소련 편향으로 선회했다. 조·소 정상회담에서 양측은 미국이 동아시아와 동남아 국가군(일본, 한국, 필리핀, 월남)을 묶는 동맹을 결성하려 기도한다고 규탄하면서, 쌍방은 프롤레타리아 국제주의 원칙에 기초하여 사회주의 진영의 각국 공산당 간의 형제적 친선 단결을 유지·발전·강화시키는 데 최선을 다하기로 했다. 그리고 1966년 3월에 최용건 최고인민위원회 상임위 위원장 겸 당 정치국원을 단장으로 한 조선로동당 대표단이 소련공산당 제23차 대회에 참가하여 양국 간의 우의를 다져나갔다.

그러나 1965년 이후 시작된 문화혁명 기간에 중국과의 관계가 소원해지면서 다시 소련과의 관계를 회복했다. 문화혁명 시작과 더불어 북·중 양측은 대사를 상호 소환하는 등 갈등 양상을 보였으나 1970년 4월 저우언라이(周恩來)가 평양을 방문할 때 다시 회복되었다. 문화혁명 기간에 중국은 국내의 정치적 갈등이 고조됨에 따라 북한에 대한 군사 원조를 줄였을 뿐 아니라

---

19) 서대숙, 『현대북한의 지도자: 김일성과 김정일』(을유문화사, 2000), 101쪽.

경제·문화 관계도 거리를 두었다. 당시에 북한이 중국에 대해 거리를 두기 시작한 이유로는 다음과 같은 요인을 들 수 있다. 첫째, 자력갱생을 내세운 7개년계획이 실패함에 따라 새로운 발전 모델이 필요했고 경제건설과 국방건설을 병행하기 위해 소련의 지원이 시급했다. 둘째, 월남전 중에 베트남 지원에 소극적인 태도를 보인 중국에 김일성이 불만을 가졌던 것으로 보인다. 특히 1965년 미국의 월맹폭격 개시와 한일협정의 체결은, 북한이 소련에 더 접근하게 한 계기를 제공했다. 북한은 한반도에서 미국과 다시 충돌할 경우에 소련의 핵 보호를 포함한 군사적 지원만이 미국의 군사력에 대한 효과적인 억제 수단이 될 수 있다고 보았다. 셋째, 중국에서 문화혁명이 진행되면서 중국 내 홍위병들과 극좌 노선이 김일성에 대한 비판을 전개했던 사실과도 관련이 있다.[20]

중국과 소련을 넘나들던 북한은 중·소 양다리 외교를 벗어나 외교적 활로를 찾고자 1966년 8월 내정불간섭과 호상평등을 표방한 자주 노선을 선언하고 이를 외교의 지침으로 삼았다.[21] 북한은 경제적·군사적 이유로 소련과의 관계 개선을 모색하는 동시에 중국과의 기존 유대관계도 유지하려고 했다. 북한의 당면 목표는 중·소 양국의 경쟁적 지원을 받아 기존의 경제계획을 1960년대 말까지 완수하고 군사력을 강화하는 것이었다. 자주 노선의 표방에도 불구하고 1965년부터 1968년까지 북한의 대외정책은 소련에 약간 편향된 것이었다고 볼 수 있다. 그러나 1969년 말에 중국이 고립주의정책을 수정하여 북한을 비롯한 몇몇 공산국가들과 관계 개선을 모색하면서 북한의 외교정책도 다소 친중국적인 방향으로 변화하기 시작

---

20) 서대숙, 『현대북한의 지도자: 김일성과 김정일』, 106~107쪽; 이종석, 『북한-중국 관계 1945~2000』(중심, 2000), 242~245쪽.
21) 통일부, 『북한개요 2000』, 193쪽.

했다. 1969년 10월 최용건을 대표로 하는 고위급 대표단이 중국 건국 20주년 행사에 참석하기 위해 방문함으로써 과거의 소원한 관계를 만회하고자 했으며, 이에 대한 답방으로 저우언라이가 1970년 4월 북한을 방문했다. 저우언라이 총리의 방북은 1963년 류사오치(劉少奇) 주석의 방북 이후 이루어진 최고위급 인사의 방문으로 소원해졌던 양국 관계 회복에 크게 기여했다.

이 당시 북·중 양국 관계 변화는 급속한 국제 환경 변화에 기인한 것이다. 1969년에는 미국의 닉슨 행정부의 출범과 더불어 닉슨 독트린이 발표되었다. 중·소 관계는 국경 분쟁을 겪을 정도로 악화되었고 소련으로부터의 안보 위협을 느낀 중국은 미국과의 관계 개선을 모색하고 있었다. 이러한 전략적 고려에 의한 미·중의 데탕트(detente)가 동북아 국가들의 관계에도 영향을 미친 것이다.

미·중 간의 데탕트와 중·일 관계 정상화로 특징지어지는 1970년대 초에 북·중 관계는 다소 이견이 노출되기는 했으나 큰 변화를 보이지 않다가 1979년 미·중 수교를 계기로 몇 년 동안 갈등이 표출되는 등 과도기 현상을 보였다.

중국은 1976과 1978년 두 차례 화궈펑이 북한을 방문했으며, 1978년 9월 북한 30주년 건국 기념일에는 덩샤오핑(鄧小平)이 북한을 특별 방문했다. 소련의 아시아 팽창을 우려하던 중국은 미·중의 전략적 협조로 소련의 팽창을 저지하려고 했으며 중국은 북한이 소련의 영향권으로 들어가지 않도록 미국과의 관계 개선을 통해 북한을 껴안을 필요가 있었기 때문이다. 그러나 화궈펑과 덩샤오핑의 방북에서 북·중 양국은 주한미군에 대한 입장 차이를 보였다.[22] 북한은 통일을 위해서는 주한미군이 조속히 철수

---

22) 이후에도 중국이 미국과의 외교관계를 정상화한 이후 북한의 건국 기념일에 내보낸

해야 한다는 입장을 보였으나, 중국은 소련의 아시아 팽창을 견제하기 위해서는 세력 균형자로서 미국이 필요하다는 입장을 취했다.23) 이러한 견해 차이는 갈등으로 이어지지는 않았으나 1978년 「중·일평화우호조약」 체결과 1979년 미·중 관계 정상화로 인해 심화되었다. 그럼에도 김일성은 중국의 정치·외교적 지원의 중요성을 인식하고 1970년대 후반에는 계속하여 중국의 반패권주의와 자력갱생에 호의를 보이는 등 양국 관계를 돈독히 했다.

다른 한편으로 북한은 소련으로부터도 경제적·군사적 실리를 얻어내고자 김일성이 8·15해방을 기념하는 1979년 기념사에서 소련의 브레즈네프 서기장에게 관계 개선을 희망하는 메시지를 발표하기도 했다. 북한 국내 경제의 필요성도 북·소 관계 개선의 한 요인이 되었지만 국제 환경 변화가 더 큰 요인이라 할 수 있다.

그러나 1980년대에는 미·중 관계가 전략적 협조에서 조금 느슨해진 협력으로 바뀌고 1982년 이후 중국이 자주외교 노선을 취하면서 북·중 관계도 점점 더 개선되었다. 김일성이 1981년 10월 중국을 방문했고, 뒤이어 중국의 자오즈양(趙紫陽) 총서기가 1981년 12월 평양을 방문했다. 북한의 주한 미군 철수 입장에 대한 중국의 지지와 북한의 권력 승계에 대한 중국의 인정도 양국 관계를 개선하는 계기가 되었다. 1982년 4월 김일성의 70번째 생일을 맞아 덩샤오핑과 중국공산당 총서기인 후야오방(胡耀邦)이 북한을 비공식으로 방문했으며, 처음으로 김정일이 중국의 지도자들에게 공식적으로 소개되었다. 이때 후야오방의 초청을 받은 김정일은 1983년 6월 2일부터 12일까지

≪인민일보≫ 사설에서 주한미군 철수에 대해 일절 언급하지 않자, 북한은 1979년 11월 7일자 ≪로동신문≫에서는 소련이 주한미군의 철수를 지지했다고 주장했다.
23) Ilpyong Kim, "North Korea's Relations with China, in Doug Joong Kim(ed.), *Foreign Relations of North Korea*, pp. 257~258.

비공식적으로 중국을 처음 방문했다. 방문 기간에 김정일은 김일성의 후계자로 공식적으로 인정받았다.24)

---

24) 김정일은 이 중국 방문에서 후야오방과 네 차례의 회담을 가졌다. 제1차 회담은 1983년 6월 3일에 열렸다. 여기에서 논의된 문제는 ① 김정일이 권력을 승계한 이후에 중국-북한 관계를 어떻게 계속 발전시킬 것인가, ② 북한에서의 현재의 혁명 투쟁과 건설 상황, ③ 한반도 통일, ④ 현재의 국제 정세 등이었다. 제2·3·4차 회담은 1983년 6월 3일 베이징 발 난징 행 열차 속에서 이루어졌다. 제2차 회담의 주된 목적은 김정일에게 현재 중국이 처한 상황을 이해시키려는 데 있었다. 즉 어떻게 타이완과 중국이 통일할 것인가, 홍콩의 반환 문제, 중국의 개혁정책과 대외 개방에 관한 문제들이었다. 제3차 회담은 중국의 경제개혁과 경제개방정책에 집중되었으며, 이것은 김정일이 1984년 대외 무역과 합영법에 관한 정책을 수립하는 데 기반이 되었다. 제4차 회담에서는 어떻게 중국 공산당과 북한 노동당이 다음 정권에서도 밀접한 관계를 발전시킬 수 있는가와 양국이 처한 국제적 상황에 대한 논의가 이루어졌다. 김정일은 중국의 경제정책에 깊은 감명을 받았고, 1978년 중국 공산당 전당대회 이래 채택된 '사회주의 근대화' 정책에 지지를 표명했다. 김정일은 덩샤오핑과 2시간에 걸쳐 회담했고, 양국 간의 긴밀한 우호 관계를 유지하기로 약속했다. 그뿐만 아니라 김정일은 중국의 경제·정치 정책과 그에 따른 결과에 관해 많은 것을 배웠다. 그리고 이러한 정보는 그가 북한의 경제적 근대화를 위해 요구했던 것이었다. 1984년 6월 2일자 ≪로동신문≫은 「조선인민공화국과 중화인민공화국의 우정은 영원할 것이다」라는 제하의 사설에서, 김정일의 방중 목적과 성과, 그것이 북한의 대외 정책에 미치는 영향에 대해 설명했다. 김정일은 북한에 중국 모델을 채택하면서, 일련의 합영법을 채택하고 자유 경제무역 지대를 개설하고, 해외 투자자들에게 세금 혜택을 줌으로써 대외 투자를 끌어들이려고 했다. 김정일은 북한의 경제 근대화에 어떻게 대외 자본을 활용할 것인가를 배웠다고 한다. Ilpyong J. Kim, "China in North Korean Foreign Policy," in Samuel S. Kim(ed.), *North Korean Foreign Relations: In the Post-Cold War Era*(Hong Kong: Oxford University Press, 1998) 참조.

(2) 탈냉전기

1989년 4월부터 중국과 한국의 수교가 체결된 1992년 8월까지는 북한과 중국의 전통적 우호 관계가 지속된 시기이다. 이 시기에는 북·중의 정치·군사 지도자들의 상호 방문이 빈번했다. 자오즈양(趙紫陽) 당총서기(1989년 4월), 장쩌민(江澤民) 총서기(1990년 3월), 리펑(李鵬) 국무원 총리(1991년 5월), 양상쿤(楊尙昆) 국가주석(1992년 4월) 등 중국 최고위급 인사들이 빈번히 북한을 방문하고, 김일성 역시 1989년 11월과 1991년 10월에 중국을 방문하는 등 양국 관계는 원만하게 진행되었다. 인민해방군의 주요 군지도자들인 중앙군사위 부주석인 류화칭(劉華淸), 양바이빙(楊白氷) 총참모장, 해군의 장롄중(張連忠) 사령, 육군의 장완녠(張萬年) 등이 평양을 방문했다. 그리고 북한 군부의 상대역들이 중국을 답방했다. 이는 천안문 사태 이후 양국의 이데올로기적·외교적·안보적 유대가 한 단계 올라갔음을 반영하는 것이기도 했지만, 전 세계적으로 공산당의 위기가 심화되는 와중에서 양국의 밀접한 관계의 성격을 보여주는 것이기도 했다.

둘째, 한·중 수교 이후 김일성 사망 시까지의 냉각기이다. 중국과 북한의 양국 관계는 한·중 수교 이후 소원해지기 시작했다. 우선 양국 정상들의 상호 방문이 끊겼다. 중국 정부가 북한과의 오랜 구상 무역의 관행과 국제 시세의 절반에도 못 미치는 가격을 적용해왔던 '우호가격'에 의한 교역을 1993년에 철폐하고 경화(硬貨) 결제 방식으로 전환하면서 경제 교류도 감소했다. 한편 북한과의 군사적인 교류는 지속되었다. 베이징과 서울이 관계를 정상화한 1992년 8월부터 김일성이 사망한 1994년 7월까지 몇 명의 고위급 중국 관료들이 평양을 방문했다. 외교부의 첸치천(錢其琛, 1993년 5월), 정치국 원인 후진타오(胡錦濤)와 국방부의 츠하오톈(遲浩田, 1993년 7월), 그리고 선양(沈陽) 군구 사령원인 왕커(王克, 1994년 6월) 등이다. 비록 정상회담은 없었지만, 이 시기 동안에도 고위급 접촉을 유지했다.

셋째, 1995년부터 1999년 김영남의 방중이 이루어지기까지 관계 소원기이다. 김일성이 사망한 1994년 이후 중국의 북한 방문의 빈도와 그 수준이 저하되었다. 군에서 몇 명의 원로 인민해방군 장성들이 북한을 방문했는바, 군사과학원(軍事科學院, 1995), 광저우 군구(廣州 軍區, 1995), 선양 군구(瀋陽 軍區, 1996), 총후근부(總後勤部, 1997) 등의 장성들이 포함되었다. 이러한 하위급 중국 장성들의 북한 방문은 상징적인 것으로 한반도에서의 안보나 군사 문제를 해결하기 위한 업무 차원의 방문은 아니었다.[25] 탈냉전기인 1990년대의 북·중 관계는 한·중 수교 이후 김일성이 사망한 1994년까지 점차 소원해졌으나, 1994년 이후 1999년에 관계가 다시 정상화될 때까지 주로 경제적인 의존관계를 유지해왔다.

넷째, 1999년 이후부터 2차 북핵 위기 이전까지의 북·중 관계 정상화를 위한 기간이다. 1992년 8월 남한과 외교 관계를 수립한 것이 북·중 관계를 악화시키는 계기가 되어 북·중 관계는 그동안 표면상 동맹관계를 유지하면서도 내면적으로는 적잖이 불편한 관계를 유지해왔다. 1991년 10월 김일성 주석이 중국을 방문하고 1992년 양상쿤 중국 국가주석이 북한을 방문한 이후 2000년 5월 김정일 국방위원장의 비공식적 중국 방문이 있기까지 8년 여 동안 전통적으로 이루어져온 양국 최고 수뇌 간의 교환 방문이 이루어지지 않았던 것도 이러한 소원한 관계를 반영한다. 2000년 5월 29~31일, 2001년 1월 15~20일 장쩌민 주석의 초청 형식으로 김정일 국방위원장이 두 차례 중국을 비공식 방문함으로써 관계 개선이 이루어졌다. 두 정상회담에서 양국 간의 관계와 개혁·개방 문제, 남북정상회담 등을 논의했고 상호 친선협조관계를 더 높은 발전 수준으로 진전시킬 것에 합의하는 등 변화를

---

25) Kenneth W. Allen & McVadon A. Eric, "China's Foreign Military Relations," *The Henry L. Stimson Center Report*, No. 32(October, 1999), pp. 66~68.

보인 것이다.26) 1999년 김영남의 방중과 2000년과 2001년의 김정일의 방중으로 북·중 관계는 새로운 회복기를 맞았으며 2001년 9월 장쩌민의 평양 방문으로 양국의 관계는 정상화된 것처럼 보였다.27)

다섯째, 2002년 10월 북한의 핵무기 개발 발언 이후 북한 핵 문제로 개선되고 있던 북·중 관계가 다시 소원해지게 된 시기이다. 9·11테러와 제2차 북핵 위기 발발 이후 중국이 미국과 북한 사이의 중재자로 더욱더 적극적으로 나서게 되면서 양국 관계는 조심스러운 행보를 보였다. 2003년 3월에는 북핵 문제 3자회담 참여를 유도하기 위해 중국이 송유관을 통한 원유 공급을 3일간 중단할 정도로 관계가 부드럽지 못했다. 2003년 4월, 악화 일로를 달리던 미·북 사이에 중국이 중재자 역할을 하면서 북한 핵 문제 해법이 다자적인 구도를 갖추게 되었다. 2005년 2월 북한이 핵무기 보유를 선언하면서 긴장이 고조되었고, 2006년 7월에 북한이 미사일을 발사하고 이어 10월에는 핵 실험을 강행하여 북·중 관계는 최악으로 치닫는 듯했다.28) 북한의 핵 실험 이후 중국은 원유 공급을 줄이고, 김정일에게 핵 실험을 비난하는 사절을 파견하는 등 더 위압적인 조치를 취함으로써, 북한은 3주 만에 협상 테이블로 복귀했다.

미국 의회조사국 보고서는 "북·중 협력관계는 광범위하지만 자주 긴장 상태에 놓인다"며 "중국은 북한 군부의 내부 상황에 대해 잘 알지 못하고,

---

26) 통일부, ≪주간북한동향≫, 제522호(2001년 1월 둘째 주).

27) 장쩌민 국가주석과 김정일 국방위원장은 정상회담에서 북·중 우호 관계 강화와 쌀, 석유, 비료 등 지원과 대북 협력을 약속하고 북한이 남북한 대화와 한국, 북·미, 북유럽 관계를 개선하러 나서라고 권유함으로써 양국은 당적 유대의 강화를 통해 정치적 관계 발전을 모색했다. 통일부, ≪주간북한동향≫, 제555호(2001년 9월 첫째 주).

28) "북핵타결, 9·19 공동성명에서 2·13'공동성명'까지", ≪연합뉴스≫, 2007년 2월 13일자.

북한은 중국의 말을 듣지 않는다"고 중국 정부 관리의 말을 인용해 지적했다. 보고서는 북·중 관계의 긴장 요인으로 북한의 경제개혁 실패에 대한 중국의 분노, 북한 핵무장에 따른 동북아 지역의 핵 확산 가능성 증대, 북한의 핵무기 보유를 둘러싼 북·미 간 교착 상태, 북한의 미사일 발사와 일본의 미사일 방어체제 도입, 중국 국경 인근 지역에서의 북한 지하 미사일 기지 건설, 탈북자 문제 등을 꼽았다.29)

중국은 무엇보다 남북한 관계 안정과 북한 체제의 존속을 전제로 한반도 비핵화를 추구하고 있으므로, 북한의 붕괴 전략을 지지하기는 어려운 입장이다. 또한 한·미동맹이 건재하는 상황에 한·미연합군과 직접 충돌을 야기할 수 있는 군사적 개입을 원치 않는 만큼, 기본적으로 중국의 북한 지역에 대한 영향력 행사는 미국과 한국 등 주변국과의 긴밀한 협력하에서만 가능할 것으로 전망된다.

2) 북중 군사관계: 혈맹에서 우호협력 관계로

북한이 중국과 동맹관계를 유지하는 근거는 1961년 체결한 북·중군사동맹 조약의 성격을 갖는 「북·중 우호협조 및 상호 원조 조약(中朝友好合作互助條約: 이하 「북중우호조약」)」이다. 그러나 북한은 중·소분쟁기에도 중·소 양국과 동맹관계를 유지했다. 따라서 북·중 동맹이 북한의 군사관계의 내용과 변화를 나타낸다고 할 수는 없다.

북한은 1950년대와 1960년대에 군사적으로 소련에 의지할 수밖에 없었기 때문에 중국보다는 소련에 더 의존했다. 그러나 1973년 이후 중국은 소련보

---

29) "The North Korean Economy: Overview and Policy Analysis," *Congressional Research Service*, April 18 2007, http://www.fas.org/sgp/crs/row/RL32493.pdf.

다 더 많은 양의 군사 원조를 북한에 제공했다. 중국은 1975년 중반까지 중국제 T-54·T-55 탱크와 R급 잠수함, 구축함, 어뢰정 등의 전함, 그리고 항공기 부품의 생산 설비를 북한에 공급해준 것으로 알려졌으며, 1972년 이후 중국의 한국전쟁 참전을 기념하여 매년 북한과 군사사절단을 교류함으로써 양국 간의 군사관계가 더 긴밀해지기 시작했다. 그러나 1978~1981년에는 군사관계가 그다지 긴밀하지 못했고 군대표단의 상호 방문이 있었지만 의례적인 방문에 그쳤다.30)

1982년에 접어들어 양국 간 최고위급 관리의 상호 방문이 이루어지면서 양국 간 군사·안보 관계는 더 긴밀해졌다. 1981년 12월 자오즈양이 방문한 데 이어 1982년 4월에는 덩샤오핑과 후야오방이 김일성의 70회 생일을 기념하여 북한을 방문했으며, 곧 이어 6월에는 중국 국방부장이 평양을 방문했다.31) 특히 1982년 9월에 김일성이 중국을 방문한 것은 군사적인 관계에서 의미가 있는 것이었다. 김일성은 한반도에서 군사적 우위를 유지하기 위해 군사 지원, 특히 현대 공군 전력의 지원을 요구했다고 알려져 있다. 이후 중국의 국방부장이 북한을 재방문하여 김일성과 북한 군부 요인(要人)들을 만나 북한에 A-5 전투기 20여 대를 제공하기로 약속했으며, 북한은 중국의 톈진 항을 사용할 수 있도록 위탁협정을 체결했다. 이와 더불어

---

30) 1978년 7월에는 오극열을 단장으로 하는 북한군 친선대표단이 중국을 방문했고 1978년 8월 18일에는 중국 군사대표단이 북한을 방문했다. 1980년 5월에는 북한 인민무력부 부부장 백학림을 단장으로 하는 군사대표단이 중국을 방문하여 중국군 총참모장 양더즈(楊得志), 화귀평과 회담을 가졌다. 1981년 5월 11일 중국인민해방군 부참모장 우슈취안(伍修權)을 단장으로 한 중국인민해방군 대표단이 평양을 방문하기도 했다.
31) 국토통일원, 『북한자료』(1982년 6월), 74쪽; 윤해수, 『북한곡예외교론』(한울, 2000), 180~181쪽.

중국은 1982년 8월 약 1억 달러에 달하는 경제 원조를 북한에 제공했으며, 양국의 무역거래량도 증가했고 연간 70만 배럴의 원유를 북한에 공급했다.

1982~1984년에 북한과 중국은 군사 교류 면에서 이전보다 잦은 상호 방문을 기록했으며 또한 중국의 군사적 지원도 실질적인 차원에서 이루어졌다. 1982년 6월 국방부장의 방북에 이어 9월에는 북한 중앙위원회 정치국원이자 총정치국 부국장이었던 윤치호 중장이 인민군 대표단을 이끌고 베이징을 방문했다. 한편 중국 측에서도 중국인민해방군 총후근부 부장 홍쉐지(洪學智)를 단장으로 하는 중국 인민 친선대표단이 1983년 7월 방북하여 오진우와 접견했고, 이어 10월에는 중국 총정치부 제1부주임을 단장으로 하는 중국군 대표단이 잇달아 북한을 방문했다. 1984년 5월 후야오방의 방북 시 양상쿤 중앙군사위 부주석, 첸리런(錢李仁) 당 대외연락부장, 인민해방군 부총참모장 등 주로 군사 및 대외 분야 실권자들을 수행했다는 점에서도 나타난다. 이 방문을 통해 중국제 F-7·8 신형 항공기 제작 기술과 유도 무기 생산을 위한 고도의 기술 지원이 이루어진 것으로 알려졌다.

1985~1988년 사이에는 1988년 5월 오진우 인민무력부장이 중국을 방문한 것 외에는 의례적인 군사 대표단 파견만 있었을 뿐 고위급 인사들의 상호 방문은 거의 이루어지지 않았다. 1988~1992년에도 양국 간 군사 교류는 실질적인 군사 원조나 무기 거래보다는 상호 친선을 확인하는 수준에서 진행되었다. 1989년 8월에는 북한의 최광 총참모장이 이끄는 군사대표단이 중국을 방문했고, 1990년 8월에는 친지웨이(秦基偉) 국방부장을 단장으로 하는 중국 군사대표단이 북한을 방문했다. 이어 11월에는 김광진 인민무력부 부부장이 북한 군사대표단을 인솔하고 중국을 방문하여 친지웨이 국방부장과 류화칭(劉華淸) 중앙군사위 부주석과 면담했다.

1991년 8월의 중국 군사친선참관단이 방북했고 1992년 11월에는 북한 군사친선참관단이 이에 대한 답방 형식으로 중국의 장완녠(張萬年) 총참모장이 방북하여 우호협력 관계 발전에 관해 의견을 교환했다. 1993년 7월 「북·중우호조약」 32주년을 기념해 츠하오톈(遲浩田) 국방부장의 북한 방문을 계기로 그간 소원했던 양국 관계가 다소 개선되었고 쌍방 간 친선협력 증진을 다짐했으나 의례적이었다.

1990년대 중반 고위급 지도자들의 교류가 줄어들긴 했어도 관계는 지속되었다. 이는 군사관계가 긴밀한 것을 의미한다기보다 중국이 북한의 전략적 가치를 의식하고 있었기 때문이었다. 김일성 사망 직전인 1994년 6월 최광 북한군 총참모장이 방중 시 중국은 북한 핵 문제로 인한 유엔 경제제재 발효 시 북한에 식량과 에너지 등을 유상으로 지원해주기로 약속했으며, 그 대신 북한은 톈진과 나진 등 동해안 지역의 항만사용권과 비철금속, 시멘트 등 물자 제공을 제의한 것은 그 예에 속한다.

김일성이 사망한 1994년 이후에 북·중 군사관계는 그 성격이 변화해 군 장성들이 방문했다.

북한 측에서는 1996년 6월 30일 김일성 사후 처음으로 정창렬 북한 인민무력부 부부장을 비롯한 군대표단이 베이징을 방문하여 장완녠 중앙군사위원회 부주석, 우촨수(吳全淑) 인민해방군 부총참모장 등 중국 측 고위 군사지도자들과 만나 군사협력 증진에 합의했다. 또한 1996년 7월 11일에는 「북·중 우호협조 및 상호원조 조약」 체결 35주년을 맞아 중국 북해함대 해군함선 편대가 남포항에 기항했다. 1998년 5월에는 북한군 총정치국 부국장 지영춘을 단장으로 하는 북한군 친선참관단이 중국을 방문해 양국 군대 간 친선 증진을 다짐하기도 했으며, 이어 슝광카이(熊光楷) 중국 부총참모장을 단장으로 하는 중국 군사친선대표단도 북한을 방문해 상호 군사적 유대 강화를 강조했다.

그러나 이러한 의례적 방문은 북·중 군사관계가 동맹을 유지하고는 있지만 성격은 달라지고 있음을 보여준 것이다. 이와 관련 1995년 11월 방한한

〈표 3-2〉 한중 수교 이전 북·중 간 군사 교류(1948~1992)

일자	내용	일자	내용
1948. 3.16	북한-중국 비밀군사협정 체결	1983.8.2	김일성, 방북 중인 중국 당중앙군사위 부서기장 홍학지와 면담.
1954. 10.3	중국군 7개 사단(8만 7,894명) 철수	1983.10	중국 인민해방군 정치일군대표단이 북한을 방문
1955. 4.20	중국지원군 6개 사단(총 5만 2,192명, 탱크 67대, 포 1,758문) 전부 철수	1986.8	중국 인민해방군 베이징 군구 사령원을 단장으로 하는 중국 군사대표단이 북한을 방문
1957. 2.4	인민군 및 중국군 열사묘비 제막식(개성)	1987.4	중국 인민해방군 친선참관단 방북
1958. 10.26	중국군 북한으로부터 완전철수를 발표	1987.8	중국 인민해방군 공군친선대표단 방북
1970. 6.24	중국군 총참모장 황용성(黃永勝)을 단장으로 하는 중국 군사대표단 방북	1987.8	북한 정부 군사대표단이 중국을 방문
1970. 7.25	인민무력부장 오진우를 단장으로 하는 군사대표단 중국 방문	1987. 12.11	오극열 인민군총참모장은 방북한 중국군 심양군구사령관 류징숭(劉精松)과 회동.
1971. 8.17	인민무력부장 오진우를 단장으로 하는 군사대표단 방중	1988. 4	중국 인민해방군 친선참관단이 북한을 방문
1971. 9.6	중국이 북한에 무상으로 군사 원조를 제공하기로 한 협정을 체결	1988. 5.16~20	북한 인민무력부장 오진우를 단장으로 하는 군사대표단이 중국을 방문 중국의 진기위 국방부장 등과 회담하고 청도에서 해군북해함대의 기지를 방문
1973.7.	북한 조선인민군 군사 휴양단이 중국 방문	1989.8	북한의 조선인민군 군사대표단이 중국 방문
1973.9.	인민해방군 친선참관단이 북한을 방문	1989.10	중국 인민해방군 군사대표단이 북한을 방문
1974. 6.14	중국 인민해방군 친선참관단이 북한을 방문	1990.4	중국 인민해방군 친선참관단이 북한을 방문
1974.9	중국 인민해방군 친선방문단이 북한을 방문	1990. 8.23~30	중국의 진기위 국방부장이 이끄는 군사친선대표단이 북한을 방문 김일성을 접견하고 인민무력부장 오진우와 회담
1980. 6.8	인민무력부장 백학림을 단장으로 하는 군대표단은 중국을 방문하여 화귀평 중국 국가주석과 회담	1990.10	전 중국인민지원군 대표단 및 전중국인민지원군 영웅대표단 방북
1980. 10.20	중국 당 군사위 상무위원 왕평은 중국친선 대표단 이끌고 방북 김일성과 회담	1990.11	북한의 조선인민군 군사대표단이 중국을 방문
1980. 12.9	윤치호 북한 인민군 중장은 군사대표단 이끌고 베이징 방문 중 중국 당정치국원 겸 중국 군정치부주임 위구청과 회담.	1991. 3.27	군사정전위 중국군 측은 성명 발표를 통해 유엔군 측 수석대표의 한국군 장성 임명으로 차후 군사정전위회담에 불참할 것임을 선언
1982. 5.18	인민무력부장 박중국을 단장으로 하는 인민군 친선참관단 방중	1992.4	중국인민해방군 친선대표단이 방북
1982. 6.14	중국 군사대표단, 노동당 군사위원회 초청으로 방북 인민무력부장 오진우와 면담	1992.4	중국인민해방군 심양군구대표단이 방북
1982. 9.22	전 중국 인민지원군 대표단이 북한을 방문 김일성과 면담	1992. 6.4~11	김일성은 중국 공산당 중앙군사위 서기 겸 인민해방군 총정치부 주임 양바이빙(楊白氷) 면담

출처: 『조선중앙년감』 각 년도와 FBIS 자료 등을 참고하여 재구성.

천젠(陳健) 중국 외교부 대변인은 「북·중우호조약」이 파병 조약이 아니라고 한 바 있다.

1996년 7월 초 주창준(朱昌駿) 베이징 주재 북한 대사는 MIG-21의 개량형인 중국제 젠(殲)-7II 전투기 12대와 40기의 미사일과 3척의 미사일 쾌속정 제공 등 6개항의 요구 사항을 담은 김정일 친서를 제시한 바 있다. 이에 대해 중국은 무기와 군사비 지원 대신 민생에 필요한 자금만을 제공하기로 제의한 것으로 알려져 있다.

북·중 군사관계의 성격 변화에 관한 논의는 2003년 2차 핵 위기 발발과 2006년 북한의 미사일, 핵 실험으로 한반도 내에서의 위기가 심화되면서 더욱 고조되었다. 특히 「북·중우호조약」의 자동 개입 조항을 수정해야 한다는 중국 측의 목소리가 높아지기 시작했다. 베이징의 한 외교 소식통은 "중국 외교부가 이미 비망록 형식으로 북한에 조약 수·개정안을 전달했으며, 문서에는 북한의 핵 실험으로 제3국이 침략으로 입을 경우 상호 조약에 규정된 군사 개입의 의무를 이행하지 않겠다는 내용이 포함되었다"고 밝혔다. 홍콩의 ≪원후이바오(文匯報)≫는 2006년 10월 조선(북한)문제 전문가 및 외교 소식통의 말을 인용해 "북한이 스스로의 잘못으로 군사 무력제재에 처할 경우 「중·조우호조약」에 따른 자동 개입 조항을 지킬 의무가 없다"며 "중국은 향후 북한(핵 문제)에 대해 불가근(不可近)의 태도를 유지해가야 한다"고 보도했다. 베이징 대학교 국제관계학원의 천펑쥔(陳峰君) 교수는 "이 조약이 이미 유명무실해졌다"며 "북한 잘못으로 위기에 처한 경우에는 군사적 보호를 제공할 이유가 없다"고 주장했다. 같은 국제관계학원의 왕융(王勇) 교수도 "조약은 정상적 상황에서 외침을 받았을 때를 전제한 것"이라며 "북한이 핵 문제로 군사제재를 받을 경우 중국은 자동 개입 의무 조항을 준수할 필요가 없다"고 강조했다.

한편 이 같은 북·중 군사 교류의 성격 변화는 중국의 동북아 및 한반도

〈표 3-3〉 한중 수교 이후 북·중 간 군사 교류(1992~2004)

일자	내용	일자	내용
1992.10	전중국인민지원군 영웅대표단 방북	1999. 10.16~21	사령원 랴오실롱 중장이 북한인민무력부의 초청으로 북한을 방문, 김일철 차수와 회담
1992.11	조선인민군 친선참관단이 중국을 방문	2000. 6.17	김일철 차수가 중국을 방문, 츠하오톈 국방부장과 회담. 이 회담에서 츠하오톈 부장은 남북정상회담의 결과에 대해 긍정적으로 평가
1993.7	전중국인민지원군 대표단이 북한을 방문	2000. 7.11~18	북한의 인민무력부 군사대표단 방중
1994. 2.28~3.11	인민무력부 대외사업국장 소장 김학산을 단장으로 하는 군대회사업일꾼대표단 방중	2000. 10.22~26	츠하오톈 국방부장이 방북하여 김정일 국방위원장과 회담
1994. 6.6~7	북한 인민군 총참모장 최광을 단장으로 하는 군사대표단이 중국을 방문하여 중국 국가주석인 쨩쩌민과 면담	2000. 12.7	안용치 인민무력부 대외국장이 츠하오톈 국방부장을 면담
1994. 6.21~29	선양 군구 사령원 왕커(王克)를 단장으로 하는 중국군 친선참관단 방북	2001 9.25	김일철 차수는 중국인민해방군 친선대표단을 접견
1994. 10.22	북한인민군 대장 오룡방을 단장으로 하는 북한군 친선참관단 방중	2001. 10.22~26	김일철 차수는 중국 국방부 대외업무국장을 대표로 하는 중국인민해방군 대표단을 접견
1994. 10.25	군사정전위 중국대표단 평양철수 발표	2001. 11.12	츠하오톈 국방부장은 북한의 김성은 인민군 부사령관을 대표로 하는 군사대표단을 접견
1994. 12.15	군사정전위원회 중국군대표단 평양에서 철수	2002. 11.3	중국인민해방군 친선대표단이 북한을 방문 김일철 차수 등과 회담
1995. 10.21~28	중국인민해방군 광저우 군구 상장을 단장으로 하는 전 중국인민지원군 대표단이 조선전선(한국전쟁)참전 45돌을 맞아 방북	2003. 8.18	중국 중앙군사위원회 위원이자 인민해방군 중장 쉬차이허우를 단장으로 하는 중국인민해방군 고위급대표단이 북한을 방문 조명록 차수, 김정일 국방위원장 등과 회담
1996. 7.10~14	중국인민해방군 해군 북해함대 사령원이 인솔하는 해군함대가 북한의 남포항을 방문	2003. 10.22	중국 국방부 외무국 부국장을 단장으로 하는 중국 군사대표단이 북한을 방문 북한 인민무력부장 김일철과 회담
1998. 8.3~8	중국 인민해방군 부총참모장 중장 슝광카이(熊光楷)를 단장으로 하는 군사 친선대표단이 방북	2003. 11.18	북한 인민무력부 부부장 태일을 단장으로 하는 북한 인민군 군사대표단이 중국을 방문 참모부 부총참모장 장리를 면담
1998. 10.16~22	베이징군구 정치위원 중장 두톄환(杜鐵環)을 단장으로 하는 중국 인민해방군 친선참관단 방북	2004. 7.12	김일철 인민무력부장을 대표로 하는 북한 군사대표단이 중국을 방문, 중국 국방부장과 회담을 갖고 양국 간 관심사에 내해 논의
1999. 7.14	방중한 북한 인민무력부 부부장 류춘석이 츠하오톈 국방부장과 회담	2004. 12.15	북한 인민무력부 산하 군사외무국 부부장 김이호가 이끄는 군사대표단이 중국을 방문, 인민해방군 부참모장인 쉬치량(許其亮) 등과 회담
1999. 8.3~10	중국의 류빈 소장이 북한의 김일철 차수와 회담		

출처: 『조선중앙년감』 각 년도 및 FBIS 자료 등을 참고하여 재구성.

전략과 관계가 있다 할 수 있다. 우리 군은 2001년부터 중국 측에 핫라인 가동의 필요성을 주지시키고 구체적인 방안을 협의할 것을 제안했으나 중국 측은 북한 군부를 의식한 듯 명확한 입장 표명을 유보해왔다. 그러나 2006년 국방장관회담을 통해 중국 측이 유연한 입장으로 돌아섰고 2007년 원자바오(溫家寶) 총리의 방한을 계기로 합의에 이르게 된 것이다. 2007년 4월에는 김장수(金章洙) 국방장관과 차오강촨(曹剛川) 중국 국방장관이 국방장관회담을 하고 연내에 핫라인을 설치하고 9월 상하이(上海)에서 해군 간 공동 탐색, 구조 훈련을 한다는 데까지 의견 접근을 이루었다. 중국군이 우리 군과 긴급연락체계를 가동하기로 결정한 것은 한국과 군사 협력을 강화하고 싶다는 의지를 드러낸 것이다.[32]

이는 중국과 미국의 군사관계가 개선되는 시점과 어느 정도 맞물려 있다. 2003년 차오강촨(曹剛川) 국방부장, 2004년에는 량광례(梁光烈) 인민해방군 총참모장이 미국을 방문한 데 2006년에는 후진타오(胡錦濤) 국가주석 및 중국 군부 2인자인 궈보슝(郭佰雄) 부주석까지 미국을 찾았다. 그와 동시에 미국의 럼스펠드 국방장관도 중국을 방문한 것은 미·중의 군사관계가 변화되고 있음을 보여주는 것이다.

3) 경제 관계: 비대칭적 상호 의존관계

(1) 중국의 대북 원조

중국은 한국전쟁 동안 북한에 약 7,500만 달러를 무상으로 원조했고 1954~1957년 전후 복구를 위해 약 3억 2,000만 달러에 이르는 유상 원조를 제공했다.[33] 북·중 양국 간에 1953년 11월 23일 체결된 「경제 및 문화

---

32) "한·중 군사협력 범위 확대", ≪연합뉴스≫, 2007년 4월 24일자.

협력을 위한 조약」이 대북 원조의 기초가 되었다.

북한은 1949년에 시작된 제1차 2개년계획을 비롯하여 전후 복구 3개년계획(1954~1956년), 5개년계획(1957~1960년), 7개년계획(1961~1970년), 6개년계획(1971~1976년)을 수립하여 경제발전을 추진했다. 그러나 1970년대에 와서 석유 파동에 따른 국제 경제 환경 변화로 인해 경제적으로 어려움에 부딪치자 경제적인 어려움을 극복하고자 중국으로부터 더 많은 지원을 얻어내기 위해 노력했다.

중국은 1971년 닉슨 대통령의 중국 방문에 앞서 중국의 대표단을 평양에 파견하여 이러한 사실을 사전에 통보함과 동시에 북한을 달래기 위해 상당한 경제 원조를 북한에 제공했다.34)

1974년부터 중국은 북한에 국제 원유시장 가격의 절반에 해당되는 가격으로 북한에 원유를 공급해왔다.35) 1978년 화궈펑의 방북 시 송유관36)을

---

33) 1953년 11월 김일성은 중국으로부터 전후 복구사업을 지원받기 위해 직접 8명의 대표단을 이끌고 중국을 방문했으며, 이를 계기로 북한은 중국으로부터 8조 원에 달하는 원조를 획득하는 데 성공했다. 또한 중국은 한국전쟁 기간에 중국이 북한에 지원했던 전쟁 물자에 대한 청구권을 모두 포기했다. 이와 더불어 중국은 70여 대의 기차, 4,000대의 화물차 및 200여 대의 여객 차량을 북한에 지원했다. 중국의 경제 지원은 북한의 전후 복구사업 수행에 엄청난 도움을 주었으며, 1954~1956년 북한은 80만 톤의 석탄, 15만 톤의 옥수수와 3,500만 미터의 면직물을 제공했다. 權赫秀, 「북·중 정치·군사관계의 발전과 전망」, ≪국방학술논총≫, 10(1996년 5월), 110~·111쪽.
34) 1971년 7월 11일지 ≪인민일보≫에 따르면 일본의 군국주의 팽창을 지지한다는 명분으로 북한에 상당한 경제 및 군사 원조를 제공하기로 합의했다고 한다. 이를 위해 1971년 8월에 북한의 정춘택과 오진우가 각각 경제 원조와 군사 원조를 협의하기 위해 중국을 방문했다. Il Pyong Kim, "North Koreas's relations with China," Doug Joong Kim(ed.), *Foreign Relations of North Korea*, p. 255.
35) 중국은 1991년까지 장기간 북한에 공급하는 석유에 대해 국제 가격보다 크게

통해 연간 100만 톤의 원유를 북한에 공급하기로 약속했다. 그러나 이 약속은 중국의 석유 감산으로 제대로 이행되지 못해 매년 공급량이 줄었으며 1995년 8월 초에 발생한 큰 홍수로 송유관의 일부가 유실되면서 공급이 전면 중단되기도 했다.

1980년대에도 중국의 대북 경제 지원이 계속되었으나 제한적이었다. 1982년 8월에 중국은 북한에 약 1억 달러에 달하는 경제 원조를 제공했고, 연간 약 70만 배럴의 원유를 공급했다.

그러나 1995년부터 중국은 대북 경제 지원을 강화했다. 이는 북한의 경제적 어려움이 극에 달해 북한 경제의 파탄으로 인한 정권 붕괴 우려에서 비롯된 것이다. 북한의 식량난이 가중되자 중국은 1996년 5월 홍성남 부총리 방중 시에 식량 2만 톤을 원조하기로 약속한 데 이어 7월에는 추가로 10만 톤의 식량을 원조하기로 결정했으며, 우호가격제 또한 부활시켰다. 1999년 10월까지 중국은 무상으로 52만 톤의 식량, 8만 톤의 원유, 2만 톤의 비료, 40만 톤의 석탄 등 인민폐로 3,000만 위안(元)에 달하는 긴급 구조 물자를 북한에 제공했다.[37] 중국 측 자료에 따르면 1995년 식량 10만 톤, 1996년 식량 10만 톤, 1997년 식량 15만 톤, 1998년 식량 10만 톤과 비료 2만 톤 및 원유 8만 톤, 1999년 식량 15만 톤과 코크스 40만 톤, 2001년 식량 20만 톤을 북한에 무상으로 제공했다고 한다.[38]

낮은 우호가격을 적용했다.

36) 1976년 1월에 합작 투자로 중국 랴오닝 성 단동 시에서 북한 평안북도 석하리를 거쳐 백마리의 봉화화학연합기업소(정유공장)까지 중·조우호송유관이 건설되었다. 이 송유관은 북한 석유 수입량의 90%를 차지하는 중국의 다칭(大慶) 유전의 원유를 북한으로 운반하는 통로이다.

37) 高連福 主編, 『東北亞國家對外戰略』(北京: 社會科學文獻出版社, 2002), 第472頁.

38) www.chinanews.com.cn/2002-12-13/26/252999.html(검색일: 2002년 12월 13일); 신상진 「중국의 통일외교안보정책 전망: 10기 전인대 1차 회의 분석」, ≪통일정세

2002년 4월의 김일성 주석 90회 생일을 맞이하여 북한은 중국으로부터 5,000만 위안(약 600만 달러)의 무상원조를 받았다. 2003년 10월에 중국의 우방귀 전인대 상무위원장이 방북하여 북핵 문제 해결과 양국 간 우호협력 확대 문제 등을 논의했고 중국은 이 회담에서 북한의 경제 건설을 위한 경제적 원조와 무상 지원 확대 등을 표명했다.

중국은 2003년에도 콩 1만 톤과 디젤유 1만 톤 등을 무상으로 지원했다. 2005년 북한의 핵 보유 선언과 2006년의 핵과 미사일 실험에도 불구하고, 중국의 대북 원조는 꾸준히 지속되었다. 유엔 세계식량계획(WFP)의 「세계식량원조 기증 통계」에 따르면, 2005년 중국의 대외 식량 원조는 전년도보다 260% 증가한 57만 7,000톤을 초과했고 그중 92%인 53만 1,000톤이 북한에 지원되었다. 북한 경제가 무너지면 대량의 북한 난민이 밀려들어 자국의 정치·경제에 적지 않은 영향을 미칠 것이라는 우려가 크게 작용한 것으로 분석된다.

(2) 북중무역관계

1950년부터 시작된 북·중 무역은 규모와 수지 변화 추이에서 중·소 관계 변화와 중국의 대북 전략의 변화에 따라 변화하는 특징을 보여준다. 첫째, 중국의 개혁개방정책 추진 이전인 1950년부터 1978년까지 중국의 대북 무역은 대부분이 중국이 북한을 지원하는 경제 원조의 성격이 강했다. 1978년 이후부터 중국의 4개 현대화를 위한 투자의 증가로 북한으로부터 수입이 증가하여 1980년 교역규모가 사상 최고액인 6억 8,000만 달러에 달했다.

분석≫, 2003년 3월. 중국 해관 통계를 기초로 중국의 대북 원조 증여액을 1999년(연형묵 방중) 5,000만 달러, 2001년(장쩌민 방북) 7,000만 달러 등으로 추산하고 있음. 안효승, 「북한-중국간 경제협력 현황과 전망」(외교안보연구원, 2003년 10월) 참조

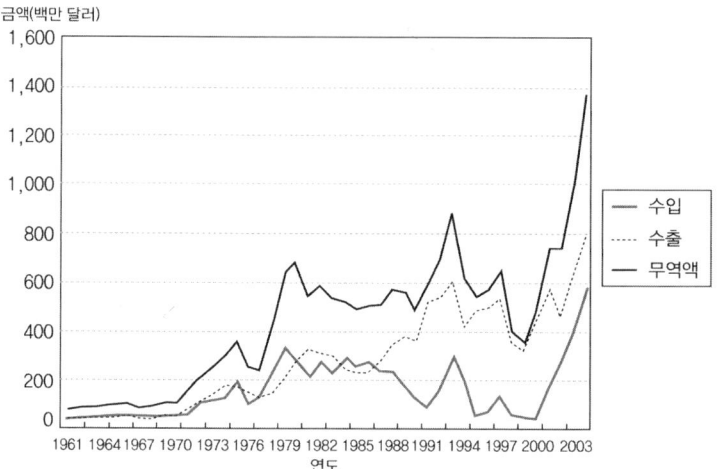

〈그림 3-1〉 중국의 대북 교역량 추이(1961~2004)

둘째, 1950년대부터 1990년대 초반까지는 전반적으로 증가하는 추세를 나타냈고 1990년대 중반 이후 감소했다가 다시 증가하는 추세를 보이고 있다. 셋째, 중국의 개혁·개방 이전에는 중국이 흑자였으나 이후로는 북한의 흑자가 두드러졌다. 그 후에 중국의 대북정책 기조의 변화와 국내 수요 증가가 북한에 대한 수출을 감소시켜, 무역 규모는 1990년까지 2~3억 달러 선을 넘지 못했다. 그 결과 이 기간 중 양국 간 총교역규모는 4~5억 달러 선에 머물렀다. 그러나 1980년대 말부터 중국의 대북 수출이 급증하고 무역수지 흑자 규모도 엄청나게 커졌다. 1990년 이후 중국과 북한 간 교역규모의 변화는 과거 소련과 동유럽에 의존했던 북한의 수입선이 중국으로 대거 전환된 결과에 기인하는 것이다.[39]

북·중 간의 경제협력 관계도 1992년에 들어서면서 탈냉전적 국제 질서

---

[39] 오용석, 「중국의 대북한 정책기조와 경제협력」, 이창재 엮음, 『한반도 주변4국의 대북한정책』(대외경제정책연구원, 1996), 74~75쪽.

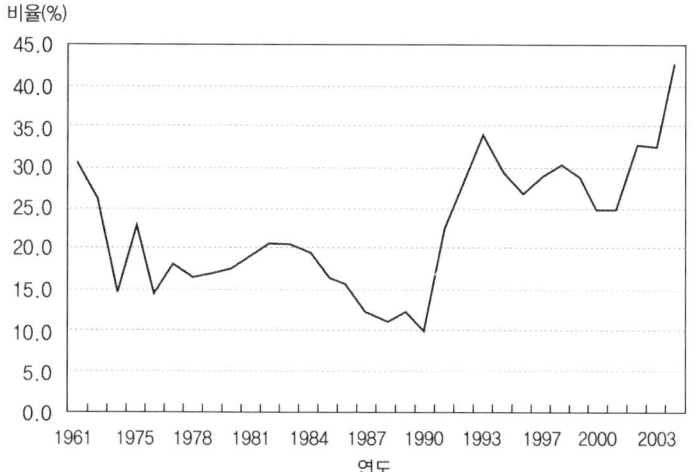

〈그림 3-2〉 북한의 무역 총액 중 대중 무역의 비중(1961~2003)

변화와 더불어 기존 관계와는 다른 성격으로 변함에 따라 새로운 단계로 접어들게 되었다.

1992년 1월 26일 평양에서 북·중 무역협정이 체결되었는데 여기서 양국 간 물물교환 무역에서 경화 결제 방식으로의 변경과 국제시장 가격을 고려해 상품 가격을 결정하기로 합의한 것이다. 그러나 북한의 식량난이 더욱 심화되면서 중국은 대북 경제 원조에 적극 나서게 되었다. 특히 타이완이 북한에 접근하는 태도를 보이자, 북·중 경제 관계는 좀 더 가까워지는 양상을 보였다. 1995년 1월 북한은 경제난을 타개하고 양국 간 경제협력을 증진시키기 위해 부총리 김복신을 대표로 하는 대표단을 중국에 파견했고, 1996년 6월에는 부총리 홍성남이 중국을 방문하여 리펑과「경제 및 기술협력에 관한 의정서」를 체결했다.[40]

---

40) Ilpyong J. Kim, "China in North Korean Foreign Policy," in Samuel S. Kim(ed.), North Korean Foreign Relations: In the Post-Cold War Era, p. 108.

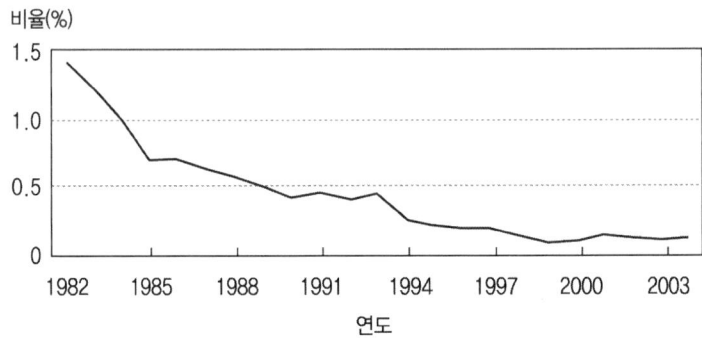

〈그림 3-3〉 중국의 무역 총액 중 대북 무역의 비중(1982~2004)

　1990년대 후반에는 북한의 경제 위기가 겹치면서 중국과의 실질 교역량은 감소했다. 총교역규모에서 대북 교역이 차지하는 비중을 보면 탈냉전기에 줄어들고 있음을 알 수 있다. 반면 중국의 대남한 교역은 절대 액수에서 비교되지 않을 만큼 증가했다. 그러나 북한에게 중국은 점점 더 중요해지고 있다. 중국은 북한의 가장 중요한 무역 파트너이다. 중국의 대북 무역은 2002년에 7억 달러 이상이었으며 이는 2001년에 비해 30%나 증가한 것이다. 전문가들의 말에 따르면 미국이 평양에 지원하던 중유 공급을 중단하자, 북한 석유소비량의 70% 정도를 중국이 공급했던 것으로 알려져 있다. 대북 곡물 및 채소 판매량 역시 두 배로 뛰어올랐다.

　2003년에는 중국에 대한 무역 의존도가 더욱 심화되었다. 중국과의 교역은 10억 2,293만 달러를 기록했는데, 이는 전체 교역의 42.8%(2002년 32.7%)에 달하는 것이다. 북·중 교역은 대중 수출이 46.1%, 수입은 34.3% 증가함으로써 전체 교역규모가 38.6%나 급증했다. 수출이 증가한 것은 변경 무역에 대한 제한 조치가 완화되면서 이를 통한 수출이 증가했기 때문이다. 특히 수산물과 섬유류 제품 등의 대중 수출이 확대되었다. 또한 곡물과 광물성

연료의 대중 수입도 크게 늘어나면서 전체 교역 확대를 주도했다. 중국에 대한 무역의존도가 심화된 다른 이유는 대일 교역의 감소이다. 대일 수출은 1억 7,382만 달러로 25.8% 감소했고, 대일 수입도 9,150만 달러로 32.3%나 감소함으로써, 북·일무역 총액은 2억 6,954만 달러(2002년 3억 6,954만 달러)로 28.2% 감소했다. 이로 인해 전체 무역에 대일 무역이 차지하는 비중도 2002년도의 16.3%에서 2003년에는 11.1%로 떨어졌다. 북·일 교역은 2002년 전까지는 20% 수준을 유지했는데, 북핵 문제와 일본인 납치 문제 등으로 북·일 관계가 악화되면서 교역이 급감했다. 또한 일본 경제의 장기 침체와 조총련계 기업들의 자금난 등도 교역 감소에 일정한 영향을 미친 것으로 보인다.

북한은 중국 국가주석 등 고위급 인사와 경제대표단 교류를 통해 경제 교류를 제도화하고, 보장 장치를 마련하는 데에도 노력을 기울였다. 2005년 3월에는 박봉주 내각총리가 방중하여 북·중 '투자장려 및 보호에 관한 협정'을 체결하고, 상하이 푸둥(浦東) 지구 등 주요 공장 시찰과 투자·교역 확대 문제 등을 논의한 테 이어, 북한 경제대표단(단장: 이용남 무역성 부상)이 「북·중 경제무역과학기술 협조위원회」 제1차 회의 참석차 방중하기도 했다. 또한, 4월에는 북 「품질감독국 대표단」(단장: 박성국 부국장)이 방중, 북·중 「2005~2006년 규격화·계량·품질감독 부문 협조계획서」와 「2005~2006년 품질인증 분야 협조계획서」를 체결했다. 후진타오 중국 국가주석 방북 시에는 양국 간 경협의 새로운 진전을 위한 4개 항에 합의하고, '북·중 경제기술 협조협정'이 체결되었다.

2006년 초에는 김정일이 내각 총리 박봉주, 외무성 제1부상 강석주 등을 대동하고 중국을 비공식 방문하여, 광둥성 광저우, 주하이(珠海), 선전(深川) 등 중국 중·남부 지역의 '경제특구' 현장을 직접 시찰하고 정상회담을 개최했다. 5월에는 북·중 경제·무역·과학기술 협조위원회 제2차 회의를 개최했는

〈표 3-4〉 북한의 대중국 수출입(2002~2006)

(단위: 천 달러)

구분	2002	2003	2004	2005	2006
수출	270,863 (62.4)	395,546 (46.0)	582,193 (47.2)	496,511 (△14.7)	467,718 (△5.8)
수입	467,309 (△18.1)	627,995 (34.4)	794,525 (26.5)	1,084,723 (36.5)	1,231,886 (13.6)
총무역액	738,172 (0.1)	1,023,541 (38.7)	1,376,718 (34.5)	1,581,234 (14.9)	1,699,604 (7.5)
무역수지	△196,446	△232,449	△212,332	△588,212	△764,168

주: ( )는 전년 대비 증가율, 단위 %.
출처: www.kita.net, 「중국무역통계」.

데, 이는 양자 간 무역 규모 증가, 경협 관련 법적·제도적 기반이 어느 정도 조성되면서 이루어진 것으로 무역 및 경협 확대 등 경협 활성화 방안을 중점 논의했다. 8월에는 중국 '국제무역촉진위원회·국제상회' 대표단이 방북하기도 했다.

2006년 UN의 대북제재 결의안 통과에도 불구하고, 중국과 북한 간의 무역은 꾸준히 증가세를 보였다. 북한 주재 중국 대사관의 보도에 따르면, 2006년 1~10월의 수출입 총량은 13억 8,000만 달러로 전년 대비 3.8% 증가했다. 이 중 중국의 대 북한 수출은 10억 1,000만 달러였으며, 북한으로부터의 수입량은 3억 7,000만 달러로서 각각 전년 대비 11.1% 증가, 11.8% 감소세를 보였다. 중국의 대북 투자 또한 급증세를 보였다. 2006년 1~10월 동안 19개의 새로운 대북 투자가 이루어졌으며, 총액은 667만 달러에 달했다. 2006년 10월 말 기준으로 중국은 북한 내에서 총 49개의 투자 사업을 벌였고, 협의된 투자액은 1억 3,500만 달러이다. 이러한 투자는 주로 식량생산, 의약, 경공업, 전자, 화학산업 및 광업 부문에서 진행되고 있다.[41]

---

41) "A brief account of the economic and trade relations between China and the

한편 1990년까지만 해도 북한의 제1 교역국으로 북한의 전체 무역에서 53%를 차지했던 러시아와의 교역은 1991년부터는 14%로 급격히 감소했다. 양국의 무역이 급격히 감소하게 된 직접적인 원인은 1990년 11월에 북한과 러시아가 무역대금경화결제협정을 체결하면서 양국 간의 무역 결제가 현금 결제로 전환되었기 때문이다. 그뿐만 아니라 북한에 우호적 가격을 적용하지 않고 지불 능력이 부족한 북한과의 교역을 기피한 데에도 원인이 있다. 러시아뿐만 아니라 구사회주의 국가들과의 무역도 대폭 감소했다. 1990년의 경우만 하더라도 러시아를 포함하여 중국과 동유럽의 구사회주의 국가들과의 무역은 약 70% 정도를 차지했으나, 2000년에는 30%까지 감소했다. 반면 한국을 비롯하여 중국, 일본, 아시아 국가, 그리고 서구 선진국들과의 무역이 확대되면서 북한의 자본주의 국가들에 대한 무역의존도는 점차 높아지게 되었다. 1990년 이후 북한의 주요 무역국들은 한국을 비롯해 중국, 일본, 러시아, 홍콩, 독일, 인도, 태국, 싱가포르 등 자본주의 국가가 대부분을 차지했다.

4. 북·중 관계의 특징과 변화의 요인

1) 북중 관계의 특징

이상의 논의를 통해 살펴본 북·중 관계의 특징은 다음과 같이 정리해볼 수 있다.

DPRK(Up to January 1, 2007)," Embassy of the PRC in the DPRKbig5.fmprc.gov.cn/gate/big5/kp.china-embassy.org/eng/zcgx/jmwl/t306773.htm.

첫째, 냉전기 북·중 관계 특징은 중국과 소련 사이에서 양다리 혹은 줄타기로 불리는 외교를 한 것이다. 다른 하나는 북한이 자주를 주장하고 있으나 노선에 있어 시차를 두고 영향을 받아 중국과 비슷해지는 점이다. 또한 비대칭적인 동맹관계이면서도 중국이 일방적으로 영향력을 행사하지는 않는다는 점이다.[42] 탈냉전기 북·중 관계를 실용주의적인 전략적 협력관계라고 하는 학자도 있다.[43] 그러나 중국의 입장에서 북한은 주변국의 하나로서 전략적 협력의 대상은 아니다. '전략적 동반자'는 러시아나 미국과 같이 강대국들과 외교를 할 때 쓰는 표현이므로 주변국에는 잘 쓰지 않는다. 중국은 주변국들에게 선린우호 협력관계를 표방하고 있으며 북한과의 관계도 우호협력 관계로 부르고 있다.

둘째, 북·중 관계는 일반적으로 혈맹이니 순망치한이니 해서 양국의 전략적 동맹관계를 표현하기도 하지만 실제로는 동맹의 내용이 달라지고 있음을 알 수 있다.[44] 중국은 1961년 북한과 체결한 「북중우호조약」을 형식적으로나마 계속 유지할 것이나 북한이 도발하는 전쟁에 대해서는 자동 개입하지 않을 것임을 명백히 해왔고, 때로는 동맹이 사문화되었다고까지 했다. 탈냉전 시대에 중국이 동맹을 추구하지 않기 때문이라고 한다. 중국은 군사동맹을 통한 안보가 냉전시대의 안보 개념이라고 주장하고 예방 외교와 신뢰 구축을 핵심 내용으로 하는 신안보 개념에 입각한 협력 안보를 강조하고 있다. 이를 기초로 한 동반자 외교와 더불어 선린 외교를 하면서 북한과 선린우호 협력관계를 유지할 뿐이라고 한다. 북한도 소련과 중국 사이에서 줄타기한

---

42) 줄타기 곡예 외교는 윤해수, 『북한곡예외교론』(1997).
43) 이종석, 『북한-중국 관계 1945~2000』(중심, 2000), 237~249, 271~275쪽.
44) 북·중동맹의 성격 변화에 대해서는 다음을 참조 Kim, Yongho, "The Sino-North Korean Alliance: Before and After September 11," in Chul Koo Woo & Jinwoo Choi(eds.), *Korea and China in the New Global System*(Seoul: KAIS, 2002).

것과 같이 미국과 중국 사이에서 줄타기할 수는 없을 것이나 이미 미국과 중국의 사이에서 그 영향을 받지 않을 수 없는 상태에 있기 때문에 미·중 관계가 적대적이지 않는 한 미국을 주적으로 하는 북·중 동맹관계를 유지할 수 없다는 것을 잘 알고 있다.

셋째, 북·중 양국 관계는 경제적 측면보다는 정치·군사적 이해관계가 중심적 변수로 작용해왔으며, 이는 북한의 대외 무역에서 차지하는 중국의 비중의 변화가 북·중 정치적 관계 변화와 대체로 일치하는 데서도 잘 나타난다. 또한 북·중 경제 관계는 정치적인 관계 변화뿐 아니라 중국의 대북정책의 변화와도 밀접한 연관이 있다.

넷째, 정치·군사·경제의 분야별 관계가 상호 반드시 일치하지 않는다. 냉전기에는 정치적 변화와 군사적 변화가 일치하지 않았다. 정치적인 기복이 있는 경우에도 군사적 동맹관계는 유지되었기 때문이다. 탈냉전기에는 정치적 관계가 소원해지면서 경제·군사 관계도 약화되었다.

마지막으로 경제적으로 비대칭적인 관계가 심화되면서 중국의 입장에서 볼 때, 북한의 비중이 계속 줄어드는 데 반해, 핵 문제나 다른 정치적인 쟁점에서는 북한의 전략적 비중이 계속 유지되고 있다고 볼 수 있다. 코소보 사태 이후 북·중 관계 정상화 노력과 북핵 문제 처리 과정에서 드러났듯이 중국의 대미 전략과 동북아 및 한반도 전략에서 북한은 중요한 카드일 수 있기 때문이다. 다른 한편 북한의 입장에서 보면 중국의 비중은 절대적으로 커지고 있다. 북·미 관계가 정상화되지 않는 한 러시아와 중국 사이에서 서울실할 여유가 없는 상황이기 때문이다. 이는 2004년 4월 19일 김정일이 전격적으로 방중하여 북·중 관계 강화를 시도한 데서도 잘 드러난다. 이는 앞으로 북·중 관계에서 북한의 대중인식과 전략보다 중국의 대북인식과 전략이 양국 관계에서 더욱 중요해질 것을 의미하는 것이다.

2) 북중 관계의 변화 요인 분석

이상의 논의를 토대로 북·중 관계를 전망해보기 위해 북·중 관계에 영향을 미치는 요인에 대해 살펴볼 필요가 있다. 북·중 관계는 국제 환경, 양국의 리더십과 상호 인식과 전략에 의해 영향을 받았다. 그중 향후 전망을 하기 위해 중요한 것은 북한의 인식과 더불어 중국의 전략과 이에 영향을 미치는 미·중 관계라 할 수 있다. 북·중 양국의 대외인식과 상대방에 대한 인식이 중요하지만 여기서는 다루지 않기로 한다. 이미 북한의 정치체제와 이데올로기, 이를 기초로 한 지도부의 대외인식은 근본적인 변화가 없다고 볼 때 외부 변수인 강대국들의 역학관계와 미국 및 중국의 대북정책 등이 더 중요한 요인이 될 것이다. 미국의 대북정책은 다른 기회에 다루기로 하고 중국의 대북 전략만 살펴보기로 한다.

중국의 대외전략은 중국의 지정학적 전략 이익에 기초를 두고 있다. 중국은 여전히 북한을 전략적인 방어선처럼 간주하고 있다. 또 중국은 한반도 통일을 누가 하든 상관없이, 한반도에서 장기적인 국가 이익과 안보 이익을 추구하려는 것으로 보인다. 지정학적 고려에 따른 중국의 국가 이익은 완충지역으로서의 북한 체제 유지와 더불어 북한에 대한 영향력 강화로 미국의 영향력을 견제하는 것이다.

중국의 역량으로 미국의 정책에 영향을 미칠 수 있는 유일한 지역이 한반도라고 할 정도로 중국은 한반도에서의 영향력을 유지하고자 한다.[45] 그러나 지정학적 요인은 변수라기보다는 상수이다. 따라서 변화를 설명하는 요인이 아니라 북·중 관계를 지속시키는 요인으로 작용하고 있다. 양국에게

---

45) Gerald Segal, "Does China Matter?," *Foreign Affairs*, Vol. 78, No. 5(September/October, 1999), p. 32.

지정학적 필요성은 시기적으로 달라질 수 있으며 과거보다는 그 비중이 줄어들었다고 볼 수 있다. 다음으로는 동북아 강대국의 관계 변화가 가장 중요한 변수이다. 동북아의 세력 구도에서는 미·중 관계와 중·일 관계가 중요한 강대국 관계 요인이며 그중에서도 미·중 관계가 가장 중요하다. 중국은 동북아에서 미국의 일방적 우위를 견제하는 다극화, 전방위 우호협력 외교 전략을 추구해왔다.

1999년 코소보 사태 이전에는 전방위 외교를 토대로 하면서도 미국, 일본, 러시아 등 주변 강대국들과의 관계에 비중을 두었다. 이들은 중국의 객관적인 지정학적 정치, 군사 경쟁 상대이기 때문이다. 중국은 국가에 따라 외교 방침의 범주를 나누어 구분하면서 관계를 수립했다.46) 예를 들면 미국과 러시아 등 강대국들과는 전략적 동반자 관계를 수립하고 동북아의 일본, 한국, 북한, 몽골 등과는 우호협력 관계를 수립한 것이다. 중국으로서는 특정 국가와 전략적 군사·정치 동맹을 맺는 것을 지양하고 강대국들 간의 관계 속에서 균형자로서의 역할을 하고자 했다. 이로써 다른 강대국 또는 인접 국가와의 대항이나 충돌을 피할 수 있기 때문이다.47)

그러나 9·11테러 이후 중국의 대외전략 기조가 미국의 일방주의를 소극적으로 견제하던 과거 방식에서 벗어나 안정적 국제 질서 수립에 일정한 역할을 하며 책임 있는 강대국 이미지를 형성하는 데 더욱 중점을 두는

---

46) 朱寧, 『下個世紀誰最强·今後20年中美競爭的地緣政治和戰略綱要』(遼寧: 遼寧人民出版社, 1997); 陳潔華, 『21世紀 中國外交戰略』(北京. 時事出版社, 2000), pp. 168~169.
47) 중국의 기본적인 전략사상은 불칭패(不稱覇: 반패권주의), 불결맹(不結盟: 비동맹)에서 드러나며 자주 독립적이며 세력균형을 추구하면서 패권 지향적이지 않다는 것이다. 이는 대미·일 관계에서는 원교근화(遠交近和)로 표현되며 양국과 공히 발전을 도모해가는 정책이라고 한다. 陸忠偉, 「東北亞地區中的中, 美, 日關係及作用」, 張蘊岺 主編, 『合作不是對抗』(北京, 1997), p. 95.

방향으로 변화하고 있다.

　중국이 이와 같이 북핵 문제에 적극적으로 나서게 된 것은 미국과의 관계 개선을 도모하고 이 과정에서 전략적 입지를 확장하는 데 북핵 문제를 적극 활용하고자 했기 때문이다. 첫째, 동북아 지역 내 전략 구도와 안정에 대한 고려이다. 북핵 문제가 해결되지 않고 북한이 핵을 보유하게 될 경우 일본, 한국뿐 아니라 대만이 핵을 보유하려 할 것이기 때문에 동북아에서 핵개발 도미노 현상이 발생할 수도 있다고 본다. 둘째, 중국은 북핵 문제를 미국과의 안정적 협력관계를 구축해가는 계기로 적극 활용하면서 지역 내에서 중국의 지위를 향상시키고자 한다. 중국은 동북아 지역에서 미국의 우위에 맞서 대응할 카드가 별로 없는데, 한반도가 유일하게 미국보다 더 큰 영향력을 행사할 수 있는 곳이라 여기고 있다. 따라서 중국이 중요한 역할을 할 수 있는 북한 문제에 적극적으로 나섬으로써 미국과 신뢰를 구축하여 관계를 개선하고 나아가 이 지역 질서에 대한 중국의 역할과 지위를 인정받고자 하는 것이다. 이는 비단 한반도 문제만이 아니라 동북아 지역의 안보 문제에 연결되는 것이며 지역 내에서 중국의 전략적 지위를 확보할 수 있는 좋은 계기가 될 것이기 때문이다.

　이러한 전략의 연장선에서 중국은 북핵 문제가 대두된 2002년 10월부터 2004년 2월 제2차 6자회담에 이르기까지 북핵 문제 해결에 적극적인 역할을 해왔다.

　핵 문제가 다시 쟁점화되면서 중국 내에서 북한의 전략적 가치에 대한 논쟁이 생겨나고 있다. 중국의 대북정책과 관련하여 크게 두 가지 흐름이 있다고 본다. 하나는 북한이 중국 국경에 미국이 접근하는 것을 막아주는 완충지대 역할을 하고 있으며 이런 점에서 북한이 전략적으로 중요한 가치가 있다는 입장이다. 이들은 향후 중국 안보 전략의 초점이 대만을 겨냥하여 북이나 북서 지역에서 동쪽 지역으로 옮겨간다고 할 때 한반도 문제의 평화적 해결은 이러한 전략적 변화를 위한 선결 조건으로서 매우 중요하다는 입장을 개진하고 있다. 이들은 북한의 급속한 붕괴가 중국에 도움이 되지 않기 때문에 미래의 사태에 대비하기 위해서는 무엇보다 현상 유지가 중요하다고 간주하고 있다. 또한 중국이 한국과의 전면적 협력관계를 본격적으로 발전시켜간다고 하더라도 중국이 한국에서 미국의 특수한 지위를 대체하는 것이 근원적으로 불가능하다는 기본 전제 위에서, 중국에 대한 북한의 전략적 가치가 평가되고 있는 것이다.

다른 하나는 북한이 완충지대로서의 가치보다는 오히려 부담이 되고 있다는 입장이다. 이들은 북한이 베이징 올림픽을 반대했다는 점과 중국의 개방 노선을 비판한 것을 기억하고 있고 북한에 대한 경제 원조를 부담스러워 하고 있다. 이들은 중국과 북한 간의 전략적 이해관계가 없기 때문에 필연적으로 양국 관계는 붕괴될 것이라는 생각을 갖고 있다.[48] 탈북자 문제는 이같은 주장을 뒷받침하는 증거라고 보며 북핵 문제의 조속한 해결이 중국의 국익에 보탬이 된다고 주장한다.

어느 입장이 우세한가는 향후 사태의 진전에 따라 달라질 수 있지만 현재는 현상 유지가 우세하다고 할 수 있다. 중국은 협상을 통한 북핵 문제 해결이라는 한국의 입장을 적극적으로 지지하고 있다. 이는 한·중이 단순히 핵 문제 해결과 관련된 공동 이익을 갖는다는 점뿐만 아니라 중국의 장기적 전략과도 관련이 있다. 한반도의 통일이 장기적으로 진행되면 남한에 유리한 방향으로 이루어질 것이므로, 남한과의 관계를 공고히 하는 것이 자국의 이익에 도움이 될 것으로 보고 있다. 중국은 한반도가 통일되면 미국의 영향력은 줄어들고 일본의 영향력이 강화될 것으로 전망하고 있기

---

48) You Ji, "Understanding China's North Korea Policy," *China Brief*, Vol. 4, Issue 5(March 8, 2004).

때문에, 한반도에서 일어날 세력균형 변화에 유연하게 대처하기 위해서 남한과 관계를 강화해야 한다고 생각하는 것이다.

5. 북·중 관계 전망

이상의 논의를 토대로 북·중 관계는 다음과 같이 전망할 수 있다.

첫째, 향후 북·중 관계는 변화와 지속의 두 측면 중에서 변화의 비중이 점점 높아질 것이다. 즉 중국은 북·중 관계의 특수성을 제한적으로 유보하는 전제하에 대내외 정세에 부응하는 관계 조정이라는 측면에서 접근할 것이며 북한도 이를 거부하기 어려울 것이다. 북·중 관계 변화의 촉진 요인으로는 이념적·인적 유대의 약화를 지적할 수 있는데, 이는 주로 중국의 과도한 시장화 개혁에 대한 북한의 거부감과 이념적 갈등, 1세대 혁명원로들의 사망과 신지도부 간의 긴밀한 접촉·연계 부족으로 인한 쌍방 엘리트 간의 단절 현상 심화에 기인한 것으로 이 중에서 인적 유대 약화는 이념적 유대보다 더 큰 변화 요인으로 작용할 가능성이 크다. 사실 현 중국 지도부의 대북인식은 과거 지도부와는 차이를 보일 수밖에 없으며, 실제로 중국 신세대 지도자 중 상당수는 내면적으로 김정일 체제의 리더십을 포함한 북한의 정치·경제 상황에 매우 회의적이다.

둘째, 중장기적 측면에서 북·중 관계의 질적 변화가 불가피한 것은 사실이나 다른 한편으로 기존의 정치·안보적 유대와 북한에 대한 중국의 경제적 지원 등은 비록 축소된 형태라 할지라도 일정하게 유지될 것이다. 이는 북·중 관계에서 전통적인 관계와 현실화된 관계가 상당 기간 병존할 것이라는 점을 시사한다. 물론 지원 방식은 기존의 '수혈(輸血)' 위주보다는 '조혈(造血)' 위주로 전환되고 현실적인 이해득실을 더 많이 고려할 것이며, 그 과정에서 양국 관계는 대립·갈등으로 인한 기복을 보일 가능성이 크다.

셋째, 북·중 관계에서 제3자가 개입하기 어려웠던 기존의 배타적 양자관계가 감소하고 미국, 일본, 러시아, 남한, EU 등과의 관계와 연계된 복합적 다자관계가 점증할 것이다. 결국 북·중 관계는 우호 관계의 기본적인 유지에도 불구하고 쌍방의 대내적 변화 및 주변 국제 정세와 연계된 유연한 양자관계로 변화될 것이다. 특히 북·중 관계는 후진타오(胡錦濤) 체제하에서 현실적 관계 조정이 가속화될 가능성이 높고 북한은 이를 수용하지 않을 수 없을 것이며, 그 과정에서 야기될 수밖에 없는 다양한 불협화음을 조절하는 것이 향후 북·중 관계의 최대 과제가 될 것이다. 2004년 4월 김정일의 방중과 10월 김영남의 방중 과정에서 나타난 각별한 우의의 과시 역시 전통적 관계의 복원이라는 의미보다는 새로운 관계의 시발로 해석된다. 즉 외형적으로 과장되어 나타나는 우호적인 모습들은 오히려 양국 관계의 내면적 부실을 가리기 위한 의도로 보인다.

요약하면 북·중이 예전과 같은 정치·군사적 동맹관계를 계속 유지하기는 어렵다. 중국은 그들의 핵심적 국가 전략인 지속적인 경제 건설을 도모하기 위해 남한과의 관계 강화를 꾀하는 등 현실적 필요에 따라 일정하게 남북한 균형 외교를 취하지 않을 수 없기 때문이다. 더욱 중요한 것은 중국이 미국 등 핵강대국이 초래하는 위협보다도 핵소국이나 잠재적 핵보유국이 초래할 위협이 더욱 심각하다는 인식을 갖기 시작했다는 점이다.

중국은 북핵 문제가 동북아 평화와 안정에 걸림돌이 될 수도 있고 동시에 이러한 위기를 극복하고 해결할 경우 중국의 위상과 역할이 증대될 수도 있다는 점을 인식하고 있다. 북한의 인식과 전략이 중국에 미칠 수 있는 영향력은 점점 줄어들고 있다고 볼 수 있다. 지정학적 요인이 남아 있지만 이 또한 비중이 줄어들고 있다는 점에서 북·중 관계는 중국에 달려 있다 해도 과언이 아닐 것이다. 문제는 개혁·개방을 포함하여 북한이 중국의 전략에 어느 정도 부합하게 행동할 수 있는가이다. 이러한 점에서 북·중 관계는 변화의 폭은 크지 않더라도 그 성격은 이미 달라지고 있으며 앞으로도 크게 변화할 여지가 있다.

■ 참고문헌

1차 자료

조선민주주의 인민공화국 사회주의 헌법.
통일부. 2001. ≪주간북한동향≫, 제522호.
_____. 2000. 『북한개요 2000』. 통일부.
_____. 1999. 『북한개요』. 통일부.
국토통일원. 1982. 『북한자료』. 국토통일원.
대한무역투자진흥공사. 2004. 『2003/04 북한경제 백서』. 대한무역투자진흥공사.

단행본

고병철 외. 1977. 『북한외교론』. 경남대학교 극동문제연구소.
김계동. 2002. 『북한의 외교정책: 벼랑에 선 줄타기외교의 선택』. 백산서당.
김용호. 1996. 『현대북한외교론』. 오름.
박재규. 1997. 『북한의 신외교와 생존 전략』. 나남.
박재규 엮음. 1986. 『북한의 대외정책』. 경남대학교 극동문제연구소.
박태호. 1985. 『조선민주주의 인민공화국 대외관계사 1』. 평양: 사회과학출판사.
_____. 1987. 『조선민주주의 인민공화국 대외관계사 2』. 평양: 사회과학출판사.
서대숙. 2000. 『현대북한의 지도자: 김일성과 김정일』. 을유문화사.
심익섭 외. 2002. 『북한정부론』. 백산자료원.
연합뉴스. 2001. 『2002 북한연감』. 연합뉴스.
이종석. 2000. 『북한-중국 관계 1945~2000』. 중심.
이창재 엮음. 1996. 『한반도 주변4국의 대북한정책』. 대외경제정책연구원.
정규섭. 1997. 『북한외교의 어제와 오늘』. 일신사.
조선중앙통신사. 1949~1995. 『조선중앙년감』. 평양: 조선중앙통신사.
최춘흠. 2006. 『중국의 대북한 정책: 지속과 변화』. 통일연구원.
한국정치학회·이정복 엮음. 『북핵문제의 해법과 전망: 남북한관계와 미·일·중·러』

중앙 M&B. 2003.

陳潔華. 2000. 『21世紀 中國外交戰略』. 北京: 時事出版社
陳峰君·王傳劍. 2002. 『亞太大國 與 朝鮮半島』. 北京: 北京大學出版社.
崔志鷹. 2000. 『大國與朝鮮半島』. Hong Kong: 卓越出版社.
高連福 主編. 2000. 『東北亞國家對外戰略』. 北京: 社會科學 文獻出版社.
劉金質·張敏秋·張小明. 1998. 『當代中韓關係』. 北京: 中國社會科學出版社.
劉金質· 楊淮生 主編. 1994. 『中國對朝鮮和韓國政策文件彙編 1~5』. 北京: 中國社會科學出版社.
謝益顯. 1993. 『外交智慧與謀略: 新中國外交理論和原則』. 河南人民出版社.
謝益顯 主編. 2002. 『中國當代外交史(1949~2001)』. 北京: 中國青年出版社.
張蘊岭 主編. 1997. 『合作不是對抗』. 北京.
中華人民共和國 外交部 政策研究室 編. 1996~2001. 『中國外交 1996年版~2001年版』. 北京: 世界知識出版社.
朱寧. 1997. 『下個世紀誰最強:今後20年中美競爭的地緣政治和戰略綱要』. 遼寧人民出版社.

Akaha, Tsuneo(ed.). 2002. *The Future of North Korea*. London: Routledge.

Bachman, David. 1994. "Domestic Sources of Chinese Foreign Policy." in Samuel S. Kim(ed.). *China and the World: Chinese Foreign Relations in the Post-Cold War Era*(Boulder. Colorado: Westview Press).

Chung Chin O. 1978. *Pyongyang between Peking and Moscow: North Korea's involvement in the Sino-Soviet Dispute, 1958~7*. Alabama: The University of Alabama Press.

Sokolski, Henry D.(ed.). 2001. *Planning for a Peaceful Korea*. Penn.: Strategic Studies Institute.

Hahn, Bae Ho & Lee, Chae-Jin(ed.). 1998. *Korean Peninsula and the Major Powers*. Seoul: The Sejong Institute.

_____. 1999. *Patterns of Inter-Korean Relations*. Seoul: The Sejong Institute.

Kim, Doug Joong(ed.). 1994. *Foreign Relations of North Korea*. Sungnam: The Sejong Institute.

Kim, Samuel(ed.). 1994. *China and the World: Chinese Foreign Relations in the Post-Cold War Era*. Colorado: Westview Press.

_____. 1998. *North Korean Foreign Relations*. Hong Kong: Oxford University Press.

_____. 2001. *The North Korean System in the Post-Cold War Era*. New York: Palgrave.

Kim, Samuel & Tai Hwan Lee. 2002. *North Korea and Northeast Asia*. Lanham and Boulder: Rawman and Littlefield Publishers Inc.

Kiyosaki, Wayne S. 1976. *North Korea's Foreign Relations: The Politics of Accommodation, 1945~75*. New York: Praeger.

Ko, Byung Chul. 1969. *The Foreign Policy of North Korea*. New York: Praeger.

_____. 1984. *The Foreign Policy Systems of North and South Korea*. Berkeley: University of California Press.

Lampton, David M(ed.). 2001. *The Making of Chinese Foreign and Security Policy in the Era of Reform 1978~2000*. Stanford: Stanford University Press.

Lee, Chae-Jin. 1996. *China and Korea: Dynamic Relations*. Stanford: Hoover Press.

Lilley, James R. & Shambaugh. David(ed.). 1999. *China's Military Faces the Future*. New York: M. E. Sharpe.

Rosenau, James N. 1980. *The Scientific Study of Foreign Policy*. London, New York: Frances Pinter/Nicholas Publishing Company.

Scobell, Andrew. 2006. KimJongIl and North Korea: The Leader and the System. http://www.StrategicInstitute.army.mil

Suisheng Zhao(ed.). 2004. *Chinese Foreign Policy*. New York: Armonk.

Woo, Chul Koo & Choi, Jin woo(ed.). 2002. *Korea and China in the New Global System*. Seoul: KAIS.

논문

戚保良. 1997. 「中國的韓半島政策」. 세종연구소와 중국 현대국제관계연구소간의 연례토론회 발표 논문. 1997년 10월.
강원식. 2001. 「북한의 국제정세 인식과 남북 관계 전망」. ≪국방저널≫, 제334호(10월).
국제문제연구소 편집부. 2003. 「중국: 북한의 전략적 위치는 변화하는가」. ≪국제문제≫, 제34권 9호.
權赫秀. 1996. 「북·중 정치·군사관계의 발전과 전망」. ≪국방학술논총≫, 10.
금희연. 1995. 「밀월과 소원의 중국·북한 관계」. ≪통일경제≫, 4월호.
김승만. 1999. 「북중관계는 복원되는가」. ≪북한≫, 331(7월).
김승채. 1997. 「북중관계의 제한 요인과 촉진요인」. ≪통일경제≫, 26(2월).
_____. 2000. 「북한의 대외정책 변화와 중러관계」. ≪외교≫, 제54호(7월).
김일평. 1999. 「중국의 변화와 북한」. ≪북한≫, 6월.
김정균·이태섭. 1997. 「중국의 대북전략 외교와 북중 경제협력의 성격 분석」. ≪통일경제≫, 33(9월).
남종호. 1999. 「중국·북한 관계 변천과 향후 전망」. ≪중국연구≫, 24(12월).
毛峰. 2003. 「북·중관계의 현황과 전망」. ≪극동문제≫, 7월호.
박두복. 2003. 「북한 핵문제에 대한 중국의 입장과 역할」. 『주요국제문제분석』. 외교안보연구원.
박영호. 1990. 「북방정책과 북한의 대외관계: 대소련·중국관계를 중심으로」. ≪국제정치논총≫, 제29권 2호(3월).
박정동·오강수. 1998. 「대외경제관계: 최근 북한·중국 경제관계의 현황과 특성」. ≪통일경제≫, 45(9월).
박치정. 1991. 「북한 생존외교의 전개과정 연구 I(1950~1970)」. ≪사회과학연구≫, 제1집.
신상진. 1999. 「최근 북한의 동향과 중국의 대북정책」. ≪외교≫, 제48호(1월)
안병준. 1986. 「북한외교정책: 지속성과 변화」. 박재규 엮음. 『북한의 대외정책』. 경남대학교 극동문제연구소.
오에시노부. 2001. 「중국의 대한반도 정책: 북중관계를 중심으로」. ≪극동문제≫, 264(2월).
오용석. 1996. 「중국의 대북한 정책기조와 경제협력」. 이재창 엮음. 『한반도 주변4국의 대북한정책』. 대외경제정책연구원.

윤해수. 1997. 「김일성 사후 북한의 대중국·러시아 관계 비교 연구」. ≪사회과학논총≫, 제13권 2호(12월).
_____. 2000. 『북한곡예외교론』. 한울.
이남주. 2006. 「미사일 위기 이후 북중관계와 중국의 역할」. 다산연구소 다산포럼(2006년 7월 27일) 기고문.
이미경. 2001. 「한국전 후 북한과 중국, 소련과의 관계: 협력 속의 균열」. ≪중소연구≫, Vol. 88(2월).
이태환. 2004. 「중국의 대미전략과 미·중관계」. ≪외교≫, 제69호(4월)
_____. 2006. 「북한 핵실험에 대한 중국의 입장과 전략」. ≪정세와 정책≫, 2006년 특집호.
이홍표. 1993. 「한중수교 이후 중북한 관계」. ≪통일로≫, 54(2월).
이희옥. 1994. 「중국의 대북한정책」. ≪통일문제연구≫, 22(12월).
장공자. 1997. 「중·북한 관계의 변화와 한반도」. ≪한국동북아논총≫, 6(12월).
장영·장공자. 1995. 「중국과 북한의 관계 및 전망」. ≪국제관계연구≫, 8(10월).
장윤수. 1997. 「북한의 중러관계와 동북아 평화체제의 모색」. ≪호남정치학회보≫, 9(12월).
전정환. 2000. 「북한 외교의 변화 양상」. ≪외교≫, 제54호(7월).
정규섭. 1998. 「중소분쟁에 대한 북한의 대응」. ≪동북아연구논총≫, 제4권 1호
정정길. 1997. 「북중관계의 변화와 북한의 국가 발전 전략」. ≪정책분석평가학회보≫, 제7권 2호(12월).
齊揚生. 2003. 「중국 국방비 상승의 의미: 중국의 시각」. ≪극동문제≫, 2003년 7월호.
조기용. 1991. 「중국과 북한의 대외정책 결정요인 비교분석」. ≪정책과학연구≫, 제3호(12월).
소용진. 1996. 「등소평 사후 북·중관계 전망」. ≪아시아연구≫, 14(2월).
_____. 1995. 「탈냉전시대 중국의 대북한 동맹정책」. ≪국제문제논총≫, 7(10월).
최영관. 1997. 「북중 군사협력 실태와 전망, 그리고 대책」. ≪한국동북아논총≫, 5(10월).
한홍석. 1998. 「북중관계와 북한 대외전략의 변화」. ≪통일경제≫, 47(11월).

허문영. 2000. 「북한의 외교정책 변화와 대미관계」. ≪외교≫, 제54호(7월).
_____. 1995. 「북한의 대외정책 이념: 형성과 적응」. ≪통일연구논총≫, 제5권 1호.

陸忠偉.「東北亞地區中的中.美.日關係及作用」. 張蘊岭 主編.『合作不是對抗』(北京, 1997).

Allen, Kenneth W & McVadon. 1999. "Eric, China's Foreign Military Relations." *The Henry L. Stimson Center Report*, No. 32(October).

Bratton, Michael & De Walle, Nicolas. 1994. "Neo-patrimonial Regimes and Political Transitions in Africa." *World Politics*, 46(July).

Kim, Ilpyong J. 1998. "China in North Korean Foreign Policy." in Samuel S. Kim(ed.). *North Korean Foreign Relations: In the Post-Cold War Era*. Hong Kong: Oxford University Press.

Kim, Ilpyong. 1994. "North Korea's Relations with China." in Doug Joong Kim(ed.). *Foreign Relations of North Korea*.

Kim, Samuel S. 1994. "The Dialectics of China's North Korea Policy in a Changing Post-Cold War World." *Asian Perspective*, Vol. 18, No. 2(Fall-Winter).

Kim, Yongho. 2002. "The Sino-North Korean Alliance: Before and After September 11." in Chul Koo Woo & Jinwoo Choi(eds.). *Korea and China in the New Global System*. KAIS.

_____. 1995. "North Korea in 1994: Brinkmanship, Breakdown and Breakthrough." *Asian Survey*, Vol. 35, No. 1(January).

Segal, Gerald. 1999. "Does China Matter?" *Foreign Affairs*, Vol. 78, No. 5(September/October)

The North Korean Economy: Overview and Policy Analysis, Congressional Research Service Report, April 18 2007.

You, Ji. 2001. "China and North Korea: A Fragile Relationship of Strategic Convenience." *Journal of Contemporary China*, Vol. 10, No. 28(August).

신문 및 기타

이돈관. 2007. "中 대북 영향력 한계 있다". ≪연합뉴스 베이징≫, 2007년 5월 19일자.

"북핵타결, 9·19 공동성명에서 2·13 '공동성명'까지". ≪연합뉴스≫, 2007년 2월 13일자.
"中-朝 우호조약 수정론 '고개' ". ≪헤럴드경제≫, 2006년 10월 23일자.
"한·중 군사협력 범위 확대". ≪연합뉴스≫, 2007년 4월 24일자.
余瑞冬. "劉建超談中美軍事交往. 朝鮮和伊拉克等熱点問題." ≪中國网≫, 2002. 12. 13.

Anne Penketh. 2006. "Diplomatic victory for China as North Korea resumes nuclear talks." *The Independent*, Nov 1.
"China Limits 'Extreme Sanctions' for North Korea." PBS online news hour transcript, 2006.10.13.

제4장

북러 관계

정성임

1. 머리말

국제 사회에 북한이 모습을 드러낸 것은 '북핵 문제'가 전면에 떠오른 1990년대 이후이다. 그 이전 북한은 대부분 공산권과의 '진영외교'나 제3세계권과의 교류 속에 머물러 있었다. 이런 점에서 북한의 대소(또는 러시아)관계를 살펴보는 작업은 전통적인 대외관계의 특성과 변화 양상을 보여줄 수 있다는 점에서 의미가 있다.

북한의 대외관계에서 소련 또는 러시아의 위상 변화는 상당히 독특하다. 냉전시대에 소련은 '사회주의 조국'이자 북한의 점령국으로 북한의 대내외적 관계에서 절대적인 위치를 차지했다. 해방과 국가 및 체제 건설, 그리고 한국전쟁의 발발과 휴전 협상 등에서 소련의 역할은 결정적이었던 것이다. 그런데 이제 북한은 한편에서는 대러 채무국(약 38억 루블)이며 북한의 대외 무역에서 러시아가 차지하는 비중은 4~6%에 머물고 있다. 한편 2000년대 들어 양국은 1990년대와는 또 다른 더욱더 친밀한 관계를 유지하고 있다.

김일성시대와 김정일시대의 소련 또는 러시아는 어떠한 존재인가? 양국 관계는 어떠한 과정을 통해 변화해왔으며 변화 동인과 계기는 무엇인가?

이 연구는 이러한 질문들에 답하기 위해 시도되었다. 이 장에서는 해방 이후 현재까지 지속성과 변화의 차원에서 북·러 관계를 역사적으로 고찰하는 한편 양국 관계의 지속 요인과 변화 요인, 그리고 양국 관계의 성격을 살펴보는 데 목적이 있다. 이를 위해 먼저 양국이 상대국을 어떻게 인식하는지를 인식의 전환점을 계기로 살펴볼 것이다. 그리고 양국 관계의 역사적 전개 과정을 시기별로 나누어 전환의 동인과 그 내용을 각각 살펴볼 것이다. 또한 지속성과 변화의 측면에서 양국 관계의 특징을 살펴보고 향후 북·러 관계에 대한 전망을 제시할 것이다.

2. 양국 관계의 결정 요인: 인식상의 특징

일반적으로 한 국가의 정책 형성에는 그 국가의 가치관 및 국익, 그리고 상황 변수로 대내외적 환경이 영향을 미친다. 이러한 측면에서 우리는 가치관, 인식의 문제에 주목할 필요가 있다. 인식은 과거와 현재에 왜 그러한 정책이 수행되는지를 설명하는 동시에 향후 정책의 전개 방향을 예측할 수 있는 길잡이가 될 수 있기 때문이다.

북한이 전통적으로 '친선' 외교에서 소련을 가장 중시해왔다면, 러시아는 세계적 혹은 지역적 강대국 차원에서 북한의 전략적 가치를 고려해왔다. 따라서 북한의 경우 '친선' 외교의 틀 속에서 러시아에 대한 인식 변화를 추적할 것이며, 러시아의 경우 강대국 외교에서 북한이 차지하는 위상을 중심으로 인식상의 지속성과 변화를 살펴보기로 한다(<그림 4-1> 참조).

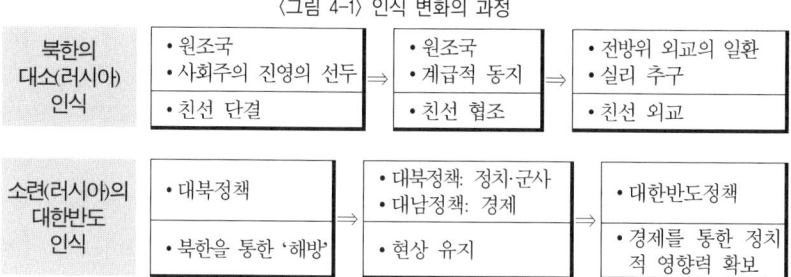

〈그림 4-1〉 인식 변화의 과정

1) 북한의 '친선' 외교와 러시아

공식적으로 북한이 제시하는 외교 원칙은 '자주, 평화, 친선'이다.[1] 그 내용을 보면, '자주'는 외교 원칙의 핵심으로 내정불간섭을 뜻하고, '친선'은 국제 혁명역량과의 연대성 강화를 의미하며, '평화'는 제국주의 국가들의 정책(군사 블록, 외국 군대 등) 비판에 초점을 맞추고 있다. 여기에서 주목할 점은 언제부터 '자주'가 강조되었고, 또 '친선'의 우선순위에 변화가 있는가이다. '자주'가 소련의 영향력에서 벗어나는 '주체'와 관련된다면, '친선'의 우선순위는 대소 관계의 재조정을 보여주기 때문이다. 관련 자료를 살펴보면 해방 이후 현재까지 인식은 세 단계를 거치며 변화해왔다.[2]

첫 단계는 북한이 소련을 '원조국'이자 '사회주의 진영의 선두'로 인식하며 양자 간에 친선 단결을 강조하는 단계이다. 이 시기는 해방 이후 1960년대

---

[1] 공식적으로 외교정책 이념을 제시한 것은 1980년 제6차 당내회이나, 1966년 10월 당대표자회의에서 대외적 '자주' 노선이 나온 후 '친선'과 '평화'는 외교 이념으로 지속적으로 제시되어왔다.

[2] 조선중앙통신사, 『조선중앙년감』, 1959, 1961, 1962, 1965, 1968, 1971, 1972, 1979, 1980, 1987, 1988; 『신년사』 1980~2004년; 國土統一院 엮음, 『朝鮮勞動黨大會資料集 第I·II·III輯』(國土統一院, 1980); ≪로동신문≫, 1952~2003년.

전반까지로 특히 1950년대 후반 이후 북한은 소련의 '영도력'을 받아들이지 않게 된다.3) 이 단계에서 북한이 대외관계에서 가장 중요하게 제시한 것은 '프롤레타리아 국제주의'였으며 대소 관계는 '전통적인 친선 단결과 호상 협조' 관계로 표현되었다. 『조선중앙년감』 대외관계 부문에서 '사회주의 국가' 항목(사회주의 국가/비사회주의 국가/유엔)이 따로 있고 그중 제일 앞자리를 차지하는 국가는 소련이었다. ≪로동신문≫이나 조선로동당대회에서도 소련에 대한 언급은 두드러진다.

대소 인식은 두 가지로 나타나는데, 하나는 국가 및 체제 건설, 통일 과업에 대한 '원조국' 이미지로 매년 8월 15일 기념 연설에서 김일성은 감사를 표하곤 했다. 다른 하나는 '사회주의 진영의 선두'이자 '국제 민주

---

3) 김일성, 「8·15해방 1주년 평양시경축대회에서 한 보고(1946년 8월 15일)」, 『김일성 선집 1』(평양: 조선로동당출판사, 1963); 「8·15해방 2주년 평양시기념대회에서 한 보고(1947년 8월 14일)」, 『김일성저작집 3』; 「8·15해방 3주년기념 평양시경축대회에서 한 보고(1948년 8월 14일)」, 『김일성저작집 4』; 「8·15해방 6돐기념 평양시경축대회에서 한 보고(1951년 8월 14일)」, 『김일성저작집 5』; 「10월혁명과 조선인민의 민족해방투쟁(1951년 11월 5일)」, 『김일성전집 14』(평양: 조선로동당출판사, 1996); 「프로레타리아국제주의와 조선인민의 투쟁(1952년 4월 25일)」, 『김일성저작집 7』; 「조선민족의 자유와 평화와 해방을 위하여(1952년 8월 15일)」, 『김일성저작집 7』; 「쓰딸린서거 1주년 추모행사를 조직할데 대하여: 조선로동당 중앙위원회 상무위원회에서 한 연설(1954년 2월 22일)」, 조선로동당출판사, 1997); 「8·15해방 10돐경축대회에서 한 보고(1955년 8월 14일)」, 『김일성저작집 9』(평양: 조선로동당출판사, 1980); 「조선로동당 제3차대회에서 한 중앙위원회사업총화보고(1956년 4월 23일)」, 『김일성선집 4』(평양: 조선로동당출판사, 1960); 「조선인민의 민족적명절 8·15해방 15돐경축대회에서 한 보고(1960년 8월 14일)」, 『김일성저작집 14』(평양: 조선로동당출판사, 1981); 「8·15해방 17돐기념경축대회에서 한 연설(1962년 8월 15일)」, 『김일성저작집 16』(평양: 조선로동당출판사, 1982); 「8·15해방 스무돐기념경축연회에서 한 연설(1965년 8월 15일)」, 『김일성저작집 20』(평양: 조선로동당출판사, 1982).

역량의 강력한 힘의 원천'이다. 이러한 인식은 직접적으로 소련의 '위대성'을 칭송하는 것으로 이어진다. ≪로동신문≫은 소련 소식과 함께 공산주의 건설의 성과(경제 및 문화 등)는 물론 국내 소식(국가 예산, 물가 인하 조치, 노동자 기술 교육 등), 대외정책 등을 상세히 담고 있다.

이러한 두 가지 인식 중 후자는 1956년을 기점으로 변화됨을 볼 수 있다. '위대한 소련'의 표현이 줄어들면서 반대로 중국 관련 소식이 신문에 게재되기 시작한 것이다. 한국전쟁 초반만 해도 중국과 소련에 대한 표현은 결코 동등하지 않았다. 1951년 8·15행사 때 김일성의 연설문을 보면 그 차이를 알 수 있다. 중국의 발전은 세계 민주 역량 강화의 일환으로 제시한 반면, 소련의 경제성과는 다른 인민민주주의 국가들의 경제발전에 유리한 조건을 마련한다고 한 것이다. 더 직접적으로 그들은 중국의 발전이 '소련의 원조'로 가능했음을 밝히기도 했다. 그러나 1956년 이후 이러한 북한의 태도에 변화가 생겼다.[4]

---

[4] 김일성, 「사회주의국가들의 친선과 단결: 쏘련잡지 ≪메쥬두나로드니야 쥐즌≫1957년 11월호에 발표한 론설」, 김일성저작집 11』(평양: 조선로동당출판사, 1981);「쏘련을 선두로 하는 사회주의진영의 위대한 통일과 국제공산주의운동의 새로운 단계: 조선로동당 중앙위원회 확대전원회의에서 한 보고(1957년 12월 5일)」, 『김일성선집 5』(평양: 조선로동당출판사, 1960);「조중 량국 인민의 전투적우의: 중화인민공화국 창건 10돐에 즈음하여 ≪인민일보≫에 발표한 론설(1959년 9월 26일)」, 『김일성선집 6』(평양: 조선로동당출판사, 1960);「조선인민의 민족적명절 8·15해방 15돐경축대회에서 한 보고(1960년 8월 14일)」, 『김일성저작집 14』;「조선로동당 세4차대회에서 한 중앙위원회사업총화보고(1961년 9월 11일)」, 『김일성서삭십 15』(평양: 조선로동당출판사, 1981);「8·15해방 17돐기념경축대회에서 한 연설(1962년 8월 15일)」, 『김일성저작집 16』;「현정세와 우리 당의 과업: 조선로동당대표자회에서 한 보고(1966년 10월 5일)」, 「김일성저작신집 4』(평양: 조선로동당출판사, 1968);「8·15해방 스무돐기념경축연회에서 한 연설(1965년 8월 15일)」, 『김일성저작집 20』 참조.

가장 눈에 띄는 변화는 북한이 사회주의 진영에서 소련의 '영도적 지위'와 민주 및 반(反)침략 세력의 '향도적 역할'을 더 이상 인정하지 않는다는 점이다. 북한 측 자료에 소련의 '향도력'이 처음 표현된 것은 1952년 9월이었다. 소련공산당 제19차 대회를 언급하면서 '인류의 위대한 향도력'이 소련에 있다고 한 것이다. 그런데 제3차 당대회에서 그들은 국제 문제, 특히 아시아 문제에서 중국의 역할을 인정하고 소련 및 중국과의 친선을 강조했고, 이러한 변화는 제4차 당대회에서도 지속되었다. 소련 인민은 '우리 인민의 해방자이자 가장 친근한 벗'이며 중국 인민은 '장기간의 혁명투쟁에서 우리와 생사고락을 같이하여온 전우'로 표현된다. 소련만을 언급하거나 소련의 영도적 지위를 인정한 이전과는 확연히 다른 것이다.

그 후 신문에는 중국 소식이 부쩍 늘어나고 점차 소련과 중국을 동등하게 언급했다. 예를 들어, '중국과 소련의 모범을 배워야 한다'(≪로동신문≫, 1957년 6월 13일자)든지 중국과의 관계를 '혈연적인 친선관계'로 언급(≪로동신문≫, 1957년 12월 5일자)하는가 하면, '위대한 소련'과 함께 '위대한 중국' 코너가 등장하고 1961년에는 북한과 소련, 중국 3개국 간 동맹의 친선단결이 강조되었다.

여기에서 유의할 점은 북한이 소련의 '영도적 지위'를 인정하지 않는 것이 곧 소련이 사회주의 진영의 선두라는 사실마저 부인한 것은 아니라는 점이다. 자료에서 소련의 우월성, 북한과 소련과의 특별한 관계에 대한 언급은 계속 찾아볼 수 있다. 특히 과학기술력 부문에서 소련의 우월성 선전이 두드러지는데, 이는 자본주의 제도에 대한 사회주의 제도의 우월성을 선전할 수 있기 때문으로 보인다.

1950년대 후반 이후 북한의 변화는 무엇 때문일까? 그 이유는 두 가지로 설명할 수 있다. 하나는 한국전쟁에서 보여준 소련과 중국 측 태도의 차이 때문이었다. 한국전쟁 동안 중국은 소련의 공군 지원 결정이 내려지지 않은 상태에서 인민군의 파병을 결정하는 한편, 물적 지원 측면에서도 소련에 비해 상대적으로 적극적이었다. 이것이 전후 소련에 대한 섭섭함으로 표출된 것이다. 또한 북한의 대소 태도 변화는 당시 북한의 국내 사정과도 밀접하게 연관되어 있다. 1965년 『조선중앙연감』을 보면 '국가' 항목 대신 '방문' 항목이 들어섰으며, 1968년 『조선중앙연감』에는 대외관계 제목이 '조선로동당과 공화국정부의 자주적이고 원칙적인 대외정책의 빛나는 승리'로 표현되고 '프롤레타리아국제주의'보다는 '당 대외정책의 자주적 입장'이 부각된다. 그들이 사회주의 국가들과의 관계에서 제시한 원칙은 여전히 '프롤레타리아국제주의'이지만 실제 강조점이 놓인 부분은 대외적 자주성인 것이다. 즉 소련과 중국과의 분쟁, 그리고 대내 파벌 다툼의 와중에서 대내외적 '자주'(주체)가 강조될 필요가 있었고, 이것이 반영된 것이 대외정책의 '자주적 입장'이었다. '자주'를 강조하는 마당에 특정 국가의 '영도적 지위'를 인정하기는 힘들었던 것이다.

  둘째 단계에서 북한은 소련을 '계급적 동지'로 인식하면서 양자 간에 친선협조관계를 강조한다. 이 시기는 1960년대 후반 이후 소연방의 해체 시기까지 지속된다.[5]

---

5) 김일성, 「동방식민지민족해방투쟁에 관한 레닌의 위대한 사상은 승리하고 있다(1970년 4월 16일): 웨.이. 레닌탄생 100돐에 즈음하여 쏘련공산당 중앙위원회기관지 ≪쁘라우다≫에 발표한 론설」, 『김일성저작집 25』(평양: 조선로동당출판사, 1983); 「조선민주주의인민공화국이 당면한 정치, 경제 정책들과 몇가지 국제문제에 대히어(1972년 1월 10일): 일본 ≪요미우리신붕≫기자들이 제기한 질문에 대한 답변」, 『김일성저작집 27』; 「조선로동당과 조선인민주주의공화국정부의 대내외정책의 몇가지 문제에 대하여(1971년 9월 25일, 10월 8일): 일본 ≪아사이신붕≫ 편집국장 및 교도통신사 기자와 한 담화」, 『김일성저작선집 6』(평양: 조선로동당출판사, 1974); 「중국신화통신사대표단이 제기한 질문에 대한 대답(1981년 4월 23일)」, 『김일성저작집 36』(평양: 조선로동당출판사, 1990); 「쏘련 따스통신사대표단과 한 담화

이 단계의 양국 관계 표현에서 가장 자주 볼 수 있는 것은 '공동의 목적과 이상을 실현하기 위한 투쟁에서 계급적 유대가 연결된 동맹'이라는 것이다. 이전과 비교할 때 양국 관계는 동지이며 동등하다는 뉘앙스가 강하다. 물론 당시 양국 관계가 평등하다고는 볼 수 없다. 특히 경제적 측면에서 북한은 여전히 소련의 '우호적 지원' 대상이었다. 그렇지만 대외적 '자주'는 대소 관계에서도 표현되고 그 강도가 더욱 강해지는 것을 볼 수 있다. 예를 들어, 1966년 10월 5일 당 대표자회의에서 김일성은 형제 당들이 '완전한 평등, 자주성, 호상 존중, 내정불간섭, 동지적 협조 원칙'에 기초하여 호상 관계를 맺어야 한다고 하는가 하면, 제5차 당대회(1970년 11월 2~13일)에서 김일성은 사회주의 진영의 단결을 표현했을 뿐 소련에 대한 구체적 언급은 하지 않았던 것이다.

　더 나아가 1979년 연감을 보면, '자주성'에 역행하는 투쟁 대상으로 '지배주의'를 제시하는데[6] 여기에는 소련도 포함된다. 북한에 따르면, '지배주의'란 '나라의 크기와 사회제도에 관계없이 공개적·은폐적 방법으로 다른 나라를 통제하려는 국가들'을 말한다. 사회주의 국가들이라 하더라도 북한에 영향력을 행사하려 한다면, 그들 또한 자본주의 국가들과 같은 부류에 속하게 되는 것이다. 즉 '자주'의 대상에서 소련도 예외는 아니다. 이러한 변화는 1980년대 후반 동유럽권의 변화와 사회주의 국가들의 서울올림픽 참가를 거치면서 더욱 강화되며 외교 원칙의 우선순위에 영향을 미쳤다. 1988년 9월 8월 국가 수립 40주년 기념식에서 지금까지 대외 원칙이었던 '자주,

---

　　(1984년 3월 31일)」, 『김일성저작선집 9』(평양: 조선로동당출판사, 1987); 「반제투쟁의 기치를 더욱 높이 들고 사회주의, 공산주의 길로 힘차게 나아가자(1987년 9월 25일): 조선로동당 중앙위원회 책임일군들과 한 담화」, 『김정일선집 9』(평양: 조선로동당출판사, 1997).

6) 『조선중앙년감』, 1979.

친선, 평화'의 순서가 '자주, 평화, 친선'으로 변화된 것이다.

여기에서 유의할 부분은 '자주'의 대상에 소련도 포함되지만 특정 부문, 즉 경제발전과 대남관계(와 대미 관계)에서 북한은 여전히 소련을 적절히 활용한다는 점이다. 예를 들어, 북한의 건설 성과를 소련 측 신문에서 다루고 있음을 역으로 보도한다든지, 대미 관계에서 소련 과학의 우수성, 그리고 대남관계에서 소련의 북한 지지 등을 부각시켰다. 대외관계에서 소련은 여전히 중요한 버팀목이자 사회주의 진영의 선두로 미국에 필적할 존재라는 점은 변화하지 않았다.

이러한 북한이 이유로 소련을 직접적으로 비난한 것은 1994년 한 소수교에 이르러서이다. 1990년대 초 소련 해체 당시만 해도 북한은 직접적으로 비난하지는 않았다. 신문을 통해 일련의 상황을 그대로 보도했을 뿐이었고 비난은 주로 우회적으로 이루어졌다. 예를 들어, 연방 해체 후 혼란상을 집중적으로 보도한다든지 중국 관련 보도[7]가 눈에 띄게 늘어난 것이다.

셋째 단계는 러시아를 전방위 외교 차원에서 실리적으로 인식하는 단계이다. 이 단계에서 북한에게 가장 중요한 국가는 미국이며 러시아는 북한의 전방위 외교 대상의 하나로 자리매김한다. '자주'의 대상으로 중요한 의미를 갖는 국가는 서방 국가, 특히 미국이다. 북한은 미국이 자국의 '자주'를 인정해준다면 그들과도 '친선'관계를 맺을 수 있음을 표방하고 있다. 신년사를 분석하면, '친선'의 대상은 '사회주의 국가들,' '쁠럭불가담국가들,' '평화애호인민'(1995~1996년) → '세계 진보적 인민들'(1997년) → '자주권을 존중하는 나라들'(2001년) → '세계 여러 나라들'(2004년)로 그 범위가 점차

---

7) 특히 중국공산당의 중요성을 부각시키거나("중국공산당이 없으면 새 중국도 없다", ≪로동신문≫, 1991년 3월 14일자; "동맹의 존재를 과시", ≪로동신문≫, 1991년 3월 1일자, 4월 1일자) 하는 형태로 이루어졌다.

확대되어왔으며 2001년의 언급은 바로 미국을 겨냥한 것이다. 이와 관련, 러시아에 대한 별도의 언급은 없으며 러시아는 '친선' 관계를 유지해야 할 '세계 여러 나라들' 중 하나일 뿐이다.

러시아는 여전히 실리적 차원에서 특히 대미·대남 관계에서 활용할 가치가 있다. 러시아는 '강한 러시아'를 위해 전 세계적 차원에서 미국의 정책에 영향을 미치기 위해 노력하고 있으며, 지역 차원에서는 남북한 모두와 외교관계를 맺고 있다는 점을 활용하여 '한반도 문제'에 적극 개입하려 한다. 북한은 이러한 점을 이용하여 대미·대남한 관계에서 자신들의 입지를 강화하기 위해 러시아를 활용할 수 있다. 또한 '실리 외교' 차원에서 북한은 러시아를 경제적 대상으로 인식하고 있다. 러시아 극동지역에서의 시장경제 학습, 그리고 철도 및 전력 문제와 관련하여 러시아는 북한이 필요한 외부 자원과 자본을 끌어들일 수 있는 일종의 시발점 역할을 할 수 있는 것이다.

요컨대 북한이 대외관계에서 중시하는 것은 자신들의 체제 건설과 유지에 어느 국가가 가장 중요한 역할과 원조를 하는가이다. 김일성 시대에 소련은 사회주의 연대성을 지닌 국가였으며, 소련의 역할은 일부 변화했다. 즉 국가 건설 및 발전 과정에서 가장 중요한 국가로부터 사회주의 동지로 변모된 것이다. 그리고 사회주의 연대성이 사라진 김정일시대에 러시아는 북한 체제의 지원 국가로 인식되고 있다.

2) 러시아의 '강대국' 외교와 북한

그러면 소련 또는 러시아는 북한을 어떻게 인식하고 있는가? 고르바초프 등장 이전에 소련은 북한을 통해 한반도를 인식했다면, 그 후 소련은 북한뿐만 아니라 한국의 활용 가능성을 찾았고, 푸틴 시대 러시아는 특히 경제직 측면에서 남북한과 러시아의 3자구도하에 한반도를 인식하고 있다. 즉 그들의 인식은 북한→남한과 북한→남북한으로 변화되어온 것이다.

첫 단계는 소련이 대북정책을 통해 한반도의 '해방'을 지원한 단계이다. 이 시기 소련은 민족해방론[8])의 관점에서 북한을 바라보았으며[9]) 민족해방론의 특징이 그대로 정책에 투영된다. 민족해방론에서는 제국주의로부터의 분리(정치적 독립) 후 사회주의 건설(경제적 독립) 과정에서 '자결권'을 인정하지 않는다. 식민지의 취약성으로 인해 다시 제국주의로 종속될 수 있기 때문이다. 소련은 대일전을 '해방전'으로 규정하는 한편 북한 인민들에게 스스로 '해방국'과 '우방국'의 이미지를 내세우면서 북한의 국가 건설 과정에서 자신들의 '우호적'인 역할을 주장했다. 소련은 국가 건설의 전 과정을 '지도' 및 '주도' 했다. 또한 민족해방론에서 중요한 것은 식민지 자체의 해방보다는 이를 통한 식민지 모국, 즉 제국주의 세력의 약화이다. 소련은 조선을 '제국주의의 식민체계' 중 일부로 인식했다.[10]) 그렇지만 실제 대일전의 참전 배경은

---

8) 스탈린·레닌 지음, 임지현 엮음, 『민족문제와 마르크스주의자들: ≪얼과글≫ 9』(한겨레, 1986); 강좌편집위원회 엮음, 『강좌/마르크시즘 1: 마르크시즘과 민족해방운동』(학민사, 1988); Rostislav Ulyanovsk, *National Liberation: Essays on Theory and Practice*, translated by David Fildon & Yuri Shrokov(Moscow: Progress Publishers, 1978); V. Zotov, *Lenin's Doctrine on National Liberation Revolutions and Modern World*, translated by Gennady Gubanov(Moscow: Progress Publishers, 1983).

9) 실제 소련의 해방정책은 민족해방이론과 차이가 있다. 이론에 따르면, 부르주아와의 협력은 '독립'을 위해서만 한정되나, 소련은 점령 기간 내내 경제 부문에서 중간 부르주아의 개혁성을 인정하고 그들을 활용했다. Г. Васецкий, "Народно-демократический строй все верюйкорее," ст. 6.

10) *Доклад об итогах работы Управления Совецкой Гражданской Администрации в Севернои Корее за три года*(август 1945~ноябрь' 1948, 이하 *Доклад*) том 1, 2(Пхенъвян, 1948); Е. Пигулевская, "Корейский народ в борьбе за независимость и демократию," ст. 1~2; Л. Зенина, "Борьба корейского народа за демократическое единство и национальную независимость," *Пропаган*

'조선의 해방'이 아니라 '일본의 패배'에 있었다. 식민 모국 일본은 소련의 전통적 위협국일 뿐만 아니라 러·일전쟁의 패배를 안겨준 장본인으로 소련에게는 일본의 위협 제거와 설욕이 중요했던 것이다.[11]

소련이 북한의 전략적 가치를 재고한 계기도 일본 점령정책에서 나왔다. 1945년 12월 모스크바회의에서 소련의 주장대로 대일이사회의 동경설치가 결정되었을 때 소련이 기대한 것은 일본 점령정책에서 일정 역할을 담당함으로써 일본의 반소화(反蘇化)를 막는 동시에 극동에서 영향력을 확보하는 것이었다. 그러나 소련은 일본이 미국의 영향력하에 편입되며 다시 위협요인으로 등장하는 것을 그저 지켜보아야만 했다. 이러한 일본의 위협과 남한의 '반동화'에 대응할 수 있는 대안이 바로 북한이었다. 아시아에서 미국과 소련의 대립이 한반도에 투영되면서 소련의 대북인식은 변화된 것이다.[12]

1948년 소련의 철군이 '해방' 정책의 포기를 의미하는 것은 아니다.[13] 소련은 통일, 독립국가 건설 과제를 완수하지 못했음을 인정하고 향후 북한을 기반으로 남한의 좌익 세력에 '우호, 형제적 원조'를 계속할 것이라는 뜻을 밝혔다. '해방'의 대상은 이제 일본이 아니라 미국으로 바뀌었고 '해방' 정책 지원의 직접적 결과가 한국전쟁이었다. 그러나 전쟁 중 소련이 가장 우려한 점은 북한의 패배가 아니라 미국과의 직접 대결 가능성이었다. 즉

да и Агитация, но. 13(Июль, 1950), ст. 1.
11) 1945년 9월 2일 스탈린의 승전 연설, 11월 제28차 혁명 기념일에서 몰로토프의 연설. Н. И. Глаголевский и Л. Р. Чпнышева, *За единую независимую демокра тическую корею*(Москва: Государственная ордена ленина, 1950) 참조.
12) Е. М. Жуков, *Советский Союз в борьбе за демократическое решениеослево енных проблем дального востока*(Москва, 1950), ст. 4~5, 20.
13) *Доклад*(1948), том 1, ст. 24~34.

한반도 공산화라는 '해방'의 목적은 미국과의 대결 회피라는 소련의 국익 뒤로 밀렸다. 북한의 전략적 가치는 일정한 한계 내에 있었던 것이다.

둘째 단계는 한반도에서 현상유지 정책을 수행하면서 처음에는 북한을 통해, 그리고 1980년대 말 이후는 남북한을 분리해 인식하며 각각의 정책을 추구하는 단계이다. 한국전쟁 후에도 전략적 한계 내에서 대북인식은 지속되었다. 1950년대 두 차례(1956년 8월 종파사건, 1957년의 집단지도체제 시도)에 걸친 개입 실패 후 소련은 북한의 내정 문제에 간섭하지 않는 소극적인 태도로 일관했다. 북한이 사회주의 진영에 남아 있는 한, 그들의 주요 관심은 북한의 친소·친중 여부였으며 북한에 의한 '해방'보다는 한반도의 '현상유지'를 더 선호했던 것이다.

이미 소련은 1954년 제네바 회담에서 남북 간 문화, 경제적 교류를 주장했으며, 남측의 반대에 부딪힐 경우 새로운 방식의 접근을 제안하는 등 북한과 달리 실질적 남북교류를 기대했다. 또한 1950년대 말에는 한반도에 '두 개 국가'가 존재하는 현실을 인정하면서 북한과 이견을 보이기도 했다. 소련은 1950년대부터 '한반도 문제' 해결 방식으로 한국 인정, 미군 철수, 남북 교류 후 남북한 유엔 가입과 연방제를 상정하고 있었다.[14] 소련의 주요 관심은 한반도의 긴장 완화였다. 그러나 인식이 변화했을 뿐 그 인식이 정책으로 구체화되는 데는 상당한 시간이 필요했다.

그 계기는 고르바초프의 등장과 '신사고' 정책이었다. '신사고' 정책의 틀 속에서 개혁과 개방정책을 적극 추진한 소련에 필요한 것은 자국의

---

14) АВП РФ, ф. 0102, оп. 10, п. 52, д. 8; АВП РФ, ф. 0102, оп. 11, п. 60, д. 7; АВП РФ, ф. 0102, оп. 12, п. 68, д. 5; АВП РФ, ф. 0102, оп. 13, п. 7, д. 6; АВП РФ, ф. 0102, оп. 13, п. 72, д. 5; АВП РФ, ф. 0102, оп. 14, п. 75, д. 6, 8; АВП РФ, ф. 0102, оп. 15, п. 81, д. 7; АВП РФ, ф. 0102, оп. 15, п. 82, д. 14; АВП РФ, ф. 0102, оп. 16, п. 87, д. 27.

경제 활성화를 위한 국제 환경의 변화였다.15) 이러한 연장선상에서 그들의 한반도정책은 이데올로기적 동질성보다는 경제적 실리가 우선시되는 한편, 한국의 활용 가능성을 모색하기 시작했다.

1986년 「블라디보스토크 선언」에서 소련은 아·태지역 국가와의 협력관계를 희망하고 이어서 1988년 「크라스노야르스크 연설」에서는 한국과의 경제협력 문제에 대해 직접 언급했다. 그러나 소련이 한국의 경제성을 인식했다는 것이 곧 북한과의 단절을 의미한 것은 아니었다. 소련은 북한에 대해서는 긴장 완화 차원에서 소련 주도의 새로운 지역안보와 경제협력 구조에 참여하기를 바란 반면, 한국에 대해서는 경제 교류를 통한 실리 획득에 초점을 맞추는 등 한반도에서의 현상 유지를 계속 희망하고 있었다. 이러한 인식은 옐친 시기에도 유사하게 지속되었다. 대한국정책은 대서방정책과 연동되어 일부 기복을 보였지만16) 남북한에 대해 각각의 인식과 목표를 가지고 정책이 전개되었다.

셋째 단계는 러시아가 대북·대남 정책을 각각 달리 추진한 것이 아니라 러시아와 남북한 3자 관계 속에서 북한을 인식하는 단계이다. 이는 푸틴의 등장과 함께 시작되었다.

'강한 러시아'가 되기 위해서는 적어도 지역 현안에 개입할 수 있어야 한다. 동북아에서 그들에게 가장 좋은 조건을 제공하는 곳이 한반도이다. 러시아는 남북한 모두와 수교관계를 맺고 있어, 한반도에서 정치적 영향력을

---

15) *Правда*, Апрель 24, 1985, Февраль 16, 1987.
16) 1991년 말 러시아 출범 이후 1994년까지 친서방정책을 표명했으나 1996년 이후 국내의 보수화와 서방의 경제 지원에 대한 실망, 유일 강대국에 대한 우려에 따라 국익에 따른 서방협조정책 등 균형 잡힌 정책을 추구했고, 점차 능동적·공세적 전방위 외교정책을 수행하고 있다. 한반도와 관련, 친서방정책은 친한국정책, 그리고 균형 잡힌 정책은 등거리외교로 나타났다.

확보할 수 있다면 지역 강대국으로 역할을 수행할 수 있다. 즉 한반도는 그들에게 '강대국'으로의 발판이 될 수 있는 것이다. 그래서 택한 방법이 경제를 통한 한반도에의 접근방식이다.

그 배경에는 다음과 같은 인식이 자리 잡고 있었다. 첫째, 러시아는 북한의 경제 재건에 일정 역할을 수행할 가능성이 있다고 판단하고 있다. 북한 경제의 회생을 위해서는 기존 시설의 보수 및 현대화와 함께 에너지 문제 등이 해결되어야 한다. 그런데 소련 시기에 건설된 산업 시설은 1990년에도 북한 전체의 전력 생산 63%, 석탄과 석유제품 50%, 철강 33%, 선철 13%, 압연철금속 38%, 섬유 20%, 화학비료 13%, 철광 42%를 각각 생산하는 등 북한 경제에서 상당 부분을 차지했다. 소련시절 경제적·기술적 대북 지원은 북한 경제에 소련의 흔적을 남긴 것이다. 또한 수력발전에 60%를 의존하고 있는 현실에서 북한은 화력발전소의 재건만으로 전력 부족 문제를 모두 해결할 수 없으며 다른 보완책이 필요하다. 북한과 인접한 러시아 극동지역은 전력 문제 해결의 실마리를 제공할 수 있다.17) 즉 러시아는 소련 시절 역할을 내세워 북한의 경제 재건에 참여할 수 있으며, 이를 통해 북한 개혁에 동참할 뿐 아니라 '한반도 문제' 해결 과정에 자연스럽게 개입할 기회를 얻을 수 있다.

둘째, 북한 경제재건 참여는 러시아에게 한국과의 공조, 나아가 남북한과 러시아 3자 경협 구도의 현실화를 가져올 수 있다. 러시아에게 극동지역이 경제발전의 관건이라면,18) 극동지역에서 북한은 원자재 부족을 보완할 수

---

17) 일부 보도에 따르면, 러시아는 하산-북한의 전력망을 직접 연결하거나 하바로프스크 전력회사 보스토겐네르고가 생산하는 전력을 북한에 공급하거나 연해주 전력의 2~4%를 공급할 계획임을 밝힌 바 있다.
18) 1987년 '극동 경제지역, 부랴치야 자치공화국과 치타주의 2000년까지의 생산력 종합발전 장기 국가계획'(고르바초프 계획)은 극동지역과 아·태지역의 연계를 지향

있는 가공 무역, 그리고 유휴 노동력을 이용한 물물교환 방식 등 3자 경협을 통해 실리를 얻을 수 있다. 문제는 자본이다. 극동지역의 열악한 환경, 경협 파트너로서의 위험 부담에도 불구하고 경협에 관심을 가질 국가는 한국이다. 북한 외 지역에서의 경협은 북한의 국제 경제 및 국제 사회에의 편입에 대안이 될 수 있기 때문이다. 그 경우, 러시아는 경제적 실리를 취할 수 있을 뿐 아니라 북한의 개방, 나아가 동북아의 평화에 일조할 수 있는 기회를 잡을 수 있다. 그리고 3자 경협은 극동지역에서 다자경제협력의 출발점이 될 수 있다.

요약하면 러시아에게 한반도가 갖는 중요성은 안정된 동북아 환경과 관련되어 있다. 냉전시대에 그들은 북한에 의한 한국의 '해방'을 통해 사회주의 진영의 확대를 꾀했다. 그러나 한국전쟁의 실패를 겪으며 한반도의 현상유지를 더 중시했다. 이는 상당 기간 대북정책으로만 나타났으나 점차 북한과 한국을 별개로 인식하는 특성을 보이게 된다. 그리고 탈냉전시대 그들은 남북한을 함께 고려한 더 적극적인 대한반도 인식의 특징을 보인다.

3. 북·러 관계의 역사적 전개

북한과 소련 또는 러시아와의 관계는 역사적으로 변천의 과정을 겪어왔다. 이는 크게 네 단계, 즉 '우호 관계'의 형성기, 긴장기, 기복기, 새로운 관계의 모색기로 나눌 수 있다. 각 시기별 내용과 변천의 동인을 살펴보기로 하자.

했다면, 1996년 '극동지역과 바이칼 지역의 경제·사회발전을 위한 러시아연방 계획'은 극동지역의 자립 발전을 강조했고, 2002년 '2010년까지 극동지역과 바이칼지역의 경제·사회발전을 위한 계획'은 에너지, 수송, 연료 등의 개발에 초점을 맞추고 있다.

1) 체제 건설과 '우호 관계'의 형성(1945~1953년)[19]

이 시기 양국 관계에 영향을 미친 가장 큰 사건은 3년에 걸친 소련의 점령과 한국전쟁이었다. 점령기에 북한이 국가 건설과 체제 수립에 결정적인 역할을 한 소련의 강한 영향력하에 놓이게 되었다면, 한국전쟁은 북한이 소련에 대해 실망감을 느끼는 단계이다.

해방 후 '피점령국'이었던 북한은 국가 건설과 체제 수립 과정에서 소련의 전적인 지원을 받았다.[20] 1945년 8월 10일 처음으로 북한에 발을 내딛은 소련은 '해방국'과 '우호국'의 이미지를 표명하면서 북한의 전 부문에 적극 개입했다. 북한의 사회주의화 과정에서 전면에 나선 것은 국가기구와 당기구였으며 동 기구의 최고지위 역시 북한인들이 차지했다. 대신 소련은 간접적 통제를 통해 개혁을 준비하고 '지도'[21]하는 한편 지도부와 주민들에 대해

---

19) ≪로동신문≫, 1952~1953년; Доклад(1948), том 1, 2; ЦАМО, ф. УСГАСК, оп. 433847, д. 1; ЦАМО, ф. 25А, оп. 532092, д. 1; ЦАМО, ф. 32, оп. 11318, д. 196; ЦАМО, ф. 127, Opic' 468007, д. 4; ЦАМО, ф. 379, оп. 578927, д. 3; ЦАМО, ф. ?, оп. 687572, д. 2317; ЦАМО-А, ф. 19, оп. 266, д. 27; 양호민 외, 『한반도분단의 재인식(1945~1980)』(나남, 1993); 김창순, 『북한오십년사 1945년 8월~1961년 1월』(지문각, 1961); 오영진, 『하나의 증언』(국민사상지도원, 1952); Hak Soon Pai, *North Korean State Formation, 1945~1950*(Dissertaton of Pennsylvania, 1993); Eric van Ree, *Socialism in One Zone: Stalin's Policy in Korea, 1945~1947* (Oxford: Bery Publishers Ltd., 1989).

20) 이에 대해서는 정성임, 「소련의 對북한 점령정책에 대한 연구: 1945.8~1948」, 이화여대 박사학위 논문(1999)을 참조할 것.

21) 1945년 9월 초 제25군 사령관 치스차코프(Иван Михаиович Чисцяков)는 점령정책을 전반적으로 조정할 기구의 필요성을 절감하고는 상부에 건의했으며, 이에 따라 11월 말 소련 국방인민위원회는 제25군 내에 민정 담당 부사령관제(Заместител по Гражданской Администраций в Koree)를 결정했고 12월 10일 민정 담당

인적 통제방식22)을 수행했다. 그 과정에서 소련은 김일성, 박헌영과 수시로 협의했으나 대부분의 정책은 소련의 승인하에 이루어졌다.

1945~1948년 점령기를 통해 북한은 친소국가로 등장했다. 소련은 대외적으로는 미국과 남한의 대북 '민주화'를 막는 한편, 대내적으로 북한의 개혁, 정부구성, 그리고 철군과 같은 문제에서 주도적인 위치에 있었다. 북한과 소련은 피점령국과 점령국, 그리고 '사회주의'라는 이념의 공통성을 통해 돈독한 관계를 맺게 된 것이다. 밀착된 관계는 최초의 외교관계 수립(1949년 4월 10일), 최초의 정부 간 공식협정(1949년 3월 17일)으로 나타났으며 1946년 860만 루블에 머물던 양국 교역량은 1950년 1억 110만 루블에 달하는 괄목할 만한 성장을 거두었다. 그리고 '1949~1950년간 교역량 및 결제방식에 관한 합의서', '차관제공(44억 7,700만 루블)에 관한 합의서' 등이 뒤를 이었다.

한편 한국전쟁에서 북한은 시작, 과정, 그리고 휴전 협상에 이르기까지 소련의 결정적인 지원을 받았다. 전쟁은 김일성의 요청과 소련의 승인, 그리고 중국의 지원 표명이 어우러져 시작되었다. 김일성은 스탈린에게 직접 제의(1949년 3월) → 소련대사관 측 인사들에게 제의 및 면담 요구(1949년 8월~1950년 1월) 등을 통해 남침 의사를 수차례 밝힌 데 이어 중국의 혁명화 성공 후 재타진을 통해 소련의 지원 결심을 받아냈다. 미국의 개입과 북한

부사령관에 로마넨코(Андреи Алекевич Романенко)가 임명되었다. 이후 1947년 5월 이들 기구는 소련 민정부로 독립되고 기구도 13개 분과로 확대 개편되었다. 그리고 민정부를 중심으로 정치부 7호과, 경제 전문가 등을 활용하여 북한의 정치, 경제 '개혁'을 주도했다.

22) 대표적인 기구가 1946년 7월 1일 개교된 '조선인민족간부양성학교'로 설립(소련공산당 중앙위원회 조직국), 운영 및 교과과정 편성권(제25군 정치부), 재정권(제25군 군사평의회) 모두 소련이 주도했다.

군사력의 열세 때문에 머뭇거리던 소련에게 중국의 공산화는 고무적인 일이었으며 박헌영의 장담대로 전쟁이장기간 지속되리라고 생각하지 않았던 것이다.

그 후 전쟁 과정에서 북한은 조·중연합사에 작전지휘권을 내준 채 소련과 중국의 영향력하에서 전쟁을 치렀다. 전쟁의 주도권은 소련과 중국에 있었다. 초기에는 소련의 (김일성, 소련대사, 소련 군사고문단 또는 이들을 통한) 일방적 지시를 받았지만 중국 참전 이후 양상은 변화했다. 중국 측이 작전계획을 주도하고 소련은 이에 동의하는 양상(전황 보고: 펑더화이 → 마오쩌둥이나 소련대사관 → 스탈린, 군사작전: 마오쩌둥 → 스탈린, 펑더화이 → 김일성 → 스탈린, 군 개편: 스탈린 → 마오쩌둥이나 김일성)으로 변화된 것이다. 그 과정에서 무기 지원, 군사고문단 파견, 전술 방식, 휴전 조건 등을 놓고 북한과 소련, 소련과 중국 간에 미묘한 갈등이 있었지만 더 중요한 것은 김일성은 전술·전략적 면에서 뒷전에 물러나 있었다는 점이다.

휴전 역시 그들의 의사와는 달리 스탈린의 사망 후 이끌어낼 수 있었다. 1952년 1월 휴전회담이 지지부진한 가운데 박헌영은 '전쟁 계속에 반대한다'는 입장을 피력하는 한편 김일성은 나름대로 협상 원칙을 마련했다. 그렇지만 스탈린은 마오쩌둥과 사전 협의를 거치도록 지시했다. 실제 스탈린이 받아들인 마오쩌둥의 협상 원칙은 김일성의 것과 크게 다르지 않았다. 그럼에도 스탈린이 마오쩌둥을 내세운 것은 휴전 과정에서의 주도권 역시 북한에 있지 않음을 보여주려는 의도였다. 또한 스탈린은 북한과 달리 휴전에 소극적이었다. 소련은 한국전쟁을 반(反)제국주의 차원으로 파악하고 특히 미국의 힘을 약화시키는 방편으로 이용할 생각이었던 것이다.

밀착되어 있던 양국 관계는 한국전쟁을 거치면서 이견과 이익의 차이를 드러냈다. '실패'로 끝난 전쟁에서 북한은 소련의 다른 모습을 보았다. 중국 측의 전폭적 지원과는 대조적으로 미국과의 직접 대결을 회피한 소련 측의 모호한 지원 태도 때문이었다. 물론 소련은 군사고문단의 파견, 북한 유학생의 군사 훈련, 물자 원조 등을 통해 북한을 지원했다. 그러나 인천상륙작전 후 중국의 파병이 지연되자 소련은 1950년 10월 13일 김일성에게 중국이나 소련으로의 완전 철수 준비를 지시하는가 하면, 북한 측의 물자 지원 요청을 두 달 이상 끌기도 하고 지원 양을 줄여 보내기도 했다. 이러한 소련의 태도는 전후 양국 관계의 변화를 가져오는 단초가 된다.

2) 주체의 대두와 긴장의 형성(1953~1964년)[23]

이 시기는 한편에서는 주체의 형성과 등장, 다른 한편에서는 소련의 대내·외적 상황 변화에 따라 양국 관계가 변화하는 단계다. 이전 단계에서 양국 관계가 소련의 대북 친소국가화로 집약된다면, 이 단계에서는 북한이 소련의 영향력에서 점차 벗어나는 단계다. 결정적 계기는 1956년 '8월 종파사건'이지만 변화의 조짐은 한국전쟁 후 이미 시작되고 있었다. 국내 정책을 둘러싼 이견과 그 배후의 권력다툼, 그리고 '주체'의 형성이 그 배경에 자리 잡고 있었다.

전쟁 직후 소련은 무상원조(1953년 8월, 10억 루블), 대소 채무의 탕감(50%), 잔액 상환기간의 연장 등 재정적 지원뿐 아니라 기술 원조(20여 개의 산업

---

23) ≪로동신문≫, 1953~1964년; 김일성, 「현 정세와 우리 당의 과업(1966년 10월 5일): 조선로동당 대표자회에서 한 보고」, 『김일성저작선집 4』(평양: 조선로동당출판사, 1968); 『조선중앙년감』, 1959, 1961, 1962, 1965; АВП РФ, ф. 0102, оп. 10, п. 52, д. 8; АВП РФ, ф. 0102, оп. 11, п. 60, д. 6, 7, 8, 9; АВП РФ, ф. 0102, оп. 11, п. 65, д. 45; АВП РФ, ф. 0102, оп. 11, п. 68, д. 3, 4, 5, 6; АВП РФ, ф. 0102, оп. 13, п. 72, д. 5; АВП РФ, ф. 0102, оп. 13, п. 72, д. 11; 국토통일원 엮음, 『조선로동당대회 자료집 2』(국토통일원, 1980); 동아일보사 엮음, 『안보통일문제기본자료집: 북한편』(동아일보사, 1972); 이종석, 『새로 쓴 현대북한의 이해』(나남, 2001).

시설 재건), 전문가 파견(1953년 9월 13일, 1954년 2월 4일, 1955년 등) 등 북한의 복구사업을 적극 지원했다. 또한 전후 복구·발전계획에 대해서도 1953년 9월 북한 당·정대표단의 모스크바 방문과 주북한 소련대사관을 통해 북한은 구체적인 프로그램을 마련했다. 그렇지만 양국 간 불협화음은 두 방향에서 일어났다.

하나는 김일성의 소련계 견제, 다른 하나는 국내 경제정책 때문이었다. 특히 소련은 '올바르지 못한' 경제정책에 우려를 표명했다. 소련공산당 중앙위원회는 1955년 4월 모스크바에서 김일성에게 현물세 징수와 양곡수매사업,[24] 농업협동화 정책[25]을 시정하도록 직접 권고했다. 중공업우선정책과 농업협동화정책은 곧 김일성의 노선이며 김일성의 정책이었다. 정치부문에서 김일성에게 권력 집중과 밀접한 연관하에 수행되었던 것이다. 그런 차에 모스크바의 권고는 김일성의 정책상 오류를 지적하는 것이었으며 경공업우선정책을 주장하던 다른 세력들의 정치적 공세를 강화시켜주는 형태가 되었다.

이러한 대립 기류는 1955년 10월 소련공산당 중앙위의 집단지도원칙의

---

[24] 1954년 흉작에도 불구하고 예정된 징수 비율을 그대로 적용함에 따라 세율은 25~27%가 아니라 30~32%에 달했으며, 양곡 수매가 부진하자 1954년 10월 내각 정령을 통해 쌀의 자유 판매를 막아버렸다. 그 결과 주민들의 불만을 야기했다. 소련 방문 후 1955년 6월 북한은 당 중앙위원회 전원회의 확대회의를 열고 농업세징수체계와 양곡수매사업방식, 국유화정책을 일부 수정하기에 이르렀다.

[25] 1954년 11월 전원회의 결정서에 따르면, 농업 협동화의 목적은 농촌에서 착취 근절, 농민의 생활수준 개선에 있지만 실제 목적은 공업 발전을 위한 전제 조건이었다. 이러한 인식하에 농업 협동화는 1954년 상반기까지는 주로 빈농을 대상으로 완만한 속도(1953년 총농가 중 1.2%, 1954년 6월 2.0%)로 이루어졌으나, 1954년 말 이후 그 추진 속도(1954년 10월 21.5%, 23월 31.8%, 195년 6월 44.7%)는 급물살을 탔다.

채택과 1956년 2월 소련공산당 제20차 당대회에서의 공식 선언 이후 1956년 '8월 종파사건'[26]을 불러왔다. 이와 관련하여 소련과 중국은 미코얀과 펑더화이(彭德懷)를 북한에 파견하여 8월 전원회의 결정을 번복했으나 그들이 돌아간 후 모든 것은 원래 결정대로 처리되었다.

여기에서 우리는 이전과 다른 양국 관계를 볼 수 있다. 소련은 북한 국내권력 문제에 적극적으로 개입하지 않았고 또 일부 개입한 경우에도 예전 같은 영향력을 발휘하지 못했다. 전후 시작된 김일성의 소련계 견제[27]에도 소련은 소극적인 불간섭 태도를 견지했다. 이는 두 가지로 해석할 수 있다. 우선, 소련계의 세력 약화에도 불구하고 소련은 북한에 대한 영향력을 자신하고 있었을 가능성이다. 둘째는 당시의 소련 국내 사정을 통해 설명할 수 있다. 1953년 3월 스탈린의 사망한 이후 말렌코프, 흐루시초프, 베리야 3각 체제 속에서 흐루시초프의 당권 장악이 명확해진 것은 1955년 2월 말렌코프의 총리직 사임 이후였다. 소련이 북한에 대한 영향력을 확신하는

---

26) 1956년 8월 30~31일 평양예술극장에서 개최된 8월 전원회의에서 최창익, 박창옥, 윤공흠, 서휘, 리필규 등이 김일성의 개인 숭배에 반기를 든 사건으로 사전에 김일성 측에 모의 사실이 알려져 결국 실패로 끝났다. 전원회의는 '최창익, 윤공흠, 서휘, 리필규, 박창옥 등 동무들의 종파적 음모에 대하여'라는 결의안을 채택하고, 윤공흠 서휘, 리필규는 출당, 최창익(당 중앙위 상무위원, 중앙위원)과 박창옥(당 중앙위원)의 당직 박탈과 정부 직위 박탈 등의 조치를 취했다. 이들 중 박창옥은 소련계를 대표하는 인물이었다.

27) 1953~1954년에는 소련계 개인을 대상으로 직위 조정이 이루어졌다면, 1955년에는 소련계 전체를 대상으로 영향력 약화가 시도되었다. 김일성 측은 소련계와 소련 대사관의 접촉도 견제했으며 개인의 문제가 아니라 북한에 대한 충성심 차원에서 다루었다. 전자에 대해 소련은 개인의 문제로 파악하는 동시에 소련계의 잘못된 행실을 일부 인정했다. 후자의 경우, 소련 측은 북한 내정에 관여한다는 인상을 주지 않으려 애쓴 한편, 모스크바를 통해 여전히 북한 지도부를 통제할 수 있다고 자신한 것으로 보인다.

이상 소련계의 약화에 민감하게 반응할 여력과 필요성이 없다고 판단했을 가능성이다. 그런데 '8월 종파사건' 전후를 보면, 소련은 김일성의 개인숭배를 북한에서처럼 심각하게 생각하지 않은 것으로 판단된다. 소련은 당시 북한 권력 문제에서 한 걸음 떨어져서 북한을 바라보고 있었다.

그 후 1957년 5~9월 집단지도체제로의 개편[28]을 시도할 때도 모스크바는 적극적이지 않았다. 이는 당시 국제공산주의 진영의 움직임(헝가리, 폴란드 등), 1957년 6월 흐루시초프의 '6월 위기', 소련과 중국의 갈등 때문이었다. 자국의 대내외 문제 때문에 미처 북한에 신경 쓸 여력이 없었던 것이다. 이제 양국 관계는 소련이 북한의 국내 문제에 소극적으로 개입하거나 일부 사안에서는 개입조차 할 수 없는 단계에 이르렀다.

사실 북한에서는 전후 소련계의 영향력과 한국전쟁을 배경으로 한 연안계의 부상으로 권력 다툼이 예견되었다. 김일성은 1955년 12월 28일 당 선전선동원 일군들을 대상으로 한 「사상사업에서 교조주의와 형식주의를 퇴치하고 주체를 확립할데 대하여」의 연설문에서 '쏘련식이나 중국식이 아닌 우리 식'을 주장하는 등 이미 '자주'는 형성되고 있었다.[29] 하지만 적어도 1961년까지 북한은 '자주'의 입장을 내세우지 않은 채 대외적으로 소련을 지지했으며,[30] 경제 관계나 군사관계에도 별다른 변화가 없었다.

---

28) 6월 당위원장 김일성, 수상 최용건 또는 김일 → 7월 수상 겸 당위원장 김일성, 당중앙위 제1비서 김일, 2~3년 후 수상 김일(남일 안) → 7월 재정상 이주연 수상(김일성 안), 김일성 수상 및 당 위원장 또는 최고인민회의 상임위원장 최용기, 수상 김일, 당위원장 김일성(박정애 안) → 9월 김일성 당위원장, 김일 수상 또는 김일성 수상, 김일 당위원장(김일성 안) 등이 거론되었다.

29) 김일성, 『김일성선집 4』.

30) 1957년 11월 12개 사회주의 국가의 공산당회의에서 채택된 「모스크바선언」에서 내정불간섭 원칙이 제시되었는데 김일성은 북한에서의 지도권 보장을 고려했을 수 있으며, 1957년 인공위성 및 대륙간 유도탄 발사 성공 등 소련의 군사력은

예를 들어, 1958년 2월 19일 북한 최고인민회의는 흐루시초프의 평화공존 정책을 '전적으로 지지·찬동한다'고 결정했으며, 1959년 제21차 소련공산당 대회에서 돌아온 김일성은 흐루시초프체제 지지 의사를 밝혔고, 소련의 대미 화해정책을 반영하는 미·소 정상 간 상호 방문 계획도 지지했다. 또한 1959년 9월 7일 양국 간에는 '원자력 평화이용에 관한 협정'이 조인되었고, 1961년「조·소 우호협력 및 상호원조조약」, 1962년 '조·소 문화 및 과학협력협정'이 체결되었다. 그리고 '산업시설의 건설 및 확장을 위한 소련의 대북 기술원조에 관한 협약(1959년)', '연체(1억 7,100만 루블) 면제 및 만기차관의 지불 연기(3,100만 루블)에 관한 부속합의서'(1960년), '1961~1965년간 상호 물자공급에 관한 장기협약'(1960년) 등 경제적 지원도 이어졌다. 그런가 하면 북한 군사대표단의 방북(1962년 6월)도 있었다.

1961년 10월 제22차 소련공산당대회는 북한에 '자주'를 대외적으로 표출할 계기를 제공했다. 북한은 소련과 달리 알바니아 노동당에 지지 의사를 표명했다. 그렇지만 이때만 해도 북한은 조심스러워했다. 한편에서는 알바니아를 지지하면서도 다른 한편에서는 "조선인민과 알바니아 인민은 소련을 선두로 한 사회주의 대가정 안에서 친선의 유대로 긴밀하게 맺어져 있다"고 했다. 그러나 1962년 중국과 인도 간 국경 분쟁, 쿠바 미사일 위기, 베트남전쟁 등을 거치며 북한은 중국 측으로 돌아서고 직접적으로 소련을 비난하기에 이른다. 그리고 동년 10월 23일 최고인민회의 제3기 제1차 회의에서 사회주의 국가들 간 관계의 원칙으로 '평등, 자주, 상호존중, 내정불간섭'이 제시되었다.31)

미국을 앞서고 있기 때문에 북한은 소련을 지지할 이유가 있었다.
31) 국토통일원 엮음,『북한최고인민회의자료집 22』(국토통일원, 1988). 북한이 대외관계에서 자주성을 공식적으로 선언한 것은 1966년 10월이며, 1967년 최고인민회의 제4기 제1차 회의에서 정부 정강에 명시되었다.

그 이유는 다음과 같은 소련의 태도 때문으로 집약된다. 하나는 사회주의권에 대한 지지가 불명확한 경우, 또 하나는 미국에 대한 단호한 태도 부족 때문이었다. 중국과 인도 간 분쟁에서 소련은 같은 사회주의권인 중국을 지지하는 것이 아니라 오히려 인도를 지원했다. 사회주의 연대성 강화가 자신들의 혁명역량 강화와 밀접하게 연관된 상황에서 사회주의 진영의 분열은 북한을 실망시켰을 것이다. 또한 쿠바 미사일 위기에서 미국의 강경 요구에 소련은 굴복(철거 통고)했다. 주한 미군을 고려할 때 향후 통일의 과정에서 소련과 미국의 대결 가능성이 있는데 이때 소련의 굴복이 되풀이 될 우려가 있었다. 이러한 불만은 중·소 분쟁에서 '수정주의'(소련)에 대한 비판, 그리고 중국 지지를 낳았다.[32]

1963년 북한은 '어떤 사람들'(소련)은 원조를 정치적·경제적 압력의 수단으로 이용한다고 간접적으로 비난하다가 1964년 9월 3일자 ≪로동신문≫에서는 직접적으로 소련을 거론하여 비난했다. 평양 방직공장과 흥남 비료공장의 일부 직장들을 복구 건설하면서 소련이 국제시장 가격보다 비싼 값으로 설비와 부수 동판을 주고 대신 유색금속과 원료들을 국제시장 가격보다 싼값으로 가져갔다는 것이다. 북한의 비판은 소련의 지원 중단을 가져왔다. 1961년 소련은 대북 수출을 일시 중단했으며 '1960년 협정'의 일부만 이행하는가 하면, 1962년에는 군사 원조를 거부하기도 했다. 이제 양국 관계는 이전과는 다른 양상으로 치달았다.

---

[32] 1962년 12월 체코 공산당 제12차 대회에서 북한의 당대표단을 인솔한 이주연은 소련 측이 중국을 비방하자 '일방적인 비난은 국제공산주의운동의 단결을 약화'시킨다고 주장하면서 소련을 공박했다.

3) '자주' 외교와 현상 유지(1964~1990년)[33]

이 시기는 양국 관계가 회복되고 그 관계가 대체적으로 유지되는 단계이다. 중·소 갈등을 배경으로 북한의 비동맹외교, 미·중, 중·일 관계 정상화 등이 변수로 작용했다.

양국 관계의 해빙을 알리는 신호탄은 1964년 흐루시초프의 실각과 이어진 코시긴의 평양 방문이었다. 이들은 공동 코뮤니케를 발표하고 「1961년 조약」의 의의와 역할을 재강조하는 한편, 양국 간에 '긴밀한 친선의 유대'와 '단합'에 만족을 표했다. 양국 관계는 당시 문화혁명기 북·중 관계의 악화[34]로 탄력을 받았다. 이런 관계는 특히 군사적 부문에서 소련의 대북 지원으로 나타났다. 미국의 월맹폭격을 보며 방공체제 개선 방안을 고심하던 김일성은 코시긴이 평양을 방문하자 군사 장비 제공을 요구했으며, 이에 따라 북한은 4~5년간 지대공 미사일, 전자장비, T-54, T-55, MiG기 등 군사 장비를 제공받았던 것이다.

이후 1970년대와 1980년 양국 관계는 북한이 반소 입장을 표명하지

---

33) ≪로동신문≫, 1964~1990년; 김일성, 「조선민주주의인민공화국에서의 사회주의 건설과 남조선혁명에 대하여(1965년 4월 14일)」, 『김일성저작선집 4』(평양: 조선로동당출판사, 1968);『조선중앙년감』, 1966~1968, 1971~1972, 1979~1981, 1987~1988; ≪민주조선≫, 1965년 2월 16일자; ≪근로자≫, 1980년 10호; 국토통일원 엮음, 『조선로동당대회 자료집 3』(국토통일원, 1980); ≪내외통신≫, 제356호(1983년 11월 4일).

34) 1964년 12월 3일자 ≪로동신문≫에서 북한은 수정주의와 함께 교조주의(중국)을 비난하기 시작했다. 이런 성향은 중국의 문혁으로 더욱더 강화되었다. 홍위병들이 1967년 1~2월에 김일성을 '수정주의자'로 비난하는 한편, 1968년 2월 광둥의 문혁통신은 김일성의 사생활과 북한 내 관료주의의 부패상을 폭로하는 기사를 싣기도 했다. 양국 관계는 1970년 4월 중국 국무원 총리 저우언라이의 북한 방문으로 정상화되었다.

않으면서 얼마간의 기복이 있었을 뿐 현상이 유지되었다. 그렇다고 이전의 '우호 관계'로 돌아간 것은 아니었다. 북한은 소련의 영향력으로부터의 '자주'를 내세우는 한편, 독자적인 외교정책을 구사하고 있었다. 예를 들어, 1966년 자신들의 노선과 견해를 다른 형제 당들에게 강요하는 것은 '대국주의'적 행동이라고 하면서 비판하는가 하면, 1979년 국제 사회에서의 움직임은 '자주세력'과 '지배세력' 간 투쟁으로 규정하고, '지배세력' 안에 소련도 포함시켰다. 또한 1968년 EC-121정찰기 격추사건, 1976년 판문점 사건 등 북한의 대남 도발은 소련의 우려를 불러일으키며 그 후 소련은 재래식 무기를 제공하는 한편, 대신 최신예무기 지원은 꺼렸다.

1970년대와 1980년대의 양국 관계에 영향을 미친 요소는 어느 정도 차이가 있다. 1970년대는 비동맹외교라는 북한의 대외정책이 작용했다면, 1980년대에는 신냉전과 미·중 관계의 정상화 등이 영향을 주었다.

1970년대 전반 양국 관계는 다소간의 긴장감이 있었다. 1960년대 말 호전적인 북한의 대남정책에 이어 비동맹외교를 둘러싸고 북한과 중국이 공동전선에 나선 것이다. 김일성이 제3세계 국가들에 관심을 가지기 시작한 것은 1955년 반둥 회의부터였다. 이런 관심은 1956년 제3차 당대회, 최고인민회의 등을 통해 지속적으로 표출되었다. 특히 1961년 제1차 비동맹정상회의[35] 개최는 그들에게 구체적인 정책을 요구했다. 비동맹권의 반식민주의, 반제국주의, 반서구적인 경향은 북한의 목표와 유사성이 있으며, 그들이 유엔에 회원국으로 대거 가입한 것은 국제무대에서 북한의 입지강화에 큰 힘을 실어주었던 것이다.

따라서 북한은 이 국가들과 초청, 방문외교, 친선단체('친선협회,' '련대성위

---

[35] 북한은 대표단 파견, 국가 수반 초청, 국제회의 유치 등 적극적인 움직임을 보였지만 1980년대 들어 비동맹권은 분열되며 실효성을 상실했다.

원회,' '주체사상연구소조,' '김일성동지 로작연구소조' 등) 결성, 그리고 다른 한편으로 민족해방운동에 대한 지지 성명 발표 등을 통해 김일성을 '제3세계 지도자'로 부각시키려는 움직임을 강화했다. 그 결과 북한은 비동맹회의(1975년), 77그룹(1976년)에 가입했다. 반제혁명역량이라는 점에서 비동맹은 사회주의 진영과 유사한 입장에 있으나, '쁠럭불가담'을 주장하고 그 안에 중국이 들어가 있다는 점에서 비동맹은 소련에게 달가운 존재는 아니었다. 더욱이 당시 소련은 중국과 여전히 갈등·경쟁 관계에 있었다.

그러나 1970년대 후반 다시 양국을 끌어당기는 외부 환경이 조성되었다. 1978~1980년 미·중, 중·일 국교정상화로 동북아 정세가 변화한 것이다. 이에 대해 북한은 중국과 제국주의 국가 간 관계 수립을 받아들이면서도 중국 측에게 반제 입장을 고수하고 타국의 이익을 희생시키지 말 것을 요구했다. 더욱이 중국은 1976년 '4개 현대화계획' 부활을 계기로 개혁과 개방의 길로 접어들었으며, 1978년에는 대내적으로 마오쩌둥 격하 운동이 있었다. 전자가 경제체제의 변화를 의미한다면, 후자는 김일성 유일체제에 대한 위협 요인이기도 했다. 북한과 소련은 변화하는 대외환경에 대한 대응 차원에서 서로 우호적인 태도를 보였다.

그러다 1980년대 신냉전과 중국의 한국 접근 등으로 양국 관계는 특히 군사·경제 분야에서 괄목할 만한 성과를 보였다. 1985년에는 최신예무기 제공(소련), 영공 개방과 항구의 기항권 허용(북한), 그리고 1965년 이래 중지되어왔던 소련의 북한 해방기념식 거행 등이 이어졌으며, 1961년 이후 23년 만인 1984년, 그리고 1986년 김일성이 모스크바를 방문하는 등 양국 관계는 더욱 긴밀해졌다. 그러나 고르바초프의 1986년 '블라디보스토크 연설'과 1988년 '크라스노야르스크 연설', 그리고 서울올림픽을 거치면서 1989년 서울과 모스크바에 영사 업무를 포함한 외교관계가 수립되자 북한은 또 다른 실망하게 된다.

4) 사회주의 연대성의 단절과 새로운 관계의 모색(1990~2000년)[36]

이 시기는 소연방의 해체, 그리고 김정일 체제가 등장하면서 양국 관계가 재정립되는 단계이다. 러시아의 변화는 북한에게 새로운 러시아와 어떻게 관계를 정립할 것인가 하는 과제를 안겨줬다면, 러시아 역시 북한과 한국을 어떻게 대할 것인가를 두고 혼란을 겪었다.

1990년 9월 한·소수교는 북한에게 매우 큰 충격을 주었다. 서울 올림픽을 앞두고 이루어진 한국과 소련의 일련의 접근을 보면서도 북한은 이 두 나라의 관계가 국교정상화로 전개되리라고는 미처 생각하지 못했기 때문이었다. 서울 올림픽 즈음에 셰바르드나제 외무장관은 북한을 방문하여 소련은 북한의 정책을 지지하며 한국과의 수교의사가 없음을 전달했던 것이다. 그러나 한소 관계의 밀착이 국교정상화로 표면화되자 북한은 소련을 격렬하게 비난했다. 수교 후 소련은 국교 수립의 필연성을 설명했지만 북한은 이런 관계를 '달러로 팔고 사는 외교'라고 한다든지 소련을 사회주의 국가로서의 존엄, 체면, 동맹국의 이익을 달러를 받고 팔아버렸다고 비난하는 등 '돈에 의한 굴욕외교'로 폄하했다. 1991년 8월 소련에서의 쿠데타는 북한에게 일말의 희망을 주었으나 실패로 끝나고 구소련의 계승자로 러시아가 탄생했다.

이러한 변화는 러시아의 체제 전환과 맞물리며 양국 관계는 새로운 전환기를 맞이했다. 경제 부문에서 무역 결제 방식의 변화(우호적 거래 방식에서 국제통화 결제 방식, 1990년 11월), 그리고 정치 부문에서 구조약의 개정 문제는

---

36) 여인곤, 『러·북관계 변화추이와 푸틴의 대북정책 전망: 연구총서 2000-20』(통일연구원, 2000); 이동형, 「탈냉전기 북한과 러시아의 관계변화」, 서대숙 엮음, 『한국과 러시아관계: 평가와 전망』(경남대학교 극동문제연구소, 2001); ≪로동신문≫, 1990년 9월 5일자.

관계 조정의 신호탄이었다. 구조약 개정 문제를 먼저 제기한 측은 러시아였다.[37] 1992년 1월 로가체프 외무차관은 대통령 특사로 북한을 방문하여 개정 문제를 제안했으며, 1993년 초에는 쿠나제 외무차관이 구조약 제1조에 대한 축소 해석 의사를 북한 측에 통보했다. 이는 북한의 불만을 낳았으며 양국 관계는 더욱 악화되었다.

또 양국은 1993년 핵 문제를 둘러싸고 대립 양상을 빚었다. 1993년 3월 북한의 NPT 탈퇴 등 핵 문제를 둘러싼 국제 사회의 공조체제에 러시아가 동참한 것이다. 러시아는 '한반도의 비핵화' 원칙하에 IAEA 사찰 의무 이행, NPT 탈퇴선언 철회를 주장하면서 핵 과학자들의 소환과 방북 불허, 연구용 원자로 연료봉 수송 중단 등의 조치를 취했다. 더욱이 경제 위기를 겪고 있던 북한에게 러시아는 채무의 조속 상환을 요구하기도 했다.

그러나 핵 문제는 러시아가 다시 대북정책을 고려하게 하는 계기를 마련했다. 러시아 측의 '성의'에도 불구하고 핵 문제 해결 과정에서 러시아는 철저히 소외되었고, 기대했던 한국과의 경협도 지지부진했다. 그 계기는 1994년 김일성 사망과 함께 찾아왔다. 러시아는 조의 표명과 함께 외무차관이 북한을 방문하여 김정일 체제에 대해 지지를 표명하는 한편, 관계의 재정립을 시도했다. 1994년 12월 북한 공군대표단이 러시아를 방문했고, 1996년에는 소연방 해체 후 처음으로 북·러 경제과학기술위원회가 개최되며 '무역 및 과학기술에 관한 의정서'에 합의했으며, 두마대표단의 방문도

---

37) 1961년 7월 조약(구조약) 제1조: "(전략) 체약 일방이 어떠한 국가 또는 국가연합으로부터 무력침공을 당하여 전쟁ス상태에 처하게 되는 경우에 체약 타일방은 자기가 보유하고 있는 모든 수단을 동원한 군사적 및 기타원조를 제공한다"; 2002년 2월 조약(신조약) 제2조: "(전략) 쌍방 중 일방이 침략 당할 위기 상황에 봉착할 경우, 평화와 안정을 위협하는 상황이 발생할 경우, 그리고 협의와 협력이 불가피할 경우에 쌍방은 즉시 접촉한다."

이어지는 등 정치적·경제적·군사적 관계에서 해빙 분위기가 조성되었다.

그러나 양국 관계의 진전에는 일정한 한계가 있었다. 1994~1997년 전반기에 러시아는 적극적으로 대북 접근을 시도한 반면, 북한은 러시아의 언론 태도, 대한국 무기 수출, 1996년 대선에서의 공산당수의 집권 기대 등으로 소극적으로 일관했던 것이다. 반면, 1997년 후반기부터는 양국 모두 소극적이었다. 러시아는 대내외 환경(NATO의 동유럽 확대, 코소보 사태, 모라토리엄 선언)이 복잡한 데다 북한 또한 미국 중심의 외교정책을 전개했다.

새로운 계기는 푸틴 대통령의 등장과 함께 찾아왔으며 이제 양국 관계는 새로운 관계로 변화하고 있다. 한·소수교 이후 소원해졌던 양국의 정치적 관계는 상당 부분 회복되었다. 가장 대표적인 예가 2000년 2월 「조·러 신우호선린협력조약」이 체결된 점이며 정상회담[38]이 빈번하게 이루어지고 있다. 특히 라선시 두만강역지구의 '조·러 친선각'(2002년 3월), 주북 러시아대사관의 '친선공원'(2002년 11월) 등은 양국의 친밀도를 보여주는 상징이라 할 수 있다.

주목할 점은 경제 분야, 특히 북한 내의 재건 지원, 러시아 극동지역에서의 경협 등 논의가 활발히 진행되고 있다는 것이다. 러시아 극동지역에 대한 이들의 관심은 1994년부터 시작되었다. 그해 북한 정부대표단은 극동지역을 방문하고 무역, 경공업, 건설, 농산물 분야에서 합의를 이루었다.[39] 그 후

---

[38] 2000년 7월 푸틴 평양 방문, 2001년 김정일 모스크바 방문, 2002년 8월 블라디보스토크 정상회담. 푸틴이 등장 이전 교류 양태는 주로 당·정 대표단의 방문(1994년 10월 러시아자유민주당대표단 방북, 1996년 5월 최고인민회의대표단 및 러시아국가회의대표단 회담, 1997년 러시아연방 공산당 모스크바위원회대표단 방북, 1997년 2월 주선로동당대표단 방러, 1999년 3월 북·러 친선의원단 대표단 방러, 2001년 4월 러시아공산당 대표단 방북, 2002년 12월 모스크바시장 방북 등)이었다.

[39] 합의한 내용을 보면, 무역 분야에서 러시아 지방 정부와 상호 수출 품목을 논의했고,

평양과 하바로프스크, 평양과 블라디보스토크(1996년 8월) 간에 직항로가 개설된 데 이어 극동지역 대표단이 북한을 방문했다.[40] 국제무역촉진위원회(무촉위)와 러시아 극동투자회사는 평양대표부 설치에 합의했고, 북한·연해주 간 자유경제무역지대에 관한 협조 협의(1998년 3월), 북한·아무르 주 농업 및 임업 분야 협력의정서 조인(2002년 8월)에 이어 하바로프스크에서 북한상품전람회(2003년 7월)가 개최되었으며, 최근에는 라진-하산 철도 개보수사업 관련 의정서(2006년 7월)가 조인되었다.

러시아 극동지역에 대한 북한 지도부의 관심이 부각된 것은 21세기 들어서이다. 2000년 양국 정상회담이 열린 곳은 블라디보스토크였으며, 2002년 4월 북한대표단(단장: 조창덕 내각 제1부총리)은 김정일 국방위원장의 지시로 블라디보스토크(연해주), 하바로프스크(하바로프스크 주), 블라고베셴스크(아무르 주) 등 극동 도시를 방문하기도 했다. 러시아 극동지역은 경협 대상지이자 정치적 중심지로 부상하고 있으며 양국의 새로운 관계를 반영하고 있다.

4. 북·러 관계의 특징과 한계

지금까지 북한과 러시아의 역사적 전개 과정을 대략적으로 설명했다.

경공업 분야에서 극동지역 원료를 이용한 봉제품의 공동 생산, 건설 부문에서 블라디보스토크에 북한 해외건설관리국 대표부 설치, 농산물 부문에서 협동조합에 기초한 콩 재배, 복합사료 개발 등에 대해 합의를 이루었다.

40) 1995년 2월 하바로프스크 연방대표단 방북, 1997년 11월 러시아극동국립교통종합대학 대표단 방북, 2002년 10월 하바로프스크 정부대표단 방북, 2003년 1월 러시아 국립기술종합대학 총장 방북, 2003년 9월 극동연방구 대통령전권대표 뽈리꼬프스끼 방북, 2003년 10월 연해변강행정장관 방북.

그 과정에서 지속된 부분은 무엇이고, 변화된 부분은 무엇인가를 제시하기 위해 여기에서는 변화의 동인과 분야별 관계, 그리고 양국 관계의 성격으로 나누어 살펴보기로 한다.

1) 변화의 동인과 분야별 관계

양국 관계 변화의 동인은 어떻게 설명할 수 있는가? 냉전시기에는 정치적 요인(이념, '자주')이 주류를 이루었다면, 탈냉전시기에는 경제적 요인(실리) 때문에 양국 관계가 변화되어왔으며, 전환의 결정적 계기는 소연방의 해체라고 할 수 있다.

'우호 관계'의 형성은 소련의 점령정책에서 시작되었다. 1950년대의 첫 변화의 요인은 북한 측으로부터 나왔다. 북한은 '주체'의 태동과 함께 대외적 '자주'를 소련 측에 요구한 것이다. 변화의 또 다른 배경으로 중·소 갈등이나 소련의 국내외적 어려움도 무시할 수는 없다.

반면, 1960년대 중반 이후부터 1980년대까지 양국 관계의 변화는 북한 체제나 통일 환경에 영향을 주는 외부적 요인들과 밀접한 관련이 있다. 그 예로는 스탈린 격하운동, 미·중 데탕트를 들 수 있다. 전자가 김일성체제에 직접적 영향을 준 사건이었다면, 후자는 동북아의 세력 균형과 관련된 것이다. 특이한 점은 미·소 데탕트는 양국 관계에 영향을 미치지 못했다는 점이다. 북한은 제5차 당대회에서 '수정주의'의 해악을 설명하면서 북한과 소련이 이데올로기와 외교정책의 주요 문제에서 이견이 있음을 언급하고 소련의 대미정책을 비난했다. 그러나 양국 관계에는 별다른 변화가 없었고 오히려 데탕트는 1970년대 북한이 외교 범위를 서구로 확대하는 배경이 되었다. 즉 북한에 중요한 것은 동북아 차원에서의 힘의 역학관계인 것이다.

한편 탈냉전시대 양국 관계의 변화 요인은 주로 소련으로부터 나왔다.

〈표 4-1〉 소련의 대북 차관

(단위: 100만 루블)

연도	내용	금액	기타
1949.3	각종 산업개발계획 위한 차관		
	현물 차관	47.7	
1953.8	전후 재건을 위한 차관	225	• 무상
	연체 면제		• 채무의 절반 이상
	만기 채무 연기		
1956.8	전후 경제 재건 위한 차관	67.5	• 무상
1960.7	연체 면제	171	
	연체 상환 연기	31.5	
1965.5	방위력 강화 위한 재정 원조		
1966.6	각종 산업개발계획 위한 차관	160	• 이자 연 2%, 상환기간 10년 • 장비 보급 끝난 시점 또는 해당 공장의 완공 기점
	1966~1970년 연체 지불의 연기 (1949, 1961, 1965년 협정에 의거)		1971부터 14년간 분할 상환
1969.12	자동차 축전기 공장 건설, 에나멜선, 미니 전동기 생산 공장 건설 위한 재정 원조		• 상환기간 5년 • 공장 가동 다음해 기점, 해당 공장의 제품으로 상환
1970		52.2	• OECD 국가 1.8
1971		150	• OECD 국가 10.2
1972		90	• OECD 국가 122.4
1973		65.4	• OECD 국가 225
1974		72	• OECD 국가 24
1975		111.4	• OECD국가 145.8
1976.2	김책제철소 재건(1차) 위한 재정원조	12	• 이자 연 2%, 8년 상환 • 해당 공장의 제품으로 상환
	김책제철소 재건(2차) 위한 재정원조	45	• 위와 같음
	텐진 발전소 건설 위한 재정원조	40	• 이자 연 2%, 10년 상환 • 장비제공이 만료된 이듬해 기점
	베어링 공장의 건설 완성 및 알루미늄 공장의 건설 위한 차관	20	• 이자 연 2%, 10년 상환
	1970~80년 사이의 소련에 대한 채무 지불 위한 원조(1949, 1965, 1966, 1967, 1970.12, 1973년 협정에 의해 발생한 기존 채무)	400	• 1981년부터 연 2% 이자, 10년 상환
1978~1984		177·7	• 중국 155.22
1981.5	1981~85년 사이에 발생한 연체 지불 위한 원조	40	

출처: М. Е. Тригубенко, 『북한경제의 구조』, 양문수 옮김(서울대학교출판부, 2001), 305쪽을 재구성한 것임.

〈그림 4-2〉 북한과 소련(러시아)의 경제 관계

1940~1950년대	1960년대	1970년대
• 무상원조나 무상차관 • 경제 복구 지원	• 장기 차관(연 2%) • 경제 개발 지원	• 인프라 투자 • 차관 상환 방식의 변화

1987년 이후	2000년대
• 경협 방식의 변화(합영사업), 무역결제 방식의 변화(1990) • 장기협력 프로그램	• 경협 논의의 활성화 • 극동지역의 적극적 활용

소비에트 사회주의연방의 해체와 친서방정책으로 대변되는 한국일변도 정책이 그것이었다. 그러나 푸틴 시대에 들어서면서 상호 필요성에 의해 관계를 재정립하고 있다. 중요한 것은 실리이며 이것이 반영된 것이 양국 경제 관계의 변화이다.

그러면 구체적으로 양국 경제 관계에서 변화 내용은 무엇인가?[41] 부문별 관계 중 특히 경제 부문에 주목하는 것은 두 가지 이유 때문이다. 하나는 북한의 국가 건설 과정에서 주된 지원은 소련으로부터 나왔으며, 특히 소련의 대북 지원은 하부구조(경제)의 수립에 결정적 역할을 했다는 점이다. 또 다른 이유는 최근 북한과 러시아 관계는 실리적 측면이 강하게 작용하고 있다는 점이다. 북한은 경제 위기를 극복하기 위해 러시아에 주목하고 있고, 러시아는 경제 관계를 통해 정치적 영향력 확보를 추구하고 있다. 이러한

---

[41] Ли Чжс Ён, "Изменил в характере экономических отношенийежду Северн ой Кореейи Россиейи некоторорые предлжения для ЮжнойКореи," Пробле мы Дальнего Востока, no. 1(2002); В. Моисеев. Советско-корейское сотрудн ичество и его роль в строительстве социализма в КНДР, 1985; 김연수, 「소련과 북한의 교역관계 분석」, ≪중소연구≫, 제6권 3호(1992년 가을); 전홍찬, 「소련의 대북한 경제·군사원조정책에 대한 연구」, ≪중소연구≫ 통권 60호(1993년 가을); 나탈리아 바자노바, 『기로에 선 북한경제』, 양준용 옮김(한국경제신문사, 1992).

점에서 경제 관계의 변화는 양국 관계의 변화와 변화 동인을 설명해줄 수 있을 것이다. 먼저 시대별 경제 관계의 변화를 살펴본 후 경제 관계의 변화 동인을 제시하기로 한다.

<그림 4-2>는 북한과 러시아 경제 관계를 경제 지원 중심으로 정리한 것이다. 첫 단계는 1940년대와 1950년대로 이 시기 경제 관계는 주로 소련의 대북 차관 지원 형태로 이루어졌으며 연체 면제나 만기채무 연장 등 특혜적 조치를 취했다(<표 4-2> 참조). 1947년까지 총 2억 1,000만여 루블이 무상원조나 차관 형식으로 제공되었으며, 1949년 '조·소경제문화협력협정'에 따라 소련은 총 4,770만 루블 상당의 생필품 보급 및 기술 원조 제공을 계획했다.

둘째 단계인 1960년대의 경제 관계도 소련의 대북 차관이 주류를 이루지만 소련은 무상이 아닌 장기 차관 형태로, 그리고 경제 재건보다 경제 개발을 위해 차관을 지원했다. 대표적인 협정이 1961년 7월 「조·소 우호협력 및 상호원조조약」으로 양국은 기술 원조를 위해 10년 상환, 연 2% 이자율로 2,500만 루블의 장리저리차관 제공에 합의했다.

셋째 단계는 1970년대로 이 단계에는 북한 내 인프라에 대한 투자42)가 본격적으로 이루어지면서 차관 상환 및 경협 방식에 변화가 나타났다. 그 계기는 1970년 9월 15일 '경제와 기술협력에 관한 협정'이었다.

우선 차관 상환 방식에서 원조 지원 대상 시설이 완공된 후 해당 공장에서 생산한 제품으로 차관을 상환하는 방식이 도입되었다. 이에 따라 1986년 12월 '경공업 분야의 협력협정'이 체결되었고, 소련은 농업 인프라와 산업

---

42) 내연기관차 공급, 기관차수리공장 건설 협조, 평양 화물철도역에의 시설 및 장비 공급, 지하철의 설계, 장비 공급 등 지원. 두만강역과 라진항을 잇는 철도, 라진항 시설을 완비했다. 양국이 체결한 경제 및 기술원조 협약에 따라 건설된 산업 시설들이 70여 개 이상으로 알려져 있다.

건설을 원조하는 대신 북한은 소련 극동지역 비닐하우스에서 기른 야채를 소련 측에 공급하기도 했다. 또한 소련은 북한이 상환하지 못할 경우 더 이상 상환 면제나 연장 조치를 취하지 않았다.

한편 경협 방식으로는 가공무역 방식이 도입되었다. 소련이 북한에 원자재를 공급하면 북한은 이를 가공하여 소련에 완제품을 수출하는 방식이다. 그러나 1974년 북한이 외채를 갚지 못하며 미상환 부채가 양국 간에 다시 문제시되었다. 1981년 소련은 채무상환을 위해 북한에 차관으로 1억 1,000만 루블 상당을 제고했지만 이자율은 4%로 높였다.

넷째 단계는 1987년을 기점으로 시작되었다. 변화는 크게 두 가지로 요약되는데 먼저 경제협력 방식에 변화가 생겼다. 1987년 6월 제21차 조·소 경제과학기술협력위원회 회의에서 양국은 전통적인 원조-수혜관계(신용이나 차관 공여 등)를 지양하고 합영사업 및 협동생산 형태로 경제협력 형태를 변화시킬 것을 결정했다. 그리고 합영사업의 경우, 중앙정부 차원이 아닌 양국 기업 및 조직간 사업, 과거 북한 내 산업 시설에 대한 지원이나 협력정책에서 탈피하여 소련 극동지역에 합영사업을 추진한다는 합의에 도달했다. 실제 소련의 58개 봉제공장과 북한 공장들이 연결되었고, 농업 분야에서는 1988년 극동지역 2개 소호즈에서 북한 노동자들이 총 3,140톤의 채소와 콩을 재배했으며, 1989년에는 7개 농장에서 총 2만 9,300톤의 채소, 콩, 곡물을 생산하기도 했다.

또한 1987~1988년 소련과 북한의 국가계획위원회 간에 2000년까지 소련과 북한의 장기 협력 프로그램 조인에 관한 협상이 이루어졌다. 여기서는 북한산업의 현대화에 대한 다양한 과제를 다루었으며 북한과 소련 극동지역 간 직접관계의 가능성도 논의되었다.[43]

---

43) 전력산업, 광산산업, 비철금속산업, 금속산업, 전자산업, 화학산업, 경공업, 임업

마지막 단계는 2000년 이후의 시기이다. 최근 양국은 북한 내 공장의 재건, 보수, 현대화 문제, 그리고 극동지역에서 경협 분야에 대해 활발한 논의를 벌이고 있다. 이전과의 차이는 극동지역에서의 경협이 더 구체적으로 이루어지고 있다는 점이다.

북한 내 산업과 관련하여, 대표적인 논의 대상은 승리석유정제공장(생산능력 2백만 톤)의 현대화,[44] 4개 화력발전소 재건,[45] 김책제철소(생산능력 2백 40만 톤) 복구[46] 등을 들 수 있다. 이런 사업에는 두 가지 특징이 있다. 첫째, 발전소와 제철소 관련 사업은 북한 측의 차관 및 현금 지급 거부 등 주로 북한 측의 문제와 경제적 이유로 답보 상태에 머물러 있다. 둘째, 양국이 우선적인 추진에 합의한 사업들은 주로 철도사업[47]과 밀접한 연관이

및 어업, 교통 등 여러 분야를 포괄하고 있으며, 극동지역과 관련, 북한은 주석 매장 개발에 북한 참여 논의, 코크스탄 탄광 개발에 북한 노동력 활용, 목재폐물 이용한 섬유소공장 건설, 목재 생산 등을 제안한 것으로 알려져 있다.

44) 2002년 4월 12일 조창덕 부총리의 러시아 극동지역 방문 때 대체적인 합의가 이루어진 것으로 알려져 있다. 현재 러시아는 더 유리한 임대 조건을 내세우고 있고 북한은 공동 운영을 주장하는 등 이견이 있지만 주변 철로의 침목 교환 작업이 목격된 점으로 볼 때 타결 전망이 긍정적이다.

45) 2000년 10월 양국은 평양화력발전소(50만kW), 동평양화력발전소(5만kW) 텐진화력발전소(15만kW), 북창화력발전소(160만kW)의 재건에 합의했다. 그러나 북한이 발전 설비의 추가 건설, 재건, 설비 공급을 위해 총 2억 달러의 차관을 요구하자 러시아는 이를 채무와 연계시켜 답보 상태에 있다.

46) 양국은 협력사업에 대해 논의했지만 북한 측이 건설 비용의 현금 지급을 거부하고 차관을 요청함에 따라 중단되었다. 러시아는 이 문제만 해결되면 부품이나 점결탄 공급에 나설 뜻을 밝히고 있다.

47) 양국 간에 가장 적극적으로 논의 중인 부문은 한반도종단철도(TKR)-시베리아횡단철도(TSR)의 연결 문제다. 2002년 8월 제7차 남북장관급회담에서 경의선 및 동해선 연결 공사 동시 착공에 합의한 이래 2002년 11월 북한과 러시아는 평양에서 동해선 철도 복원 및 현대화 작업에 관련된 양해각서를 체결한 바 있다. 처음 러시아가

있다.

한편 러시아 극동지역에서 양국 관계는 좀 더 활기차다.[48] 2001년 이후 여러 차례 방북한 전 러시아극동연방관구 대통령전권대표인 풀리코프스키 (К. В. Пуликовский)는 에너지 문제, 자원 확보, 외화벌이사업 등과 관련된 양국 간 경협 문제를 논의한 것으로 알려져 있다. 현재 양국 상품교역량의 70%가 러시아 극동지역에서 이루어지며, 북한과 연해주 간 무역량은 2005년 930만 달러로 2001년에 비해 4배나 증가했다. 특히 극동지역은 북한 노동력 활용과 관련하여 주목되는 곳이다. 양국은 '임업협력협정'(1965년, 1999년)에 따라 러시아 극동지역에서 북한 노동력 이용에 합의했다. 원래 북한 노동력의 활용 범위는 하바로프스크 주와 아무르 주로 한정되어 있었고, 작업 범위도 원목생산에 국한되어 있었다. 그러나 이제 양국은 작업지역을 연해주 등으로 넓히는 한편, 작업 범위도 복구 작업으로 확대하기로 했다. 실제 아무르 주와 북한은 부레이스카야 수력발전소 부지 준비 작업에 북한 노동력을 이용하는 데 합의했으며 러시아 측은 건설 부문에서 북한의 전문가와 노동자를 이용하는 데에도 합의했다.

관심을 가진 철도는 경원선이었다. 2001년 40여 명의 러시아 철도부 기술 전문가들이 방북, 조사 작업을 벌였으며 9월에는 필요 장비 및 부품이 일부 북한에 수송되었고, 2002년 4월 북측 구간의 실사가 끝난 것으로 알려져 있다. 그러나 북측의 요구와 실사에서 나타난 문제점 등으로 최근 북한 내륙을 관통하지 않는 동해선이 급부상했다.

[48] К. В. Пуликовский, "К визиту в КНДР Полпреда Президента РФ в Дальневосточном федеральном округе К. В. Пуликовского"; 인터뷰, 2002년 9월 10일, 2004년 6월 25, 2005년 10월 26일, 하바로프스크; М. Е. Тригубенко, "Торгово-економичество между Россейи КНДР: по тентиал и возможность," *Укрепление корейско-российского взаимодействия для сохранения мира и беопасности на Корейском полуострове*. Москва: ИМЕП, РАН 2001; 정성임, 「최근 북·러 경제관계」, ≪KDI 북한경제리뷰≫, 제4권 제11호(2002년 11월).

그러면 양국 관계에서 정치적 관계와 경제적 관계 간에는 어떠한 상관성이 있을까? 정치적 관계의 악화는 곧 경제적 관계의 악화로 이어졌는가?

정치적 관계가 경제 관계에 그대로 투영된 경우는 주로 냉전시대이다. 대표적인 예로 1962~1964년 소련의 대북 원조가 동결된 것, 그리고 1967년 경제 및 과학기술위원회의 신설과 함께 양국의 침체된 경제 관계가 회복되며 소련이 다방면(에너지, 광산, 야금, 화학, 석유정제, 건설업, 기계생산업, 교통, 통신, 경공업 및 식품공업 등)에서 북한 산업 시설의 건설 및 현대화에 매진한 것이 두 가지를 들 수 있다.

당시 상황을 보면, 시기적으로 전자는 양국 관계가 극도로 악화된 때에 발생했다. 1961년 제22차 소련공산당대회에서 제3세계 원조정책에 대한 재검토가 이루어진 것도 일부 작용했지만 더 중요한 요인은 당시 북한의 대소 비판과 친중 정책이었다. 반면 1967년 다시 경제 관계가 활성화된 것은 양국 관계가 해빙기를 맞이한 것과 때를 같이한다. 즉 1960년대는 정치적 관계가 경제적 관계에 절대적인 영향을 발휘한 것이다.

그러나 그 후 양국 경제 관계에 영향을 미친 것은 정치적 고려보다는 북한 측 문제, 즉 경제 문제 때문이었다. 1970년대와 1980년대 북한의 대소 채무누적과 공급 불이행은 소련의 손실을 불러왔고 이는 다시 양국 경제 관계에 부정적인 영향을 미쳤던 것이다. 북한의 계약조건 이행률이 1986년에는 68%, 1990년에는 38%까지 낮아지자 소련은 1989년 7월 15일 북한이 물자공급 불이행 시 동일 협정에 따른 원자재의 대북 수출을 통제하는 대응조치를 시행했다. 그리고 1990년 11월 2일 소련과 북한은 신경제 관계 원칙의 도입에 관한 협약을 체결하고 경화 결제 방식을 도입했다. 이는 북한에게 또 다른 충격을 주었고 이행률을 낮추는 데 한몫을 했다. 물론 1990년 한·소수교가 경제 관계에 지대한 영향을 미친 것은 사실이다(<표 4-2> 참조).

〈표 4-2〉 1990~2002년 북한의 대러시아 무역

(단위: 백만 달러)

연도	1990	1991	1992	1993	1994	1995	1996	1997	1998	1999	2000	2001	2002
수출	908	171	65	39	40	15	29	16	8	2	3	3	4
수입	1,315	194	277	188	100	68	36	67	57	48	43	43	64
합계	2,223	365	342	227	140	83	65	84	65	50	46	46	68
비중	53.3	14.1	12.9	8.6	6.6	4.1	3.3	3.9	4.5	3.4	2.3	3.0	3.6

주: 1990년 전체 무역에서 50%를 넘게 차지하던 대소 무역량이 1991년에는 14%에 불과했던 사실에서도 알 수 있다. 1990년대만 해도 북한의 대러 무역량은 총 22억 2,300만 달러로 북한 전체교역의 53%를 차지했다. 1991년 한·소수교 이후 교역량은 급격히 줄었고 정부 간 협의채널이 복원된 지금도 여전히 침체를 벗어나지 못하고 있다. 2002년의 경우, 북한의 대러 무역량은 총 6,800만 달러로 1990년의 약 30%에 불과하며 러시아가 차지하는 비중도 4%가 되지 못한다.

출처: KOTRA(각 연도별).

여기에는 러시아의 시장경제체제로의 이행, 북한 경제의 어려움, 그리고 양국 경제 관계에 상업적 원칙의 적용 등 여러 요인이 복합적으로 작용하고 있으며 주요 요인은 경제, 특히 북한 경제의 어려움에 있는 것으로 판단된다. 그러나 2004년 북한 대외 무역에서 러시아의 비중은 7.5%, 무역량은 2억 1,341만 달러에 달하는 등 2002년에 비해 약 두 배가 증가하는 등 급격한 신장세를 보이고 있는 점이 주목된다. 그럼에도 양국의 경제 관계는 이전과 같은 무역량의 증가를 보기는 어려울 것이며, 다른 형식의 경제 관계가 필요하다. 최근 경협 부문 논의의 활성화는 이러한 측면에서 이해할 수 있다. 양국 경제 관계의 재조정이 본격화된 것이다.

그러면 정치적·군사적으로는 어떠한 관계에 있을까? 경제 부문과 마찬가지로 냉전과 탈냉전시대에 차이가 있는가? 경제 관계에서 양국의 발목을 잡고 있는 것이 경제적 문제였다면, 군사적 관계에서 최대 걸림돌은 무엇인가?

국가 건설 과정에서 소련이 북한의 군사 부문에 전적으로 지원을 한 점은 의심의 여지가 없다. 군사고문단의 파견과 함께 인민군의 형성 및 발전 과정에 폭넓은 지원을 아끼지 않았다. 그 후 양국의 군사적 관계는

굴곡을 겪었다. 중·소 분쟁 이후 친중 노선이 반영되어 양국의 군사적 관계는 상당 기간 소원해졌다. 그러다 1965년 코시긴의 평양 방문 이후 긴밀한 관계를 유지한다. 그러나 다시 북한이 대남·대미 도발 감행하자 재래식 무기의 지원만이 이어진다.

그 후 군사적 관계에 커다란 변화가 나타난 것은 1980년대 중반이었다. 소련은 최신예 미그기라든지 지대지 스커드미사일, 신형 헬기 등을 북한에 제공하는가 하면, 원산·청진항을 군사적 목적으로 이용할 것을 요청했고, 북·소합동군사훈련이 실시되었다.

이러한 긴밀한 관계는 소연방의 해체와 한·소수교로 다시 변화를 겪게 된다. 소연방 해체 이후 북한은 ≪로동신문≫을 통해 오히려 군사적 관계의 긴밀성을 강조했지만 실제 양자는 소원해질 수밖에 없었다. 1994년 말 당시 북한군 공군사령관 조명록은 러시아를 방문하여 전투기 훈련비행을 관람하는 등 관계회복을 위해 노력했으나 별 성과는 없었다. 당시 핵 문제에서 러시아는 북한 측 입장보다는 국제 사회의 일반적 입장을 지지했으며, 더욱이 1995년 러시아는 양국 동맹조약의 폐기 의사를 밝혔던 것이다. 그러다 푸틴 대통령 등장 이후 방산군수협정(2001년)을 체결하고 김정일은 극동지역 방문 시 군수공장 시설에 관심을 표명하는 등 군사적 관계는 회복되고 있다. 그러나 러시아가 대북 군사협력 관계에서 재래식 군사 장비의 현대화에 국한시키기 때문에 한계 내의 협력이 이루어지고 있다.

이렇게 볼 때, 양국의 군사적 관계에서 두 가지 특징을 찾을 수 있다. 우선, 정치적 관계와 군사적 관계와의 상관성이다. 정치적 관계가 긴밀하면 군사적 관계 또한 긴밀해지지만, 정치적 관계가 소원해도 군사적 관계는 유지되고 있다는 점이다. 예를 들어, 1980년대 초반 소련은 최신예무기 지원을 기피했지만 1983년 북한은 나진항을 태평양 국가들에 대한 통과화물 전진기지로 사용할 수 있는 사용권을 소련에게 양도했다.

또한 군사적 관계를 긴밀하게 하는 요인은 냉전시대와 탈냉전시대 차이점과 공통점이 있다. 차이점은 냉전시대에는 북한의 친소 여부가 많은 영향을 미쳤다면, 탈냉전시대에는 상호 전략적 필요성이 주요 요인 중 하나로 등장한다는 것이다. 이런 차이점에 상관없이 양국을 긴밀하게 끌어당기는 요인은 동북아 안보 환경이다.

2) 양국 관계의 성격

양국 관계의 성격은 어떻게 변화해왔을까? 김일성시대 북·러 관계는 동맹관계로 이종이익동맹, 그리고 비대칭적 동맹관계에 있었다. 우선, 북한과 소련이 동맹을 형성하는 목적과 혜택에는 상이성이 있었다(이종이익동맹). 북한의 목적이 국가의 생존과 '한반도 문제'의 해결에 있었다면, 소련의 목적은 북한 사회주의의 유지에 있었던 것이다. 물론 소련도 처음에는 북한을 통한 한반도의 공산화라는 더 적극적인 목적이 있었지만 한국전쟁 이후 한반도의 현상 유지에 더 초점이 맞추어진다. 이러한 점에서 북한에게 소련이라는 동맹의 존재는 국가의 존립을 위해 필요한 반면, 소련에게 북한은 사활적이라고 보기 어렵다. 중국과의 갈등 속에서 북한의 전략적 가치가 증대된 것은 사실이지만, 그들에게 더 중요한 가치는 동유럽에 있었던 것이다.

이런 상이성을 묶어서 동맹을 유지시켜준 것은 이데올로기의 동질성으로, 이들 동맹은 북한 측 표현대로 계급적 동맹이었다. 따라서 이들을 연결해주는 이데올로기의 연대성이 낮아지면 동맹의 성격 또한 변할 수밖에 없으며, 소비에트 사회주의연방의 해체는 곧 이어 양국 관계의 재조정을 의미하는 것이었다. 또한 양국은 국력 격차가 있는 국가 간의 동맹이었다(비대칭적 동맹). 점령국과 피점령국으로 시작된 관계는 약국관계를 수직적 관계로 만들었다. 주목할 점은 이론에 따르면, 통상 국력이 약한 국가는 상대국에 대해 종속되는 경향을 보이나 북한은 오히려 그 반대의 입장에 있었다는 점이다. 즉 일본의 친미화와 한국에서의 반공정권의 탄생, 중·소 갈등, 미국의 신냉전 등의 동북아 환경 변화에서 북한은 전략적 위상 강화를 통해 소련으로부터 동맹의 혜택을 얻었다는 것이다.

한편 김정일시대 북·러 관계는 김일성시대처럼 이데올로기적 동질성에 기반을 둔 동맹관계가 아니다. 2002년 기존 동맹조약을 대체한 새로운 조약 체결은 새로운 양국 관계가 제도화되었음을 보여준다. 양국 관계는 어떻게 변화된 것인가?

양국 관계에서 일방적인 이익 추구는 더 이상 가능하지 않다. 김정일은 지난 블라디보스토크 정상회담에서 다음과 같은 발언을 한 적이 있다. 대외관계에서 무조건적인 수혜가 더 이상 가능하지 않으며, 경제 관계에서 국가차원이 아닌 상업적 베이스로 접근할 때 양자의 차이점이 무엇인지 알고 있다고 한 것이다.[49] 물론 북한 고위층의 인식 변화가 북한의 갑작스런 변화를 약속하는 것은 아니다. 실무를 담당할 중간 간부들의 인식 변화가 필요하며, 시장경제 전환 과정 배우기와 외부 지원도 요구되기 때문이다. 그럼에도 양국 관계에서 '실리'가 주요 화두로 등장한 것은 분명하다.

바로 이런 점에서 북·러 관계와 북·중 관계는 다르다. 북한과 중국관계 또한 실리주의적 성격이 강화되고 있는 것이 사실이다. 그렇지만 여전히 동맹의 성격이 남아 있다는 점에서 과거의 흔적을 가지고 있다. 즉 북·러 관계는 이미 일반적인 국가 간 관계 속으로 진입했다면 북·중 관계는 아직 그 언저리에 머물러 있다는 점에서 다르다. 그 이유는 세 가지 측면에서 설명할 수 있다.

첫째, 역사적 측면에서 북한과 러시아는 '점령국과 피점령국'이라는 수직

---

49) 인터뷰, 2002년 9월 10일, 하바로프스크.

적 관계이며 그 이후 관계는 대외적 주체를 내세워 북한이 소련의 그늘에서 벗어나는 과정이라고 할 수 있다. 그리고 그 과정에서 김일성시대에 그들을 이어준 끈은 이데올로기적 동질성, 그리고 국제적 연대성 차원이었다.

특히 김일성시대 양국 관계에서 전환의 계기는 이미 지적한 바와 같이 한국전쟁이었다. 또한 '주체'가 형성되는 시점에 흐루시초프의 '평화공존론'과 '집단지도체제'는 북한에게 소련으로부터의 영향력 차단을 공고히 할 뿐이었다. 이런 와중에 소연방이 해체되고 소련이 '사회주의 조국'은 물론 세계 강대국 자리에서 물러나자 북한은 그들과 거리를 두었던 것이다. 그러나 북한과 중국은 출발부터 다르다. 수직적 관계가 아니라 '동지적·혈맹적' 관계였으며 그 계기는 국·공내전과 한국전쟁이었다. 국공내전 당시 중국의 조선족들은 공산당을 지원했다. 만주국 시절 일본의 민족차별정책에 의해 조선족보다 못한 대우를 받던 한족들은 일본 세력의 약화와 함께 조선족들에 대해 탄압을 시작했다. 이때 이들을 보호해준 이들이 바로 공산당 세력이었다. 그래서 국·공내전에서 조선족들은 공산당 측에 직접 가담하거나(조선족의 5%) 물적 지원을 보냈고 이런 인연이 한국전쟁에서 중국의 인적 지원을 이끌어낸 결정적인 계기가 되었다. 소련의 공군 지원이 확정되지 않은 상태에서 중국이 인민군의 지원을 결정한 것은 '과거에 대한 보은'이라는 점을 빼놓고는 이해하기 어려운 결정이다. 따라서 북한과 중국의 '혈맹관계'는 양국 지도부의 교체에도 불구하고 양국 관계에 일부나마 작용하고 있다.

둘째, 문화적 측면에서 북·러 간에는 공통점이 거의 없다고 해도 과언이 아니다. 러시아는 레닌 시대 이래로 그들이 유럽 국가인 동시에 아시아 국가임을 주장했지만, 그들 정책에서 아시아가 중요 정책 대상으로 부각된 것은 고르바초프 이후이다. 그 이전에는 제국주의의 식민지 배후로 민족해방론의 관점에서 아시아의 전략적 가치를 인정하는 한편, 사회주의 진영의 일원으로서 중요성을 가졌을 뿐 항상 유럽에 비해 우선순위에서 밀렸다.

브레즈네프의 '아시아집단안보체제'의 주창도 유럽에서 국경선 안정이라는 문제가 해결된 후 비로소 가능했으며, 당시 그들은 아시아 국가들의 경제적·문화적·역사적 이질감과 배타성을 이해하지 못해 결국 그들의 구상은 선전에 그치고 말았다. 북한이 이러한 소련에게 문화적 공감대를 갖기란 매우 어려웠다.

그러나 북한과 중국은 같은 동양권이며 문화적으로도 유사성을 가지고 있다. 더욱이 그들은 모두 통일의 과제를 안고 있다. 냉전시대 그들은 국제사회에서 한반도와 중국 대륙의 대표권을 인정받는 한편, 통일의 주도권을 잡는 공동의 문제를 안고 있었다. 그래서 상당 기간 그들은 유엔에서 공동보조를 취했다. 반면 소련은 이미 1950년대 말부터 한반도에 '두 개의 실체'가 존재하고 있음을 인정하여 북한과 마찰을 빚는가 하면, 서독과 동독의 공존방식을 한반도에 권하고 있었다.

셋째, 체제적 측면에서 러시아와 중국 모두에게 한반도의 안정은 중요하다. 자국의 국내 경제발전을 위해서는 주변 환경의 안정이 요구되기 때문이다. 여기에 미묘한 차이가 있다.

러시아의 대한반도정책은 대미정책이나 대유럽정책과 밀접한 연관 속에서 전개되어왔다. 친서방 노선을 취할 경우 남한과의 관계 개선에 치중한다면 중립노선을 취할 경우 '등거리외교'를 전개해왔다. 그리고 김일성 시대에는 북한을 통해, 그리고 김정일시대에는 남한 또는 남북한 등거리외교를 통해 한반도정책을 수행하고 있다. 그 과정에서 공통된 점은 러시아가 북한 자체의 존재보다 한반도의 안정과 영향력 확보 문제에 더 큰 비중을 두고 있다는 점이다. 그런데 중국에게는 한반도의 안정이 필요한 동시에 북한의 존재도 필요하다. 그들에게는 사회주의 국가라는 공통점이 있으며, 대만이나 주한 미군을 둘러싸고 공동의 대미정책을 취할 수 있기 때문이다.

요약하면 북·러 관계는 수직적 관계로부터 수평적 관계, 이데올로기적 관계로부터 실용적 관계로 들어가고 있다. 양국 관계에 발목을 잡는 가장 큰 변수가 경제 문제(채무)이며 그들 간에 경제적 이득이 중요하게 작용하는 것은 이미 그들 관계가 일반적인 국가 간 관계 속으로 들어갔음을 보여준다.

5. 맺음말

지금까지 북한과 러시아의 인식상의 특징, 역사적 전개, 그리고 지속성과 변화의 측면을 세부적으로 살펴보았다. 이를 통해 북·러 관계가 이념적 유대성에서 실리적 관계 추구로 변화되었으며, 최근에는 경제 분야가 부각되고 있음을 제시했다.

향후 북·러 관계는 어떻게 전개될 것인가? 역사적 흐름에서 이미 나타났듯이 경제 관계가 주요 관심사로 논의될 것이며, 북한과 러시아보다는 남북한과 러시아 3자 구도로 전개될 가능성이 높다. 특히 최근 '2·13합의'에서 합의된 경제 및 에너지 협력 실무 그룹의 가동과 더불어 경협 파트너로서의 러시아의 위상과 다자적 경협 가능성은 더 강화될 전망이다. 그러나 한반도를 중심으로 하는 3자 경협의 활성화를 위해서는 해결해야 할 과제가 있다.

북한과 러시아 관계의 진전에 가장 큰 장애물은 무엇보다 북한의 대러 채무 문제다. 2002년 현재 북한의 대러 채무액은 총 38억 루블에 달했다. 북한은 채무액의 탕감을 요구해온 반면, 러시아는 채무액의 2/3을 탕감하고 나머지 1/3은 23년 할부 물품 공급으로 대신할 것이라는 계획을 밝히고 있다. 문제는 채무액의 환산 기준이다. 소련 당시 환율(1달러=0.6루블)이니 현 러시아 중앙은행의 환율(1달러=28루블) 중 어떤 기준을 적용할지가 문제인데 북한 측 사정을 고려하면 그리 쉬운 일이 아니다. 러시아 측 일각에서는 '파리 클럽' 회원으로 베트남 채무를 탕감해준 예를 제시하면서 정치적 결단을 촉구하고 있다.[50]

또한 러시아 극동지역 정부와 중앙정부 사이에 대북 접근방식에 견해 차이가 있다. 중앙은 북한과의 경제 관계를 정치적 차원에서 접근하는 반면, 극동지역은 상업적 차원에서 실리를 우선적으로 고려하는 것이다. 예를 들어 지역정부들은 북한 노동자들보다는 우크라이나 등 다른 지역의 노동자를 더 선호하며 농업생산에서도 농기구 제공 의사를 밝히는 중국을 더 매력적인 파트너로 보고 있다.

바로 이러한 측면에서 한국의 적극적인 역할이 요구된다. 북한을 외부지역으로 끌어내서 다자간 경제협력을 시도하는 것은 북한의 개혁·개방을 촉진할 뿐만 아니라 동북아의 경협을 이끌어내는 데에도 긍정적으로 작용할 수 있다. 따라서 한국 정부는 채무 문제에 대한 러시아 측의 정치적 결단을 이끌어내야 하는 한편, 북한 내부에서의 경협 외에도 극동지역에서의 3자 경협 가능성을 모색하는 등 남북경협 방식을 더 다양화해야 한다. 이러한 방식은 향후 개방적 한반도경제공동체의 형성에 추진력을 실어줄 수 있을 것이다.

---

50) 인터뷰, 2005년 10월 22~25일, 모스크바.

■ 참고문헌

북한, 러시아 문헌 및 자료

김일성. 1963. 「8·15해방 1주년 평양시경축대회에서 한 보고」(1946년 8월 15일). 『김일성선집』(제1권). 평양: 조선로동당출판사.
_____. 1979. 「8·15해방 2주년 평양시기념대회에서 한 보고」(1947년 8월 14일). 『김일성저작집』(제3권). 평양: 조선로동당출판사.
_____. 1979. 「8·15해방 3주년기념 평양시경축대회에서 한 보고」(1948년 8월 14일). 『김일성저작집』(제4권). 평양: 조선로동당출판사.
_____. 1980. 「8·15해방 6돐기념 평양시경축대회에서 한 보고」(1951년 8월 14일). 『김일성저작집』(제5권). 평양: 조선로동당출판사.
_____. 1996. 「10월혁명과 조선인민의 민족해방투쟁」(1951년 11월 5일). 『김일성전집』(제14권). 평양: 조선로동당출판사.
_____. 1980. 「프로레타리아국제주의와 조선인민의 투쟁」(1952년 4월 25일). 『김일성저작집』(제7권). 평양: 조선로동당출판사.
_____. 1980. 「조선민족의 자유와 평화와 해방을 위하여」(1952년 8월 15일). 『김일성저작집』(제7권). 평양: 조선로동당출판사.
_____. 1997. 「쓰딸린서거 1주년 추모행사를 조직할데 대하여」(1954년 2월 22일). 조선로동당 중앙위원회 상무위원회에서 한 연설. 『김일성전집』(제16권). 평양: 조선로동당출판사.
_____. 1980. 「8·15해방 10돐경축대회에서 한 보고」(1955년 8월 14일). 『김일성저작집』(제9권). 평양: 조선로동당출판사.
_____. 1960. 「사상사업에서 형식주의와 교조주의를 퇴치하고 주체를 확립할데 대하여(1955년 12월 28일)」. 당 선전선동일군들 앞에서 한 연설. 『김일성선집』(제4권). 평양: 조선로동당출판사.
_____. 1960. 「조선로동당 제3차대회에서 한 중앙위원회사업총화보고」(1956년 4월 23일). 『김일성선집』(제4권). 평양: 조선로동당출판사.
_____. 1981. 「조선인민의 민족적명절 8·15해방 15돐경축대회에서 한 보고」(1960

년 8월 14일). 『김일성저작집』(제14권). 평양: 조선로동당출판사.

_____. 1982. 「8·15해방 17돐기념경축대회에서 한 연설」(1962년 8월 15일). 『김일성저작집』(제16권). 평양: 조선로동당출판사.

_____. 1982. 「8·15해방 스무돐기념경축연회에서 한 연설」(1965년 8월 15일). 『김일성저작집』(제20권). 평양: 조선로동당출판사.

_____. 1981. 「사회주의국가들의 친선과 단결: 쏘련잡지 ≪메쥬두나로드나야 쥐즌≫, 1957년 11월호에 발표한 론설」. 『김일성저작집』(제11권). 평양: 조선로동당출판사.

_____. 1960. 「쏘련을 선두로 하는 사회주의진영의 위대한 통일과 국제공산주의운동의 새로운 단계」(1957년 12월 5일). 조선로동당 중앙위원회 확대전원회의에서 한 보고. 『김일성선집』(제5권). 평양: 조선로동당출판사.

_____. 1960. 「조중 량국 인민의 전투적우의」(1959년 9월 26). 중화인민공화국창건 10돐에 즈음하여 ≪인민일보≫에 발표한 론설. 『김일성선집』(제6권). 평양: 조선로동당출판사.

_____. 1981. 「조선인민의 민족적명절 8·15해방 15돐경축대회에서 한 보고」(1960년 8월 14일). 『김일성저작집』(제14권). 평양: 조선로동당출판사.

_____. 1981. 「조선로동당 제4차대회에서 한 중앙위원회사업총화보고」(1961년 9월 11일). 『김일성저작집』(제15권). 평양: 조선로동당출판사.

_____. 1982. 「8·15해방 17돐기념경축대회에서 한 연설」(1962년 8월 15일). 『김일성저작집』(제16권). 평양: 조선로동당출판사.

_____. 1968. 「현정세와 우리 당의 과업」(1966년 10월 5일). 조선로동당대표자회에서 한 보고. 『김일성저작선집』(제4권). 평양: 조선로동당출판사.

_____. 1968. 「조선민주주의인민공화국에서의 사회주의건설과 남조선혁명에 대하여(1965년 4월 14일)」. 『김일성저작선집』(제4권). 평양: 조선로동당출판사.

_____. 1982. 「8·15해방 스무돐기념경축연회에서 한 연설」(1965년 8월 15일). 『김일성저작집』(제20권). 평양: 조선로동당출판사.

_____. 1983. 「동방식민지민족해방투쟁에 관한 레닌의 위대한 사상은 승리하고 있다」(1970년 4월 16일). 웨.이. 레닌탄생 100돐에 즈음하여 쏘련공산당 중앙위원회기관지 ≪쁘라우다≫에 발표한 론설. 『김일성저작집』(제25권).

제4장 북·러 관계 349

평양: 조선로동당출판사.

_____. 1984. 「조선민주주의인민공화국의 당면한 정치, 경제 정책들과 몇가지 국제문제에 대하여」(1972년 1월 10일). 일본 ≪요미우리신붕≫기자들이 제기한 질문에 대한 답변. 『김일성저작집』(제27권). 평양: 조선로동당출판사.

_____. 1984. 「조선로동당과 조선인민민주주의공화국정부의 대내외정책의 몇가지 문제에 대하여」(1971년 9월 25일, 10월 8일). 일본 ≪아사이신붕≫ 편집국장 및 교도통신사 기자와 한 담화. 『김일성저작선집』(제6권). 평양: 조선로동당출판사.

_____. 1990. 「중국신화통신사대표단이 제기한 질문에 대한 대답」(1981년 4월 23일). 『김일성저작집』(제36권). 평양: 조선로동당출판사.

_____. 1997. 「쏘련 따스통신사대표단과 한 담화」(1984년 3월 31일). 『김일성저작선집』(제9권). 평양: 조선로동당출판사.

_____. 1997. 「반제투쟁의 기치를 더욱 높이 들고 사회주의, 공산주의 길로 힘차게 나아가자: 조선로동당 중앙위원회 책임일군들과 한 담화」(198년 9월 25일). 『김정일선집』(제9권). 평양: 조선로동당출판사.

≪근로자≫, 1980년 10호
≪내외통신≫, 제356호(1983년 11월 4일).
≪로동신문≫. 1952년~2003년.
≪민주조선≫, 1965년 2월 16일자
신년사. 1980~2004년.

Доклад об итогах работы Управления Совецкой Гражданской Администрации в Северной Корее за три года(август 1945~ноябрь' 1948). том 1, 2. Пхеньвян. 1948

ЦАМО, ф. УСГАСК, оп. 433847, д. 1.
ЦАМО, ф. 25А, оп. 532092, д. 1.
ЦАМО, ф. 32, оп. 11318, д. 196.
ЦАМО, ф. 127, оп. 468007, д. 4.

ЦАМО, ф. 379, оп. 578927, д. 3.

ЦАМО, ф. ?, оп. 687572, д. 2317.

ЦАМО-А, ф. 19, оп. 266, д. 27.

АВП РФ, ф. 0102, оп. 10, п. 52, д. 8.

АВП РФ, ф. 0102, оп. 11, п. 60, д. 6, 7, 8, 9.

АВП РФ, ф. 0102, оп. 11, п. 65, д. 45.

АВП РФ, ф. 0102, оп. 11, п. 68, д. 3, 4, 5, 6.

АВП РФ, ф. 0102, оп. 13, п. 7, д. 6.

АВП РФ, ф. 0102, оп. 13, п. 72, д. 5, 11.

Глаголевский Н. И. и Чпныщева, Л. Р. *За единую независимую демократическую корею.* Москва: Государственная ордена ленина. 1950.

Е. М. Жуков. 1950. *Советский Союз в борьбе за демократическое решение послевоенных проблем дальнего востока.* Москва.

Азия-2004: экономика, сотрудничество, интеграция. Москва: ИМЭПИ. 2005.

Економическая политика на россиском дальнем востоке-Матэриали научно-практической конфэренции. Хабаровск: ИЕИ ДОВ РАН. 1999.

Економическое развитией и международное сотрудничство в северо-восточной азии. Владивосток: Дальнаука. 2001.

Корейский полуостров Мифы, Ожиданий и реальность, часть 1, 2, Материалы IV научной конференции. Москва: ИЕПИ. 2001.

Ли Дон Хун. 1999. *Политика СССР и РФ по отношению к северо-восточной азии двум корейским государствам(1985~1998 гг.).* Москва: МИД РФ.

Минакир, П. А. эд. *Дальний восток и забайкалье-2010, программа економического и социального развития дальнего и забайкалья до 2010 года.* Москва: Економика. 2002.

Научные идеаледования по проблемам социально-экономического развития дальнего востокка Библиоргафический указатель(1996~2000 гг.).

Хаваровск: ИеИ ДВО РАН. 2001.

Соль Чхун. 2001. *Еволюция економической политики КНДР в условиях межкорейского урегулирования: конет XX - начало XXI века.* Москва: ИЕПИ.

Ткачэнко, В. П. 2000. *Корейскийполуострови интересы россии.* Москва: РАН.

Тригубенко, М. Е. 1999. *Политика сотрудничество России со странами Восточной Азии в 90-годах.* Москва: ИЕПИ.

Тригубенко, М. Е., Неелова, Т. А., Левченко, Г. Я. 2000. *Проблемы Корейского полуострова Российская Дипломатия в Корее в 1998~1999 годах.* Москва: ИЕПИ.

_____. 2001. "Торго-економичество между Россейи КНДР: по тентиал и возможность." *Укрепление корейско-российского взаимодействия для сохранения мира и беопасности на Корейском полуострове.* Москва: ИМЕП, РАН.

Зенина, Л. 1950. "Борьба корейского народа за демократическое едиство и национальную независимость." *Пропаганда и Агитация.* no. 13, Июль.

Пигулевская, Е. 1999. "Корейский народ в борьбе за независимость и демократию."

Правда. Апрель 24, 1985, Февраль 16, 1987.

남한·외국 문헌 및 자료

강봉구. 1999. 『현대러시아 대외정책의 이해: 대외정책노선 형성과정(1992~1998): 아태지역연구센터 연구총서 3』. 한양대학교 출판부.

강원식. 1998. 『러시아는 우리에게 무엇인가』. 일신사.

강좌편집위원회 엮음. 1988. 『마르크시즘과 민족해방운동: 강좌/마르크시즘 1』. 학민사.

國土統一院 엮음. 1980. 『朝鮮勞動黨大會資料集』第Ⅰ~Ⅲ輯. 國土統一院.
_____. 1988. 『북한최고인민회의자료집』(제22집). 국토통일원.
김계동. 2002. 『북한의 외교정책: 벼랑에 선 줄타기 외교의 선택』. 백산서당.
김용호. 1996. 『현대북한외교론』. 오름.
김창순. 1961. 『북한오십년사 1945년 8월~1961년 1월』. 지문각.
나탈리아 바자노바. 1992. 『기로에 선 북한경제』. 양준용 옮김. 한국경제신문사.
대한무역진흥공사. 각 년호. 『북한의 대외무역동향』. KOTRA.
동아일보사 엮음. 1972. 『안보통일문제기본자료집 북한편』. 동아일보사.
민족통일연구원. 1997. 『최근 북한의 대외정책 동향과 전망』. 민족통일연구원.
박태호. 1985. 『조선민주주의인민공화국 대외관계사 1』. 평양: 사회과학출판사.
백학순·진창수 엮음. 1999. 『"북한문제"의 국제적 쟁점』. 세종연구소.
스탈린·레닌 지음. 임지현 엮음. 1986. 『민족문제와 마르크스주의자들』. ≪얼과글≫, 9. 한겨레.
양문수. 2001. 『북한경제의 구조』. 서울대학교 출판부.
양호민 외. 1993. 『한반도분단의 재인식(1945~1980)』. 나남.
여인곤. 2000. 『러·북관계 변화추이와 푸틴의 대북정책 전망: 연구총서 2000-20』. 통일연구원.
오영진. 1952. 『하나의 증언』. 국민사상지도원.
이종석. 2001. 『새로 쓴 현대북한의 이해』. 나남.
정규섭. 1997. 『북한외교의 어제와 오늘』. 일신사.
정한구·문수언 공편. 1995. 『러시아정치의 이해』. 나남.
조선중앙통신사. 『조선중앙년감』. 1959, 1961~1962, 1965~1968, 1971~1972, 1979, 1980, 1987~1988.

김병기. 1999. 「러시아의 대북정책: 변화와 연속성」. ≪세계지역연구논총≫, 제13집.
김연수. 1992. 「소련과 북한의 교역관계 분석」. ≪중소연구≫, Vol. 1, No. 3(가을).
북한문제조사연구소. 1997. 「북한의 대외정책 결정과정」. ≪극동문제≫, 215호.
서진영·류길재. 1997. 「김일성 이후 북한의 대외정책: 초국가적 관계, 국내정치구조, 대외정책 변화의 동향」. ≪고려대 아세아연구≫ 97호.

신지호. 1999. 「북한의 대외 관계와 경제 전략: 전환기의 상호 작용」. ≪현대북한연구≫, 2권 2호.
이동형. 2001. 「탈냉전기 북한과 러시아의 관계변화」. 서대숙 엮음. 『한국과 러시아 관계: 평가와 전망』. 경남대학교 극동문제연구소.
이영형. 1992. 「러시아 외교정책의 성격 변화」. ≪한국정치학회보≫, 제31집 제2호
전홍찬. 1993. 「소련의 대북한 경제·군사원조정책에 대한 연구」. ≪중소연구≫ 통권 60호.
정성임. 1999. 「소련의 對북한 점령정책에 대한 연구: 1945.8~1948」. 이화여대 박사학위 논문.
_____. 2000. 「한·소수교 100년: 인식문제를 중심으로」. 경남대학교 극동문제연구소·러시아국립극동대학교 한국학대학 공동주최 심포지엄.
_____. 2002. 「최근 북·러 경제관계」. ≪KDI 북한경제리뷰≫, 제4권 제11호(11월).
허문영. 1996. 「북한의 대외정책 이념: 형성과 적용」. ≪통일연구논총≫, 5권 1호.
현인택. 1997. 「북한의 대외정책과 체제보존」. ≪사상≫, 34호.

Hak Soon Pai. 1993. *North Korean State Formation, 1945~1950*. Dissertaton of Pennsylvania.

Ulyanovsk, Rostislav. 1978. *National Liberation: Essays on Theory and Practice*. translated by Fildon, David & Shrokov, Yuri. Moscow: Progress Publishers.

van Ree, Eric. 1989. *Socialism in One Zone: Stalin's Policy in Korea, 1945~1947*. Oxford: Bery Publishers Ltd.

Zotov, V. 1983. *Lenin's Doctrine on National Liberation Revolutions and Modern World*. translated by Gubanov, Gennady. Moscow: Progress Publishers.

제 5 장

북한·유럽 관계

정성장

1. 머리말

　냉전시대 북한의 대(對)유럽정책은 동유럽 국가들을 주요 대상으로 했다. 그렇다고 해서 서유럽 국가들과 관계가 전혀 없었던 것은 아니었고, 비록 이후에 부침 과정을 겪기는 했지만 1970년대 초에 상당한 진전을 이루기도 했다. 반면 탈냉전시대에 북한의 대유럽정책은 확연하게 서유럽 국가들을 중심으로 이루어지고 있는데, 특히 2000년 남북정상회담 이후 몇 년간의 관계 발전은 주목할 만한 것이다. 북한은 2000년대 들어 유럽연합(European Union, 이하 EU)[1]의 15개 회원국 중 미수교 상태였던 9개국과 외교관계를

---

1) 1991년 12월 10일 네덜란드의 마스트리히트에서 개최된 유럽이사회에서 「마스트리히트 조약(Treaty of Maastricht)」이 채택되어 1992년 2월 7일 조인되었고, 이후 각국의 비준 절차를 거쳐 1993년 11월 1일 발효되었다. 「마스트리히트 조약」의 발효에 의해 EU가 탄생하게 되었고, EU는 새로이 정의된 유럽공동체(European Community: EC=유럽경제공동체+유럽석탄철강공동체+유럽원자력공동체), 공동외교안보정책(Common Foreign and Security Policy: CFSP) 그리고 내무·사법 분야에서의 협력이라는 '세 기둥(three pillars)'으로 구성되게 되었다. 이종광, 『유럽통합의 이상과 현실』(일신사, 1996), 9쪽; Hen, Christian, & Jacques Léonard.

수립하고, 2001년 5월에는 EU와도 수교를 체결하는 성과를 거두었다. 현재 북한은 27개 EU 회원국 중 프랑스와 에스토니아를 제외한 25개국과 외교관계를 갖고 있다.[2)]

북한과 EU 간의 이와 같은 관계 발전은 2000년 이전까지는 생각하기 어려웠던 것으로서 EU의 신아시아 전략, 북한의 적극적이고 유연한 대유럽 접근, 한국 정부의 외교적 지원 등이 중요한 요인으로 작용한 결과였다. 현재 북·미, 북·일 관계에서는 큰 진전을 이룩하지 못하고 있는 북한에게 있어 EU 국가들과의 관계 개선은 나름대로 경제개방을 위한 출로를 제공하고 있다. 그러나 북한과 서유럽은 냉전시대의 북한과 동유럽 간의 관계와 같은 정치적으로 긴밀한 관계를 형성하고 있지는 못하며, 북한의 핵과 미사일 등 대량살상무기 개발과 인권 문제 등으로 인해 양자 간 관계를 발전시키는 데 큰 한계를 내포하고 있다.

북한과 서유럽 관계를 분석하는 데 한 가지 유의할 점이 있다면, 그것은 서유럽과 EU가 지역적으로 완전히 일치한 적이 없다는 것이다. 이것은 서유럽 국가 중에서도 스위스와 노르웨이, 아이슬란드가 EU에 참여하지 않고 있기 때문이다. 그러나 EU가 출범한 1993년부터 2004년 이전까지의 시기를 논할 경우 EU가 서유럽 대부분의 국가들을 포함하고 있었으므로 특별한 경우를 제외하고는 양자를 동일시해도 문제되지 않을 것이다.

EU는 2004년 초까지만 해도 서유럽의 15개국으로 구성되어 있었으나, 2004년 5월에 중동부 유럽과 지중해 지역의 10개국이, 2007년 1월에 동유럽의 2개국이 추가로 가입함으로써 더 이상 서유럽 국가들만의 통합체가 아닌 동·서 유럽의 대다수 국가들을 포함하는 거대한 통합체로 변모하게

L'Union européenne. Paris: La Découverte, 1999), pp. 38~39.

2) ≪연합뉴스≫, 2007년 3월 6일자.

〈표 5-1〉 EU의 확대 추이

구분	가입국	총회원국 수
유럽경제공동체(EEC) 발족(1958)	프랑스, 서독, 이탈리아, 베네룩스 3국(벨기에, 네덜란드, 룩셈부르크)	6
제1차 확대(1973)	영국, 아일랜드, 덴마크	9
제2차 확대(1981)	그리스	10
제3차 확대(1986)	스페인, 포르투갈	12
제4차 확대(1995)	오스트리아, 핀란드, 스웨덴	15
제5차 확대(2004.5)	체코, 헝가리, 폴란드, 에스토니아, 라트비아, 리투아니아, 슬로바키아, 슬로베니아, 사이프러스, 몰타	25
제6차 확대(2007.1)	루마니아, 불가리아	27

주: 터키, 크로아티아와 마케도니아도 EU 가입을 정식으로 신청한 상태이다.
출처: 김성형(2005: 33)과 양장석·우상민(2007: 46) 참조하여 재구성.

되었다. 이러한 상황은 북한·EU 간의 관계에 대한 연구에 북한·동유럽 관계에 관한 연구를 포함시키지 않을 수 없게 한다.

본 연구는 1945년부터 현재까지 북한과 유럽 간의 관계를 지속성과 변화의 관점에서 검토하는 것을 목적으로 한다. 그리고 '북한의 대외관계: 지속성과 변화'라는 대주제하에 진행되는 공동 연구의 한 부분인 만큼, 유럽의 대북정책보다는 북한의 대유럽정책에 초점을 맞추어 북한과 유럽의 관계를 분석할 것이다.

지금까지 북한과 유럽 간의 관계에 관한 연구는 북한·동유럽 관계 연구와 북한·서유럽 관계 연구로 양분되어 진행되어온 것이 일반적이다. 그리고 최근의 연구는 김일성 사후 북한·EU 관계에 집중되는 경향을 보이고 있다. 그런데 최근에 동·서 유럽이 하나로 통합되는 방향으로 나아가고 있으므로 북한과 동·서 유럽 간의 관계를 총체적으로 파악할 필요가 있다. 물론 북한과 동유럽 간의 관계와 북한과 서유럽 간의 관계가 각기 다른 특성을 가지고 있으므로 구체적인 분석에 들어가서는 두 관계를 구분하여 고찰하는 것이 불가피하다.

본 연구에서 필자는 먼저 북한·유럽 관계의 결정 요인들을 분석한 후 북한·유럽 관계의 역사적 전개 과정을 고찰할 것이다. 그리고 북한·유럽 관계에 대해 정치적 협력과 갈등, 북핵 및 북한 인권 문제, 교역과 경제협력 및 인도적 지원 등을 중심으로 분석하고 지속성과 변화의 관점에서 평가를 시도하고자 한다.

2. 북한·유럽 관계의 결정 요인

1) 북한의 대(對)유럽 인식

냉전시대에 북한은 진영외교의 차원에서 '형제국가들'인 동유럽 국가들에게 접근했고, 경제적으로 앞서 있었던 이들 국가들로부터 경제발전에 필요한 지원을 기대할 수 있었다. 즉 북한의 대(對)동유럽 인식에는 이념적인 요소가 가장 중요하게, 그리고 경제적인 요소가 그 다음으로 중요하게 작용했다. 물론 경제적인 요소의 중요성을 무시할 수는 없지만, 기본적으로 북한에게 동유럽은 중국이나 소련에 비해 지리적으로 멀리 떨어져 있어서 경제협력이 용이하지 않고, 교역 규모가 그리 크지 않았기 때문에 경제적 요소를 핵심적인 것으로 보기는 어렵다.

북한과 동유럽 국가들이 '프롤레타리아 국제주의'에 의해 정치적으로 연결되어 있었기 때문에 북한은 냉전시대에 대남 흡수통일을 추구하면서 동유럽 국가들을 '국제적 혁명역량'의 중요한 부분으로 간주했다. 이는 북한이 외교의 다변화를 추구하면서도 항상 사회주의 국가들과의 단결을 가장 중시했던 배경으로 작용했다. 물론 북한이 사회주의 국가들과의 단결을 강조하면서 가장 크게 염두에 두었던 것은 인접한 두 강대국인 소련과 중국이었다. 하지만 동유럽은 많은 국가로 구성되어 있고 냉전시대에는 한반도 통일 문제에 관한 한 북한의 입장을 지지했기 때문에 북한에게는 중국과 소련에 이어 세 번째로 중요한 외교적 협력 상대였다.

그렇다고 북한이 동유럽 국가들에 대해 항상 긍정적인 인식만을 가지고 있었던 것은 아니었다. 동유럽 국가들은 몇몇 소수 국가를 제외하고는 대부분 소련의 영향하에 놓여 있었고,[3] 1956년 흐루시초프(Nikita S. Khrushchev)가 소련공산당 제20차 대회에서 스탈린(Joseph Stalin) 비판을 한 후에는 대체로 탈스탈린화(de-Stalinization)의 방향으로 나아갔다. 그런데 북한은 탈스탈린화를 거부하는 입장이었기 때문에 소련뿐만 아니라 동유럽 국가들에 대해서도 경계심을 가지게 되었다. 중·소 분쟁의 시기에는 동유럽 대부분의 국가들이 대체로 소련의 입장을 지지했기 때문에 북한의 대(對)동유럽 관계는 대소 관계의 개선 또는 악화에 의해 큰 영향을 받았다. 다시 말해 냉전시대 북한의 대동유럽 관계는 이념적 요소와 대소 관계에 의해 영향을 받았다.

1980년대 중·후반 이후, 특히 1989년부터 동유럽 국가들이 다당제를 채택하면서 북한과 동유럽 간의 이념적 동질성이 사라지게 됨에 따라 북한의 대동유럽 인식은 매우 부정적으로 변하게 되었다. 1988년 서울올림픽 참가를 계기로 많은 동유럽 국가들이 북한의 반대에도 불구하고 남한과의 수교를 강행하고, 북한에 대한 무상 지원을 중단함으로써 북한과 동유럽 국가 간의 정치 관계는 급격히 냉각되었다. 결국 탈냉전시대에 북한의 대동유럽 인식에는 경제적 요인만이 주요 요소로 남게 된 것이다. 그러나 북한과 동유럽 간 경제협력의 규모가 크지 않았기 때문에 양자 간 긴 협력의 역사에도 불구하고 북한의 대외관계에서 동유럽의 비중은 현저히 감소하게 되었다.

---

[3] 소련과의 관계에서 자율성을 추구했던 동유럽 국가로는 유고슬라비아와 루마니아, 알바니아를 들 수 있다.

냉전시대 북한 외교에서 동유럽이 차지했던 위치를 탈냉전시대에 대체하게 된 국가군(國家群)이 바로 서유럽이다. 북한은 냉전시대에 제국주의 국가들 간의 모순을 이용한다는 차원에서 서유럽 국가들에게 접근했다.4) 북한이 볼 때 서유럽 국가들은 '제국주의 국가들'이었고, 많은 서유럽 국가들이 한국전쟁 때 남한 편에 서서 싸웠다. 그럼에도 서유럽 국가들과는 일본이나 미국에 비해 직접적인 충돌의 기회가 적었고, 서유럽 국가들에는 공산당을 비롯하여 북한에 대해 비교적 우호적인 좌파 정당들도 있었기 때문에 북한의 대(對)서유럽 적대감은 일본이나 미국에 대해서처럼 강렬하지 않았다.5) 그리고 서유럽 국가들 중에는 스위스와 오스트리아 같은 중립국들도 있어서 북한은 이념적 차이에도 불구하고 서유럽 국가들에 대해 지속적으로 관심을 보여왔다.

---

4) 1964년 2월 김일성은 "미제국주의자들과 프랑스나 일본 그밖에 다른 제국주의자들 사이의 갈등과 모순도 리용하여야 합니다. 이리하여 국제무대에서 미제국주의자들을 최대한으로 고립시키며 그들이 세계의 이르는 곳마다에서 막다른 골목에 빠지도록 하여야 합니다"라고 강조했다. 김일성, 「조국통일위업을 실현하기 위하여 혁명력량을 백방으로 강화하자(조선로동당 중앙위원회 제4기 제8차 전원회의에서 한 결론)」(1964년 2월 27일), 『남조선혁명과 조국통일에 대하여』(평양: 조선로동당출판사, 1969), 281쪽.

5) 냉전시대에 북한은 서유럽 국가들 중 미국의 강력한 영향하에 놓여 있었던 서독에 대해 특별히 강력한 적대감을 표명했다. 북한은 '미제의 동맹자들과 그 앞잡이들을 반대하는 투쟁'에서 중요한 것은 '일본군국주의'와 '서부독일군국주의'를 반대하여 투쟁하는 것이라고 지적하면서 "미제의 적극적인 비호 밑에 재생재무장된 일본군국주의와 서부독일군국주의는 동방과 서방에서 또다시 새로운 침략과 전쟁의 발원지로 되었다"고 주장했다. 그런데 '서부독일군국주의'에 대한 북한의 비난은 '일본군국주의'에 대한 비난에 비해 상대적으로 구체성을 결여하고 있었고 강도도 약했다. 김양선·최철웅, 『사회주의, 공산주의 건설리론』(평양: 사회과학출판사, 1985), 278~283쪽.

그러나 북한이 국제무대에서 한반도 문제와 관련하여 서유럽 국가들의 지지를 이끌어내는 데는 근본적인 한계가 있었고, 서유럽 국가들에 의한 사상적 '오염'을 두려워했다. 따라서 냉전시대 북한·서유럽 간 인적 교류와 협력의 규모는 동유럽 국가들에 비해 상대적으로 왜소할 수밖에 없었다. 그러므로 북한의 서유럽에 대한 관심은 경제적인 동기가 상대적으로 중요한 비중을 차지하고 있었다. 소련이나 동유럽 국가들이 가지지 못한 선진 기술을 서유럽이 가지고 있었고, 이러한 기술을 미국과 일본으로부터 도입하는 것은 거의 불가능했기 때문에 북한은 서유럽에 대해 큰 관심을 보였던 것이다. 다시 말하면 냉전시대 북한에게 서유럽은 '적대적이기는 하지만 대화가 가능하고 경제적으로 도움을 받을 수도 있는 상대'였다.

게다가 탈냉전 이후 EU로 통합된 서유럽 국가들이 공동외교안보정책(CFSP)을 추진하면서 국제무대에서 아직 영향력이 크지는 않지만 미국과는 다른 목소리를 내기 시작한 데 대해 북한은 고무된 것으로 보인다. 북한은 세계 유일 초강대국인 미국의 대북 압력을 완화시키고, 경제회복에 필요한 지원을 확보하려는 생존전략 차원에서 서유럽 국가들에게 접근했다. 그리고 이러한 접근을 정당화하기 위해 2000년대에 들어와서는 서유럽 국가들을 미국 및 일본과 동일하게 '제국주의 국가들'로 보던 시각에서 탈피하여 우호적인 입장을 나타내기에 이르렀다.

북한은 2000년대 들어 "제국주의세력이 저들의 것이 절대적으로 옳다고 우겨대며 남에게 제멋대로 저들의 정치방식, 경제방식을 내려 먹이던 시대는 영원히 지나갔으며 세계의 자주화, 다극화는 막을 수 없는 시대적 흐름으로 되고 있다"고 주장하면서, 유럽 통합의 심화와 EU의 확대에 대해 긍정적인 반응을 보이고 있다. 2002년 유로의 본격적 유통에 대해서도 유로가 성공적으로 도입되면 "미국은 유럽에 대한 지배권을 점차 잃게 되며 나아가서 유럽은 국제무대에서 독자성을 강하게 주장하게 될 것이다"라고 예상하면서 기대감을 표명했다.6) 이처럼 서유럽 국가들이 자본주의 경제체제를 가지고 있다는 이유로 과거에 북한 당국이 내렸던 부정 일변도의 평가를 이제는 찾아보기 어렵게 되었다.7)

이와 같이 북한은 한편으로는 대미 견제 차원에서, 다른 한편으로는 미국이나 일본에게는 기대할 수 없는 선진 기술의 도입과 경제 지원의 확보를 위해 서유럽 국가들에 접근하고 있다. 따라서 최근에는 북한의 생존을 위한 대외전략에서 EU가 중국과 러시아 다음으로 중요한 비중을 차지하게 되었다는 분석도 나오고 있다.8) 그러나 북핵 문제와 같이 국제적인 문제지만 일차적으로는 한반도 주변 4강과 직접 관련되는 사안에 대해서는 상대적으로 이해관계가 적고 아직까지 안보 분야에서 통일된 목소리를 낼 수 없는 서유럽이 북한의 큰 관심을 끌기는 어렵다. 따라서 북한의 서유럽에 대한 관심과 평가는 전 지구적인 문제인가 동북아 차원의 문제인가, 안보 문제인가 경제 문제인지에 따라 다를 수밖에 없다.

---

6) 리경수, "내리 누르려는 미국, 그에 맞서는 유럽", ≪로동신문≫, 2000년 12월 23일자; 김남혁, "유로의 도입은 무엇을 안아 올 것인가", ≪로동신문≫, 2001년 10월 28일자; 김남혁, "10월의 국제정세흐름은 무엇을 보여 주는가", ≪로동신문≫, 2001년 10월 31일자.

7) 냉전시대에 북한은 "제2차 세계대전 후 제국주의세력이 전반적으로 약화되고 자본주의의 위기가 더욱더 심해지는 조건에서 자본주의를 멸망으로부터 구원하려는 것은 모든 제국주의 국가들의 공통된 지향으로 되었다. 제국주의자들의 이러한 지향은 그들로 하여금 자본주의를 보존하기 위한 출로를 자본주의세계에서 가장 강력한 정치, 경제, 군사적 력량으로 등장한 미제에게 의탁하는 데서 찾게 했으며 미제와 정치, 군사적으로 결탁하는 데로 나아가게 되었다. 그리하여 제국주의 국가들은 미제와 종속적인 동맹관계를 맺게 되었으며 미제의 철저한 손아래 동맹자로 되었다"고 평가했다. 김양선·최철웅, 『사회주의, 공산주의 건설리론』, 279쪽.

8) 정영철, 「[북의 부시 돌파작전] 중·러·EU로 미·일을 포위하라」, ≪민족 21≫, 2001년 5월호, 98~103쪽.

2004년과 2007년에 상당수의 동유럽 국가들이 EU에 가입함으로써 서유럽과 동유럽을 구분해보던 북한의 시각에 일정한 변화가 불가피해졌다. 그런데 EU 내에서 주도적 역할을 하는 것은 여전히 서유럽 국가들이므로 그들을 보던 기존의 시각이 동유럽으로까지 확대된 EU에 대한 시각에 그대로 투영될 가능성이 크다. 규모가 더욱 커진 EU가 국제무대에서 얼마나 독자적인 목소리를 낼 수 있는가의 여부가 향후 유럽에 대한 북한의 관심에 영향을 미치게 될 것으로 보인다.

2) 유럽의 대(對)북한 인식

유럽이 단 하나의 블록으로 통일되고 있는 것은 극히 최근의 일이다. 냉전시대만 하더라도 유럽은 동유럽과 서유럽이라는 적대적인 두 개의 국가군으로 나뉘어 있었기 때문에 유럽의 대북인식도 동유럽과 서유럽으로 나누어 고찰하는 것이 불가피하다.

냉전시대에 동유럽은 북한과 동일한 사회주의 이념을 바탕으로 북한을 '형제국가'로 간주했다. 그리고 북한에 비해 경제적으로 앞서 있었기 때문에 상대적 우월감을 가지고 빈곤한 제3세계 국가들에 대해 그랬던 것처럼 북한에 경제적 지원을 제공했다. 물론 북한과 동유럽 국가들은 '프롤레타리아 국제주의'로 연결되어 있었기 때문에 동유럽 국가들은 특히 한국전쟁 기간과 이후의 전후 복구 기간에 북한에 대해 적극적으로 물질적 지원을 했다. 그런데 동유럽 국가들의 대외관은 소련의 대외관에 의해 지대한 영향을 받고 있어서 소련의 대북인식이 악화되면 동유럽 국가들의 대북인식도 함께 악화되는 경향을 보였다. 특히 1956년 제20차 소련공산당 대회를 계기로 대부분의 동유럽 국가들이 탈스탈린화의 방향으로 나아갔기 때문에 이후 동유럽 국가들은 스탈린주의적 개인 절대 권력을 유지하고 있는 북한에 대해 대체로 냉소적인 시각을 갖게 되었다. 그러나 냉전시대에 북한과 동유럽은 모두 미국이라는 공동의 '적'과 대치하고 있었으므로 이러한 이견은 뚜렷하게 표출되지 않았다.

그런데 1989년부터 동유럽 국가들이 다당제를 수용하는 방향으로 나아감에 따라 그들에게 북한은 더 이상 '형제국가'가 될 수 없었다. 그리고 냉전시대에는 소련의 영향하에 동유럽 국가들이 북한과 친선관계를 유지했지만, 1991년에 소련이 해체됨에 따라 그들이 경제적 손해를 감수하면서까지 북한과 친선관계를 유지할 필요성은 사라지게 되었다. 결국 탈냉전시대 동유럽 국가들의 대북인식에는 경제적 이해관계가 핵심적인 요인으로 자리 잡게 되었고, 동유럽 국가들은 경제적으로 낙후한 북한에 기대할 것이 거의 없었기 때문에 그들의 외교에서 북한이 차지하는 비중은 급격히 감소했다.

서유럽 국가들의 대외관계에서 북한이 차지하는 비중은 매우 미미하지만, 탈냉전시대에 그 비중은 상대적으로 증가했다고 평가할 수 있다. 제2차 세계대전 이후 서유럽 국가들에 미친 미국의 영향력은 막대한 것이었으므로, 서유럽 국가들의 대북관은 미국의 대북관으로부터 자유롭지 못했다. 그 결과 소련이 그들에게 교육받은 김성주를 북한 정권의 최고지도자로 만들기 위해 '전설적 영웅' 김일성으로 내세웠으며 스탈린의 사주로 북한의 '괴뢰정권'이 한국전쟁을 일으켰다는 식의 부정적 대북인식이 서유럽에 널리 확산되었다.[9] 그러나 북한이 1970년대 초까지 빠른 경제성장을 보이고 남한의 독재와 인권 탄압 소식이 서유럽에 알려지면서 북한에 대한 긍정적 인식도 서구인들 의식의 한 부분을 차지하게 되었다.[10] 1970년대 중반

---

9) Alain Le Ner, "Corée: le face à face," *Ecrits de Paris*, décembre, 1983, pp. 26~31; Philippe Maine, "L'Etat militarisé nord-coréen," *Est et Ouest*, août-septembre, 1981, pp. 15~20.

10) Yves Robert, "COREE DU NORD: Une expérience réussie d'industrialisation,"

북한이 대외 채무를 상환할 수 없게 되고 외교관의 마약 거래 실태가 드러나게 됨에 따라 북한에 대한 인식은 다시 악화되었지만, 1980년 광주민주화운동에 대한 유혈 진압으로 남한의 전두환 정권이 국제적으로 고립됨에 따라 북한은 이미지 면에서 반사이익을 보게 되었다. 공산당과 사회당 등 서유럽의 좌파 정당들은 북한에 대해 상대적으로 우호적 또는 온건한 비판적 입장을 보였으므로[11] 좌파 정당들이 집권한 국가들의 경우에는 북한과의 관계 개선에 긍정적 태도를 나타내었다. 이처럼 냉전시대 서유럽 국가들의 대북인식에는 북한에 대한 구체적인 정보와 이해관계 부족으로 인한 한계가 존재했다. 그들의 대북인식은 북한에 대한 '이미지'를 중요한 요소로 했고, 집권 정당의 이념적 성향에 따라 큰 영향을 받게 되었다.

탈냉전시대 초기에 서유럽 국가들은 동유럽 사회주의체제처럼 북한도 곧 붕괴될 것으로 예상했다.[12] 그런데 1990년대 중반 동유럽의 여러 나라에서 좌파 정당들이 정권을 장악하게 됨에 따라 서유럽 국가들은 더욱 냉정하게 북한을 바라보게 되었고, 북한이 대규모 기아 사태에 직면하여 국제 사회에 원조를 공식 요청하게 됨에 따라 북한을 인도주의적 지원의 대상으로 보고 접근하게 되었다. 1993년에 출범한 EU는 세계 경제에서 역동적인 성장을 보이고 있던 아시아에 대한 대응 차원에서 신아시아 전략을 수립했는데,

---

L'économie, n° 995(18 février 1966), pp. 16~17; "L'économie nord-coréenne compte parmi les plus dynamiques du monde communiste," *Le Monde*, 9 décembre 1969.

11) 1980년대에 다수의 서구 마르크스주의자들은 북한을 "아시아에서 사상 고도로 산업화된 사회주의 국가"로 간주했다. 인드레아스 크라체크, 「자립과 통일에의 열망」, 안드레아스 크라체크 외 저·편집부 편역, 『서구 마르크스주의자들이 본 북한사회』(중원문화, 1990), 7쪽; 폴커 그라보브스키, 「북한의 개인숭배: 사회주의에서의 개인숭배」, 안드레아스 크라체크 외 저·편집부 편역, 『서구 마르크스주의자들이 본 북한사회』, 19쪽.

12) "Les Corées à leur tour?" *Le Monde*, 3 janvier 1990.

그 영향으로 북한에 대한 EU의 관심도 증대했다. 한편 경제적으로 큰 이해관계를 가지고 있는 남한과의 관계에 대한 고려도 과거에 북한과의 수교에 대해 부정적이었던 서유럽의 국가들이 2000년 남북정상회담 개최 이후 수교에 적극적으로 나서게 하는 데 큰 영향을 미쳤다. 이 밖에도 북한의 인권 상황에 대한 관심, 핵과 미사일 등의 대량살상무기 확산 문제가 탈냉전시대 서유럽의 대북인식에 중요하게 작용하고 있다.

3) 국제 환경과 남북한 관계

국제 환경의 변화가 북한·유럽 관계에 미치는 영향에 대해서는 앞에서 탈냉전이 초래한 결과들을 언급하면서 간단히 지적했다. 특히 중·소 분쟁은 북한이 자주외교를 모색하게 하는 중요한 계기를 제공했고, 1970년대 초 미·중 화해는 서유럽 국가들의 동아시아에 대한 관심을 증대시킴으로써 1970년대 상반기 북한·서유럽 간 관계 진전에 중요한 역할을 했다.

남북한 관계의 변화도 북한과 서유럽 관계에 중요한 영향을 미쳤다. 1970년대 상반기, 2000년대 초에 북한·서유럽 관계의 진전은 모두 남북 대화의 시작 또는 발전과 밀접하게 연관되어 있다. 다만 1990년대 초 남북 대화는 북한·서유럽 간 관계에 크게 영향을 끼치지 못했는데, 그것은 당시 북한 체제가 동유럽 사회주의체제들처럼 곧 붕괴하게 될 것이라는 전망이 서유럽 국가들 사이에 팽배해 있었기 때문이었다. 결론적으로 남북한 관계는 남한의 경제발전 및 유럽의 남한에 대한 관심의 증대와 함께 북한·서유럽 관계에 영향을 미치는 매우 중요한 요인이 되고 있다.

3. 북한·유럽 관계의 역사적 전개

1) 냉전시대 북한의 대유럽 관계

냉전시대 북한의 국가 목표는 사회주의체제의 유지·강화와 한반도의 적화통일이었다. 이러한 국가적 목표를 달성하기 위해 설정된 외교 목표는 '국제적 혁명역량'의 강화, 정통성 확보를 위한 외교적 우위 확보, 남한의 국제적 고립화, 경제적 이익 추구 등이었다. 이와 같은 외교적 목표를 성취하기 위한 북한의 대유럽정책은 국제 환경 및 북한의 대외전략 변화에 의해 큰 영향을 받았다.

(1) 진영중심적 대(對)동유럽 접근 시기(1945~1955년)

정권 수립 이후 1950년대 전반기까지 북한은 기본적으로 공산국가를 중심으로 하는 진영외교에 몰두했다. 1948년 9월 8일 조선민주주의인민공화국이 수립된 후 한 달 후인 동년 10월 8일 김일성 수상은 스탈린에게 서한을 보내 북한·소련 간의 외교·경제 관계 설정을 요청했고, 10월 9일 박헌영 외무상은 북한 정부를 대표하여 '제(諸) 민주국가 정부들'(동유럽 국가들)에게 외교적·경제적 관계의 수립을 제의했다. 북한은 이후 1948년 말까지 소련의 후원으로 폴란드(10월 16일), 체코슬로바키아(10월 21일), 루마니아(11월 3일), 헝가리(11월 11일), 불가리아(11월 29일)와 수교했다.[13] 그리고 1949년에는 알바니아(4월 28일) 및 동독(11월 11일)과 외교관계를 수립했다.[14]

북한은 1948년에 유고슬라비아와도 외교관계 수립에 합의했으나, 유고슬

---

13) 조선중앙통신사, 『조선중앙년감 1950년판』(평양: 조선중앙통신사, 1950), 710~711쪽.
14) 정규섭, 『북한외교의 어제와 오늘』(일신사, 1997), 29~31쪽.

라비아가 동년에 코민포름(Cominform)[15]에서 탈퇴하고 비동맹 노선을 주창함으로써 유고슬라비아와 소련 간의 관계가 악화되는 사태가 발생했다. 그러자 당시 대(對)소련 의존적 정책을 추구한 북한도 "유-고슬라비아의 지배층들은 최근 자기 인민의 의사에 거슬러 자국의 독립과 자주를 옹호하는데 있어서 가장 충실한 동맹자이던 소련과 기타 인접 민주주의 제국가들에 적의를 선동하면서 민족주의적 고립주의적 대외정책을 취하고 있으며 소련과 인민민주주의국가의 반제국주의전선의 기빨밑에서 이탈하며있다"고 유고슬라비아를 비난했고,[16] 이에 따라 양국 관계는 소원해져 수교는 먼 훗날(1971년)에 가서야 성사되었다.[17]

한국전쟁이 발발하자 동유럽 국가들은 '프롤레타리아 국제주의' 원칙에 따라 북한에 경제적 및 정신적 원조를 제공했고, 전쟁으로 인해 부모와 가족을 잃은 수만 명의 전쟁고아들을 받아들여 양육해주었다. 이에 대해 김일성은 전쟁이 끝난 후인 1953년 12월 20일 개최된 최고인민회의 제1기 제6차 회의 보고에서 "우리는 형제적 인민들의 이와 같은 지성어린 원조를 언제나 잊지 않을 것이며 프로레타리아 국제주의의 이러한 모범을 우리 조국의 력사에 금자로 기록할 것입니다"라고 언급했다.[18]

---

15) 제2차 세계대전 이후 미국의 마셜플랜(유럽부흥계획) 등으로 반소·반공산주의 공세가 강화되자 이에 대항하기 위해 소련공산당의 주도로 1947년 9월 소련, 폴란드, 체코슬로바키아, 헝가리, 루마니아, 불가리아, 유고슬라비아, 프랑스, 이탈리아의 9개국 공산당·노동자당 대표가 폴란드의 바르샤바에 모여 회의를 열고 창설한 국제공산당 정보기관이다. 제20차 소련공산당대회 개최 후인 1956년 4월 그와 같은 활동 방법과 조직 형태는 공산주의운동의 발전을 저해한다는 이유로 해체되었다. http://100.naver.com/100.nhn?docid=151746(검색일자: 2007년 6월 2일).
16) 조선중앙통신사, 『조선중앙년감 1949년판』(평양: 조선중앙통신사, 1949), 477쪽.
17) 한종수, 『유럽연합(EU)과 한국』(동성사, 1998), 236쪽.
18) 김일성, 「형제 국가 인민들의 고귀한 국제주의적 원조(쏘련, 중화 인민 공화국

북한은 1953년 7월 휴전협정의 체결로 한국전쟁이 끝나기 직전부터 전후 복구를 위한 원조 획득에 본격적으로 착수했다. 이주연을 단장으로 하는 정부대표단은 동유럽 국가들의 원조를 얻기 위해 동년 6월 하순부터 5개월간 유럽을 순방했다.[19] 그 결과 북한은 1954년부터 1955년 상반기까지 동유럽 국가들로부터 2억 1,100만 루블의 원조를 제공받게 되었다. 1954년 7월~1955년 12월 북한은 동유럽 국가들과 각종 협정, 의정서, 계약 등을 체결했는데, 이를 국가별로 살펴보면 동독 8건, 체코슬로바키아 6건, 폴란드 5건, 불가리아 5건, 헝가리 3건, 루마니아 3건, 알바니아 2건이었다. 1955년 12월 18~21일 동독의 정부대표단이 평양을 방문했는데, 북한은 동유럽 국가 중에서도 기술적으로 가장 앞선 동독과의 협력에 특히 적극적인 태도를 취했다.[20]

한국전쟁을 계기로 북한과 동유럽 국가들 간의 관계는 더욱 돈독해진 반면, 서유럽 국가들과는 갈등 관계는 심화되었다. 영국, 프랑스, 네덜란드, 벨기에, 룩셈부르크, 그리스 등은 남한 측에 병력을 파견했고, 덴마크, 이탈리아, 노르웨이, 스웨덴은 의료지원단을 파견했다. 하지만 한국전쟁에 참여한 대부분의 서유럽 국가들은 자발적·적극적으로 참여하기보다는 미국의 요청에 응하는 형식으로 지원군을 파견했고, 전쟁 관련 정책에 대해 때로는 미국 및 한국과 다른 목소리를 내기도 했다. 특히 1954년 제네바 정치회담에서 참전 서유럽 국가들은 통일방안 문제와 관련하여 남한에게 '북한 단독선거' 안을 철회할 것을 요구함으로써 결국 남한 정부는 유엔 감시하에 북한은

기타 형제 국가들을 방문한 조선 민주주의 인민 공화국 정부 대표단의 사업에 관한 보고, 최고 인민 회의 제1기 제6차 회의)」(1953년 12월 20일), 『김일성선집 4』(동경: 학우서방, 1966), 58~59쪽.

19) 김일성, 「형제 국가 인민들의 고귀한 국제주의적 원조」, 68~73쪽.
20) 정규섭, 『북한외교의 어제와 오늘』, 40~47쪽.

물론 남한에서도 선거를 실시한다는 쪽으로 입장을 변경하게 되었다.21)

(2) 대(對)동유럽 관계의 상대적 이완과 민간 차원의 대서유럽 접근(1956~1964년)

북한은 전후복구 3개년 계획(1954~1956년)이 끝나자 제1차 5개년 경제계획(1957~1961년)을 수립했다. 그리고 계획의 성공적 수행을 위해 김일성은 1956년 6월부터 7월까지 직접 동유럽 국가들(동독, 루마니아, 헝가리, 체코슬로바키아, 불가리아, 알바니아, 폴란드)을 방문하여 경제 원조를 요청했다.22) 비록 동유럽의 대북 원조는 소련과 중국이 제공한 원조보다 규모 면에서는 작았지만 한국전쟁 이후부터 1950년대 말까지 북한의 복구 및 경제계획 수행에 크게 기여했다.23)

북한·동유럽 관계의 상대적 이완은 1960년대에 들어서면서 표면화되는데, 그 첫 계기는 1956년 2월 소련공산당 20차 대회에서 흐루시초프에 의한 스탈린 비판이었다. 이 대회를 계기로 소련의 절대적 영향력하에 있던 동유럽 국가들은 탈스탈린화의 방향으로 나아간 반면, 한국전쟁 기간의 중국 인민지원군의 참전으로 어느 정도 대소 자율성을 확보한 북한은 1956년 8월의 '종파사건' 이후 당내 연안파와 소련파 인사들을 제거하면서 기존의 스탈린주의적 노선을 더욱 고수하는 방향으로 나아갔다. 그리고 1962년 중국과 인도의 국경전쟁 발발 시 소련의 인도 지원과 쿠바 위기 시 소련의

---

21) 최성철·홍용표, 「냉전기 북한과 서유럽의 갈등과 협력」, ≪한국정치외교사논총≫, 제26집 2호(2005년 2월), 8~13쪽.
22) 김일성, 「이딸리아공산당기관지 ≪우니따≫ 기자가 제기한 질문에 대한 대답」(1956년 6월 25일), 『김일성저작집 10』(평양: 조선로동당출판사, 1980), 334~335쪽; 김일성, 「모스크바방송국 기자가 제기한 질문에 대한 대답」(1956년 7월 12일), 『김일성저작집 10』(평양: 조선로동당출판사, 1980), 339~340쪽.
23) 한종수, 『유럽연합(EU)과 한국』, 236~237쪽.

타협적 태도로 중·소 분쟁이 격화되었을 때, 북한은 노골적으로 친중 입장을 나타내었다. 북한은 또한 1961년 소련과 단교한 알바니아와 긴밀한 관계를 유지했으며, 중·소 분쟁이 최고조에 달한 1964년 대소 의존도를 줄인 루마니아와도 관계를 강화했다. 그런데 1962년부터 알바니아를 제외한 대부분의 동유럽 국가들이 소련을 지지하고 중국을 비판하는 입장에 섰으므로 북한과 대부분의 동유럽 국가들 간에는 의례적인 대표단 교환만이 이루어졌을 뿐 전반적으로 관계가 악화되었다.24)

북한이 사회주의 진영에 국한된 외교를 벗어나 외교의 다변화를 모색하기 시작한 것은 1955년부터이다. 북한은 이때부터 "각이한 사회제도를 가진 모든 나라가 평화적으로 공존할 수 있다"는 외교정책 원칙을 공식화하고 외교 대상을 일본25)과 제3세계 국가들로 확대했다. 이처럼 북한이 외교의 다변화를 모색하게 된 주된 배경은 소련의 평화공존정책 추진과 제3세계 등장이었다. 외교정책의 다변화 추진 결과 1956년 9월 스위스의 무역대표가 북한을 방문하여 평양 동명회사와 스위스 안스트 브렌네루 회사 간에 물자교역에 관한 의정서를 체결한 것을 시작으로 서유럽 국가들의 기자, 체육단 등의 북한 방문이 이루어졌다. 그러면서 북한은 서유럽 국가들과의 외교·경제 관계 수립 문제에 긍정적인 입장을 나타내기 시작했다. 김일성은 특히 1958년 11월 "만약 핀란드공화국이 당신의 나라와 외교관계 설정을 원한다면 당신께서는 이 문제를 어떻게 대하시겠습니까?"라는 핀란드 신문기자의 질문에 대해 "사회제도의 여하를 막론하고 평화적 공존원칙에 입각하여"

---

24) 한종수, 『유럽연합(EU)과 한국』, 237~238쪽.
25) 김일성은 1956년 일본 ≪요미우리≫ 기자의 질문에 대한 답변 형식으로 "평화공존의 원칙에 입각하여 일본과 정상적인 관계를 설정"하고자 하는 입장을 밝혔다. 김일성, 「일본 ≪요미우리신붕≫ 기자가 제기한 질문에 대한 대답」(1956년 11월 21일), 『김일성저작집 10』(평양: 조선로동당출판사, 1980), 369~370쪽.

북한과 친선관계를 맺으려고 희망하는 모든 나라와 선린관계를 설정할 용의가 있다고 답변했다.26) 그리고 1962년 10월 최고인민회의에서 한 연설을 통해 "우리나라와 좋은 관계를 맺으려고 하는 자본주의나라들과도 국가적 및 경제문화적 관계를 맺으며 평등과 호혜의 원칙에서 무역과 문화교류를 하기 위하여 노력할 것"이라고 밝혔다.27) 북한은 이러한 입장에 입각하여 1960년 12월 영세중립국인 오스트리아와 무역대표부를 상호 설치했다.28) 그리고 1950년대 말 또는 1960년대 초부터 영국, 스웨덴, 서독 등과 민간 차원에서 무역협정을 체결했으며, 서유럽 선진공업국가들로부터 각종 공업제품과 기술을 도입하기 시작했다.29)

(3) 대동유럽 관계의 복원과 대서유럽 관계의 부침(1964~1988년)

악화된 북한·동유럽 관계는 1964년 소련에서 흐루시초프가 소련공산당 서기장 직에서 물러나면서 회복의 방향으로 나아가게 되었다. 1964년 8월과 11월에는 김일 제1부수상을 단장으로 하는 대표단이 루마니아와 소련을 방문했고, 특히 1965년 코시긴(Alexei Kossygin) 소련 수상의 평양 방문을 계기로 북한과 동유럽 국가들 간에 빈번한 상호 방문이 이루어졌다. 1970년대에 들어와 미국과 중국의 관계 개선이 이루어지자 북한은 친소 및 친동유럽 입장을 더욱 강화했다. 이는 닉슨(Richard Milhous Nixon) 미 대통령의 중국

---

26) 김일성, 「핀란드 신문기자가 제기한 질문에 대한 대답」(1958년 11월 28일), 『김일성저작집 12』(평양: 조선로동당출판사, 1981), 608~609쪽.
27) 김일성, 「조선민주주의인민공화국 정부의 당면과업에 대하여(최고인민회의 제3기 제1차회의에서 한 연설)」(1962년 10월 23일), 『김일성저작집 16』(평양: 조선로동당출판사, 1981), 494쪽.
28) 정규섭, 『북한외교의 어제와 오늘』, 43~50쪽.
29) 박태호, 『조선민주주의인민공화국 대외관계사 1』(평양: 사회과학출판사, 1985), 195~199쪽.

방문 다음날(1972년 2월 22일)에 허담 외상을 단장으로 한 북한대표단이 소련을 방문하여 양국 간의 이견을 조정하고, 이어서 동유럽 7개국을 순방하여 우호 관계를 다짐한 데서 확인할 수 있다.

베트남이 공산화되면서 통일된 1975년에 김일성은 몇몇 동유럽 국가들(루마니아, 불가리아, 유고슬라비아)을 순방했고, 1980년에는 다시 유고슬라비아와 루마니아를 방문했다. 1975년 6월 유고슬라비아 방문에서 김일성은 ① 쌍방 간의 6개년 협력계획에 합의하고 이를 위한 경제협조위원회를 설치하기로 했으며, ② 북한의 비동맹그룹 가입 및 유엔 활동에 대한 지원을 확보하고, ③ 주한 미군 철수에 대한 유고슬라비아의 지지를 얻으며, ④ 북한 방문 초청에 대해 티토의 수락을 얻는 등의 외교적 성과를 얻었다. 이 같은 성과에 의거하여 북한은 1975년 8월에 비동맹그룹에 가입할 수 있었으며, 동년 11월 18일의 유엔 총회에서 한국을 지지하는 서방 측 결의안과 동시에 최초로 북한 측 입장을 지지하는 결의안을 통과시킬 수 있었다.30)

김일성은 1984년에 소련을 방문하면서 다시 한 번 동유럽 국가들(폴란드, 동독, 체코슬로바키아, 헝가리, 유고슬라비아, 불가리아, 루마니아)을 순방하여 한반도 문제에 대한 북한의 입장을 설명하고 지지를 요청했으며 경제협력을 강화했다.31) 반면에 남한 정상의 유럽 방문은 1964년 박정희 대통령의 서독 방문이 최초였으며, 1986년 전두환 대통령의 서유럽(영국, 서독, 프랑스, 벨기에) 순방이 두 번째였으므로, 이 시기까지 한국 정상보다 김일성이 유럽에 대해 더 적극적인 방문외교를 전개했다고 평가할 수 있다.

북한·서유럽 관계는 북한·동유럽 관계에 비해 상대적으로 큰 부침을 보였

---

30) 전인영, 「북한과 동구제국간의 관계, 1948~85」, 박재규 엮음, 『북한의 대외정책』 (경남대학교 극동문제연구소, 1986), 276쪽.
31) 한종수, 『유럽연합(EU)과 한국』, 238~241쪽.

다. 1960년대 후반기에 북한과 서유럽 간의 무역관계는 크게 촉진되어 1960년대 말경에는 영국, 프랑스, 오스트리아, 핀란드 등에 북한의 민간무역대표부가 설치되기에 이르렀다. 북한은 또한 문화사절의 교류와 공산당 차원의 상호 방문 등을 통해 서유럽 국가들에 접근했다.[32] 1969년 9월 김일성은 핀란드민주청년동맹 대표단에게 "조선청년들은 핀란드청년들을 포함한 온 세계 진보적 청년들과의 친선과 단결의 유대를 더욱 강화할 것이며 미제를 우두머리로 하는 제국주의자들을 반대하는 공동투쟁전선에서 언제나 그들과 함께 억세게 싸워나갈 것"이라고 밝힘으로써 프롤레타리아 국제주의에 기초한 핀란드 공산주의자들과의 연대를 강조했다.[33] 그리고 동년 11월 노르웨이공산당의 레이다르 테 라르센 위원장을 평양에 초청하여 노르웨이공산당이 "미제침략자들을 남조선에서 철거시키고 조국을 자주적으로 통일하려는 우리의(북한의) 정당한 투쟁에 지지와 연대성을 보내주고 있는데" 사의를 표명했다.[34]

1970년대에 들어와 미·중 관계가 개선되는 등 국제무대에서 긴장 완화의 분위기가 조성되고 남북한도 1972년 '7·4공동성명'을 발표하면서 대화를 시작하자 북한과 서유럽 간의 관계에서 중요한 진전이 이루어졌다. 1972년 말 북한과 북유럽 국가들 간에 외교관계 수립을 위한 협의가 시작되었고, 덴마크, 핀란드, 아이슬란드, 노르웨이, 스웨덴의 북유럽 5개국은 1973년에

---

32) 같은 책, 238~241쪽.
33) 김일성, 「핀란드공산당 중앙기관지 ≪칸산 우우티세트≫를 위하여 핀란드민주청년동맹 대표단이 제기한 질문에 대한 대답」(1969년 9월 2일), 『조선중앙년감 1970』(평양: 조선중앙통신사, 1970), 38쪽.
34) 김일성, 「조선로동당 중앙위원회의 초청으로 우리 나라를 방문한 노르웨이공산당 위원장 레이다르 테 라르센동지를 단장으로 하는 노르웨이공산당대표단을 환영하여 베푼 연회에서 하신 김일성동지의 연설」(1969년 11월 19일), 『조선중앙년감 1970』(평양: 조선중앙통신사, 1970), 52~54쪽.

남북한 동시 승인정책을 표방하면서 북한과 외교관계를 수립했다. 또한 1974년에는 오스트리아와 스위스, 1975년에는 포르투갈이 북한과 수교했으며, 1977년에는 북한이 이탈리아에 통상대표부를 설치하게 되었다. 북한과 서유럽 국가들 간의 관계가 이처럼 진전되면서 북한은 1970년대 전반기에 이 국가들로부터 자본과 선진 기술을 도입하기 위해 외교력을 집중했다.[35] 북한이 1970년부터 프랑스, 서독, 스웨덴 등으로부터 차관을 도입하고, 서방과의 교역을 확대한 결과 1971년에는 15%에 불과했던 대(對)서방무역이 1974년에는 대(對)공산권 무역과 거의 같은 42%에 육박했고, 1975년에는 비공산국가와의 교역이 공산국가와의 교역을 능가했다.

그런데 서방으로부터의 차관 및 선진 기술 도입 노력이 1970년대 중반에 무역수지 적자와 외환 사정 악화를 초래하여 북한은 보유 중인 금과 은을 영국과 서독의 은행에 매각하고 차관의 상환 연기 등을 위해 교섭을 벌였으나 끝내 신용 회복에 실패했다.[36] 그 결과 영국은 1976년에 북한과 개설한 민간무역협회 사무실을 폐쇄했으며, 북한의 채권 국가들은 수차례 회의를 개최하여 추가 차관 제공의 중단을 논의하기에 이르렀다. 이러한 곤경을 극복하기 위해 북한은 북유럽 주재 현지 외교관들의 면책특권을 이용하여 주류, 담배 및 마약 등의 밀수 및 밀매하다가 적발되어 1976년에 덴마크, 노르웨이, 핀란드로부터 북한대사관 요원이 추방되는 사태를 맞게 되었다(Le Monde, 1976.10.18, 1976.10.19, 1976.10.20, 1976.10.21, 1976.10.22). 북한은 파장을 최소화하기 위해 스웨덴에서 북한대사관을 자진 철수했다가, 그 후 외교교섭을 통해 1977년 말에 이 국가들에서 외교활동을 재개했다.[37]

---

35) 한종수, 『유럽연합(EU)과 한국』, 243~244쪽.

36) "La Corée du Nord est le premier pays ≪socialiste≫ qui ne paic plus ses dettes," Les Echos, 6 octobre 1975; "La Corée du Nord éprouve de sérieuses difficultés à payer ses fournisseurs occidentaux," Le Monde, 7 octobre 1975.

1970년대에 북한은 이처럼 일부 서유럽 국가들과 외교관계를 수립하는 등 일정한 성과를 거두었으나, 곧 외채상환 불이행으로 신용을 상실하여 서유럽 국가들과의 관계 개선에서 더 이상의 진전을 이룩하지 못했다.[38] 북한은 이후 서유럽 국가들과 지속적으로 관계 개선을 시도했으나 1980년대 중반에 프랑스의 무역대표부를 일반 대표부로 승격시키는 것 외에는 별다른 성과를 거두지 못했다.[39]

2) 탈냉전시대 북한의 대유럽 관계

(1) 대(對)동유럽 관계의 재조정과 생존 차원의 대서유럽 접근(1989~1999년)

북한이 참가를 거부한 1988년 서울 올림픽에 동유럽 국가들이 대거 참가를 결정함으로써 북한과 동유럽 관계는 다소 소원해지게 되었다. 게다가 동유럽 국가들이 연이어 한국과 외교관계를 수립하고, 동유럽에서 사회주의체제들이 붕괴함으로써 북한과 동유럽 국가들 간의 관계는 '프롤레타리아 국제주의'가 아니라 현실적 국가 이익에 기초해 새롭게 정립되었다.

북한의 반발에도 불구하고 1989년 2월 헝가리, 11월 폴란드, 12월 유고슬라비아, 1990년 3월 체코슬로바키아 및 불가리아, 1991년 8월 알바니아가 한국과 수교했다. 북한은 헝가리 수교 다음날인 1989년 2월 2일에만 해도 "웽그리아[헝가리]당국자들이 자기의 사회주의벗들과 동맹자들의 권고는

---

37) *Le Monde*, 24~25 octobre 1976; 한종수, 『유럽연합(EU)과 한국』, 243~245쪽; 전현준, 「북한의 대서방국가 및 EU관계 개선과 남북 관계」, ≪통일정책연구≫, 제10권 1호(2001년 여름), 94~99쪽.
38) 한종수, 『유럽연합(EU)과 한국』, 244~245쪽.
39) 그레고리 원, 「西學: 북한과 서구의 합작투자」, 박재규 엮음, 『북한의 대외정책』(경남대학교 극동문제연구소, 1986), 371~372쪽.

귀담아듣지 않고 제국주의자들이 내흔드는 딸라주머니에 현혹되어 우리 조국과 민족을 영원히 둘로 갈라놓으려는 ≪두개 조선≫ 조작책동에 서슴없이 가담하여 나선 것은 우리 혁명과 우리 민족의 근본이익을 공공연히 침해하며 조선과 웽그리아 두 나라 사이의 전통적인 친선관계를 파괴하는 데로 나가는 엄중한 죄행"이라고 강렬하게 비난했다. 그리고 헝가리와의 대사급 외교관계를 대리대사급으로 격하하고 주재 북한대사의 소환을 헝가리 정부에 통고했다(≪로동신문≫, 1989년 2월 3일자).

북한은 1989년 초에만 해도 "제국주의자들이 사회주의의 발전을 가로막고 자본주의 길로 되돌려 세워 보려고 하는 것은 반역사적이고 반인민적인 책동이며 어리석은 망상"이라고 지적하면서, "사회주의가 전진도상에서 부닥치는 온갖 장애와 난관을 극복하고 계속 전진하며 전세계적 범위에서 완전히 승리하리라는 것은 의심할 바 없다"고 주장했다(≪로동신문≫, 1989년 1월 1일자). 그러나 김일성의 예상과는 달리 이후 사회주의체제들의 붕괴는 급속도로 진행되어 1989년에만 헝가리, 유고슬라비아, 폴란드, 체코슬로바키아에서 헌법 개정 등을 통해 공산당 독재가 종식되었다. 그리고 1989년 11월 10일 동독이 국경을 개방하여 독일분단의 장벽이 무너짐으로써 북한 지도부는 심각한 체제 위기의식을 느끼게 되었다. 특히 1989년 12월 20일 개최된 제14차 루마니아 공산당 대회에서 서기장으로 재선되어 김일성과 같이 사회주의 강화를 선언했던 차우셰스쿠(Nicolae Ceauşescu)가 12월 25일 처형되고, 12월 31일 집권평의회가 공산당을 해체한 사건은 북한 지도부에게 큰 충격을 수 있다. 이 같은 사태 진전에 위기의식을 느낀 북한 지도부는 1989년 7월 헝가리 유학생 120명을 전원 철수시킨 것을 시발로 동독, 폴란드, 체코슬로바키아, 루마니아 등지에서 유학 중이거나 기술 훈련 중인 인원들을 본국으로 송환했다.[40] 그리고 1993년 4월에는 중립국감독위원회 체코 대표단을, 1995년 2월에는 폴란드 대표단을 미국과의 평화협정 체결을 목적으로 하는 정전체제 무실화정책의 일환으로 북한에서 철수시켰다.[41] 이처럼 북한과 동유럽 관계는 1990년대 중반까지 계속 악화되는 경향을 보였다.

그러나 북한이 동유럽 국가들과의 관계를 계속 악화되도록 방치한 것은 아니었다. 북한은 한국과 동유럽 국가 간 수교 및 동유럽 사회주의체제들의 붕괴 초기에는 변화된 현실을 인정하지 않으려는 경향을 보였으나, 외교적 고립을 피하기 위해 곧 새로운 현실을 인정하고 동유럽 국가들과의 경제관계를 유지하려고 노력했다. 북한은 과거 차우셰스쿠 정권과의 긴밀한 관계에도 불구하고 1989년 12월 27일 루마니아의 임시정부를 승인했고, 1990년 11월 헝가리,[42] 1991년 1월 폴란드와 과학·기술협조협정을 조인하고, 1991년 3월 루마니아, 체코슬로바키아 등과 과학·기술 분야 협조의정서를 교환했다.[43] 그리고 1995년 11월에는 유고슬라비아 및 루마니아, 마케도니아와, 1996년 6월에는 불가리아 등과 '외교부 사이의 협조의정서'를 각각 체결했고, 1996년 1월에는 보스니아-헤르체고비나와 대사급 외교관계를 수립해 동유럽에서 외교활동을 확대시킬 수 있는 토대를 마련했다. 또한

---

40) 정규섭, 『북한외교의 어제와 오늘』, 211~232쪽.
41) 김계동, 『북한의 외교정책: 벼랑에 선 줄타기외교의 선택』(백산서당, 2002), 294~295쪽.
42) 이슈트반 토르자(Istvan Torzsa) 주한 헝가리대사는 한국·헝가리 수교 15주년을 기념해 2004년 1월 ≪연합뉴스≫와 가진 인터뷰에서 "우리가 한국과의 수교에도 불구, 북한과의 관계를 축소할 생각이 없음을 누차 밝혔으나 북한은 주헝가리 대사관을 폐쇄했다. 그러나 북한은 몇 년 후 다시 대사관을 열었고 지금 북한과의 관계는 정상화됐다. 우리는 특히 경제 분야에서 양국 관계를 발전시키자는 데는 열린 입장이다. 북한이 점진적 개혁을 선택할 때 우리가 겪었던 정치적 민주화와 시장경제 전환의 경험을 그들과 나누고 싶다"고 밝혔다. ≪연합뉴스≫, 2004년 1월 29일자.
43) 정규섭, 『북한외교의 어제와 오늘』, 232~233쪽.

자본주의화한 동유럽 국가들과 교역을 증대시키기 위해 1997년 10월 마케도니아, 1998년 1월 루마니아, 동년 8월 유고, 동년 10월 슬로바키아, 1999년 6월 불가리아와 '투자보장협정 및 이중과세방지협정'을 체결했다.[44)]

1990년대에 들어와 동유럽 국가들과의 관계가 소원해지면서 북한은 서유럽 국가들과의 관계 개선에 상대적으로 더 큰 관심을 갖게 되었다. 1992년 한 해만 해도 북한은 정부 또는 당의 주요 인사들로 구성된 대표단을 3차에 걸쳐 서유럽에 파견, 12개국을 방문하게 함으로써 적극적으로 관계 개선을 도모했다. 그러나 북한의 이 같은 노력은 당시 북핵 문제, 외채 상환 지연, 인권 문제, 한국과 서유럽 간의 전통적인 우호 관계 등으로 가시적인 성과를 거두지 못했다.[45)]

1994년 김일성 사망을 전후하여 북한과 서유럽 관계에 서서히 변화가 발생하게 되었는데, 그 배경에는 유럽통합의 심화가 중요한 요인으로 작용했다. 1993년 EU를 출범시킨 「마스트리히트 조약」은 그동안 경제 문제에 집중되어 있던 유럽 차원의 초국가적 권력을 정치·안보 분야로까지 확대했고, 이에 따라 공동외교안보정책의 틀이 수립되었다. 그 결과 유럽의 개별 국가 차원이 아닌 EU 차원의 대북 정책 추진이 가능하게 되었다.

EU 차원에서의 대북 접근은 1995년 한반도에너지개발기구(KEDO) 참여 결정을 통해 구체화되었다. 북한과 미국 간의 1994년 제네바 합의를 긍정적으로 평가한 EU는 1995년 12월 EU 회원국 정상들의 정기 회담인 유럽이사회(European Council)에서 한국, 미국, 일본이 설립한 KEDO에 공식 회원국으로 참여하기로 결정했다. EU는 1996년 2월 26일 각료이사회(Council of Ministers)의 세부 결정을 통해 북한에 평화적 원전이 건설되는 기간에 대체에너지를

---

44) 김계동, 『북한의 외교정책: 벼랑에 선 줄타기외교의 선택』, 295~296쪽.
45) 한종수, 『유럽연합(EU)과 한국』, 249~250쪽.

제공하는 데 적극적으로 동참한다는 내용을 밝히고, 동시에 유럽의 과학, 산업, 기술적 자원을 지원할 수 있다고 지적했다. 유럽이사회와 각료이사회의 이 같은 결정은 1996년 3월 방콕에서 열린 최초의 아시아·유럽정상회의 (Asia-Europe Meeting: ASEM)에서 재확인되었고, EU는 4월 26일 KEDO에 이후 5년간 매년 1,500만 에큐46)의 자금을 지원할 것이라고 발표했다. EU의 한반도 문제에 대한 개입과 함께 한국에서 활동하고 있는 유럽 기업인들도 북한에 대해 더욱 적극적인 관심을 기울이기 시작했다. 주한유럽연합상공회의소(European Union Chamber of Commerce in Korea: EUCCK)는 1996년 북한위원회(North Korea Committee)를 발족시키고 EU 기업들이 북한에 진출할 경우를 위해 구체적인 투자 정보를 담은 자료집을 출간했다. 그리고 1997년에는 일부 유럽 기업인들이 주한유럽연합상공회의소 대표단 명목으로 북한을 방문하여 북측 상공인 및 경제 관료들과 접촉했다.47) 북한도 EU와의 관계 발전을 위해 나름대로 외교적 노력을 기울였는데, 1999년 9월에는 백남순 외무상이 북한 외무상으로는 7년 만에 UN 총회에 참석하여 덴마크와 이탈리아의 외무장관 그리고 핀란드, 오스트리아 등의 외무차관과 관계 개선을 위한 회담을 진행했다(≪연합뉴스≫, 1999년 9월 29일자, 1999년 10월 1일자).

  1995~1996년의 대홍수와 1997년의 가뭄으로 인해 발생한 북한의 식량난과 기아사태 또한 북한과 EU 간의 접촉을 강화하는 계기가 되었다. 1995년 여름 막대한 홍수 피해를 입은 북한은 '주체'와 '자력갱생' 원칙에 집착하던

---

46) 1993년에 발효된 「마스트리히트 조약」에서는 2002년부터 본격적으로 유통될 유럽단일화폐의 명칭을 에큐(ECU)로 하기로 결정했다. 그러나 에큐란 명칭에 대해 독일이 반대해 1995년 12월 15~16일 개최된 마드리드 유럽영수회담에서 EU 15개국은 단일통화의 이름을 유로(EURO)로 바꾸었다(장홍 1998, 128).
47) 조홍식. 「유럽연합의 북한정책」, ≪외교≫, 1999년 1월호, 70~72쪽.

과거의 고립주의적 경향에서 탈피하여 유럽을 비롯한 서방세계에 처음으로 홍수 피해 복구를 위한 지원을 요청했다. 그리고 '국경없는 의사회(Médecins Sans Frontières)'와 같은 인도주의적 비정부기구(NGO)의 현장 조사를 허용했다(Pons 1995). 1995년 9월 5일 유럽 국가 중에서는 독일이 가장 먼저 수재지원을 제공하겠다는 성명을 발표했고, 동년 10월 하순 EU 산하 유럽인도주의원조사무국(ECHO)은 북한에 29만 에큐(한화로 2억 8,739만 원)를 긴급 원조하기로 결정했다(≪연합뉴스≫, 1995년 9월 6일자, 10월 25일자). 이후에도 EU의 인도적 대북 지원은 계속되어 1995년부터 2000년까지 의약품, 상하수도, 겨울의류, 위생 분야 등에서 3,800만 유로가 제공되었다. 그리고 1997년부터 2000년까지 4년간 EU집행위원회는 약 1억 6,800만 유로 상당의 식량지원을 제공했다. 이러한 대북 지원을 통해 북한에 유럽 NGO들이 상주하면서 EU는 북한에 대해 더 많은 정보를 갖게 되었고, 북한에 대해 일정한 영향력을 확보하게 되었다.[48]

(2) 적극적 · 실용주의적 대(對)유럽 접근(2000년~현재)

2000년대에 들어와 북한과 동유럽 국가들 간의 관계에서 특별한 진전은 없었던 반면, 북한과 서유럽 국가들 간의 관계는 주목할 만한 발전을 보였다. 1998년에 한국에서 '햇볕정책'을 표방하는 김대중 정부가 출범하여 북한의 국제 사회 편입을 위해 북한과 서방국가들 간의 외교관계 수립을 지지하고 나선 것과 김정일 조선로동당 총비서가 남북정상회담을 개최함으로써 남북 당국 간 대화를 촉구해온 EU의 입장을 수용한 것은 북한과 EU 간 관계 진전에 결정적인 역할을 했다.

---

[48] "EU의 대북전략보고서(2001~2004)," ≪KDI북한경제리뷰≫, 2002년 3월호, 88~89쪽 참조.

북한과 미수교 상태에 있던 EU 국가 중 제일 먼저 외교관계 수립에 나선 것은 이탈리아였다. 2000년 1월 4일 서방선진7개국(G7)으로서 가장 먼저 북한과 수교한 이탈리아는 수교 직후 "북한과의 수교로 핵확산, 국제안보, 인권 등의 문제에 대한 유럽의 입장을 더 쉽게 전달할 수 있을 것"이며 "이탈리아는 앞으로 북한을 개방시키고 북한이 국제현실을 깨닫도록 해줄 것"이라는 입장을 천명했다. 그러나 당시 영국, 프랑스, 독일, 스페인 등의 EU 회원국들은 성명을 발표해 "대북한 관계에 하등의 변화도 없을 것"이라고 밝히고, 북한이 국제 사회의 일원으로서 인정받을 수 있는 가시적 변화를 보여야 그에 상응해 상호 관계 발전이 이루어질 수 있다는 입장을 보였다(《조선일보》, 2000년 1월 6일자; 《중앙일보》, 2000년 1월 7일자). 그런데 2000년 6월의 남북정상회담 이후 북한을 국제 사회에 편입시키려는 김대중 정부의 적극적인 노력에 영국, 독일, 스페인, 네덜란드가 호응하여 2000년 10월 서울에서 개최된 제3차 아시아·유럽정상회의에서 대북 수교 방침을 밝힘으로써 북한과 미수교 EU 회원국들 간의 관계 정상화가 급속도로 진전되었다(《국민일보》, 2000년 10월 21일자; 《한겨레》, 2000년 10월 21일자). 제3차 아시아·유럽정상회의는 또한 「한반도 평화에 관한 서울선언」을 채택하여 "대화, 인적교류, 경제적 연계뿐 아니라 북한의 다자대화 참여를 통하여 ASEM과 북한 간 및 ASEM 개별회원국과 북한 간의 관계를 개선해나가는 노력을 강화하는 것이 중요함"[49])을 강조함으로써 북한·EU 간 관계 발전을 뒷받침했다. 이후 2001년 3월까지 영국, 독일을 비롯한 7개 회원국이 북한과 수교하기에 이르렀다.

EU 회원국들과의 수교 과정에서는 북한도 중요한 양보를 하면서 적극성을

---

49) 외교통상부 ASEM준비기획단, 『제3차 ASEM 정상회의 결과 보고서』(서울, 2000), 90쪽.

보였다. 북한의 적극적 태도는 까다로운 독일의 수교 조건을 전향적으로 받아들인 것에서 명확하게 드러난다. 북한과 독일은 2001년 3월 1일자로 외교관계를 수립하면서 ① 북한에서 활동하는 독일 외교관과 원조기관의 자유로운 활동 보장, ② 원조기관이 원조사업의 진행 상황을 직접 보는 자유의 보장, ③ 북한 내 독일기자의 활동 편의 제공 및 원칙적으로 독일기자의 입국 허용, ④ 인권, 지역 안보, 군비 축소, 대량살상무기 및 미사일 기술 비확산 문제 등 군비관리에 대해 논의할 것 등의 4개 항목에 합의했다. 북한이 특히 독일 외교관과 원조기관의 자유로운 활동을 보장하고 원칙적으로 독일기자의 입국을 허용키로 한 것은 매우 파격적인 합의였다. 그리고 미사일 기술 비확산 문제 등 군비관리에 대해 논의하기로 한 것은 독일이 미국 정부의 주문을 받아들여 관철시킨 것으로 북한이 EU 회원국과의 관계에서 이렇게 양보한 것은 전례 없는 일이었다. 이 같은 합의는 독일과의 수교에 대한 북한의 특별한 관심을 반영하는 것이면서도 북한 외교의 유연성과 새로운 경향을 보여주는 것이었다.50) EU 국가들과의 수교를 위한 북한의 적극적인 태도는 또한 북한이 수교 협상과정에서 네덜란드와 벨기에로 하여금 주한 대사가 북한 대사를 겸임하도록 허용한 데서도 확인된다. 이는 국제무대에서 남한의 실체를 인정하지 않는 '하나의 조선' 정책을 사실상 포기한 전향적인 조치이다.51)

2001년 5월에는 당시 EU 의장국이었던 스웨덴의 예란 페르손(Goran

---

50) ≪한겨레≫, 2001년 3월 3일자; ≪조선일보≫, 2001년 3월 12일자. 수교의 배경에 대한 자세한 분석은 김학성, 『북한-독일 수교의 배경과 EU 국가들의 한반도 정책 전망』, ≪통일정세분석≫, 7호 참조.
51) 벨기에의 쿤라드 루브르와(Koenraad Rouvroy) 남북한 겸임대사는 북한과의 수교협상 과정에서 벨기에가 남한에만 대사관을 두는 것에 대해 북한이 처음에는 대단히 부정적으로 나왔으나 결국 양보했다고 설명했다. ≪조선일보≫, 2001년 7월 23일자.

Persson) 총리가 북한을 방문하여 김정일 총비서와 회담을 가졌다. 이 회담에서는 북한과 EU 간의 수교 가능성, 제2차 남북정상회담의 개최, 인권, 핵·미사일 등에 관한 문제들이 논의되었다. 김 총비서는 페르손 총리와의 회담에서 그동안 구체적인 유예 기간을 설정하지 않았던 미사일 시험 발사에 대해 "2003년까지는 유예하겠다"는 입장을 밝힘으로써 EU로부터 긍정적인 반응을 이끌어내었고, EU는 2001년 5월 14일 북한과의 수교를 결정하기에 이르렀다. 2003년 12월에 북한은 아일랜드와도 관계를 정상화했다.

그런데 2000년의 남북정상회담 이후 괄목할 만한 속도로 발전하던 북한-EU 관계는 2002년 10월 제2차 북핵 위기의 발생으로 급격히 냉각되었다. EU는 북한이 선의를 무시 또는 '배신'했다고 생각하여 북한 인권 문제에 대해 강경한 입장을 취했고, 매년 개최되던 북한-EU 정치 대화가 2005년과 2006년에는 중단되기에 이르렀다. 그러나 2006년 11월 미 중간선거에서 공화당의 패배 이후 미국이 북한과의 직접대화를 수용하는 방향으로 대북정책을 수정하고, 북한 핵시설 동결과 '불능화'에 대한 보상으로 북·미 관계 정상화를 추진하는 것을 골자로 하는 '2·13합의'가 2007년에 채택되자 북한과 EU 관계도 다시 개선의 방향으로 나아가게 되었다.

4. 북한·유럽 관계의 평가

1) 정치적 협력과 갈등

김정일은 1974년 2월 조선로동당 내에서 김일성의 후계자로 공식 결정된 직후 김일성의 사상을 '김일성주의'로 호칭하면서 마르크스-레닌주의보다 우월한 이념으로 내세우기 시작했다. 김정일은 "맑스나 레닌이 내놓은 공산주의이론은 그들 자신이 사회주의, 공산주의 건설을 직접 체험하지 못했으며 또 그들이 처했던 시대적·역사적 제한성으로 하여 매우 윤곽적이고 단편적이었으며 적지 않게 예측과 가정의 울타리에서 벗어나지 못한 것"이었다고 평가했다. 그리고 공산주의혁명이론은 '김일성주의'에 의해 비로소 "전면적으로 전개되고 체계화되었으며 전일적인 완벽한 과학적 이론으로 되었다"고 주장했다.52) '김일성주의' 또는 주체사상에 대한 북한의 이 같은 평가에 대해 소련 또는 동유럽 공산주의자들은 냉소적 태도를 보인 것 같다. 그러나 이들 국가들 모두 '미 제국주의'에 맞서야 한다는 공동의 목표를 가지고 있었기 때문에 북한의 통치이념이 북한·동유럽 관계에서 특별히 문제되지는 않았다.

1983년 5월 김정일은 칼 마르크스 탄생 165돌 및 서거 100돌을 기념하여 발표한 논문에서 '형제당', '형제나라들' 사이에 의견 차이가 있을 수 있지만, 그것은 공동의 목적과 이상을 실현하기 위한 노선과 방도에 대한 견해상 차이에서 발생하는 것이지 결코 서로 다른 국가사회 제도 간의 모순이나 '적대되는 계급들' 사이의 이해관계를 반영하는 것은 아니라고 주장했다. 그리고 "사회주의나라들과 공산당, 노동당들 사이에는 차이점보다 공통점이 더 많으며 공통점이 주되는 것이고 차이점은 부차적인 것"이라고 강조했다.53) 북한은 이 같은 입장을 가지고 냉전시대에 특별한 경우를 제외하고는 동유럽 국가들에 대한 공개적 비판을 자제하고 국제무대에서 동유럽 국가들

---

52) 김정일, 「온 사회를 김일성주의화하기 위한 당사상사업의 당면한 몇 가지 과업에 대하여(전국당선전일군강습회에서 한 결론)」(1974년 2월 19일), 『주체혁명위업의 완성을 위하여 3(1974~1977)』(평양: 조선로동당출판사, 1987), 9쪽.
53) 김정일, 「맑스-레닌주의와 주체사상의 기치를 높이 들고 나아가자(칼 맑스 탄생 165돐 및 서거 100돐에 즈음하여 발표한 론문)」(1983년 5월 3일), 『주체혁명위업의 완성을 위하여 5(1983~1986)』(평양: 조선로동당출판사, 1988), 83쪽.

의 입장을 지지했으며,54) 동유럽 국가들도 통일 문제에 대한 북한의 입장을 지지하는 협력관계를 유지할 수 있었다.

북한과 동유럽 간 관계에서 주로 문제가 되었던 것은 대미인식 및 체제개혁과 관련된 입장이었다. 소련이 미국과의 평화공존을 강조하는 방향으로 나아가고 스탈린 식 '수령' 개인 및 절대 독재를 부정하는 방향으로 나아가면 북한은 소련 및 동유럽 국가들과 거리를 유지했다. 그리고 이 국가들이 미국과 갈등 관계에 놓이게 되면 소련 및 동유럽 국가들과 다시 관계를 긴밀히 했다. 이는 무엇보다도 북한이 정치적으로 스탈린 식 개인 절대독재체제를 유지하고 있으며 미국에 대해 비타협적 입장을 견지하고 있는 것과 관련이 있다. 게다가 1989년부터 동유럽 국가들이 다당제를 도입하면서 정치적으로 프롤레타리아 독재를 부정하고, 경제적으로는 자본주의체제를 수용하면서부터 북한과 동유럽 국가 간에는 결국 이념적 동질성이 사라지게 되었다. 따라서 이후 북한과 동유럽 국가들 간의 관계는 각국의 이해관계에 기초하여 협력하거나 갈등을 보이는 일반적인 국가들 간의 관계로 바뀌게 되었다.

냉전시대에 동유럽 국가들이 북한의 친선외교에서 차지하고 있었던 비중을 탈냉전시대에 대체하게 된 것이 서유럽 또는 EU이다. 미국과 일본과의 관계가 북한에 매우 중요하지만 이들 국가들과는 적대 관계가 해소되지 않았고, 특히 미국과는 2001년 부시 행정부의 출범 이후 관계가 계속 악화되었다가 2006년 11월 미 중간선거 이후 개선의 가능성을 보이고 있다. 러시아와의 관계는 탈냉전 초기에 악화되었다가 2000년대에 들어와 복원되었고,

---

54) 1985년에 북한에서 발간된 주체사상 총서 제5권 『사회주의, 공산주의건설이론』은 "사회주의나라들과 공산당, 노동당들은 단결을 첫 자리에 놓고 여기에 모든 것을 복종시켜야 하며 의견상이를 뒤로 미루고 공통점을 찾아 단결하기 위하여 노력하여야 한다"고 주장하고 있다. 김양선·최철웅, 『사회주의, 공산주의 건설리론』, 294쪽.

현재 북한의 생존을 위한 대외전략에서 중국 다음으로 중요한 비중을 차지하고 있다. 그러므로 중국과 러시아 다음으로 북한이 우호적 입장을 나타내고 있는 국가군은 현재 EU라고 할 수 있다. EU는 아직 북핵 관련 다자회담에 참여하지 않고 있지만, 북핵 문제의 최종 해결 과정에서는 참여하겠다는 입장을 보이고 있다. 이는 EU가 한반도 주변 4강만큼은 못해도 북한 문제에 큰 관심을 가지고 있음을 시사하는 것이다.

1990년대 중반부터 북한이 '유럽동맹(EU)' 국가들에 대해 적극적으로 접근한 배경에는 식량난 해결에 필요한 인도적 지원 확보와 경제 개발을 위한 자본 유치라는 목표 외에도 EU와의 관계 개선을 통한 미국의 일방주의 견제라는 목표가 중요하게 자리 잡고 있다.[55] 북한의 이 같은 입장은 스웨덴의 예란 페르손 총리가 EU 의장국 대표 자격으로 평양을 방문한 날 발간된 ≪로동신문≫ 사설에서 확인된다. '조선-유럽동맹관계의 새로운 발전'이라는 제목의 사설은 북한이 "자주성을 생명으로 여기며 자주적인 대외정책을 실시하고 있으며 유럽동맹도 독자성을 강하게 주장하고 있다"는 공통점을 먼저 강조했다. 그리고 "유럽동맹은 세계의 1극화를 반대하고 다극화를 주장하면서 ≪강력한 하나의 극≫으로서의 지위를 차지하기 위하여 유럽통합과정을 다그치고 있다"고 평가했다. 또한 "우리는 유럽동맹이 독자적인 주견을 가지고 자주적이고 공정한 입장에서 우리나라와의 관계발전을 추진하기 위하여 노력하리라는 것을 의심하지 않는다"는 입장을 천명했다(≪로동신문≫, 2001년 5월 2일자). 북한이 EU 대표단에게 보낸 메시지는 미국의 북한에 대한 적대적인 입장에 영향 받지 말고 독자적으로 북한과의 관계 개선을 추진해 달라는 것이었다.

---

55) 구갑우, 「탈냉전시대, 북한과 유럽연합의 관계: 한반도 평화의 정치경제」, ≪평화논총≫, 제5권 2호(2001년), 146~148쪽.

북한은 현재까지 ≪로동신문≫ 등을 통해 EU와 미국 간의 갈등을 때로는 확대해석하면서 EU에 대해 대체로 우호적 입장을 보이고 있다. 북한은 미국의 대북 압력을 약화시키기 위해 EU의 독자적인 외교안보정책에 일정한 기대를 걸고 있으며, EU 국가들과의 수교 이후 한반도 문제에 EU를 끌어들이려는 경향까지 보이고 있다. 북한의 최수헌 외무성 부상이 2001년 3월 22일 EU의 순번 의장국인 스웨덴의 예란 페르손 총리에게 "북의 미사일계획에 대해 EU와 대화할 용의가 있다"라고 밝힌 것은 미사일 문제와 관련하여 EU를 한반도에 끌어들이겠다는 의사로 해석될 수 있는 것이다.56) 2001년에 부시 미 행정부가 출범하면서 북·미 관계가 급속히 냉각되고 외부 안보환경이 악화됨으로써 북한은 국제적 고립으로부터 벗어나기 위해서도 EU와의 관계 개선 및 협력 강화가 더욱 더 필요하게 되었다.

북한과 EU는 1998년부터 2004년까지 매년 정치대화를 개최했으며, EU는 정치대화에 관례적으로 현 의장국 및 차기 의장국의 외무부 관계자 그리고 유럽집행위원회와 공동외교안보정책팀 관계자로 구성되는 EU 트로이카 대표단을, 북한은 외무성 구주국장 또는 외무상 등을 참석시켰다. 정치대화에서는 북핵, 대량살상무기 확산, 북한 인권, 탈북자 문제와 같이 북한에게 민감한 문제와 동시에 대북 지원 문제 등이 논의되었다. 북한은 EU로부터 대북 지원을 받기 위해 탈북자와 인권 문제에 있어서 EU의 요구를 부분적으로 수용하는 태도를 보였다. 그러나 EU가 주도하여 제출한 북한인권 결의안이 2005년 11월 17일 유엔 총회에서 통과되자 북한은 이에 반발하여 동월 26일부터 29일까지로 예정된 제8차 정치대화를 취소했다(≪경향신문≫, 2005년 11월 23일자). 그 후 2006년에도 정치대화가 개최되지 못하다가 베이징 6자회담에서 '2·13합의'가 도출됨에 따라 2007년 3월 6일부터

---

56) 정영철, 「〔북의 부시 돌파작전〕중·러·EU로 미·일을 포위하라」, 102쪽.

〈표 5-2〉 북한·EU 간 정치대화

구 분	주요 논의 사항
제1차 정치대화 (브뤼셀, 1998.12.2)	북핵 문제, 4자회담, 남북한 관계, KEDO 등 한반도 정세와 관련된 주요 사안 및 인도적 대북 지원 문제
제2차 정치대화 (브뤼셀, 1999.11.24)	식량난 등 인도적 상황과 인권 문제를 포함한 북한 현황, 한반도 내외 안보 상황, 대량파괴수단의 비확산 문제, 상호연락사무소 설치 및 대북 원조의 확대 문제
제3차 정치대화 (평양, 2000.11.25~28)	북한 인권, 대량 살상무기의 개발 및 수출 자제, 한반도 긴장 완화, 경제 지원 확대
제4차 정치대화 (평양, 2001.10.27~30)	북한·EU 간 관계 발전 방안, 북한 인권, 대량살상무기 문제, 대북 지원, 국제테러 방지 문제
제5차 정치대화 (평양, 2002.6.15~18)	대량파괴무기 확산 문제, 국제원자력기구의 핵사찰 수용 문제, 외국투자를 위한 법률 정비, 일본인 납치의혹 문제, 북한 인권, 탈북자 문제
제6차 정치대화 (평양, 2003.12.9~12)	EU대표단이 북한 핵 문제의 해결 촉구(북핵 문제 해결 시 EU의 대북경협 확대 및 대북기술 지원 재개 용의 표명), 남북 대화·화해 과정 중시 및 남북 관계 개선 지원 강조, 아일랜드-북한 수교 협의
제7차 정치대화 (평양, 2004.11.13~16)	(북핵 문제에 대해 논의했을 것으로 짐작됨)
제8차 정치대화 (평양, 2007.3.6~8)	북한이 베이징 6자회담에서 도출된 '2·13합의'를 성실하게 이행하면 EU가 북한과 관계 개선을 추진할 것임을 약속

출처: 김성형(2005: 42), 박채복(2002: 177~179), 최의철(2005: 91~92), 외교통상부(2004: 83; 2006: 80~82), ≪연합뉴스≫(1998년 12월 3일자, 1999년 11월 25일자, 2002년 6월 17일자, 2002년 6월 18~19일자, 2002년 6월 21일자, 2003년 12월 10일자, 2003년 12월 12일자, 2004년 11월 13일자, 2004년 11월 15일자, 2007년 3월 6일자, 2007년 3월 21일자), ≪한겨레≫ (2000년 11월 25일자, 2001년 10월 31일자) 참조.

8일까지 평양에서 제8차 정치대화가 이루어졌는데, EU는 북한이 '2·13합의'를 성실하게 이행하면 북한과 관계 개선을 추진할 것임을 약속했다(≪연합뉴스≫, 2007년 3월 21일자).

북한은 현재 EU 회원국 중 프랑스와 수교를 체결하지 못한 상태인데, 이 문제와 관련하여 프랑스는 EU의 다른 국가들과는 다르게 이미 파리에 북한 일반 대표부와 유네스코(UNESCO, 유엔교육과학문화기구) 북한대표부라는 채널을 가지고 있으며, 북한과 외교관계를 맺고 있는 EU 대표단 및 프랑스 외교관의 평양 방문 등을 통해 북한과 대화 중이기 때문에 특별히 정식 수교를 체결할 필요가 없다는 입장을 보이고 있다. 그리고 북한과의 수교는 대량살상무기(WMD) 비확산 문제와 북한 인권 문제에서 진전이 있을 때 고려하겠다는 입장을 견지하고 있다(연합뉴스 2004년 11월 30일자). 이처럼 프랑스가 다른 EU 국가들에 비해 대북 수교에 대해 상대적으로 소극적 입장을 보이는 것은 1995년 이후 우파에서 대통령이 선출된 것과 밀접한 관련이 있다. 그리고 1984년 12월 사회당 출신의 미테랑 대통령하에서 파리 주재 북한 통상대표부를 일반대표부로 승격시킴으로써 2000년 이전 서유럽의 다른 주요 국가들보다 북한과 고위급 채널을 유지하고 있었던 것도 중요하게 작용했다.

2) 북핵 및 북한 인권 문제

2000년의 남북정상회담 이후 괄목할 만한 속도로 발전하던 북한과 EU의 관계는 2002년 제2차 북핵 위기의 발생으로 장기간 큰 타격을 입게 되었다. 따라서 제2차 북핵 위기의 발생 배경과 그것이 북한-EU 관계, 특히 북한인권 문제에 대한 EU의 입장 변화에 미친 영향을 고찰할 필요가 있다.

제2차 북핵 위기는 켈리 미 국무부 동아시아태평양 담당 차관보가 2002년 10월 3~5일 평양을 방문한 후 동월 16일 부시 행정부가 북한이 고농축우라늄(HEU)을 이용해 비밀리에 핵무기를 개발해왔고 이를 '시인'했다고 발표함으로써 시작되었다. 그런데 북한이 파키스탄으로부터 HEU 제조에 필요한 원심분리기를 20여 기 수입한 것은 분명한 것으로 보이지만, 핵무기 제조를 위해서는 원심분리기 1,300기 정도가 필요하기 때문에 북한이 확보한 것은 어디까지나 실험실용 수준이지 핵무기 제조 수준이라고 할 수 없다. 그럼에도 미 행정부는 이라크에 실제로 존재하지 않은 '대량살상무기' 위협을 빌미로 이라크를 침공한 것처럼, 과장된 고농축우라늄 프로그램(HEUP) 의혹을 구실 삼아 대북 중유 제공을 중단함으로써 미·북 제네바 합의(Agreed Framework)를 파기하고, 제2차 북핵 위기를 일으켰다. 미 행정부는 또한 북한이 HEU를 이용한 핵무기 개발을 '시인'했다고 주장했지만, 북한은 단 한 번도 이를 명확하게 시인한 적이 없다.57) 2002년 켈리 차관보의 방북 시 통역으로 동행했던 미 국무부의 김동현 씨도 북한의 강석주 외무성 제1부상이 고농축 우라늄 프로그램의 존재에 대해 명시적 표현을 쓰지 않았다고 증언하고 있다. 명확한 긍정도 강한 부정도 아닌 강석주 제1부상의 발언을 미국은 '시인'으로 간주하고 네오콘이 예정한 순서대로 미·북 제네바 합의 파기와 북한 고립화에 착수했던 것이다.58)

2002년 10월 미국의 북한 HEUP 의혹 제기가 과장되었다는 것은 2006년 11월 미 중간선거에서의 공화당 패배 이후 미 행정부 관계자의 발언을 통해 서서히 밝혀지고 있다. 크리스토퍼 힐 미 국무부 차관보는 2007년 2월 22일 미국의 대표적인 싱크탱크인 브루킹스연구소 주최 토론회에서 "우리(미국)는 북한이 고농축우라늄 프로그램을 위한 장비를 구매해왔다는 정보를 갖고 있다"고 지적했다. 그러면서도 "HEUP는 매우 복잡한 것이어서 북한이 실제 구입한 것으로 우리가 알고 있는 것보다 더 많은 장비가 필요하고,

---

57) 북한은 2002년 12월 12일 외무성 대변인 담화를 발표하여 "미국이 유일하게 듣고 다니는 우리의 '핵개발계획시인'이란 지난 10월 초 미국대통령 특사가 우리나라에 왔다 가서 자의대로 쓴 표현으로서 우리는 구태여 그에 대해 논평할 필요를 느끼지 않는다"고 지적했다. ≪연합뉴스≫, 2002년 12월 12일자.
58) 제2차 북핵 위기의 기원과 'HEU 프로그램' 의혹의 진실에 대한 상세한 규명으로는 정성장, 「북한 핵실험 이후 북핵 문제의 관리 및 해결 방향」, ≪세종정책연구≫, 제3권 1호(2007년), 71~80쪽 참조.

북한이 이미 확보했는지 여부를 확신할 수 없는 상당한 기술을 요구한다"고 밝힘으로써 북한이 HEU 프로그램을 이용한 핵개발 수준에 도달하지 못했음을 시사했다(≪연합뉴스≫, 2007년 2월 23일자). 이 같은 입장은 미국 중앙정보국(CIA)이 2002년 10월 북한의 HEUP 의혹을 제기하면서 북한이 완전 가동할 경우 매년 2기 이상의 핵무기를 만들 수 있는 무기급 우라늄을 생산할 수 있는 공장을 건설하고 있다고 한 입장에서 크게 후퇴한 것이다.[59]

조지프 디트라니(Joseph E. DeTrani) 국가정보국 북한 담당관도 2007년 2월 27일 미 상원 군사위원회 청문회에 출석, 북한이 고농축우라늄 계획을 위해 필요한 장비를 획득해왔다는 데는 강한 확신이 있지만, 이 계획이 현재에도 존재하는지에 대해서는 '중간 수준의 확신(moderate confidence)'[60]을 갖고 있다고 HEUP에 대한 판단 수위를 낮췄다.[61] 원심분리기 등은 들여왔지만 그것이 고농축우라늄 생산으로 연결되었는지는 확신할 수 없다는 것이다.

이처럼 2002년 10월 미 행정부가 제기한 북한의 HEUP 의혹은 불확실하고 과장된 정보에 기초한 것이었지만, 북한에 대한 신뢰할 만하고 깊이 있는 정보를 가지고 있지 못한 EU는 미국의 주장에 대해 당시 한국 정부도

---

59) ≪연합뉴스≫, 2007년 3월 2일자. 미 CIA는 2002년 11월 19일 의회에 보낸 정보판단에서 이 같은 주장을 했지만, 공장의 장소는 지목하지 못했다.
60) 문정인 연세대 교수는 정보 용어로 '중간 수준의 신빙성'이란 충분한 검증이 이루어지지 않아 다양한 해석이 가능한 수준을 의미하며, 이를 수치화하면 50~75% 수준의 신빙성으로 표시할 수 있다고 지적했다. 그리고 "2차 북핵 위기가 50~75%의 신빙성을 가진 정보 판단 때문에 발생했다면 이는 심각한 문제가 아닐 수 없다"고 주장했다. ≪중앙Sunday≫, 2007년 3월 25일자.
61) Statement by Ambassador Joseph DeTrani, North Korea Mission Manager, http://www.globalsecurity.org/intell/library/news/2007/intell-070304-dni01.htm(2007년 3월 26일 검색)

그랬던 것처럼 확실한 근거가 있을 것으로 받아들이고 대북 압박에 동참했다.62) 미 행정부의 북한 핵개발 의혹 제기가 있고 난 후인 2002년 10월 21일 EU 외무장관들은 북한에 대해 핵무기 개발 프로그램과 관련, 해명을 요구하고 이에 응하지 않으면 대북 경수로사업에 대한 EU의 지원 삭감 위험에 처하게 될 것이라고 경고했다(≪연합뉴스≫, 2002년 10월 22일자). 그리고 유럽의회는 동월 24일 열린 예산위원회에서 한반도에너지개발기구에 제공할 2003년도분 자금(2,000만 달러) 공여를 보류하기로 결정한 데 이어(≪연합뉴스≫, 2002년 11월 1일자), 11월 7일 KEDO의 대북 경수로 제공사업을 재검토할 것을 요구하는 결의안을 채택했다(≪연합뉴스≫, 2002년 11월 12일자). 11월 14일 한·미·일·EU 등 4개국이 뉴욕에서 KEDO 집행이사회를 열어 북한이 핵개발 계획 폐기에 나서지 않을 경우 북·미 제네바 기본합의에 따른 대북 중유 지원을 12월분부터 중단하기로 결정한 직후인 다음날인 15일 군나르 비간트 EU 집행위원회 대변인은 "중유 공급은 북한이 농축우라늄 개발 계획을 완전히 폐기하기 위해 확고하고 신뢰할 만한 조치를 취할 때까지 일시 중단된 것"이라며 북한이 핵개발 프로그램을 중단한다면

---

62) 2006년 11월 미 중간선거 이후 북한의 HEUP 관련 정보에 대한 미국 측의 평가가 변하고 있는 것과 관련, 양성철(梁性喆) 전 주미 대사(2000~2003년 재임)는 2002년 "당시 주미 대사관으로서는 미국의 정보 판단을 십분 수용해 보조를 맞춰 대응했으며 북한이 추후 HEU 프로그램 존재에 대해 부인했을 때도 미국 측의 최초 판단을 믿었다"고 회고했다. 그리고 "HEU 관련 정보 판단이 과장된 것으로 끝났으면 아무 문제도 아니지만 그것을 계기로 제네바합의도 파단이 났고 우리 정부가 14억 달러를 투입한 신포 경수로 사업도 수포로 돌아갔다"면서 "HEU 정보에 일정부분 근거가 있었다 해도 그것이 제네바합의를 파기하고 북한과의 양자대화를 전면 거부할 만한 것이었는지는 의문"이라고 덧붙였다. 양 대사는 또한 "HEU 파문 당시 미 행정부에서 한반도 외교를 담당했던 이들은 언젠가 한국에 사태의 진상을 설명해야 한다"고 주장했다. ≪연합뉴스≫, 2007년 3월 7일자.

북한에 대한 중유 공급은 재개될 수 있다고 밝혔다(≪연합뉴스≫, 2002년 11월 15일자).

한국과 일본의 대북 중유 제공 지속 주장에도 불구하고 미국의 압력에 의해 KEDO 집행이사회에서 중유 공급 중단 결정을 내린 것에 대해 북한은 2002년 12월 12일 북·미 제네바 합의에 의해 동결되었던 핵시설 재가동으로 대응했다(≪연합뉴스≫, 2002년 11월 16일자, 2002년 12월 12일자). 12월 18일 콜린 파월 미국 국무장관은 국무부에서 EU의 크리스 패튼(Christ Patten) 대외관계 담당 집행위원, 하비에르 솔라나 마다리아가(Javier Solana Madariaga) 공동외교안보정책 고위대표(CFSP High Representative), 페르 스티그 몰러 덴마크 외무장관 등과 회담을 마친 뒤 "(핵 발전과 핵발전소 건설을 재개하겠다는) 북한의 '12·12성명'은 북한이 국제의무에서 한걸음 더 벗어나는 조치이며 핵비확산제도에 대한 추가적인 도전으로 특히 우려할 사항"이라고 주장했다. 그리고 "우리는 북한의 대미, 대EU 관계가 북한이 계속되는 의무를 이행하기 위한 조치를 취하는지 여부에 달려 있다는 데 의견을 함께 했다"고 덧붙였다(≪연합뉴스≫, 2002년 12월 19일자).

2003년 1월 10일 북한이 「핵확산금지조약(NPT)」 탈퇴를 선언했을 때 영국, 프랑스, 독일 등은 유엔 안보리가 이 문제를 다루어야 한다고 주장했고, 하비에르 솔라나 EU 공동외교안보정책 고위대표는 "북한이 NPT 탈퇴 결정을 재고하고 핵 비확산 및 한반도 비핵화에 대한 약속을 재천명할 것을 강력히 촉구한다"고 밝혔다. EU는 또한 동월 28일 벨기에 브뤼셀에서 열린 EU·아세안 외무장관회담에서 공동성명을 채택하여 핵 위기 해소를 위해 북한이 NPT 탈퇴 결정을 철회할 것을 요구했다. EU는 북핵 위기를 대화를 통해 평화적으로 해결하려는 모든 노력을 지지한다고 밝힘으로써 북한과의 직접대화를 거부하는 미국에 비해 상대적으로 온건한 입장을 보였다. 동년 1월 30일 유럽의회는 결의문을 채택하여 북한에 대해 NPT 탈퇴 결정을 번복하고 "핵무기 개발을 위한 우라늄 증식 계획을 중단하며 탄도미사일 시험 동결을 지속할 것"을 요구했다. 또한 유럽의회는 이와 함께 북한에 대한 인도적 지원을 지속하려는 유럽 각국 정부의 계획을 지지한다고 밝힘으로써 미국의 강경 일변도 정책과는 차별화된 모습을 보였다.[63]

2003년 2월 12일 솔라나 고위 대표는 서울 프레스센터에서 가진 기자회견에서 UN 안보리가 한반도 긴장을 고조시키는 결정을 해서는 안 되며 "대북 경수로 건설 지원은 좋은 프로젝트라고 생각하며 취소돼서는 안 된다고 생각한다"고 밝힘으로써 경수로 제공에 매우 부정적인 미 행정부 내 네오콘(Neocons)과는 다른 입장을 나타내었다. 그리고 EU 대표단 방북을 통해 미·북 양자대화 추진에 기여하겠다는 입장도 피력했다(≪연합뉴스≫, 2003년 2월 12일자; ≪대한매일≫, 2003년 2월 13일자). 이와 같은 EU의 입장에 대해 다음날 북한 외교부 고위관리인 리광혁은 AFP 통신과의 회견에서 "EU가 북한에 대표단을 보내는 등의 방식으로 핵문제를 해결하는 데 기여할 수 있으며 우리는 EU의 이런 움직임에 감사한다"고 말하고 "그러나 중요한 것은 핵문제는 북한과 미국 간에 해결되어야 한다는 것"이라고 지적했다. 그리고 "우리의 대화 제의를 미국이 받아들이도록 EU 회원국들이 미국에 영향력을 행사해주기를 희망하고 있다"고 덧붙였다(≪연합뉴스≫, 2003년 2월 13일자). EU의 온건한 접근 방식을 북한도 인정하고, 북·미 대화를 위해 EU의 중재 역할에 기대감을 나타낸 것이다.

그러나 미국이 북한과의 직접 대화를 계속 거부하고, 북핵 문제가 계속 악화일로의 방향으로 나아가게 되자 제2차 북핵 위기의 발발이 북한에게

---

[63] ≪조선일보≫, 2003년 1월 11일자; ≪연합뉴스≫, 2003년 1월 28일자, 30일 참조. EU 측은 2003년에 북한에 대해 950만 유로(약 1,020만 달러)의 식량 원조 자금을 배정해놓았었다.

책임이 있다고 파악한 EU는 북한 인권 문제에 대해 강경한 입장을 취하게 되었다. 2002년에만 해도 EU는 유엔 인권위원회에 북한 인권 상황의 개선을 촉구하는 결의안 상정을 검토하다가 대북관계 등을 고려한 한국 정부의 반대로 보류했다(≪동아일보≫, 2003년 3월 5일자). 그러나 2003년에는 3월 17일부터 6주간 스위스 제네바에서 열린 제59차 유엔 인권위원회에서 EU 국가들이 중심이 되어 북한인권 개선 촉구 결의안 채택을 주도했다. 북한은 이 같은 움직임에 대해 "EU가 최근 북한을 겨냥한 미국의 핵 대결과 적대 정책에 편승하여 이기적 목적을 추구하려는 정치적 의도가 담겨 있음을 명시적으로 보여주는 것"이라며 반발했다. 그리고 "EU가 모처럼 마련된 (북한과의) 쌍무적인 인권협력 과정을 파탄시키고 대결로 나간다면 그로부터 불가피하게 초래되는 후과에 대해서는 전적으로 책임지게 될 것"이라고 주장했다(≪연합뉴스≫, 2003년 4월 3일자).

전문과 6개항으로 구성된 EU의 결의안은 "북한의 조직적이고 광범위하며 심각한 인권 침해"에 우려를 표시한 뒤 "북한은 인도주의적인 이유로 인한 자국민의 인접국 행을 반역으로 규정, 감금과 비인간적인 처벌 및 사형(死刑)에 처하지 말라"며 탈북자 처벌 금지를 촉구했다. 그리고 북한의 사상과 종교, 표현과 집회 결사의 자유 침해, 고문과 비인간적인 처벌, 공개 처형과 정치적 사형, 광범위한 집단 수용소의 존재와 강제노동, 어린이의 영양 부족, 여성의 권리 침해 등을 규탄했다. 또한 북한은 국제 인권단체의 자유로운 접근과 고문방지협약 가입 등 시민적 정치적 권리에 관한 국제협약을 준수하라고 촉구했다(≪동아일보≫, 2003년 4월 12일자). 2003년 4월 16일 EU 의장국인 그리스가 제안 설명을 한 대북 결의안에 불가리아, 체코, 에스토니아 등 옛 동유럽권 국가들은 투표권은 없으나 대북 결의안에 공개 지지를 천명했다(≪세계일보≫, 2003년 4월 17일자). EU에 의해 유엔 인권위원회 57년 사상 처음으로 북한인권 침해 규탄 결의안이 제출·채택됨으로써 국제 사회에서 EU의 역할을 긍정적으로 바라보던 북한의 시각에 일정한 변화가 불가피하게 되었다.

북한-EU 관계는 2004년 유엔 인권위원회에서 EU의 대북 결의안 제출,[64] 2005년 2월 북한의 핵 보유 선언, 2005년 11월 유엔 총회에서 EU의 북한인권 결의안 제출, 2006년 9월 북한의 핵 실험 등으로 계속 악화 일로로 치달았다. 그러나 6자회담 참가국들이 북한 핵시설의 폐쇄와 '불능화' 및 북·미, 북·일 관계 정상화를 목표로 하는 양자대화의 추진, 대북 에너지 지원 등의 내용을 담은 '2·13합의'를 2007년 베이징에서 채택함에 따라 북한과 EU는 다시 정치대화와 인도주의 분야에서 협력을 모색하게 되었다.

3) 교역, 경제협력 및 인도적 지원

경제발전 수준의 차이로 인해 북한의 대(對)동유럽 경제협력은 대등한 것이라기보다는 의존적 성격이 강했고, 이는 대(對)서유럽 경제협력의 경우에도 마찬가지다. 결국 북한의 대유럽 경제협력의 성격은 크게 변하지 않은 채 냉전시대와 탈냉전시대에 북한의 주요 경제협력 파트너만 동유럽에서 서유럽으로 바뀌었다고 볼 수 있다. 한국전쟁 시기에 동유럽이 북한 경제의 재건을 위해 많은 물질적 지원을 한 것처럼, 1990년대 중반 '고난의 행군'으로

---

64) 2004년 3월 개최된 제60차 인권위에서 주제네바 북한대표부의 반명훈 참사관은 옵서버 자격으로 행한 정식 발언을 통해 유엔 인권위가 성지 무대로 전락하고 있다고 말하고, EU 측의 말과 행동은 위선이며 결의안 자체는 정치 도구에 불과하다고 공격했다. 그리고 미국의 이라크 침공, 끊임없는 민간인 피살이 가장 심각한 인권 위반이 아니냐고 반문하면서 이런 '극악한 범죄 행위'에는 아무런 조치도 취하지 않으면서 몇몇 국가만 자의적으로 골라내 오만한 언사와 공갈의 목표로 삼고 있다고 주장했다. ≪연합뉴스≫, 2004년 3월 26일자.

〈표 5-3〉 북한의 수원(受援) 실태(1945~1970)

(단위: 100만 달러)

지 역	무상원조	차 관	합 계	비 율 (%)
소 련	782	363	1,145	58
중 국	436	105	541	27
동유럽	295		295	15
총 계	1,513	468	1,981	100

출처: 한종수, 『유럽연합(EU)과 한국』, 237쪽에서 재인용.

불리는 북한의 심각한 식량난 시기에 EU는 식량과 의약품 등을 제공했다. 냉전시대 동유럽의 대북 지원은 '프롤레타리아 국제주의'라는 명분하에 제공되었고, 현재 서유럽의 대북 지원은 '인도주의'라는 명목하에 이루어지고 있다.

<표 5-3>에서와 같이 1945~1970년에 북한은 해외로부터 거의 20억 달러에 달하는 원조를 제공받았는데, 그중 동유럽으로부터의 원조액은 약 3억 달러(15%)에 달했다. 동유럽의 대북 원조는 소련과 중국의 원조에 양적으로 크게 못 미치지만, 원조의 대부분이 한국전쟁 시기부터 1950년대 말까지 제공되어 북한 경제의 재건에 큰 도움을 제공했다.

한국전쟁 이후 동유럽이 북한 경제 재건에 크게 도움이 된 것처럼, EU는 1995년의 심각한 식량난 이후 북한 경제의 회복에 크게 기여했다. EU는 1995년부터 2004년까지 10년간 북한에 약 4억 3,800만 유로 상당의 지원을 제공했다. 인도적 지원은 2005년 1,371만 5,000유로, 2006년 800만 유로가 추가 집행된 것으로 집계되고 있다. EU의 식량 지원은 개별국가 단위로 이루어지다가, 1998년 이래 EU 집행위원회가 지원 식량의 수송과 전달을 전담함으로써 대북 지원의 창구 역할을 수행하고 있다. EU는 2002년 10월 제2차 북핵 위기의 발생에도 불구하고 인도적 지원 및 식량 지원을 북한의 안보 문제와 철저히 분리하여 인도적 대북 지원을 중단하지 않았다.[65]

〈표 5-4〉 EU의 대북 경제 지원 현황(1995~2004년)

(단위: 100만 유로)

구분	1995	1996	1997	1998	1999	2000	2001	2002	2003	2004	합계
인도적 지원 (ECHO)	0.29	0.5	19.7	4.7	4.8	8.05	3.365	21.025	17.25	10.2	86.88
식량 지원·농업 재건	-	-	57.9	55.2	30	25.3	24.5	20	8	8	228.9
NGO와의 협력사업	-	-	-	-	-	-	-	0.75	0.75	-	1.5
소 계	0.29	0.5	77.6	59.9	34.8	33.35	27.865	41.775	26	18.2	320.28
기술지원	-	-	-	-	-	-	2 (유보)	-	-	-	2 (유보)
KEDO	-	15	15	15	15	15	20	20	1.3	-	116.3
합 계	0.29	15.5	92.6	74.9	49.8	48.35	49.865	61.775	27.3	18.2	438.58

출처: 주한 EU대표부. 양장석·우상민(2007: 54)에서 재인용.

EU 집행위원회는 북한 룡천역 열차 폭발사고 발생 직후인 2004년 4월 23일에는 구호 자금으로 20만 유로를 긴급 지원하기로 하는 등 미국과 일본보다 대북 지원에 적극적 입장을 나타내었다. 영국, 독일, 스웨덴의 평양 주재 외교관들은 다음날인 24일 룡천 현지를 시찰한 국제조사단에 합류할 수 있었는데, 이는 이들 국가들이 북한과 수교 관계를 맺고 있고 평양에 대표를 두고 있기 때문에 가능한 것이었다. 룡천 참사 후 아일랜드의 컨선 월드와이드(Concern Worldwide), 독일의 아그로액션(German Agro Action: GAA)과 카리타스 인터내셔널(Caritas International), 프랑스의 프르미에르 위르장스(Première Urgence) 등 서유럽의 비정부기구들도 북한 내에서 활발히 구호 노력을 펼쳤다.66)

---

65) 양장석·우상민, 「북-EU 경제관계 현황과 전망: 북핵 사태 해결 이후를 중심으로」, ≪수은북한경제≫, 2007년 봄호, 54~55쪽.
66) 룡천 참사 후 카리타스는 5만 유로의 대북 지원금을 보냈으며, 아그로액션은 세계식량계획(WFP)과 공동으로 약 1만 5,000명의 주민을 위해 4개월치의 식량 지원을 약속했다. 문정식, "유럽국가, 미·일보다 대북 지원에 적극", ≪연합뉴스≫,

〈표 5-5〉 북한의 대(對)EU 수출입 현황

(단위: 1,000US$)

연 도	수 출	수 입	수출입계	북한 총교역 대비 대(對)EU 교역 비중
1996년	56,057	220,168	276,225	14.0%
1997년	108,215	227,466	335,681	15.4%
1998년	105,117	245,292	350,409	24.3%
1999년	58,401	132,860	191,261	12.9%
2000년	89,602	164,696	254,298	12.9%
2001년	80,305	231,109	311,414	13.7%
2002년	60,503	208,266	268,769	11.9%
2003년	60,120	205,692	265,812	8.9%
2004년	80,687	107,429	188,116	6.6%
2005년	90,116	200,980	291,096	9.7%

출처: 김삼식(2001); 남우석(2002, 2~10); 대한무역투자공사(KOTRA) 북한실(2003, 2004, 2005); 대한무역투자공사 동북아팀(2006) 참조.

EU는 북한의 정책입안자들에게 '새로운 경제관리 방식'을 마련해야 한다고 지속적으로 강조함으로써 북한의 2002년 경제개혁에도 기여했다. 2001년 5월 당시 EU 의장국이었던 스웨덴의 페르손 총리가 북한을 방문하여 김정일 총비서를 만났을 때, 김 총비서는 페르손 총리에게 경제사회개발과 관련하여 새로운 경제정책을 채택하기를 원한다고 말하고, 교육과 연구개발의 중요성을 언급했다. 그리고 북한이 고위관료들을 EU에 보내 EU의 경제정책 모델을 배운다는 데 양측이 합의했다.[67]

2002년 7월 1일 북한이 실시한 경제개혁 조치를 "경제관리방법의 개선을 위한 조치"로 설명(≪조선신보≫, 2002년 7월 26일자)하고 있는 것은 EU 측의 '새로운 경제관리 방식' 마련 요구를 나름대로 수용한 것이라고 해석할 수 있다. 북한이 한국이나 러시아 등에는 알리지 않은 채 2002년 7월 25일

2004년 4월 25일자.
[67] 「EU의 대북전략보고서(2001~2004)」, 81~82쪽.

〈표 5-6〉 북한 관료 및 전문가의 유럽 연수·방문 사례

연도	기간	참가자 수	장소·주관단체	내용
1997	3주간	경제 분야 전문가 27명	Central Unison University (헝가리 부다페스트)	국제금융 현황 교육
	6주간	공보 분야 외교관	CASIN(Center for Applied Studies in International Negotiations), 스위스	• 1차 외교관 전문연수 프로그램 • 북한 외무성 요청과 스위스 개발청 후원
1998	6주간	공보분야 외교관	CASIN	• 2차 외교관 전문연수 프로그램 • 국제기구와 관련한 주제를 추가
1999	2주간 (7월)	농업성·농업연구센터 관계자 4명	농식물 연구소(NIAB) (영국 케임브리지)	World Vision Int'l의 후원에 의함
2000	6주간	공보분야 외교관	CASIN	인권과 관련한 주제, 인터넷과 언론의 역할을 추가
2001	3월	농업성 대표 8명	네덜란드	고구마 가공공장건립을 위한 기자재 수입을 위한 사전 교섭
	4월	북한 대학생 4명	독일, 호주	시장 경제와 운용 관련 연수
	2월	김봉익(무역성 차관), 천리마자동차공장 관계자	이탈리아 상무부	투자에 대한 협의
	7주간 (3월)	'Voice of Korea' 관계자 2명	독일 International Institute for Journalism	Adenauer Stiftung 후원
	9. 19~24	김영재 무역성 차관을 대표로 한 경제사절단 15명	독일 바이에른 주정부	• 북한 투자 설명회 • 북한 기술 인력에 대한 연수지원 의사 표명
	10월	김일성대학 경제학과 교수들	스톡홀름 경영대학, European Institute of Japanese Studies	• 스웨덴 정부, 의회 방문 • ABB, Ericsson 방문
2002	2. 20~27	경제사절단	핀란드, 스웨덴	철강 및 비철금속 관련 산업체 방문(SCANIA, 특수철강 및 굴착장비 대기업)
	3. 3~16	리광근 무역성 부상 외 경제 대표단 12명	영국, 벨기에, 이탈리아, 스웨덴(스톡홀름 상과대학, Nordea Bank, SCANIA)	EU경제·국제경제 현황 시찰, 협력방안 논의
	4. 22~24	무역성과 무역회사 대표 등 22명	독일 바이에른 주정부	중고기기 박람회 참가
	2주간 (8월)	정부 공무원, 학자	스톡홀름 경영대학, European Institute of Japanese Studies	시장경제와 국제무역에 대한 연수
2003	5주간 (8~9월)	중견 공무원 12명, 고위 공무원 11명, IT 분야 전문가 3명	CASIN	• 6차 외교관 전문연수 프로그램 • 개발, 국제 협력, 국제법, 시장경제와 관련한 주제 포함
	10. 20~22	무역은행, 경제 부처 등 관계자 9명	Ladau Network Centro Vlota(이탈리아, Como)	북한의 경제회복과 유럽과의 협력에 대한 국제 세미나
2004	8.23~10.1	외무성, 경공업성, 무역성, 큰물피해대책위원회 관리 14명	CASIN	시장경제, 국제무역과 통상외교, 경제개혁 과정
2005	9. 5~30	외무성, 무역성, 경공업성, 현직 공무원	CASIN	다자 외교와 시장 경제
		행정부처 관리	영국 Warwick대학 등 고등교육기관	2002년 이후 영국의 교육기관에 매년 10여 명의 공무원 연수를 진행

출처: Park, Jin & Seung-Ho Jung. 2004. "Knowledge Cooperation with North Korea: Evaluation and Strategies," KDI국제정책대학원 주최 국제세미나(2004년 2월 13일) 발표 논문. 44~52쪽. 양장석·우상민(2007: 58~59)에서 재인용.

〈표 5-7〉 북한의 대(對)EU 회원국별 교역 현황

(단위: 1,000달러, %)

국가	북한의 수출		북한의 수입		수출입계		점유율	
	2004	2005	2004	2005	2004	2005	2004	2005
독 일	22,630	14,698	68,563	62,069	91,193	76,767	34.9	26.3
네덜란드	8,270	6,782	10,549	35,451	18,819	42,233	7.2	14.5
프 랑 스	27,090	30,042	6,620	7,564	33,710	37,606	12.9	12.9
스 웨 덴	244	337	28,384	34,499	28,628	34,836	11.0	11.9
폴 란 드	2,698	17,490	1,749	4,053	4,447	21,543	1.7	7.4
스 페 인	4,477	7,364	8,639	9,483	13,116	16,847	5.0	5.8
덴 마 크	2,089	1,812	11,216	11,099	13,305	12,911	5.1	4.4
벨 기 에	4,838	1,860	17,070	11,034	21,908	12,894	8.4	4.4
이탈리아	3,895	689	10,804	11,863	14,699	12,552	5.6	4.3
아일랜드	0	5,161	0	283	0	5,444	0.0	1.9
슬로바키아	420	45	685	4,893	1,105	4,938	0.4	1.7
핀 란 드	6	2	133	2,773	139	2,775	0.1	0.9
오스트리아	1,304	665	5,366	1,985	6,670	2,650	2.6	0.9
영 국	747	1,842	419	515	1,166	2,357	0.4	0.8
그 리 스	2,691	879	483	1,257	3,174	2,136	1.2	0.7
슬로베니아	1,883	235	996	1,290	2,879	1,525	1.1	0.5
체 코	2,547	322	2,195	369	4,742	691	1.8	0.2
사이프러스	0	500	0	0	0	500	0.0	0.2
헝 가 리	405	270	370	184	775	454	0.3	0.2
포르투갈	87	63	42	313	129	376	0.0	0.1
몰 타	0	49	0	0	0	49	0.0	0.0
리투아니아	81	34	2	0	83	34	0.0	0.0
룩셈부르크	37	16	16	1	53	17	0.0	0.0
에스토니아	468	1	6	0	474	1	0.2	0.0
라트비아	0	0	0	0	0	0	0.0	0.0
합 계	86,907	91,158	174,307	200,978	261,214	292,136	100.0	100.0

출처: KOTRA 해외무역관 보고. 양장석·우상민(2007: 48)에서 재인용

평양 주재 유럽 국가대표들에게 먼저 경제관리 개선 조치의 구체적 내용에 대해 공식적으로 설명한 것(≪연합뉴스≫, 2002년 8월 18일자)은 그만큼 EU 국가들과의 경제협력 강화에 큰 관심을 가지고 있음을 보여준 것이다. 그러나 제2차 북핵 위기가 곧 발생함으로써 인도적 지원 수준을 넘어서는 EU의 대북 개발 지원은 중단되었고, 북핵 문제가 해결 과정에 본격적으로 진입하기 전까지 북한과 EU간의 본격적인 경제협력은 기대하기 어렵게 되었다.

EU는 북한에게 중국, 일본과 함께 중요한 무역 상대국으로 북한의 총교역에서 EU와의 수출입이 차지하는 비중은 2005년을 기준으로 할 때 약 10% 정도이다. 그러나 양자 간 교역액은 연간 약 2~4억 달러 수준에 그쳐 EU측에서 보면 교역 파트너로서 북한의 위상은 매우 낮다. EU 회원국이 15개국이 된 1996년 이후 북한과 EU 간 교역 규모는 계속 확대되어 1998년에 3억 5,000만 달러에까지 이르렀으나, 이후 북한의 수입 능력 부족과 수출 가능 품목의 한계로 1999년에는 교역이 대폭 감소했다. 2000년에는 북한 경제가 다소 회복되고 북한이 이탈리아를 비롯한 EU 회원국들과 수교하기 시작하면서 EU와의 교역도 증가세로 돌아섰다.

2001년 북한과 EU 국가들과의 교역액은 3억 1,141만 달러로 2000년의 2억 5,430만 달러보다 22.5% 증가했다. 북한의 수출은 오히려 10.4% 감소한 데 비해 수입은 전년 대비 40.3%의 증가를 기록했다. 이는 북한의 최대 수출 품목인 의류를 비롯하여 귀금속, 화학공업·플라스틱 제품, 신발 등의 수출이 부진했던 반면, 최대 수입 품목인 기계류의 수입이 급증하고 독일의 쇠고기 원조가 수입 실적에 반영되었기 때문이다. 주로 수입된 기계류는 발전소 설비, 축산용 기계, 채굴 기계, 식품생산 기계 등으로 산업기반을 정비하고 생산력을 강화할 수 있는 설비들이 주종을 이루고 있어 북한이 EU 국가와의 교역을 통해 산업 시설의 현대화를 꾀하고 있음을 알 수 있다.[68] 한편 북한과 EU 국가들과의 교역액은 2002년 제2차 북핵 위기의 발생 이후 지속적으로 감소하다가 2005년에 다시 크게 증가했는데, 이는 2004년 5월 EU에 중동부 유럽과 지중해 지역의 10개국이 가입한 것과 관련이 있는 것으로 보인다.

---

68) 김삼식, 『북한-EU의 경제교류현황 및 향후 전망』(KOTRA, 2001); 남우석, 『2001년도 북한의 대외무역동향』(KOTRA, 2002)

〈표 5-8〉 유럽 기업의 대북 투자 진출 사례

국가	분야	규모	계약(년)/ 보도시기	내용
독일	인터넷 서비스	53만 파운드	미상	베를린 소재 컴퓨터 회사인 KCC Europe은 북한의 온라인 시장을 선점하기 위해 53만 파운드를 투자
프랑스	화학 및 광업	1,200만 유로	미상	주로 화학 및 광산 관련 사업에 투자가 이루어졌으나 자세한 통계나 투자업체명은 외부에는 비공개로 하고 있음
	애니 메이션 하청 생산	미상	미상	1985년부터 프랑스 애니메이션제작업체는 SEK Studio(조선 4·26아동영화촬영소)와 애니메이션 제작 계약을 수차례 맺음. Becassine(1950년대 프랑스에서 유행한 유명 만화 캐릭터)을 비롯해 유명 애니메이션 여러 편을 제작했음
	전화 교환기	미상	1999	알카텔 사는 1999년 말 북한 내 전화교환기 시스템 교체 사업을 완료한 것으로 알려짐
영국	담배 제조	710만 달러 이상	2001	2001년 북한국영기업 석용 무역과 합작, 710만 달러를 투자하여 지난 4년간 북한에 비밀리에 담배제조공장을 운영. 200명의 근로자를 채용, 연 20억 개피의 담배를 생산하고 있는 것으로 알려짐(2005년 10월 17일자 영국 Guargian Daily보도)
	유정 개발	미상	2004	Britain's Aminex PLC와 북한 당국은 원유산업 20년 협약을 체결. 협정 내용은 Aminex가 소규모의 자금지원과 기술지원을 하고 유정개발에 성공할 경우 생산되는 탄화수소에 대한 로열티를 북한으로부터 지급받는 것으로 언론에 보도
	금융	미상	2005	런던 소재 앵글로 지노 캐피탈은 북한에 약 5,000만 달러 규모의 '조선개발투자펀드'를 조성할 계획임. 펀드 조성을 통해 주로 북한의 광산, 광물 개발을 통해 경제 부흥에 기여하는 방향으로 사용될 예정이라 밝힘. 이 회사는 런던 금융 감독청에 영업 허가 신청서를 제출했으며 현재 홍콩, 베이징, 서울 등에서 '조선펀드'에 대한 관심을 촉구하기 위한 활동을 계획 중
	컨설팅	미상	2006	영국의 비즈니스 컨설팅 회사인 KBC(Korea Business Consulting) 사는 잠재 가능성이 큰 이머징 마켓을 찾고 있는 세계 투자가들에게 컨설팅 서비스를 제공하고 있는데, 10여 년간 북한과의 비즈니스 경험을 바탕으로 2006년에는 평양에 지사를 설립했음
스웨덴·스위스	발전/ 송전	미상	2000	스웨덴-스위스 합작의 다국적 기업인 ABB(Asea Brown Boveil) 사는 2000년 11월 방북하여 북한 금속기계공업성 및 전기석탄공업성과 북한 내 배전망을 현대화한다는 「전기기계설비 생산과 전력망 현대화 협조 합의서」를 체결. 또한 전기 설비와 발전 설비 및 산업 설비 개선사업에도 참여하기로 합의

네덜란드	금융	미상	1996	네덜란드의 ING은행이 1996년 북한조선국제보험사와 합영으로 ING동북아시아 은행을 설립. 이는 유럽 국가 중 최초로 나진선봉자유무역지역에 지점을 개설한 사례. 그러나 나진선봉지대의 개발이 지연되고 경영상의 부진이 겹치면서 1999년 4월 철수
	발전	8,700만 달러	1998	네덜란드의 Wartsila 사는 1998년 9월 나진선봉 투자상담회에서 선봉발전소 증설 투자를 위해 총액 8,700만 달러 규모를 투자한다는 계약을 체결. 이 회사는 1998년 5월에는 9.6MW 발전기용 엔진 2기와 북한산 고철을 바터로 교역키로 합의
벨기에	다이아몬드 가공	미상	미상	벨기에 안트워프 소재 인터잼스클래스(Inter Gems Claes) 사와 북한 대송무역과 합작. 이 회사는 다이아몬드 원석 가공 회사. 북한과 벨기에와의 무역통계를 볼 때 벨기에가 다이아몬드 원석을 북한에 수출하고 가공된 원석을 수입하는 과정에서 동 분야 시설투자가 이루어진 것으로 사료됨. 반면 벨기에와 북한 간의 다이아몬드 원석거래가 최근 몇 년간 전무한 것으로 볼 때 그동안 벨기에 투자회사가 철수했거나 투자 자본금을 회수한 것으로 짐작됨
스위스	의약	200만 유로	2004	2004년 초 Inferpacific Holding 사는 북한의 평양 제약사(Pyongyang Pharmaceutical Factory)와 공동으로 평스제약 협력회사(PyoungSu Pharma J.V. Co.Ltd)를 설립. 북한 측은 부지와 노동력을 제공했고, Inferpacific은 기계 및 설비를 제공. Inferpacific Holding(Interpharma Asia Pacific) 사는 자사인 Pharma Industries, PharmaLink와 Zuellig Pharma를 통해 아태지역 제약시장에 생산부터 마케팅, 운송, 유통, 판매망까지 확보하고 있는 기업임. 이 회사는 아태지역 제약시장에서 60년이 넘는 경험을 쌓아온 회사로 평스 제약회사에 단순 기계, 설비 제공뿐만 아니라 기술 노하우까지도 제공하고 있음 평스 제약 협력회사는 현재 '평스 스피린' 등 자체 브랜드의 진통제를 생산하고 있으며, 앞으로 페니실린을 제외한 항생제 생산을 계획하고 있음. 중장기적으로 자체 브랜드 생산보다는 북한 진출을 계획하는 제약회사들로부터 수주를 받아 생산하는 OEM을 목표로 하고 있음
오스트리아	피아노 제작	미상	2002	'네메츠케(J. Nemetschke)' 사는 북한의 '평양 피아노 공장'과 합작하여 피아노를 생산하고 있음. 북한산 혹은 중국 동북지역의 기문비나무, 단풍나무의 품질이 우수하여 북한에서 피아노 외장을 생산하고 있음

출처: 양장석·우상민(2007: 50~51)에서 재인용.

5. 맺음말

　냉전시대 북한과 동유럽 간의 관계에서는 이념적 요인과 북·소 관계 요인이 중요하게 작용했다. 북한은 진영외교의 차원에서 '형제국가들'인 동유럽 국가들에 접근했고, 북한과 동유럽은 '프롤레타리아 국제주의'에 의해 정치적으로 연결되어 있었기 때문에 동유럽은 특히 한국전쟁 발발 이후 적극적으로 북한에 경제적 지원을 제공했다. 그런데 동유럽 국가들 대부분이 소련의 영향하에 놓여 있었기 때문에 스탈린에 대한 평가 문제 등으로 북·소 관계가 악화되면 북한·동유럽 관계도 따라서 악화되는 경향을 보였다. 반대로 소련과의 관계에서 자율성을 추구했던 소수 동유럽 국가들과 북한 간의 관계는 더욱 긴밀해졌다.

　북한은 냉전시대에 한편으로는 제국주의 국가들 간의 모순을 이용하여 세계 혁명을 실현하고, 다른 한편으로는 서유럽의 선진 기술을 도입하기 위한 목적으로 서유럽 국가들에게 접근했다. 북한이 서유럽 국가들에 대해 관심을 가지고 접근하기 시작한 것은 1950년대 후반부터이며, 1970년대에 들어서는 미·중 관계가 개선되고 남북 대화가 시작되자 북한·서유럽 간의 관계에서 중요한 진전이 이루어졌다. 그런데 서방으로부터의 차관 및 선진 기술 도입 노력이 1970년대 중반에 북한의 무역수지 적자와 외환 사정 악화를 초래하여 북한·서유럽 관계는 침체 상태에 놓이게 되었다. 1980년대 말에는 동유럽 사회주의체제들이 붕괴되고 1991년에 소련이 해체됨으로써 북한은 생존 차원에서 서유럽 국가들에 접근하게 되었다. 그리고 서유럽 국가들은 1990년대 중반 북한이 심각한 식량난에 직면하게 되어 외부 원조를 요청하자 인도적 차원의 대북 지원을 제공하면서 북한과의 접촉을 더 긴밀히 하게 되었다. 특히 2000년 남북정상회담 이후 한국 정부가 북한과 EU 회원국들 간의 관계 정상화를 적극적으로 지원함으로써 북한은 2001년까지 프랑스를 제외한 EU의 핵심 국가들과 수교하기에 이르렀다.

북한은 현재 '국제적 혁명역량'의 강화를 위해서가 아니라 세계 유일 초강대국으로 부상한 미국의 대북 압력을 약화시키고 경제난 극복을 위한 인도적 지원과 개발 지원의 확보라는 차원에서 EU와의 관계 증진을 모색하고 있다. EU는 북핵 문제 등 안보 문제와 관련해 1998년 이후 북한과 정치대화를 통해 논의를 진행하고는 있지만 북핵 관련 다자회담에의 참가를 요구할 정도로 큰 이해관계를 가지고 있지는 않다. 2002년 10월 미 행정부의 네오콘이 불확실하고 과장된 정보를 가지고 일으킨 제2차 북핵 위기로 인해 EU의 대북 태도는 강경해졌고, 그 결과 EU의 주도 하에 유엔 인권위원회와 유엔 총회에서「북한인권결의안」이 채택되었다. 그로 인해 북한·유럽연합관계는 냉각되었으나 2007년 '2·13합의' 이후 개선의 조짐을 보이고 있다.

한국전쟁 이후 동유럽이 북한 경제의 재건에 큰 도움을 제공한 것처럼, EU는 1995년의 심각한 식량난 이후 북한 경제의 회복에 크게 기여하고 있다. 그리고 북한의 정책 입안자들에게 '새로운 경제관리 방식'을 마련해야 한다고 지속적으로 강조함으로써 북한의 2002년 경제개혁에도 기여했다. EU는 제2차 북핵 위기의 발생에도 불구하고 인도적 지원 및 식량 지원을 북한의 안보 문제와 분리하여 대북 인도적 지원을 중단하지 않았다. EU는 북한에 있어 중국, 일본과 함께 중요한 무역 상대국이지만, EU 측에서 보면 교역 파트너로서 북한의 위상은 매우 낮다. 향후 북핵 문제가 본격적으로 해결 과정에 들어서면 EU는 온건한 접근 방식으로 인해 북한의 경제개혁과 개방에 더욱 긍정적인 영향을 미칠 것으로 전망된다.

■ 참고문헌

북한 문헌 및 자료

1) 김일성·김정일 저작

김일성. 1966.「형제 국가 인민들의 고귀한 국제주의적 원조(쏘련, 중화 인민 공화국 기타 형제 국가들을 방문한 조선 민주주의 인민 공화국 정부 대표단의 사업에 관한 보고, 최고 인민 회의 제1기 제6차 회의)」(1953년 12월 20일).『김일성선집』(제4권). 동경: 학우서방.

_____. 1969.「조국통일위업을 실현하기 위하여 혁명력량을 백방으로 강화하자(조선로동당 중앙위원회 제4기 제8차전원회의에서 한 결론)」(1964년 2월 27일).『남조선혁명과 조국통일에 대하여』. 평양: 조선로동당출판사.

_____. 1970a.「핀란드공산당 중앙기관지 ≪칸산 우우티세트≫를 위하여 핀란드 민주청년동맹 대표단이 제기한 질문에 대한 대답」(1969년 9월 2일).『조선중앙년감 1970』. 평양: 조선중앙통신사.

_____. 1970b.「조선로동당 중앙위원회의 초청으로 우리 나라를 방문한 노르웨이 공산당 위원장 레이다르 테 라르센동지를 단장으로 하는 노르웨이공산당대표단을 환영하여 베푼 연회에서 하신 김일성동지의 연설」(1969년 11월 19일).『조선중앙년감 1970』. 평양: 조선중앙통신사.

_____. 1980a.「이딸리아공산당기관지 ≪우니따≫ 기자가 제기한 질문에 대한 대답」(1956년 6월 25일).『김일성저작집』(제10권). 평양: 조선로동당출판사.

_____. 1980b.「모스크바방송국 기자가 제기한 질문에 대한 대답」(1956년 7월 12일).『김일성저작집』(제10권). 평양: 조선로동당출판사.

_____. 1980c.「일본 ≪요미우리신붕≫ 기자가 제기한 질문에 대한 대답」(1956년 11월 21일).『김일성저작집』(제10권). 평양: 조선로동당출판사.

_____. 1981a.「핀란드 신문기자가 제기한 질문에 대한 대답」(1958년 11월 28일).『김일성저작집』(제12권). 평양: 조선로동당출판사.

_____. 1981b.「조선민주주의인민공화국 정부의 당면과업에 대하여(최고인민회의 제3기 제1차회의에서 한 연설)」(1962년 10월 23일).『김일성저작집』(제

16권). 평양: 조선로동당출판사.

_____. 1987. 「온 사회를 김일성주의화하기 위한 당사상사업의 당면한 몇 가지 과업에 대하여(전국당선전일군강습회에서 한 결론)」(1974년 2월 19일). 『주체혁명위업의 완성을 위하여 3(1974~1977)』. 평양: 조선로동당출판사.

_____. 1988. 「맑스-레닌주의와 주체사상의 기치를 높이 들고 나아가자(칼 맑스 탄생 165돐 및 서거 100돐에 즈음하여 발표한 론문」(1983년 5월 3일). 『주체혁명위업의 완성을 위하여 5(1983~1986)』. 평양: 조선로동당출판사.

2) 단행본 및 소책자

김양선·최철웅. 1985. 『사회주의, 공산주의 건설리론』. 평양: 사회과학출판사.
박태호. 1985. 『조선민주주의인민공화국 대외관계사 1』. 평양: 사회과학출판사.

3) 신문, 잡지 및 기타

김남혁. 2001a. "유로의 도입은 무엇을 안아 올 것인가". ≪로동신문≫, 10월 28일자.

_____. 2001b. "10월의 국제정세흐름은 무엇을 보여 주는가". ≪로동신문≫, 10월 31일자.

리경수. 2000. "내리 누르려는 미국, 그에 맞서는 유럽". ≪로동신문≫, 12월 23일자.

≪로동신문≫, 1989년 1월 1일자, 1989년 2월 3일자, 2001년 5월 2일자.
조선중앙통신사. 1949. 『조선중앙년감 1949년판』. 평양.
조선중앙통신사. 1950. 『조선중앙년감 1950년판』. 평양.

남한·외국 문헌 및 자료

1) 단행본

김계동. 2002. 『북한의 외교정책: 벼랑에 선 줄타기외교의 선택』. 백산서당.
김삼식. 2001. 『북한-EU의 경제교류현황 및 향후 전망』. KOTRA.
김학성. 2001. 『북한·독일 수교의 배경과 EU 국가들의 한반도 정책 전망』. 통일정세

분석 2001-07. 통일연구원.

남우석. 2002. 『2001년도 북한의 대외무역동향』. KOTRA.

대한무역투자공사(KOTRA) 동북아팀. 2006. 『2005년도 북한의 대외무역 동향』. KOTRA.

대한무역투자공사 북한실. 2003. 『2002년도 북한의 대외무역 동향』. KOTRA.

_____. 2004. 『2003년도 북한의 대외무역 동향』. KOTRA.

_____. 2005. 『2004년도 북한의 대외무역 동향』. KOTRA.

박재규 엮음. 1986. 『북한의 대외정책』. 경남대학교 극동문제연구소.

외교통상부 ASEM준비기획단. 2000. 『제3차 ASEM 정상회의 결과 보고서』.

외교통상부. 2004. 『EU 개황』.

_____. 2006. 『EU 개황』.

이종광. 1996. 『유럽통합의 이상과 현실』. 일신사.

장홍. 1998. 『유럽연합(EU)의 새로운 이해』. 고원.

정규섭. 1997. 『북한외교의 어제와 오늘』. 일신사.

정성장. 2002. 『김정일시대 북한과 유럽연합: 새로운 관계의 모색』. 세종연구소

최의철. 2005. 『유럽연합(EU)의 대북 인권정책과 북한의 대응』. 통일연구원.

한종수. 1998. 『유럽연합(EU)과 한국』. 동성사.

2) 논문

구갑우. 2001. 「탈냉전시대, 북한과 유럽연합의 관계: 한반도 평화의 정치경제」. ≪평화논총≫, 제5권 2호.

그라보브스키, 폴커. 1990. 「북한의 개인숭배: 사회주의에서의 개인숭배」. 안드레아스 크라체크 외 저·편집부 편역. 『서구 마르크스주의자들이 본 북한사회』. 중원문화.

김성형. 2005. 「유럽연합(EU)의 신 대북 협력 정책: EU집행위원회 전략보고서를 중심으로(1989~2002)」. ≪한국정치외교사논총≫, 제26집 2호.

김세진. 1978. 「북한의 대동구정책」. 고병철 외. 『북한외교론』. 경남대학극동문제연구소

김영준. 2001. 「EU-북한간 수교 동향과 한반도 전략구도 변화」. ≪유럽연구≫

겨울호.

김정용. 2005. 「탈냉전시기 북한의 대 서유럽접근: 국내외적 환경 및 의도」. ≪한국정치외교사논총≫, 제26집 2호.

박재규. 1978. 「북한의 대서구정책」. 고병철 외. 『북한외교론』. 경남대학교 극동문제연구소.

박채복. 2002. 「유럽연합의 대북한 외교의 전개와 한국에 대한 시사점」. ≪국제정치논총≫, 제42집 4호.

_____. 2006. 「EU 대북정책에 있어서 변화와 연속성」. 『한국정치학회보』. 40집 제2호(여름).

문정식. 2004. 「유럽국가, 미·일보다 대북 지원에 적극」. ≪연합뉴스≫, 4월 25일자.

양장석·우상민. 2007. 「북-EU 경제관계 현황과 전망: 북핵 사태 해결 이후를 중심으로」. ≪수은북한경제≫ 봄호.

오일환. 2001. 「북·EU관계 개선의 현황과 전망」. ≪북한≫, 6월호.

원, 그레고리. 1986. 「西學: 북한과 서구의 합작투자」. 박재규 엮음. 『북한의 대외정책』. 경남대학교 극동문제연구소.

전인영. 1986. 「북한과 동구제국간의 관계, 1948~85」. 박재규 엮음. 『북한의 대외정책』. 경남대학교 극동문제연구소.

전정환. 1987. 「북한의 대서구외교정책」. 민병천 편저. 『북한의 대외관계』. 대왕사.

전현준. 2001. 「북한의 대서방국가 및 EU관계 개선과 남북관계」. ≪통일정책연구≫, 제10권 1호(여름).

정성장. 2007. 「북한 핵실험 이후 북핵 문제의 관리 및 해결 방향」. ≪세종정책연구≫, 제3권 1호. 세종연구소.

정연호. 2004. 「유럽연합의 대북 지원과 향후 전망」. ≪KDI 북한경제리뷰≫, 4월.

정영철. 2001. 「[북의 부시 돌파작전] 중·러·EU로 미·일을 포위하라」. ≪민족21≫, 5월호.

정한구. 1991. 「동유럽과 북한관계」. 최동희 엮음. 『동유럽의 정치경제와 한반도』. 나남.

조흥식. 1999. 「유럽연합의 북한정책」. ≪외교≫, 1월호.

최성철·홍용표. 2005. 「냉전기 북한과 서유럽의 갈등과 협력」. ≪한국정치외교사논총≫, 제26집 2호(2월).

크라체크, 안드레아스. 1990. 「자립과 통일에의 열망」. 안드레아스 크라체크 외 저·편집부 편역. 『서구 마르크스주의자들이 본 북한사회』. 중원문화.

「EU의 대북전략보고서(2001~2004)」. ≪KDI북한경제리뷰≫, 2002년 3월호.

"La Corée du Nord éprouve de sérieuses difficultés à payer ses fournisseurs occidentaux." *Le Monde*, 7 octobre 1975.

"La Corée du Nord est le premier pays ≪socialiste≫ qui ne paie plus ses dettes." *Les Echos*, 6 octobre 1975.

"Les Corées à leur tour?" *Le Monde*, 3 janvier 1990.

"L'économie nord-coréenne compte parmi les plus dynamiques du monde communiste." *Le Monde*, 9 décembre 1969.

Hen, Christian & Jacques Léonard. 1999. *L'Union européenne*. Paris: La Découverte.

Le Monde, 18 octobre 1976; 19 octobre 1976; 20 octobre 1976; 21 octobre 1976; 22 octobre 1976; 24~25 octobre 1976.

Le Ner, Alain. 1983. "Corée: le face à face." *Ecrits de Paris*, décembre.

Maine, Philippe. 1981. "L'Etat militarisé nord-coréen." *Est et Ouest*, août-septembre.

Pons, Philippe. 1995. "Les grandes inondations contraignent la Corée du Nord à faire appel à l'aide extérieure." *Le Monde*, 20 septembre.

Robert, Yves. 1966. "COREE DU NORD: Une expérience réussie d'industrialisation." *L'économie*, n° 995(18 février).

Sagar, John. 2002. "Co-operation between the European Union and the Democratic People's Republic of Korea: The Role of the European Commission." 한국세계지역학회·프리드리히 에베르트 재단 공동주최 국제학술회의 발표 논문. 2002년 4월 3일.

3) 신문 및 기타

≪경향신문≫, 2005년 11월 23일자.

≪국민일보≫, 2000년 10월 21일자.

≪대한매일≫, 2003년 2월 13일자.

≪동아일보≫, 2003년 3월 5일자, 4월 12일자.

≪세계일보≫, 2003년 4월 17일자.

≪연합뉴스≫, 1995년 9월 6일자, 10월 25일자, 1998년 12월 3일자, 1999년 9월 29일자, 10월 1일자, 11월 25일자, 2002년 6월 17~21일자, 8월 18일자, 10월 22일자, 11월 1일자, 12월 1일자, 15~16일자, 12월 12일자, 19일자, 2003년 1월 28일자, 2월 12~13일자, 4월 3일자, 12월 10일자, 12일자, 2004년 1월 29일자, 3월 26일자, 11월 13일자, 15일자, 30일자, 2007년 2월 23일자, 3월 2일자, 6일자, 7일자, 21일자.

≪조선신보≫, 2002년 7월 26일자

≪조선일보≫, 2000년 1월 6일자, 2001년 3월 12일자, 7월 23일자, 2003년 1월 11일자.

≪중앙일보≫, 2000년 1월 7일자.

≪중앙Sunday≫, 2007년 3월 25일자.

≪한겨레≫, 2000년 10월 21일자, 11월 25일자, 2001년 3월 3일자, 10월 31일자.

Statement by Ambassador Joseph DeTrani. "North Korea Mission Manager." http://www.globalsecurity.org/intell/library/news/2007/intell-070304-dni01.htm. 2007년 3월 26일 검색.

찾아보기

ㄱ

가네마루 신(金丸信) 171
가이후 도시키(海部俊樹) 212
각료이사회(Council of Ministers) 379
강대국 285
강석주 279, 391
경제 및 문화 협력을 위한 조약 272
고농축우라늄 프로그램(HEUP) 98, 391
고이즈미 준이치로(小泉純一郞) 99, 158, 167, 173, 177~178
공동외교안보정책(Common Foreign and Security Policy) 355, 361, 379
광명성 1호 189
광저우 군구(廣州 軍區) 263
구노 주지(久野忠治) 175
구보 와타루(久保亘) 172
국경없는 의사회(Médecins Sans Frontières) 381
군나르 비간트 393
궈보슝(郭佰雄) 272
귀국협정 227
그리스 369, 396
금창리 지하 핵 의혹 시설 50
기무라 도시오(木村俊夫) 209
김대중 381
김대중 납치 사건 204

김동현 391
김병식 216
김양건 171
김영남 263
김일성주의 384
김장수(金章洙) 272

ㄴ

나리타 도모미(成田知巳) 199
나진·선봉 자유경제무역지대 218
나카소네 야스히로(中曾根康弘) 183
남북기본합의서 74
남북등거리외교 175
남·북·미 3자회담 68
남·북·미·중 4자회담 69
남북정상회담 138, 355, 366, 381
남일 226
네덜란드 369, 382~383
네오콘 90
노르웨이 356, 369, 374~375
노르웨이공산당 374
노부스케(岸信介) 227
노태우 185
닉슨, 리처드(Richard Milhous Nixon) 169, 372
닉슨 독트린 204

닉슨-사토 공동성명 204, 208~209

ㄷ

다나베 마코토(田邊誠) 171
다나카 가쿠에이(田中角榮) 169
다무라 겐(田村元) 199
다케시타 노보루(竹下登) 171
대량살상무기확산방지구상(PSI) 115
대북 금융제재 92
대포동미사일 50, 177
덴마크 369, 374, 375, 380
도둑정치(kleptocracy) 127
도이 다카코(土井たか子) 200
독일 381~382, 394, 399
동독 367, 369~370, 373, 377
동반자 외교 282
디트라니, 조지프(Joseph E. DeTrani) 392

ㄹ

라르센, 레이다르 테 374
랑군 폭파사건 217
량광례(梁光烈) 272
레닌주의 국가 249
루마니아 359, 367, 369~373, 377~378
루브르와, 쿤라드(Koenraad Rouvroy) 383
룩셈부르크 369
류사오치(劉少奇) 259
류화칭(劉華淸) 262
리광혁 395
리펑(李鵬) 262

ㅁ

마르크스 385

마스트리히트 조약(Treaty of Maastricht) 355, 379~380
마케도니아 378
모리 요시로(森喜郞) 189
몰러, 페르 스티그 394
무라야마 도미이치(村山富市) 189
문세광 사건 204, 209, 229
문화혁명 257
미사일방어(MD) 99
미야모토 겐지(宮本顯治) 198
미·일안보조약 54, 173
미키 다케오(三木武夫) 209
미테랑 390

ㅂ

박정희 210, 229, 373
박헌영 367
반테러 및 비확산·반확산정책 90
방코델타아시아(BDA) 92
배우좌(俳優座) 228
백남순 380
백학림 269
베를린공동성명 50
벨기에 369, 373, 383
보스니아-헤르체고비나 378
부산적기론(釜山赤旗論) 208
부시 191~192, 206, 232
북·미 공동코뮤니케 50
북·미 미사일회담 50, 177
북·일수교교섭회담 177
북·일조약 187
북·중 무역협정 277
북·중 우호협조 및 상호 원조 조약(中朝友好合作互助條約) 265

찾아보기 **417**

북한위원회(North Korea Committee) 380
북한인권 결의안 388
불가리아 367, 369~370, 373, 376, 378, 396
불능화조치(disablement) 130
불법행위방지구상(Illicit Activities Initiative: IAI) 118
비동맹그룹 373
비밀 우라늄농축 프로그램(covert uranium enrichment program) 42, 98

ㅅ

사토 에이사쿠(佐藤榮作) 208
사회주의 대가정체제 248
상호위협감소(mutual threat reduction) 83
샌프란시스코 강화조약 186
서독 360, 372~373, 375
서부독일군국주의 360
선린 외교 282
선린우호 협력관계 282
선양 군구(瀋陽 軍區) 263
선제공격 독트린 50
세계식량계획(WFP) 399
소련공산당 제20차 대회 359
솔라나, 하비에르(Javier Solana Madariaga) 394
수령 중심 체제 247
슝광카이(熊光楷) 268, 271
스웨덴 369, 372, 375, 383, 387~388, 399
스위스 356, 371, 375
스탈린(Joseph Stalin) 359, 367, 370
스페인 382
신당사키가케 200

신안보 개념 282
쓰미아게 방식(積み上げ方式) 219

ㅇ

아그로액션(German Agro Action: GAA) 399
아미티지(Richard Armitage) 178
아베 신조(安倍晋三) 159
아세안지역안보포럼(ARF) 191
아스카다 가즈오(飛鳥田一夫) 200
아시아·유럽정상회의(Asia-Europe Meeting: ASEM) 380, 382
아이슬란드 356, 374
아일랜드 384
'악의 축' 50
안명훈 397
알바니아 359, 367, 369~371, 376
애국법 118
야쓰기 가즈오(矢次一夫) 216
양바이빙(楊白氷) 262
양상쿤(楊尙昆) 262
양성철(梁性喆) 393
에스토니아 356, 396
에큐 380
역코스 173
연합국총사령부(GHQ: General Head Quarters) 221
영국 369, 372~373, 375, 382, 394, 399
오부치 게이조(小淵惠三) 185
오스트리아 372, 374, 375, 380
오야마 이쿠오(大山郁夫) 180
오히라 마사요시(大平正芳) 175, 210
요도 호 납치사건 182
요시다 시게루(吉田茂) 180, 201, 225

원자바오(溫家寶) 272
워르장스, 프러미에르(Première Urgence) 399
유고슬라비아 359, 367, 373, 376
유럽경제공동체 355
유럽공동체(European Community) 355
유럽석탄철강공동체 355
유럽원자력공동체 355
유럽의회 393~394
유럽이사회(European Council) 379
유럽인도주의원조사무국(ECHO) 381
유로(EURO) 361, 380
유엔 안보리 124
유엔 인권위원회 396~397
이승만 227
이시바시 마사시(石橋政嗣) 183
이주연 369
이케다 하야토(池田勇人) 214
이탈리아 368~369, 375, 380, 382
인민외교 15
일본 적군파 182
일본군국주의 360
일·조무역회 213, 214, 216
일·조우호촉진의원연맹(일·조의원연맹) 175, 183, 199, 210

재일조선인총연합회(조총련) 225~226, 229~230, 231
저우언라이(周恩來) 204, 257, 259, 324
전략적 동반자 282
전방위 외교정책 179, 285
전방위 평화외교 201
정경분리원칙 181, 201, 207, 214, 220, 233
정전협정 52
정책결정체계 249
제1차 북핵 위기 50
제2차 북핵 위기 90
제네바 북·미기본합의 50
제네바 정치회담 369
제네바 회담 180, 311
제도번복 132
조국방위위(祖國防衛委) 225
조련 ☞ 재일조선인연합회
조일평양선언 167, 194
조총련 ☞ 재일조선인총연합회
주한유럽연합상공회의소(European Union Chamber of Commerce in Korea: EUCCK) 380
중국인민지원군 370
중·소 분쟁 256, 371

ㅈ

자민당 169, 170~172, 176, 189, 199
자오즈양(趙紫陽) 260
자주 253, 258, 301, 305~306, 321
장롄중(張連忠) 263
장완녠(張萬年) 262, 267
장쩌민(江澤民) 262
재일조선인연합회(조련) 221, 224~225

ㅊ

차오강촨(曹剛川) 272
차우셰스쿠(Nicolae Ceauşescu) 377~378
체코 396
체코슬로바키아 367, 369~370, 373, 376~378
첸치천(錢其琛) 262
총후근부(總後勤部) 263

최광 267
최수헌 388
최용건 257
츠하오톈(遲浩田) 262, 268
친선 253, 300~301, 307
친지웨이(秦基偉) 267

ㅋ

카리타스 인터내셔널(Caritas International) 399
컨선 월드와이드(Concern Worldwide) 399
켈리, 제임스 390
코민포름(Cominform) 368
코소보 사태 283, 285
코시긴(Alexei Kossygin) 372
탈스탈린화(de-Stalinization) 359, 370
토르자, 이슈트반(Istvan Torzsa) 378
티토, 요지프 373
팀스피리트 한미합동군사훈련 53

ㅍ

판문점 미군도끼살해사건 53
패튼, 크리스(Christ Patten) 394
페르손, 예란(Goran Persson) 384, 387~388
페리 프로세스 50
평양선언 99
평화협정 53
포르투갈 375
'폭정의 전초기지' 135
폴란드 367, 369~370, 373, 376~377
푸에블로 호 나포사건 53, 137, 208
프랑스 356, 360, 368~369, 373, 375~376, 382, 389, 394

프롤레타리아 국제주의 358
핀란드 371, 374~375, 380
핀란드민주청년동맹 374

ㅎ

하카루(帆足計) 198
하카마다 사토미(袴田里美) 199
하토야마 이치로(鳩山一郞) 174
한미상호방위조약 53
한반도에너지개발기구(KEDO) 393, 379
한·일 국교정상화 157
한·중 수교 262
할슈타인 독트린 175
핵 보유 선언 106
「핵태세보고서」 50
햇볕정책 381
허담 373
헝가리 367, 369~370, 373, 376~377
현준극 199, 210
호리 시게루(保利茂) 182
화궈펑(華國鋒) 210, 259, 266
후견-피후견주의 249
후루야 사다오(古屋貞雄) 198
후야오방(胡耀邦) 260
후진타오(胡錦濤) 262
후카다 하지메(深田肇) 172
후쿠다 다케오(福田赳夫) 199
후쿠다 독트린 201
훙쉐지(洪學智) 267
흐루시초프(Nikita S. Khrushchev) 359, 370, 372
히가시쿠니 나루히코(東久邇稔彦) 221
힐, 크리스토퍼 391

기타

2·12 청와대기습 사건　208
2·13초기조치 합의　125
3당공동선언　172
6·23선언　175
7·4남북공동성명　33
7·7선언　170

8월 종파사건　311, 318, 320
9·11테러　90
9·19공동성명　92
EC-121기 격추사건　53
EU 집행위원회　393, 398
EU 트로이카　388
NPT 탈퇴　106

■ 지은이

백학순
펜실베이니아 대학교 정치학 박사
현재 세종연구소 수석연구위원
주요 저서: 『김정일 정권의 생존전략』(공저, 2003)
주요 논문: 「부시정부 출범 이후의 북미관계 변화와 북한핵문제」(2003)
　　　　　"North Korea Today: Overloaded and Secularized"(2006)

임재형
단국대학교 정치학 박사
현재 단국대학교 분쟁해결연구센터 연구교수
주요 논문: 「탈냉전기 정치·안보갈등과 북·일 관계」(2005)
　　　　　「전후 북·일관계의 전개과정과 평가」(2004)
　　　　　「북한의 국가전략: 대외전략」(공저, 2003)

이대훤
남캘리포니아 대학교 정치학 박사
현재 세종연구소 수석연구위원
주요 저서: North Korea and Northeast Asia(편저, 2002)
　　　　　『북핵문제의 해법과 전망: 남·북한 관계와 미·일·중·러』(공저, 2003)
주요 논문: "21세기 중국의 대외전략과 한국의 전략적 선택"(공저, 2005)

정성임

이화여자대학교 정치학 박사

현재 세종연구소 객원연구위원

주요 저서: 『북한학』(공저, 2006)

『북한의 사상과 역사인식』(공저, 2006)

『북한의 사회문화』(공저, 2006)

정성장

파리 10-낭떼르 대학교 정치학 박사

현재 세종연구소 남북한관계연구실장

주요 저서: 『북한의 사상과 역사인식』(공저, 2006)

『한국의 국가전략 2020: 대북·통일』(편저, 2005)

『현대 북한연구의 쟁점 1』(공저, 2005)

한울아카데미 959

세종연구소 북한연구총서 5
북한의 대외관계

ⓒ 세종연구소 북한연구센터, 2007

엮은이 | 세종연구소 북한연구센터
지은이 | 백학순·임재형·이태환·정성임·정성장
펴낸이 | 김종수
펴낸곳 | 도서출판 한울

초판 1쇄 발행 | 2007년 7월 20일
초판 2쇄 발행 | 2011년 11월 21일

주소 | 413-756 파주시 교하읍 문발리 535-7 302(본사)
　　　121-801 서울시 마포구 공덕동 105-90 서울빌딩 1층(서울 사무소)
전화 | 영업 02-326-0095, 편집 031-955-0606, 02-336-6183
팩스 | 02-333-7543
홈페이지 | www.hanulbooks.co.kr
등록 | 1980'년 3월 13일, 제406-2003-051호

Printed in Korea.
ISBN 978-89-460-4533-0 94340

* 가격은 겉표지에 있습니다.
* 이 책은 2002년도 한국학술진흥재단의 지원에 의해 연구되었음
　(KRF-2002-072-BM1020).